中华传世藏书

【图文珍藏版】

钦定古今图书集成

[清] 陈梦雷 蒋廷锡⊙原著

刘宇庚⊙主编

精华本

第九册

线装书局

第十八章　堪舆汇考十八

《五星捉脉正变明图》

论五星分高山、平冈、平地三格

高山之金，如钟如釜，人圆不欹，光彩肥润，为吉。

平冈之金，如笠如马，圆融活动，如珠走盘，为吉。

平地之金，圆如糖饼，肥满光净，有弦有棱，为吉。

高山之木，高耸卓笔，挺然特立，不欹不侧，为吉。

平冈之木，枝柯宛转，回抱袤延，势若鞭袅，为吉。

平地之木，软圆平直，枝柯横布，苞节牵连，为吉。

高山之水，土泡曲艳，势如展帐，横阔摆列，为吉。

平冈之水，手脚平铺，势如行云，逶迤曲折，为吉。

平地之水，展席铺毡，层波叠浪，有低有昂，为吉。

高山之火，秀丽尖耸，焰焰烧空，为祖为宗，为吉。

平冈之火，手足袤延，纵横生焰，得水相连，为吉。

平地之火，斜飞闪闪，曲中生曜，水里石梁，为吉。

高山之土，如库如屏，重厚雄伟，端正方平，为吉。

乎冈之土，如几如圭，端厚肥重，不倾不欹，为吉。

平地之土，堑削方棱，厚重平齐，有高有低，为吉。

论五星体性

金之体圆而不尖，金之性静而不动。势面顶脚，以定静光圆、肥满平正则吉，

流动欹斜、雍肿破碎则凶。

木之体直而不方，木之性顺而条畅。势面顶脚，以清秀光润、精彩圆净则吉，欹崩散漫、破碎臃肿则凶。

水之体动而不静，水之性沉流就下。势面顶脚，以层波叠泡、圆曲活动则吉，牵泄懒坦、散漫倾欹则凶。

火之体锐而不圆，火之性炎而不静。势面顶脚，以削峻焰动、明净秀丽则吉，不经脱卸、破碎恶陋则凶。

土之体方凝而正，土之性镇静而迟。势面顶脚，以浑厚高雅、平正端方则吉，欹斜倾陷、臃肿崩破则凶。

论五星穴形葬法

五星出诸吉体。穴场既定，先须辨其太极圆晕：若见隐微之间圆晕分明，则性气内聚，是为真穴。无此则非。若已经开垦过者，须凭目力详审之。若见二三半晕如初生月样，是名天轮，更为难得。太极既定，次又分其阴阳：晕间凹陷者为阴穴，晕间凸起者为阳穴；就身作穴者为阴龙，宜阳穴，另起星峰作穴者为阳龙，宜阴穴。反此皆有凶咎。或上截凸起、下截凹陷，或下截凸起、上截凹陷。或左右凹凸相兼，皆为二气交感，不问阴阳龙皆可用。凡阴阳之穴皆当饶减，惟二气交感之穴，则取阴阳之中，乃升降聚会之所，不用饶减。两仪既分，再又当知四象。四象者，脉、息、窝、突之谓也。脉是晕间微有凹，息是晕间微有凸，窝是晕间粗有凹，突是晕间粗有凸。阳龙忌下息、突穴，阴龙忌下脉、窝穴。四象既明，然后以十六葬法以消息之。高山阳龙脉缓者用盖法，当揭高放棺；高山阳龙脉急者用粘法，当就低放棺；高山阳龙脉直者用倚法，当挨偏放棺；高山阳龙脉不急不缓者用撞法，当取直放棺；高山阴龙脉缓者用斩法，当近顶放棺；高山阴龙脉不急不缓者用截法，当近腰放棺；高山阴龙脉急者用钩法，当近脚放棺；高山阴龙体矮者用坠法，当凑脚放棺；平地阳龙穴狭者用正法，当中心放棺；平地阳龙穴阔者用求法，当接气放棺；平地阳龙穴深者用架法，当抽气放棺；平地阳龙穴浅者用折法，当量脉放棺；平地阴龙单脉者用挨法，当靠实放棺；平地阴龙双脉者用并法，当取短放棺；平地阴龙脉正者用斜法，当闪仄放棺；平地阴龙脉偏者用插法，当拨正放棺。然十六葬法，须要枕一线生气而后裁度，皆重在捉来脉上。使不知捉脉而妄以十六

法施之，生气不到，则能腐棺祸人，所谓一毫千里、一指万山者也。今具捉脉明图于下，学者能循图索理、捉脉定穴，则郭氏"葬乘生气"之旨斯复明于天下矣。所谓夺神功、改天命而为世人福者，只此术焉耳已，又何有于奥秘为哉？

金星捉脉式

大抵结穴星辰，惟金为多。凡入垣局都是高山，卸落平垟，退尽杀气，一起一伏。断而复断，如抛毬滚珠，然后结作，所以多金星也。五星中，木、土结稍杀于金，水则多为引龙过气兼体，火则多为祖宗，其结作更杀于木、土也。金正体有高矮平面，而变体四星任其所兼。

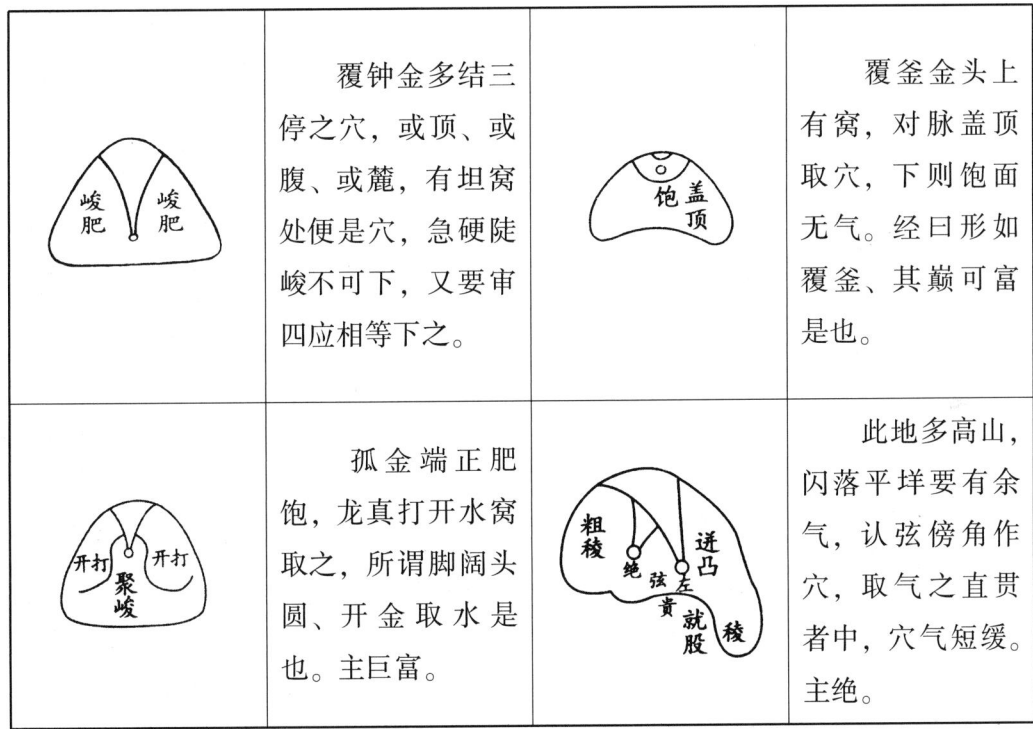

| | 覆钟金多结三停之穴，或顶、或腹、或麓，有坦窝处便是穴，急硬陡峻不可下，又要审四应相等下之。 | | 覆釜金头上有窝，对脉盖顶取穴，下则饱面无气。经曰形如覆釜、其巅可富是也。 |
| | 孤金端正肥饱，龙真打开水窝取之，所谓脚阔头圆、开金取水是也。主巨富。 | | 此地多高山，闪落平垟要有余气，认弦傍角作穴，取气之直贯者中，穴气短缓。主绝。 |

图	说	图	说
转 乳 转	开口蟹钳金两脚回抱湾环，最忌直硬不弓。穴下无乳漏槽。亦有双钳诸格。	急 峻 坦 坪 坪就	突金觜穴，凡形势有觜者若外有坪，则气聚将铺坪处。
峻 坪 角闪	吐气开钳口流于一边，坪上临田蘸水，最易发福。	峻 坪	吐气开钳口正出坪上，谓之蟾宫月影或生窝，皆吉，不宜深葬。
峻 坪 绝 唇 闪角	吐气落坪谓之吐唇星辰。舌下又有唇穴扦坪，上无坪处。主绝。	死 闪角	太阴半月，气贯一边，微有窝钳，就角扦之；中央死气。主绝。
死 死	正面弦棱分晓，不满不突而有微窝，内外俱明，则葬窝穴。	半平 半平	半月金星出，自然两角无窝。就蟾上打开取水扦之，大吉。若高，主绝；低，主凶杀。

太阴两脚平开，一脚带火，上有微窝，宜高就窝扦之。角穴犯火绝。	平地仰面，星辰有唇，当就唇下。此等多是平中一突，必是来龙远脱、卸清结局。主福力悠远，子孙众庶。
此平面无唇、四面仰弦而葬窝心者，名落地金盆，金钱之类。	此平面前有微毡及微砂抱转者，当就弦立穴，中则气不止微砂无力。
侧面金脚带火，气流火边，乃就角微平处打开挨金剪火以葬，亦取水之法。	摆脚金脚动处皆转气流动边，宜栽荡以葬。
金星作垂泡，两手回抱，就泡上安穴。泡微，勿太打开。	此星出木脚，宜剪去。木高扦，所谓元武舌长高处点之类。更作小兜金遮木脚不见，方吉。

枫叶金骑形，剪火而葬，所谓三角金星是也。多盖顶穴，审脉以定之。		吐水金透迤曲折，尽处出员泡泡，就泡作穴。泡小不宜太打开。	
出曜金与剪火葬同挨金，取气得法，发福极速。		转钩金面上微生水脚，缩转作钩，于钩内立穴，气流角上，更得钩转，故为最力。	
燕窝金郎开口水窝。经云：形如燕窠，法葬其凹，胙土分茅。		正面硬急，下有微毡，两钳明白，粘主就毡以葬。要粘气不可脱脉，太吐则绝。	
象鼻，金头圆面、一边弓脚者也，亦谓单股。金星逆水则是左右一同。		金拖荡荡处有应乐则可立穴，就子作也。与摆脚体大同小异。	

金硬 芷平	闪角金阴砂底护脉垂一角，低处就角傍砂扦之，露则主绝。	金面破 肩 土窝	金面中生出土金之角，看他掬处捉脉扦之。正面破碎无气。
金灰线 肩软 动 高肩 高肩 棱 荡	阳金高大粗雄硬面，要微脉下有小泡方真。其势踊跃，必主立郡迁都。	金 软 水平肩 牵转 厚	金星坠气，主富贵。误高则绝星辰。上高下平，两脚扯开、腰肢圆净者合格。
微脉 土平 土平 气紫	上金下土为泄气，不吉。平面下要出紫气方可。盖木为财出富龙，贵出县尹。	多 贴体 金	金星粗大贴体后出小金闪角作穴，主世代绵远发福。
金 绝 瘟 土 葬乘生	此地要平面两脚相并，寻土脉作穴，误扦，主绝瘟火。葬得法出刺史。	金 金 金 土金脉	此格名腰子。土与金相似不可坐后。土近火当脱脉，就龙虎扦之，号曰就气。富贵绵远。

此格面体粗硬不成，地出小泡方吉。以护缠分贵贱，富可敌国，贵出刺史，后愈昌大。			此地二穴皆要微脊分明。上穴宜高，下穴宜低，上软下硬、形势不急者合格。一名劫穴，闪杀而作实。
双气合脉结穴，名太阳合气穴。左右弓脚台顶分明方真，不明者非。			此格得法葬之旺，人聪明，但无大富贵。若误高下，主败绝。
此地要中间起高大，金星氽归两边，只要掬角明白，主右富左贵，当代即发。			此地宜向凹中作穴，有外应方真。正面无气不可下，出富贵文才佐二之官。要落脉微细则是，粗大则州。
此地三金横水，品字金星，宜扦水泡曰泛水金星。当代出提刑，富贵不绝。			祖星是金，落穴是水，龙虎是火。闪杀主贵，受杀主绝，承水主富。虎口虚穴不结，名垂掌金星，与垂掌相似。

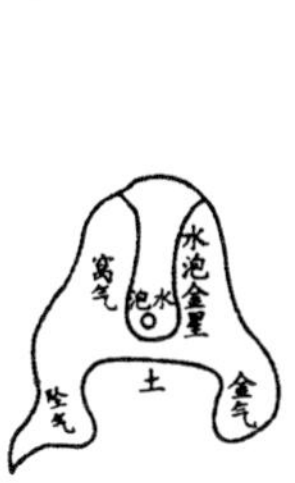 （图）	正面坠气，只要上小下大方真。似有似无为妙，不问金土皆结，发福绵远。	 （图）	此地二穴上小富下，主大富贵，名转皮土角穴。宜平低作穴上穴。要有应无应则非。
 （图）	此格名木星斗土。土坡出紫气，穴方正。扦之有法，有帐出文，无帐出武。误扦主绝。	 （图）	此地名茆花泛水金。要葬节动处，主文士贤人富贵。失法出人淫。
 （图）	双星扛水天财，后有乐应，穴居凹上。腰长者不取。	 （图）	金、土、天财斜插入穴，主人财两旺、典郡专城。失气者绝。
 （图）	亥口阽者主贵，正顶扦者主富。失法主绝。要观后顶明白，方可扦作。	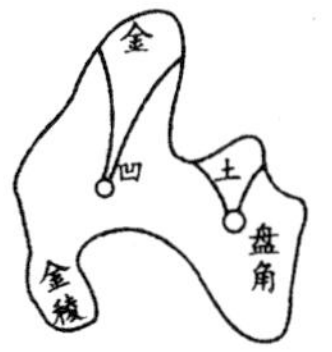 （图）	此格高山落平洋者为真。若得四水聚，富贵绵远。

中华传世藏书

钦定古今图书集成 精华本

堪舆篇

三五五七

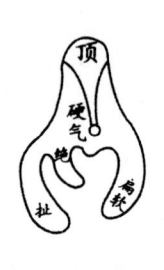	此格左穴为天财，右穴为坠气。俱要低葬就水扦穴方妙。得法富贵，失法黄病。		此金星凹下坠气之穴，挨正脉倚绾傍左而扦。
	此金星坠气穴，如悬胆坠珠于坠，觜上扦之。		

木星捉脉式

木亦尊星，结穴少杀于金。正体有立、垂、横格，而变体四星任其所兼，多结节。泡之穴或为曲折之状。

	木星愈高愈贵。要顶圆身耸，急进为尚。傍乳气不到，主绝。		此正木盖穴。头圆身直，三停皆可取穴，但认窝坦苞节高下取之。或气偏则有倚穴，直急则有粘穴，宜详其形势捉脉下之。

急峻	此正体垂乳穴。经云贪狼不变、生乳头是也。主大富贵。大抵木星多文贵，金星主武，土星主富。又当以清浊定之方准，不可执一论。	硬	直倒木星至尽处无化气，宜退后，截来脉带骨贴皮处下之。
直	直倒木长数十丈、百余丈，至尽头微开钳口，就中立穴，愈长愈妙。	垂头	垂头紫气，就头上顶脉扦穴。此穴至贵，各落地文星，主状元、宰辅。
峻 出肃	出肃木星，其尽处起金水泡，或微顶抽出木肃就于顶下，详肃动处立穴，所谓就化气也。	木 木	金水嶂下生出两木，直下如金钗股样，名交枝木，于丫杈处扦之。
毡	横木长数百丈，中吐舌，或圆或方，当就舌穴立。盖真气并于外，以舌为证者也。	出 截	横直木如下字，若本身无化气，宜截气开窝以葬。

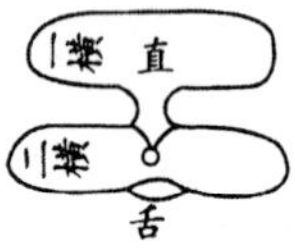	横山连气木两头，一直脉从中出，或住平冈、广坂、湖边，就中直上顶脉立穴，主大富贵。	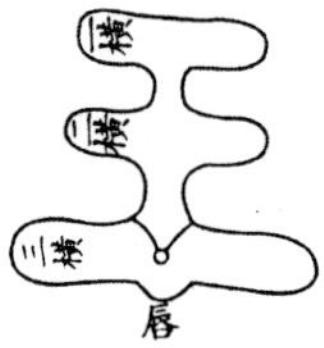	三横一直，均匀如王字，大贵、封王。有在三画上立穴者，有在三画外立穴者，亦有觜弦舌上立穴者，皆要齐整。
	浮水木星，从有气处作穴。垂木气之尽，枕应为之葬乳。木气已绝纯水之所，必主淫绝。		此名推金扯角穴，大不入俗眼，又名三停穴。金、水、木相扶动处扦。穴低者方是。高大穴非，局势急员者是。
	金水星头下出木，前有一臂掬转，宜挨归一边立穴。		此名绾蓝木，如手绾蓝穴。扦将转动处，与没骨、天财、攀鞍、垂鞚诸体大同小异。
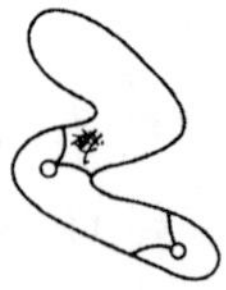	折挣木，三弯三曲，或于掬转处插肘外，乘气立穴，或于尽头立穴，俱承动处审四势下之。		曲木，曲处外有裀褥，宜插肘外，乘气下之。

	芦花袅木，曲折摆动，到头掬处下之，主神童、状元。		木星架火，火焚其木，极为凶祸。高开水窝，深藏下之，不见火为福。
	十字木星，与柿蒂土相似。但土方而木圆、土浊而木清，宜就中央聚气处下之。		木星出水，而生金开口结穴，宜扦口中。若不生水而出金，穴无窝泡，则凶。
	木星出水浪，木形水厚是贵格也。住处结穴如木之芽，英华秀发之象。		四木齐到，下手一木掬转，取短而有裀褥者为穴，宜扦木所尽处。
	木垂而出水泡，就泡上立穴，勿大打开以伤其嫩气。		

水星捉脉式

水多为引龙过气及为兼星，故结穴龙少于土，必兼金、木方结，无纯水作穴者。正体有澄波、回澜、流泡之格；变体，四星任其所兼。

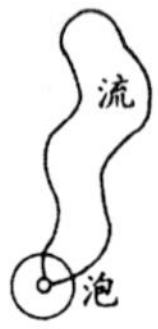 流泡	流泡出穴，穴在泡水，流必有泡。无泡则为荡水，不结。	 水金	流水出金星，结穴在金星上，就开口处取之。
 高硬 流泡 微平 软	此格上穴为贵，下穴泡上，要就中正下之。下穴不若上穴，乘气急也。	 水 水 窝	水星开窝，当就窝内扦作。要内平正，四围有弦如铜锣样，方可就窝下之。
 木 水 勾夹	水、木相兼，勾夹开窝，就窝下之。不可太深，深则脱气。	 螺旋兰迴	回澜旋螺，穴结中间头上，此穴极贵。有蟠龙、蟠蛇诸格。
 澄波 平面	平地之水，圆融不动，名曰澄波。弦棱明白，当就中立穴。	 水 应 水掬 水掬	水、木相揉，看取掬处。若掬处有应，便宜立穴。与开口无异。
 脑 面 淫 水城 燕尾	此星号曰淫星，扦之有诀。正面穴，主出淫妇绝；左一穴，主大富贵。如死硬、则非。	 云高 势高 硬 火 软	三台结顶，边急边缓，要有窝脊，就坡弦上作穴，主大富贵。高露主绝。

|  | 此星粗重模糊微有脊方真。但要水低，名曰：气穴来雄；无抱号曰：冲穴。主速发人财。 |  | 二水横金，形势如飞蛾，又曰坠气金星，主大富贵。 |

火星捉脉式

火多作祖宗及为罗曜，故结穴尤少于水。大抵难多结穴。正体有焰天、倒地诸格，变体四星任其所兼。

| | 此焰天，火盛极而生土出穴，主王，葬极贵。大抵水为秀、火为禄，不结则已，结则极显。 | | 此倒地，平面火生微土，于中结穴，如火烧尽成土之象，一任风吹，愈燃愈炽。 |
| | 此倒地火如红鸾禄星，环抱处作穴，主贵卓越显赫。 | | 此火生棋盘土结穴，不可葬正中，要退后坐龙脉方是。勿前有三丫文，必出三公。 |

| 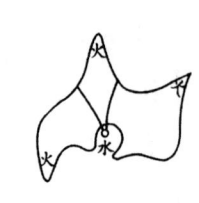 | 火薰蒸而成水，开水窝立穴。葬急生绝。葬是出刑名。 |  | 火盛而生土，水不足以泼其势。宜于土星开口处扦穴。又名腰子土。 |

土星捉脉式

土与木、金皆尊星。土结穴少杀于木。上格出王侯宰执，下格亦巨富，以土星福厚故也。正体有高低、斗面、仄面，而变体四星任其所兼。

| 削 绷 坦 | 屏风正土，立面绷削壁立，无处立穴。至脚跟处始见吐气，就坠处下之。 | 垂 正 | 土星悬胆出脉，就胆上下之。勿大打开，以伤其气。 |
| 峻 坦 | 胆与乳大同小异。胆上细下大，乳则下小，乳忌大。长硬微动处是穴。 | 土天朝棱 棱 | 此格内金、水，外火觜，当枕中作穴。脉正出显贵，角出亦至侍御。无弦棱主绝。 |

	此星多是不高不低，后是土，左右是火，后有微脉出自土角。当就水窝弦至穴，主兵权富贵。		土角出脉，合气结穴，于中微起凸，就凸上扦之。无凸非穴。
	此地名曰劫穴。有火觜在下，要穴高龙虎低，角上人首。主出郡，主富贵双全。		土星面宽大肥厚而垂两乳，俱端正员净，当立两穴。
	土星开口出窝，弦棱紧固，宜就窝粘弦立穴。		平地棋盘方土，面身正平，不拗不高低边就中立穴。须要窝有明白，满突不可下。
	垂钩土，即于掬转处立穴。要应乐分明、左右有情，则发清要之职。		转角土则于角拗转员活曲动处扦之，就口斜乘来脉则吉。
	土星葬角，取细嫩处扦之，所谓老中求嫩、静中求动也。		此星要平正有角者，方是悬下，合作紫气穴。动荡分晓，富贵非常。

	此地宜大打开，深取水穴，水土始有制化。左穴主巨富，右穴出大总兵。宜仔细消详，错乱主绝。		此地名孤落穴，乃土腹藏金贴体，星辰微出，角上作穴，主威严之职。低平则非。
	凹脑之开口者，亦如绾蓝绾得紧处，有势为佳，就口下之。		凹脑之不出乳、不开口者，有应，就中捉脉下之，主大富。

《杨再谪仙人杨公金钢钻本形法葬图诀》

论葬

杨公一日执金钢钻谓门人曰：地理之术，龙要有正星，穴要有正形，砂要有正名，水要有正情。四者之外，又有法葬之旨，所谓有常则有变，而法则所以制变者也。如高山葬窟，定形也，而有空窟之天狗；平地葬突，定形也，而有暴突之孤曜。葬之家破人亡，反归地理之不验。岂地理之不验，失法葬之旨者也。夫龙凶穴吉，无情而有情也，虽福不久；龙吉穴凶，有情而无情也，虽凶必福。而去凶召福之机，惟在于趋全避缺、裁成辅相之法则而已。故寻地之法，须先辨其穴星阴阳，如阴落之形必仰，阳落之形必覆之类，然后寻其降脊以捉气脉。究灰线之微茫而定穴所，然后看界穴金鱼之水、护穴凤凰之砂。有水无砂，掷转则散乱不聚，所谓金鱼不凤凰，此水反为殃也。又须看其出乳员净，如蟹眼之突活动有情，两旁有微茫水环之，斯非暴可葬；切忌无乳失陷为空窟，与蟹死眼凹陷同为祸不浅，所谓"蟹眼当求法，死蟹路人亡"也。求法者即开口、堆乳、窍肩、窍胁、窍颈、窍足之

类。又须看其虾鬚明白。虾鬚者，则是穴前合襟、人中水也。不明白则界河不清，不可用，所谓"虾鬚休错认，俗喜虾须长"也。又须辨其左右之砂，雌雄交度则气始聚，或阴交阳，或阳交阴，结作方真。凤雄而凰雌，故曰"凰雌凤是雄，细辨用心详"也。左右之砂弯转护内，则内必明净而有尾拖向外，所渭"牝者尾多乱，牡者尾徜徉"。牝牡指左右砂之雌雄言，多乱、稍徉谓穴内不见而任其飘洋于外也。又须辨其龙格之如灰包、如茶槽、如药碾、如筲箕水枧之类者，慎勿扦之。如法既得，又须辨其城门水口四神、八将、三阳、六建，各各明显具备，有吉而无凶，则斯为十全之地，而寻地之法亦无外于此矣。今举五星本形法葬图诀以示汝辈，诚能学力之至，自能执此作地，永福无祸。若失此诀而欲作地，譬如尘中寻粟、砂里拣金，几何而易得吾之旨、不祸于人而能为人作福哉？

金星形局

形本		葬法	
	金星来势倚立，两肩平齐，左右山宽，气隐堂长，只是虚钳。如此下穴，元辰去远，无金鱼水界，不可用。下后二、三代主公事。名天罡，伤穴之形，并无发福。		凡遇此等形穴，来龙真正，法于人首脉上尽处下穴，不必锄深，但输新土，高如马蹄样，四尺下棺。如此堂气短，墓头一出便有金鱼水界，此名接气葬法。下后大发。

形本		葬法	
	金星来势平缓偃仰，两角平齐，口内斜侧，明堂窄狭，如此下穴，主绝。若后龙好，当以法葬之，吉。		凡遇此等形穴，若龙好，不可舍之。用工掘开虎边弯环，一则右边不迫，二则龙虎回抱，三则元辰不直，自然有金鱼水之元环穴，主大旺人丁财禄。
	金星如此侧来，其势峙立，若只于两边求穴而不拖缩，则接气不得；又犯堂长无护，穴前又迫，主星收水不得，如此则堂气不聚，下后败绝。		凡遇此等形穴侧倒，左右山宽，若龙来分明，不可舍，宜于口中下二尺或三尺作起新堆，突出二三尺如法轮起结，墓方接得正气。又须打开左右两胁宽处，则堂水聚元辰不直，左右自有金鱼水界穴。
	金星偏生，有左无右，穴居正面右山不抱，穴露水散。龙好，宜用法葬之；龙不好，不宜用工。名金水不聚之穴。		凡遇此等形穴，当作金星脱金作用。须是用工作成右臂，使左右一般。龙不好者不取，龙好则下后发福旺人。

形 本 	此名金星退败穴。如此作穴，纵是龙真穴正，亦主当代退败离乡连连公事，犯天罡故也。	葬 法 	凡遇此等形穴，当如金星朝堂之穴法，须拔出堂中一二尺培起新土接脉，高三尺、深二尺下之。又须前面作聚水池一口，则堂短水去不真，葬后旺人发福。
形 本 	金星内开阔外关紧。龙好，亦为发福之地。但堂长水直，名内败穴。主冷退败家。龙好当用法下之。	葬 法 	凡遇此等形穴，当以内聚法下之。原金星穴形合下水穴，内直外勾，尽可扦葬。须拔出堂中，用工接来脉作成金水泡穴，自然金鱼水界，取水不直，自成大地。
形 本 	元形金顶，火脚扦下，一纪金星牵动两角火星，主长。小房皆不吉，但龙好不可舍，合以法葬之。	葬 法 	凡遇此等形穴，须于左右火角上用工锄作水、木之形，则金生水、水生木，自然相生。下后三位皆旺人骤发福禄。

木星形局

形本		葬法	
	名木星流水穴。如此作穴，堂气不聚，元辰水直，必主退败。龙好，须用法作之则吉。		凡遇此等形穴，要聚水葬之。元本形开口，本星只葬水窝，亦不宜。须用工于堂中接脉，堆土作墓，使左右山拱夹堂，知水不直方吉，先富后贵。
	此名木头金脚相克，主凶，左右杀重。如龙好，亦须以法扦之则吉。只如此葬，出黄瘅气痰之症。		凡遇此等形穴，木头金脚最难取用，宜贴出右边开水穴下之，回避左杀，取金生水、水生木，避杀迎生，则成大地。
	木星木穴，全无化凩，左右皆直，又无回拦。若无水荫，下后主孤寡绝人。如龙真，亦不可舍，当以法扦之。		凡遇此等形穴，来龙有护有送，大水横抱，不可舍，宜用法扦之。打开作水窝，穴前堆转两手横拦，使堂局有关锁，水木相生，自然发福。

形本 	木星主山高压，左右迫穴，下后三位俱绝，出人鄙俗。若龙真，不可舍，当以法葬之。	葬法 	凡遇此等形穴，须用工打开逼处，取出左右内砂环抱，使水木相生如势来偃仰，即正下穴。势来耸压则取畔侧下穴，自明堂宽展，立见发福。凡形穴左右，一同取之。
形本 	木星来势高耸，前山高压，穴窄堂狭。如此葬名天罡杀，主少亡换妻，全无发福。	葬法 	凡遇此等形穴，主山高压，前山高出，作用法度须锄人四尺至五、六尺扦之，前山自然宽阔，明堂自然方正，回环而成大地也。

水星局形

形本 	此乃滚泉水星带金，主大富，子孙繁盛。若金泡不明，左右不护，穴后龙虽好，亦不发福。当用工作之。	葬法 	凡遇此等形穴，当于一股正脉脱杀处下穴，用工堆起金泡明白，将左右两手补出弯长护穴，明堂气局不泄，方为大地，富贵旺人。

形本 	水星到穴，如此屈回。只此下穴则水散，堂宽不聚，下后退败离乡、女人淫乱。龙好，用法扦之则吉。	葬法 	凡遇此等形穴，须开水窟用工涌起，以金顶下之，则金水相生。左右更堆两手抱护过穴，如此作用，则成大地。
形本 	名水星滴水。脉扦水头穴，须中开一段，或大或小，异众不同，方可下之。若左右护卫短小不能到穴，则气露无力，不发福。当以作法用之。	葬法 	凡遇此等形穴，要后龙起大金星为祖，须寻正脉脱杀处，用工堆起金顶为坟，取金水相生。又用工于左右两傍贴出龙虎护穴，使穴不受风。更于面前堆一横土，星与穴相等，不高不矮，以作内案，使水不泛滥。主世代文显旺人。
形本 	此名水星金泡穴。左臂山飞走直出，右臂山不展抱，穴处露风，下后孤寡离乡。若后节龙好，有大金星为祖，当用法扦之则吉。	葬法 	凡遇此等形穴，来龙合法，当用工于左边走山上贴出两三臂，遮了飞走之山不见高，堆金星顶为坟，接长右臂弯环抱穴，则左右无风，如风吹罗带之形，可为清贵绵远旺盛之地。

火星局形

形本		葬法	
	此名火星木穴。直来直受，无饶无减，发福不久。龙好，不可舍，当用法扦之。		凡遇此等形穴，当倚木一边，开边窝取水立穴，使水生木、木生火，自下生上，倚避直杀造坟则吉。以挦须穴法下之，方为久远富贵之地。
	此形乳短，若下之，犯金气。火金相克，不吉。若后龙好，当以法扦之。		凡遇此等形穴，当于短乳两胁窝，开取出土星粘土作穴，火土相生，富贵久远。
	火星脱落平地，名倒地火微起土面。若就面上扦之，则斗刚硬，名犯天罡，主败绝。若后龙好，当以法扦之。		凡遇此等形穴，是倒地火微起土面。火生土，已合正法度，但不可犯天罡硬面扦之，宜于土面上开口，深进六、七、八尺立穴，其中微出金唇贴硬就软，左右锄出龙虎，使内水合流堂中而出，方成大地。主出武将大将军。

土星局形

形本		葬法	
形本	此土星只如此葬，乳粗股大，虽得堂局端正，亦主黄瘟长病孤绝。若后龙真，当以法扦之。	葬法	凡遇此等形穴，乳粗股大，微有一系脉下，只接脉就乳头葬坟。用工锄开左右龙虎，取开弯抱，去其粗顽，名接木穴，则主富贵。
形本	此星无乳，若如此葬，名犯本杀。葬后主黄瘟长病孤绝。龙好，不可舍，宜用法扦之。	葬法	凡遇此等形穴无乳，当于两角求之，盖两角绷硬如木，使不法葬，则犯木杀。宜于角边有势处吞进开窝，钳穴之撞深取气，内钳紧夹，斯为吉也。
形本	此名卧牛土。顶斜，惟主大富。只如此葬，主出僧尼肿病路死，名土星犯杀穴。当以法扦之。	葬法	凡遇此等形穴顶斜大股，上肥满挨，中有微微小脉，宜劈开肥处，取出乳头界水，作一股环转，就中立穴，收拾堂气，名曰斜木扦芽穴，下后大富。
形本	正土出，紫气入穴，两角带火。如此安穴，两角不收，名曰土星无炁穴，不吉。若后龙真正，当以法扦之。	葬法	凡遇此等形穴，是正土木穴。只是火角不宜不收，宜向中乳下脱脉，扦穴粘之。又不可出脉太远犯水，宜深五、六、七尺新土培起墓尾，两边龙虎培土使之弯抱穴场，则见发福。如来势峻急，不可安穴，亦不可粘，必要平缓方为可也。

第十九章　堪舆汇考十九

《堪舆漫兴》

山祖

昆仑山祖势高雄，
三大行龙南北中。
分布九州多态度，
精粗美恶产穷通。

水源

南海长江鸭绿江，
黄河四路水汪汪。
界来三千分南北，
消息机关在此藏。

北龙

北龙结地最为佳，
万顷山峰入望赊。
鸭绿黄河前后抱，
金台千古帝王家。

中龙

中龙尊贵孰堪伦，

水绕山环四海均。

我祖祖陵锤厥秀，

须知昭代万年春。

南龙

南龙一干亦多奇，

当代高皇始帝之。

惟有金陵称胜概，

高祖下作上天梯。

枝干

寻龙枝干要分明，

枝干之中别重轻。

欲识真枝与真干，

短长界水得其情。

干龙

天马行空气象尊，

千军拥护度乡村。

前头门户有关闭，

立郡迁都子又孙。

枝龙

擘脉分枝三两行，

到头结作细参详。

直须辨别非挠棹，
此地于人亦小康。

支龙

葬山支垅要旁烛，
支葬其巅垅葬麓。
垅宜还伏支宜生，
病垅死支莫驻足。

苍龙

垅龙行度势猛烈，
脱煞就堂方是结。
时人不识撞其毬，
下后令人宗嗣绝。

支龙

支龙平地欠峰峦，
眠倒星辰竖起看。
界水不明还是假，
模糊星散不须安。

旁正

出身共此祖和宗，
旁正详观自不同。
正结至尊如帝座，
旁虽有穴欠全功。

粗嫩

粗中抽出嫩为佳，

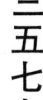

嫩可安坟老却差。
又有尽头名曰老，
莫教一例断荣华。

长短

随龙长短辨低昂，
龙若长兮福亦长。
一节有情一节好，
短长节数任端详。

真假

真龙穿帐必中央，
虚假模糊似破裳。
过峡还当观护送，
有迎无送亦非良。

贵贱

分龙贵贱有蓍龟，
贵贱攸分在动移。
贵格星峰多振作，
贱龙懒散欠施为。

祖山

龙楼宝殿势难攀，
此处名为太祖山。
若祖端方孙必贵，
亦须剥换看波澜。

少祖

近穴名为少祖山，
此山凶吉最相关。
开睁展翅为祥瑞，
低小孤单力必悭。

父母

问君何者为父母，
穴后峨峨耸一山。
前后相生不相克，
儿孙赴举不空还。

胎息

胎息之山一线长，
万钧之力此中藏。
苟非束气何能结，
漫散无收定不祥。

孕育

山家孕育是何形，
不外峦头看化生。
有格有形方可取，
入睁须得一团清。

到头可迁来龙略次

娶妇惟求工德容，
外家安得尽丰隆。

婚缘若也能相协，
奁赠虽微福在中。

出身

辞楼下殿向前行，
弃甲曳兵身始清。
臃肿牵连无跌断，
家资虽有亦须倾。

剥换

行龙剥换金宜土，
若见火罗灾必来。
两臂展开有水救，
阴阳相济亦奇哉。

龙过峡

过峡风吹不可当，
尤嫌硬直大而长。
两边护送如周密，
前面须知有栋梁。

枝脚

枝脚反背龙必假，
枝脚归缠龙必真。
不知其父观其子，
不知其君观其臣。

梧桐枝

上格行龙梧桐枝，

枝分两翼各相随。
骨肉一家无剥杂，
出人忠孝似皋夔。

芍药枝

中格行龙芍药枝，
两边长短有参差。
嶂空补缺能包穴，
此地人间亦白眉。

蒹葭叶

龙行下格蒹葭叶，
枝叶虽偏左右均。
莫作寻常轻易看，
亦能发福力千钧。

杨柳枝

手脚偏枯杨柳枝，
边无边有未为奇。
葬来定是亏公位，
别地须当品搭之。

无枝脚

龙身活动似生蛇，
仙带芦鞭总一家。
若出三台屏帐下，
状元及第万人夸。

护送

行龙护送要推详，
护送愈多福愈长。
若得随龙并顾穴，
儿孙行庆福无疆。

驻跸

行龙暂止为驻跸，
驻跸之山看出枝。
旁正精粗由此见，
前头结作不差厘。

行止

龙行龙止易为窥，
龙若行时山水飞。
止处浑如人坐卧，
山环水抱两相宜。

分劈

分枝擘脉龙之常，
分擘若多非吉祥。
苟能逆转为吾用，
反见儿孙福泽长。

背面

龙分背面有何征，
面可安坟背不成。

若是背时多陡岸，
面生窝突更宽平。

宾主

两山相对为宾主，
宾要有情主要真。
主若欹斜宾不顾，
定知此地欠缘因。

奴从

融结真兮将坐营，
前后左右拥千兵。
一呼百诺真堪爱，
此结方知是大成。

余气

腰结从来有大地，
何须二水尽交流。
世间多少寻龙者，
余气都将作尽头。

一势

山垅平冈平地势，
三般形势一般看。
龙宜起伏冈宜活，
平地草蛇顶上安。

三落

龙分三落初中末，

初落惟看逆案横。
中为腰结宜环抱，
末处须防水势倾。

生龙

重重起伏最为奇，
屈曲之元东更西。
好似龙行并凤舞，
还如鱼跃及鸢飞。

死龙

粗顽臃肿欠高低，
摆折全无莫作为。
倒地恰如鱼失水，
藏山真若木无枝。

强龙

出林猛虎爪牙棱，
人海苍龙力势弘。
前去若能成口穴，
人家富贵骤然兴。

弱龙

瘦牛倒地露筋骨，
野鹤无粮脱羽毛。
不审妍媸如误下，
伶仃孤寡一鹪鹩。

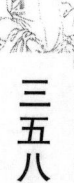

顺龙

开睁对对贴身后，
布曜双双绕穴前。
父子一堂慈更孝，
孙枝满眼顺而贤。

逆龙

星峰逆转无来意，
挠棹斜飞不顾坟。
反目夫妻家罔正，
阋墙兄弟义何存。

进龙

穴后相看节节高，
犹如天马下云霄。
子承于父孙承祖，
世代居官挂紫袍。

退龙

穴后一重低一重，
此地须知是退龙。
纵有穴情只一代，
儿孙不久便贫穷。

福龙

福龙赖有祖宗好，
左右周围辏集来。

体势纵非真正结，
盘桓安静亦堪裁。

病龙

病龙慵懒不堪言，
边死边生力欠完。
锄破崩残同一断，
纵然成地亦孤寒。

劫龙

旁正不明无分别，
东牵西拽总模糊。
时师无识空谈穴，
笑杀人间几丈夫。

杀龙

棱棱杀气石嵯峨，
脱杀全无尖射多。
不独强梁并凶恶，
还须入室见操戈。

出脉

飞鹅降势脉居中，
细细微微吉气锤。
若出两边左右角，
一官虽贵却无终。

直龙入首

串珠接气直撞来，

力冠三军十倍才。
结作定知裥褥大，
朝贫暮富莫疑猜。

横龙入首

横龙鬼乐不离身，
鬼乐俱无穴不真。
但得一般堪结地，
亦须坐下看精神。

飞龙入首

飞龙入首最堪夸，
声势掀天清贵家。
四应有情来揖冢，
水城须见石交牙。

潜龙入首

潜结毫厘不可差，
细看灰线草中蛇。
禾鳌口肉皆堪葬，
务要钳中不侧斜。

闪龙入首

直龙直受理之常，
闪落谁知结一傍。
不特下砂看逆转，
还须端正问明堂。

金星

金星形体净而圆，
弓起浑如月半边。
秀丽笃生忠义士，
高雄威武掌兵权。

木星

木星身耸万人惊，
倒地人看一树横。
有水令人身贵显，
欹斜不正反遭刑。

水星

涨天水星浪交加，
或落平洋曲似蛇。
智巧聪明多度量，
荡然无制败人家。

火星

火星作祖似莲花，
贪巨相承宰相家。
只有开红堪作穴，
亦须平地出萌芽。

土星

土星高大厚而端，
牛背屏风总一般。

若在后龙兼照穴，
兄弟父子并为官。

五星

火南水北木居东，
西有金星土在中。
此谓五星来聚讲，
天壤正气福无穷。

正受穴

迢迢特至为正受，
正受之穴世罕有。
万水千山结我坟，
儿孙庆泽天壤久。

分受穴

一枝臂上脱形来，
亦有规模堪剪裁。
莫谓分龙为小结，
小以成小有余财。

旁受穴

问君何者为旁受，
正受龙身气脉洪。
或在两边龙虎上，
或于官鬼护缠中。

太阳

高耸金星号太阳，

或生两翅绕身傍。
窝钳之处裁真穴，
一品公卿佐庙堂。

太阴

弓脚金星号太阴，
形如半月穴宜寻。
江湖池沼来相应，
女作椒房夸太妊。

金水

金星重叠二而三，
动处名为金水涵。
斗口窝中莫放过，
其家兴发百斯男。

木星

木星直落下三停，
深浅高低看内城。
横倒木星何处下，
节包之上有情真。

天财

天财金水土金分，
坳土横安蝎蛎论。
更有猪腰窝里下，
攀鞍出乳乳头尊。

孤曜

金头木脚为孤曜，
上克下兮何足妙。
不惟世代换头妻，
更至单传子息少。

燥火

问君燥火果如何，
有角有棱似刃戈。
若非曜星出武职，
穴临其上受灾磨。

扫荡

扫荡星辰人共弃，
全身是水金不至。
水无金镇必漂流，
淫荡儿孙退家讨。

总论

九星识破莫言精，
变态千般无定名。
惟有窝钳并乳突，
不拘形状尽依凭。

窝穴

龙身阳结为窝穴，
葬法须知浅则宜。

阔狭浅深如合格，
一家饱暖定无疑。

假窝

假窝有穴不堪扦，
懒坦空亡缺一边。
若见漏漕并破陷，
令人夭折退牛田。

钳穴

本身有手为钳穴，
直曲短长要抱湾。
虎口推开安正脑，
仙宫逆转即天关。

假钳

元辰倾泻田须卖，
贯顶有漕人不留。
桡棹假钳仔细认，
莫教误下令人愁。

乳穴

阳来阴受为乳穴，
乳穴粘毬法葬深。
两臂护来无坳缺，
儿孙满眼玉森森。

假乳

问君何者为假乳，

剑脊烟包脚带斜。
峻急峻嶒人半个，
粗顽臃肿祸三年。

突穴

山中有突少人知，
若在平洋突更奇。
山谷藏风顶上葬，
平洋看水定高低。

假突

玉印金鱼绿水滨，
生来奇异掌中珍。
谁知无意贪融结，
只为他人作用神。

朝山征穴

大都捉穴有明征，
穴好朝山分外清。
若使面前无真对，
纵然有结力惟轻。

明堂

休嗟穴法苦难寻，
指汝迷途抵万金。
端正有堂不偏侧，
其间便是定盘针。

水势

点穴先须看水源，

水缠原即是山缠。

左边湾抱穴居左，

右若有情在右边。

乐山

乐山托穴莫相离，

如库如屏法最奇。

惟有横龙全在乐，

乐山不到穴无依。

鬼星

横龙结穴必赖鬼，

鬼若长兮泄我气。

横龙无鬼必虚花，

纵有穴情非吉利。

龙虎

龙虎证穴要相均，

湾抱有情即脱贫。

左右高时高处下，

左右低时低处真。

缠护

大地还须看护缠，

护缠抱穴福无边。

漏胎孤露必为假，
此理能明值万钱。

裀褥

真龙结穴有余气，
如席如毡长更圆。
余气若无成陡坎，
儿孙安得寿长年。

天心十道

天心十道还谁识，
后靠前亲夹耳山。
四面有情来照穴，
定知有贵拜龙颜。

分合

上面无分气不来，
下头无合不成胎。
有分有合斯为美，
无合无分难取裁。

粗恶

粗恶之山雄更丑，
出入凶狼性非良。
后前左右须回避，
若见冲心主杀伤。

峻急

立穴藏金贯坦夷，

本山峻急岂能为。
凿之立见遭兵火，
斗煞还须父失儿。

臃肿

臃肿何以称弃才，
窝钳头面不曾开。
若教误下金刚腹，
坐见人家不测来。

虚耗

润而不泽为真土，
锄圪惟忻实更坚。
若见鼠蛇来出入，
定知虚耗气无全。

凹缺

穴法当头怕坳风，
坳风吹穴祸来攻。
左宫拗动先妨长，
右畔风吹小子穷。

瘦削

山形瘦削不须窥，
瘦削之山气力痿。
虽有窝钳似堪葬，
亦须贫苦受仳离。

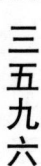

突露

孤峰独立无跟从，
似此名为突露山。
只好庵堂并道观，
俗人得此寡而鳏。

破面

峦头端正始为良，
锄破崩开真气伤。
不独家财招耗散，
还须骨肉见参商。

疙头

石砂错杂无真土，
疏草黄茅枯更焦。
此谓疙头欠元气，
纵然小可不坚牢。

散漫

问君何者为散漫，
阔荡无收并懒坦。
不惟冷退败其家，
白蚁哀哉生棺板。

单寒

独茏孤山不可安，
安之定见嗣艰难。

杨公一句真堪记，
龙怕孤单穴怕寒。

幽冷

天门幽暗风无入，
地脉寒凉暑不攻。
只好养尸长不朽，
儿孙零落绝其宗。

尖细

葬山最喜是宽平，
尖细何曾有正形。
土厚气全力始大，
枪头鼠尾岂能成。

荡软

有山束聚斯为美，
懒散无收总不宜。
似此规模为荡软，
葬之泥水坏其尸。

顽硬

粗顽峻直何须取，
急硬强梁不必求。
纵使四山皆合格，
亦须初代有隐忧。

巉岩

气以土行石不葬，

石为山骨欲其藏。
巉岩恶石临于穴，
信是韩彭剑下亡。

陡泻

穴前余气爱从容，
平缓坦夷福气隆。
壁立牵牛难作冢，
纵然有结早年凶。

高穴

拥起群峰百里高，
花心一穴最英豪。
或为禁穴千山伏，
或出王侯诸水朝。

低穴

低穴人间识者稀，
草蛇灰线落深泥。
模糊散乱名为假，
略求分明始可为。

本身龙虎

龙虎生自本身臂，
此格推来最清贵。
湾抱如弓有捍卫，
读书却遂冲天志。

外山龙虎

外山龙虎为假合，
穴若真兮亦振作。
吉凶祸福一段看，
还主过房堪付托。

单提龙虎

边无边有号单提，
谁知相谈公位亏。
苟得逆关收众煞，
房房有子贵而奇。

龙虎和睦

问君龙虎何为上，
降伏均和并逊让。
似此名为和睦砂，
出人忠孝家兴旺。

龙虎佩带

印笏牙刀肘上生，
还如带剑拥千兵。
排衙对对开堂局，
富贵英豪人所称。

龙虎凶类

两砂争斗宅难和，
若见推车退败多。

折臂露风人死绝，
斜飞反背定操戈。
粗雄瘦弱皆非善，
短缩长尖总不良。
摆面摇头何足取，
擎拳拭泪大难当。

案山

面前有案值千金，
远喜齐眉近应心。
案若不来为旷荡，
中房破败祸相侵。
案山最喜是三台，
玉几横琴亦壮哉。
笔架眠弓并席帽，
凤凰池上锦衣回。
案山虽有亦嫌粗，
臃肿斜飞不若无。
压穴巉岩并丑恶，
出人凶狠更顽愚。
案山顺水本非良，
过穴湾环大吉昌。
若有外砂来接应，
举人榜上姓名香。
外山作案亦堪求，
关抱元辰气不流。
纵有穴情无近案，
中房颠沛走他州。

朝山

点穴先须要识朝，

朝山不识术非高。

纵有真龙朝对恶，

亦须凶报不相饶。

莫把朝山孟浪吟，

古人有诀可追寻。

真龙藏幸穴何处，

惟有朝山识幸心。

朝若真兮穴亦真，

朝山不贵席无珍。

真朝真对穴前美，

有子青年观国宾。

特朝山

两水夹来为特朝，

朝山此格最清高。

尖秀方圆当面起，

子孙将相玉横腰。

横朝山

其次还求横朝山，

横开帐幔于其间。

或作排衙并唱喏，

亦须情意两相关。

伪朝山

伪朝之山形不一，

过我门兮不入室。
翻身侧面向他人，
空使有凶而无吉。

论平原无朝案

平原看局取回环，
高一寸兮即是山。
但得水缠看下手，
窝钳乳突是元关。

朝山拱案

莫将暗拱作寻常，
明暗之山一样详。
尖秀若居堂局外，
离乡有子辅明王。

前朝重叠

一重高了一重高，
奕世为官挂紫袍。
若见乱萝倒谷状，
家资巨万比朱陶。

前朝孤独

前山孤独不须忧，
高耸尖圆万户侯。
侧面低头贫如洗，
斜飞破碎败如流。

下关砂

堪舆吃紧下关砂，
发旺人财总是他。
若使下砂无气力，
诸山如画亦虚花。

水口砂

入山口诀有水口，
水口有关地可寻。
忽见禽鱼游水面，
定知有穴在花心。
水口之山形不齐，
龟蛇狮象总云奇。
捍门华表清还贵，
更有罗星是福基。

官星

案山背后有官星，
或是官襕拜舞形。
此物出官为最速，
儿孙当代谒明廷。

曜星

真龙余气生肘后，
或见尖长贵似银。
虎有爪牙威始壮，
龙无焰角物非神。

明堂之义

明堂食邑宜宽广，
诸水朝来富可知。
更爱湾环并方正，
还期交锁及平夷。

明堂之恶

明堂最怕形势长，
又怕有枪刺穴场。
去水卷帘财自散，
观天坐井嗣难昌。

论山水要适均

寻龙山水要兼该，
山旺人丁水旺财。
只见山峰不见水，
名为孤寡不成胎。

潮水

翻身作穴有洋潮，
水若潮兮穴要高。
直射无遮生祸患，
之元屈曲产英豪。

横水

横水无劳分左右，
但须下臂有关拦。

上砂短缩不随水，
福泽房房稳似山。

聚水

穴临池沼最为宜，
此穴须知世上稀。
苟得真龙并穴正，
黄金满室有何宜。

顺水

顺水之龙穴要低，
有砂交锁始堪为。
面前若见滔滔去，
纵是龙真罹祸危。

无水

干窝结穴水全无，
天作明堂驷马车。
四兽平和生温饱，
三阳逼窄主囹圄。

近穴泉水之美

清涟甘美味非常，
此谓嘉泉龙脉长。
春不盈兮秋不涸，
于兹最好觅佳藏。

近穴泉水之恶

冷浆之气味惟腥，

有如汤热又沸腾。
混浊赤红皆不吉，
时师空自下罗经。

论水形势之善

卫身绕背福悠长，
腰带鸣珂皆吉祥。
更有人怀并苍板，
田连阡陌富家郎。

以水为城

或问行龙何以止，
惟看水界穴斯成。
千形万态将为断，
曲直尖圆配五行。

金城水

金城湾曲抱吾身，
如月如弓产凤麟。
若是反弓不揖冢，
石崇豪富亦须贫。

木城水

江流长直形如木，
射穴冲心人不安。
横过尤嫌情绪懒，
斜飞焉可穴前看。

水城水

之元屈曲似生蛇,
当面朝来官者麻。
去水之元皆可取,
但须水口不容槎。

火城水

火城之水是何形,
斗角尖斜火焰生。
交剑挣须无二样,
军徒瘟火事无停。

土城水

棋盘局面土成水,
过穴朝来在一边。
若见下砂有接应,
大淳小疵亦堪扦。

要领

堪舆要领不难知,
后要冈兮前要溪。
穴不受风堂局正,
诸般挂例不须疑。
诸般卦例不须疑,
穴正龙真便可为。
水不须关有案拱,
绵绵瓜瓞与人期。

《总索》

总论

阳落有窝，阴落有脊，

入首星辰，从顶而立。

阳来阴受，阴来阳作，

上有三分，下有三合。

个字三叉，要知端的，

大小八字，贴身蝉翼。

股明股暗，有缓有急，

上耸明肩，下开暗翼。

毯檐毯髯，人中难识。

纯阴纯阳，天乙太乙。

界水虾须，微茫交揖。

左右金鱼，罗纹土缩。

葬口要明，浅深有则。

脉不离棺，棺不离脉。

合脚临头，临头合脚。

割脚临头，临头割脚。

有合不淋，有淋不合。

就湿眠干，眠干就湿。

牝牡交承，雌雄相食。

放送立微，迎接莫失。

后倚前亲，正求架折。

倒杖放棺，在师口诀。

拂耳拂顶，须分顺逆。

枕对之功，难如接木。

急则用饶，饶则用急。

高要藏风，低不脱脉。

弃死投生，要知来历。

点穴安坟，如医看艾。

明师登山，一一能解。

得师真传，了然在目。

风水自成，不坏骨殖。

木根不生，蛇蚁不入。

已上真文，口传心受，

不授他人，惟传子息。

有义君子，登山指画。

无义小人，千金勿泄。

阳落有窝

阳落星辰是若何，

形如仰掌略生窝。

或如开口宜融结，

曾有人能识得么。

阴落有脊

阴落星辰剑脊形，

肥圆覆掌更分明。

或如葱尾宜齐短，

世上何人识得真。

阳来阴受

龙如仰掌是阳来，

自是阳来阴受胎。

凸起节包为正穴，

覆杯相似不须猜。

阴来阳作

星如覆掌是阴龙，
阴极阳生理在中。
到穴略开窝有口，
其形马迹正相同。

上有三分

入首初看个字巅，
次看凸起节包边。
终看块硬毬檐畔，
龙水三分势自然。

下有三合

龙有三分在上头，
更须三合下头流。
合襟蝉翼兼龙虎，
好在其中次第求。

个有三叉

龙分顶上有三叉，
左右名为龙虎砂。
一脉中流宜起伏，
形如个字正兼斜。

大小八字

大小八字迹微茫，

生在节包块硬傍。
若是分明为大地，
但须脚短莫教长。

金鱼蝉翼

明肩暗翼号金鱼，
蝉翼之名果有无。
龙虎穴如双硬翼，
其中软翼汝知乎。

雌雄牝牡

龙从胅口认真踪，
土缩罗纹穴一同。
砂有暗明先后水，
细分牝牡别雌雄。

正求架折

正求架折气行流，
正出星辰是正求。
侧出星辰为架折，
但从入首看来由。

拂耳拂顶

气从何入不须猜，
自是正求拂顶来。
架折由来为拂耳，
须分顺逆莫违乖。

前亲迎接

前对合襟是接迎，
合襟前对曰前亲。
必端必正无偏倚，
此法由来世罕明。

后倚放送

后枕毬檐放送如，
毬檐后倚自安舒。
不偏不倚堆端正，
葬法其斯之谓欤。

临头合脚

临头合脚地方真，
上下由来真气凝。
上枕毬檐端且正，
合襟下对自分明。

淋头割脚

无毬披水是淋头，
无合名为割脚流。
或有上来无下合，
这般假地不须求。

眠干就湿

上枕毬檐正放棺，
水分左右曰眠干。

放棺下就合襟水，
就湿之名理亦安。

毯檐

到穴星辰块硬全，
毯檐相似自天然。
肥圆融结宜端正，
葬口生来在面前。

葬口

毯檐之下略生窝，
葬口原来正是他。
此是天然真正穴，
就中倒杖岂差讹。

罗纹

结穴星辰似覆锅，
覆锅开口或生窝。
莫非阴极阳生处，
所以纹如指面罗。

土缩

结穴星辰有开口，
口开唇下略生堆。
亦惟阳极阴生处，
土缩中生若覆杯。

倒杖放棺

十道先于葬口安，

即将直杖倒其间。
毯檐之下合襟上，
枕对无偏即放棺。

急则用饶

势如雄急是阴来，
雄急来龙缓处裁。
抛出毯檐五七寸，
免教白烂骨如灰。

缓则用急

阳来坦缓势逶迤，
龙缓扦于急处宜。
凑入毯檐五七寸，
免教黑烂骨如泥。

藏风脱脉

穴法窝低总不拘，
但依证佐是真机。
藏风之处高为妙，
界水之中低亦宜。

弃死挨生

来龙强弱认分明，
入穴仍推厚薄情。
砂有暗明水宽紧，
挨生弃死穴方真。

深浅

深浅由来不等闲，
须分平地与高山。
高山止与明堂并，
平地还深一尺安。

　　是书一出，地理不待穷而豁然于心，四科不待察而了然在目。盖尝见夫星峰特起，拨换分明，或露或隐，或山或坪。傍分二砂而为龙虎，中流一脉而有正斜，名曰三叉，形如个字。水初分于两边，而合于龙虎之前，任左右而出矣。中流脉伏而凸起节包，傍生阴砂而为蝉翼；水次分于两边而合于阴砂之际，而称为大八字矣。中脉略生块硬而名毬檐，傍水中分子左右而名小八字矣。自毬檐下有一坦窝子，而名曰葬口；自葬口下有一小明堂，而即其薄口；二砂隐隐合襟于薄口之下者，毬髯也；二水微微交会于合襟之端者，虾须也。此四科之证佐也。何以别之？殊不知个字三叉、节包硬块者，龙之证佐是也；毬檐、葬口合襟者，穴之证佐是也。砂之证佐而有护龙之蝉翼、护穴之毬髯，水之证佐而有证龙之八字分合、证穴之界水虾须。何以取之？地中之造化即人身之造化，三叉个字者，头首之譬也；凸起节包者，人之额门；而第一分合名大八字，非两眉乎？再生硬块者，人之鼻头；而第二分合名小八字，非两眼乎？毬檐而即鼻准，葬口而即人中，薄口合襟乃人之下颏，毬髯、虾须乃人之髭须也。惟有阴砂其义不同，其名不一。藏于龙虎之内，生于节包之傍，轻薄贴身，微茫拱护，如蝉硬翼之下又有软翼，故名曰蝉翼；如人腰带之间所佩金鱼，故名曰金鱼；边有边无，而有股明股暗之称；边明边暗，而有明肩暗翼之号。证佐明矣，可不究其理乎？盖理者阴阳，而阴阳者牝牡，牝为雌而牡为雄也。以龙论之，星辰形如覆掌或生肤嘴、来势雄急者，阴落而雄龙也；星辰形如仰掌或生窝口、来势坦缓者，阳落而雌龙也。以穴论之，龙之雄者结穴略生窝口，此其阴极阳生而为少阳之穴，乃雄龙而雌穴者矣。若无窝口而仍如覆掌、肤嘴者，穴之太阴而龙穴皆阴雄也；龙之雌者结穴略生小堆，此其阳极阴生而为少阴之穴，乃雌龙而雄穴者矣。若不生堆而仍如仰掌窝口，穴之太阳而龙穴皆阳雌也。罗纹之称少阳之穴，其纹若指面之罗，葬则勿破其唇；土缩之称少阴之穴，其土如缩而中

止，葬则休伤其顶。二者皆地中之精粹、世间之罕有，故特取义如此。砂之明，属阳而为雌；砂之暗，属阴而为雄。天门开于前山者乾仪，纯阳之谓；地户闭于后山者坤仪，纯阴之谓。太阴、太阳者，青龙、白虎也；少阴、少阳者，天乙、太乙也。水短属阳而为雌者先到，水长属阴而为雄者后到，故曰牡牝交承、雌雄相食者欤。尤必看其龙从何来、气从何入。星辰正出而正求者，其龙顺来，气从顶入，故曰拂顶；星辰侧出而架折者，其龙逆来，气从耳入，故曰拂耳。逆顺既明，生死可知。龙之强，生而弱无；穴之厚，生而薄死。砂之明暗，水之宽紧，理亦然矣。且四科易察，葬法难明。苟非其传，差之毫厘而谬于千里；苟得其传，道岂远而术岂多哉。但当先定一十字于葬口之中，而为十道之名，即倒一直杖于十道之中，而为倒杖之方。上枕毬檐，必端必正，而曰后倚，以受其真气临来，故曰临头；使水分于两边，谓眠干，下对合襟，不偏不倚，而曰前亲，以取其真气交会，故曰合脚。务要俯就合水，谓之就湿。毬檐在上而有放送之情，合襟在下而有迎接之意。倒杖之法，岂有余蕴哉，由是用线牵定而开井放棺，切勿信诸家卦例作向消水，有乖气脉。穴法虽然急缓无方，而穴有伤龙脱脉之患；浅深无则，而气有上行下过之非。故高则因其来势之坦缓者，乃阳落也。凑入毬檐五七寸以受正气，不可缓，缓则脱脉、主黑烂矣。盖穴不怕高，但要藏风聚气，故曰乘风则散；低则因其来势之雄急者，乃阴落也。抛出毬檐五七寸，以受正气，不可凑，凑则伤龙、主白烂矣。盖穴不怕低，但要不过界限，故曰界水则止。假如高山结穴，开金井止与小明堂相并，不可太深，深则气从上行，故宜浅矣；假如平地结穴，开金井深过小明堂尺许，不可太浅，浅则气从下过，故宜深矣。急缓既有其方，浅深亦有其则，又当辨其龙之强弱、穴之厚薄、砂之明暗、水之宽紧。用心著眼，挨生弃死，如是则放棺无所差，而葬法无以加矣。吁，是书乃曾、刘、胡、李四人当时受国师筠松杨先生之秘传，今与有闻焉，予之幸也。兹予读其书、诵其诗，特述其所知大概，书于其后，贻诸子孙以为传家之宝云。括苍刘基书。

《堪舆杂著》

覆验

得穴固难，立向尤难。京口费侍郎祖茔自府干龙，华盖山顿起一小金星，落脉

委蛇，活动重重。借干龙桡棹为护送，以窦氏湖为明堂、白兔山为朝应，辛脉到头，作戌山辰向，一发即衰。以龙局论，非暂福之象。余察之，向差耳。上砂本重，一作戌辰，愈就上砂，而下砂反宽。且龙从左转，宜左耳受气。今反右耳受气，后特分乐砂一股，今空而不坐。使作酉山卯向，既避上砂之窜理，气又与辛龙相合，受气亦贯左耳矣。砂水匀而后乐正，即贵未必加尊，而后未必若是凌替之速也。此龙真穴而作向差也。谢注《雪心赋》引解未当。

趋避砂水吉凶，其法在定穴立向之先矣。然葬后收拾，关系匪轻。穴之前后左右，祸福之先见而立效者也。今人不知趋避之法，立向点穴已自茫然。掘圹结堆之后，以为能事毕矣，不知龙真穴的，或有一水一砂不能收、不能避，则有裁制之妙法在，在人施其巧耳。否则，得穴不发，发而有不全美之事。如太平新丰二甲王家葬一坟，不发。名师张宗道为四围打墙，惟中留一门透见秀峰，其后方发，至今殷盛。东阳义门郑氏赖公为下一坟，葬后树牌二道，一正树、一斜树，祝曰：斜树者尤妙，如龙方活，其家大发，财赋人丁三朝不分家。至我太祖过而询之，方取入仕途者数人，分为二十四分。碑斜树而龙活，其说不通，盖上露秀峰而下遮凶水，以是愚人耳目耳。

董德彰下新安王氏一地，酉山卯向。葬后令锄去右砂一臂，留记云：越打越发，不打不发，欲放水到堂耳。其家遵之，每打即发。是年打至巳上，长生水到。因犯都天，宗人因官事发配，止而不打，其家不发。又打，至辰遇赦文水，其人赦回。

穴在水中有之，而不知穴内有水。泾县九都查氏祖坟，美女撒尿形，穴前流水不止，其家富贵不绝。近一族人盗葬祖坟之侧，其人骤富。族众知而起去棺中淋淋水，出未久，其人即穷。由此观之，穴中有水，不妨发福也。

相地，不特面前砂水呈秀、龙真穴的，四畔皆当留心。泰州陈少卿祖茔结在平垟，穴前地浅即是大河直流，河外横冈拦于前，又无外垟，前无唇髯，傍无月角，一片模糊，无一砂一水可观。至穴后，一望莲花池团聚潴蓄，大水汪洋，池外屏山正应穴后，豁目快心。以后有情，故穴直靠后岸。

富贵发达有时，山川迁徙不一。如福建省城系郭公所迁留钳，云：南台砂合，桥口路通，先出状元，后出宰相。壬辰前数年，南台砂涨出十余里，是科翁青阳发大元。又十五年丁未，叶台山大拜景纯，距今若而年，其钳记始验。

形势水法有难拘者。余姚钳记云：坐不正之山，朝无情之水，无常富之翁，无久贫之子。不正之山可坐无情之水，可朝乎？然余姚一邑，家家皆发，倏发倏消。大抵龙贵砂水皆不足凭、不悠久，则又不正、无情之疵矣。

树木荣盛，可征山有气至。朱侍郎祝禧寺祖茔，先是植木皆枯，人疑为不祥。乙未前，树木忽皆葱蒨如油，公发大魁。

山有鸣者，气之盛而鼓动也。山阴周山吴氏祖茔，乃木星结仰高穴出，吴公兑官至尚书，久而不发。至万历乙卯年，祖茔山忽鸣数夜，是科文武发科者十余人。余姚马堰徐氏宅山，庚子年鸣，辛丑徐公应登登进士。上虞兰芎山左有黄山，乃嘉兴项氏远祖茔，每鸣则上虞水涨，项氏必发，项氏不知也。罗康洲、朱金庭、张阳和、某公四公，读书会稽山中，或先后至未俱集。一夜，四公同至，山忽鸣，后罗公、张公大魁，朱公大拜，某公亦仕至太守，皆山鸣之应。方播酉未灭之先茔，碑忽鸣，此又妖孽之变。

上虞下盖湖一墩名练树，湖干有陈氏巨族阳宅。凡有人葬是墩，则陈氏厨灶屋梁皆折。曾有人以三骨上下葬之，陈氏起其一，梁折如故；又起之，又折；又起尽则已。至今无人敢葬。其龙自兰沤山分来，至驿亭跌断。起小，越又大断。两傍皆湖，龙从中出，至福奇山跌落，湖中，阴砂四围围聚，远山照应，所以佳也。

余姚高山一地有葬者，闻虎作怒声而止。又有葬者，一山竹皆爆响，今遂无敢葬者。以上诸地，未必皆绝粹而葬之，非其人，则有是异征信乎？有缘，非人可强求也。

无锡华氏祖茔原结在水中，此固天地之深藏珍秘，以待积德之人。华氏之先，为仇人诬以人命。狱卒怜其枉，欲为毙其仇人，华公力止之。云：我成狱，未必即典刑；我谋彼，先杀一命矣。是夜梦土神告之曰：汝积德如斯，与汝一地在鹅肫荡。后华公果为仇陷十余年。出狱，偶有堪舆流落无知者，华公遇而延至其家馆谷之。堪舆欲觅一地报公不得，岁暮辞归。将俟再至，公复厚为赍发。堪舆行遇大雾，泊舟河干，见雾中一处气独清。顷雾收，往登之，果大地，但穴沉水底。堪舆回舟告公，公初迟疑，询其处乃鹅肫荡也。因与梦符，遂信之。堪舆方踟蹰无葬法，适有木排失风，打至荡中。买木四围下桩，中实以土覆，挖至是处葬之。后出学士洪山公，科第几三十人，至今鼎盛。造化留之以报盛德，吾人卜地，可不留以还造化乎？

地贵来龙而龙贵传变局，看砂水而朝案尤其所重也。余友徐三泖于真州青山卜地葬妻，后龙重重开帐，断而复断，到头结一小金星，穴高而阴砂交会于前。然帐多而龙身无特达之星辰，则帐反泄气。阴砂虽交而无专对之朝案，则主以无客而不尊，况后龙帐皆是水星、金星结穴。金生水中，稚弱而未经锻炼，金又生水，子能令母弱，是不旺之象也。生金者土，土制水滥，使中有一土星，则力重矣。此间星所以贵也。主星既弱，结穴又高，砂水低，堂局宽，内无近案，外无特朝，非全美之地。一葬，余谓生育艰。三泖，余契友也，不余信，今十年余未得孙，尚可施工力。否则，后主贵者不富，而艰嗣富者不贵而多子。

地贵审，其所废不可不详。扬州阎方伯祖墓，来龙从府，干龙分起，盘古山出仙带，脉顿起庙。山右分一枝拦转作下首，从中跌断复起，主星中吐，一脉结穴，本身下首又生一股曲掬，过穴作案。穴在高山，既有兜堂，用抱儿葬法方是宜就案点。穴今脉止不下，即点穴于上，兜堂反宽而无力矣。余方疑之，余友曾询土人，因筑去一段来脉为地，故于龙脉尽处点穴，方伯非其应也，惜哉。此地妙在从冈变宠外垟，句城塘，宽广可爱，经云"从来高穴少明堂，惟看兜堂与外垟"者，此也。

京口东汝山，人传为刘裕祖坟，即所谓京口丹徒之后山，却被刘王斩一关是也。余往验前事，龙从常山起白兔山生大独山，从新丰过河，平地顿起。大山数十里，右一枝去结黄衢，左一枝入鞋溪去结圏山。此则逆上一枝，粗雄未跌断、未脱卸。到头起东汝山，纯皆是石，山下吐出一线土脉，委蛇细嫩可爱，不过十数丈。结一金星圆墩，乃抛穴也。傍即生土冈两枝随龙委蛇，贴身作护，以顺杖葬之，非斩关也。左有老鼠成卷旗形，右有龙王庙墩成顿鼓形。卷旗、顿鼓，非王侯之象，乃伪贼之砂。来龙尽是高山独行，无护无从，惟山下自放低冈为桡棹耳。来龙杀重，惟到头一节剥换，堂局不广，无王者规模。种种非是，因思宋南渡时亦有刘豫，金人所立伪主，形与人合。所谓斩关，府志所载：府基为汉荆王墓，有王庙，今存焉。汉，刘姓也，府后横龙宜用斩关，前贤之言，庶不悖耳。

秦樗里子卒，将葬渭南章台。先曰：后一百岁，当有天子之宫夹我墓。汉兴长乐宫在其东，未央宫在其西，武库正当其墓。樗里子即青乌仙，其言验如此，必以形势卜之何藏。形之不善，毋亦数欤！

张士诚祖坟在草堰、丁溪二盐场之中。其龙沿海而行，平垟地面，突起平冈，

到头分枝，布爪如龙形。龙首顿起一埠，高不丈余。后坐虚即是大海，面朝内河，下砂远关，不足为奇。惟是沿海皆黄砂白土，此埠独是红土，则奇耳。今剖而为二枝脚，葬者皆贵两场，相隔七里，姻戚相联，每岁春首，两场相斗于此埠之前以斗胜，为一年之利征，虽至戚不顾也，犹此埠之杀气未尽欤？

灵宝许氏祖茔，出父子四尚书，中一子拜相，皆加宫保，子孙多盛，科第不绝且贤。其龙自秦中来，即县干龙，先结此地，而县治反为下臂。大帐大峡，到头顿起玉屏；土星发出五枝，结穴于中；一枝之尽，两旁荫腮，二泉合流于小明堂；上砂作案，案上突起印台，弘农、稠桑二涧横于前，秦岭秀峰作朝，老君原三台作靠，诸峰罗列，中条山排列下首，惟内右下砂少缺。许氏将发，其山忽崩，卸下一臂补足右砂，其家遂发。

土色有不定者。顾少宰云：其岳家王氏一老仆妻死，卜一地葬之，掘下皆黑滋泥，随主之任期迫不得已葬之。葬后子皆平安。十余年老仆死，其子启穴同葬，悉变成干黄土。想气之到不到耳。

南京吴尚书祖坟，自石子冈横开大帐，中落变成小土星，抽出平冈，至冈尽将近平地结穴。后特生一枝作托，前开平田作明堂，远山双金作朝。左即帐脚诸山作土砂，右惟阴砂一股作下砂。砂外大江，江外江浦诸山排列登局。只见上重下轻、漫无可观，不知龙气既贵结穴，又低正。《雪心赋》云：若见土牛隐伏，水缠便是山缠，水外要四山来护此地，直取大江远山配成大局，发贵，所以大也。然一发即败子孙不振。又下砂太低、太宽之病。

阴龙阴向，发福者多矣，间有不合，反发大贵。如南京宋西宁侯祖茔，庚酉辛龙转离落脉，作辰山戌向，于理气不合甚矣。惟以干龙到头，委蛇细嫩，活动可爱，落脉清细，左旗右鼓，砂水分明，隔江双峰作朝，故兄弟皆侯，富贵数百年。阴龙阴向，果可拘乎？

杭州张氏，螺蛳吐肉形，葬后只发二春。元尚书公祖地，乃刘诚意所下滨西湖北地。穴尚未正。诸书妄传，侈为美谈，可笑也。

孙权祖茔在天子冈，迎七星滩之水。人传未葬正穴，是以偏安。凡有盗葬者，则天不雨土，人觅而掘毁之。凡存心欲谋此地者，至则云雾障隔，此所谓禁穴是也，人可妄图招祸哉？

前贤名墓不可谋葬，多招奇祸。扬州高尚书，大鹏展翅形，乃董德彰所卜。后

葬时，其亲梦朱衣纱帽人，云：我秦少游也。令亲欲用我地，前后皆可发福，不可在我之上。开穴果见一棺，俗师云官上加官，遂葬。后遭凶祸。先有仙人摘掌形，祖地大发，葬此顿歇。慈溪刘主簿坟葬时亦梦绯衣人云：前数尺可发，不可动我穴。点穴后，刘公移前一柩葬之，子孙科第不绝。

山西杨屿嶓冢宰，先葬祖于中条山，启穴得石碣，上写条山正脉。葬后年余，启穴合葬夫人，见气喷出，托柩浮而离地，速以夫人柩塞入，不论方向，以土掩之。后发三代尚书，科第不绝。南京姚大参茔启穴合葬，气亦喷出，科第不绝。

先文定公葬扬州句城塘。先葬祖母，十年余启穴，气如笼蒸。乃平冈上皆黄，土穴中反淡青色，中皆白圆圈如钱式。葬不四十年，发百余丁，科第方兴未艾。

杭州干龙自天目起，祖远不能述。从黄山大岭过峡后一枝起南高峰，从石屋过钱粮司岭起九曜山，越王山过慈云岭起御教场胜果山、凤凰山，过万松岭起吴山；入城一枝起北高峰，从桃园岭青芝坞跌断起岳坟后乌石山，从智果山保叔塔入城。来龙沿江而下，皆自剥星峦遮护隔江诸峰远映。护龙直从萧山至海门，生天弧天角星从别子门石骨渡江，起皋亭诸山作下砂兜转。右界水自严州桐庐流入钱塘江，左界水自余杭西溪流入官河。惜两界分流未合，城中诸河塞阻秽浊，脉络不清，西湖之水又从昭庆左分出流，断北龙，非宜。

来龙之石，龙之威权曜杀也。辛酉年，杭州智果山为海宁陈氏建园凿石，城中大火二次，焚十万余家，皆北龙之地也。后烧出城外，将近智果山而止，可见来龙不可轻动。

壋村祖茔乃寒家发福之地。先曾祖不知地理，于来脉盖造享堂，下桩之时，茔上树出火光。先祖京师是日鼻衄血一碗，遂致政归。后拆去，始复发科第。

壋村曹氏阳宅，一井水沸则发。乙卯年壋村先茔涌出古井，村中二百年无井矣，是科华儿发科。

莆田县西有石室岩，一巨石长数十丈，如舌向城内，有寺宇遮隔不见。嘉靖壬戌，寺焚石现，倭遂破城。

福建省城闽君瑶原建都山中，后迁出就横塘。江水潆聚于前峡江，双峰对峙，关锁门户。布政司前对五虎山石势巉岩，故中门常闭，门开则祸立至。

余姚来龙，从上虞五桂山发罗岩而从丰山入城河之南，则自四明乌瞻峰而发，因吕文安公建城于河之南，遮隔明堂秀峰，科第寥落。水口竹山拦阻，龙凤二山对

峙，盐池大会，屈曲大转，此水口之至佳者也。恐不专为余姚，有禁穴存焉。

余姚城南，有黄山从平田大断而起低平土冈，中自分支曲折。吕文安公祖茔在焉，其中发贵六十余人。上虞县龙北一枝从五桂山落，过河发数埠，龙势不振。南一枝从长者山入城，龙势大旺，皆为金垒观而然。长者山成飞凤之势，观结冠山前有葫芦砂，此魏伯阳升仙之处。右之余气铺下，人民居止，故上虞城中富贵者少。

慈溪县，龙自四明至上虞分，余姚后龙从余姚之北转至定海，逆上结县，余气至余姚九垒山止，五星归垣。前有狮子诸山，平田小峰，如印如诰，成天清之形，极贵。又前，逆砂直至丈亭三十里，两江互绕于前。来龙高山之上起石柱峰，巨石凌空，但头斜不正耳。

绍兴越旧建都于平水，自禹而传已久。范蠡谓四山太高，受制于人，迁出建都，而城中生山出焉。龙从新昌天姥而来，远不能述。自亭山入城起城隍庙，山逆转而结，坐虚向实。前以秦望方屏为朝，苍翠可爱，后坐镜湖八百里，惜废为民田，不能见汪洋澄静之势耳。然迁出越，一霸而遂，亡水口浅也。平原遂致烟迷雾失矣。

禹穴自天姥同绍兴府龙而来，从南镇高山过峡，石峦排空，入首庄严，龙虎齐分。双股曲掬众山，中露尖峰作朝，端拱凝立，郡城反为用神远塞，下砂绕门。陶堰诸山后龙分出为水口，皆小巧秀丽。登穴，只觉众山有情，层峦叠嶂环护，信为名区也。

湖州来龙自天目至孝丰，过幽岭，远不能述。近自霞雾山断向起赤山，断而复起栖贤山，从金斗山渡河起弁山，一枝分康山，为右护，一枝分白雀鸡塞沈洞为左护；起仁王山，左落籁山，右落笼山，夹照跌落，平垟入城。苕溪为右界，霅溪为左界，二水相交。山势既雄壮而夹山西峰诸漾水复潴泽，为贵。南道场山一枝自妙善内分为朝应，从道山头跌下，起长超山、毗山移岸西，余诸小峰水中作水口，仁王山跌下，生笼山又在水口对峙，但水中欠尊星而太湖洞庭远映，山水两全之地，然城中富贵不绝而将相则罕，沈相公又生于马要而大拜于武林，城中无公侯甲第也。长兴从南干大龙而分，远不能述。从冠子山正出，马鞍山跌落穿田起白石山，断而起大复山、鸡笼山、五峰山，起灵山则陈王之祖陵在山，皆小而秀。从灵山之左转入长兴，弁山远障下首太湖潴于前，乌瞻诸峰列于后？包洋、顾渚为左界，画溪、霅溪为右界，可贵者霅溪。自霅水桥分而逆五十余里，绕于前而入太湖，则后

主兴王之地也。陈王生于六汇头，六水相汇之处。

武康从幽岭之右峰稍岭分，初落也：分杨坟一枝至金龙山，乐山为外护，中跌断穿田而起德清。德清山秀水清，五星到头，相生而从西门入城腰结也。又穿田数十里，平地顿起寒山，为嘉兴之少祖。跌落平垟至真如，从鸳鸯湖中入城，平砂簇拥，众流环绕，烟雨湖水潴聚澄泓于巽方。来龙清丽，此所以贵也。

凡平洋之地，突起一山到头最贵。如无锡惠山，从锡山入城结县治凡惠山之北，有一脉落即发一贵，常熟虞山平地突起，结县治。山之南，有一脉落发一贵。山顶浮脉委蛇从南，一角天池中，石骨落脉县治；后龙转身兜作护砂，直至山麓，平坡前开一湖汪洋，团聚应穴，则严文靖公祖墓也。

大龙大帐大峡，到头不结。郡邑，其结富贵之地，必多如德兴长塘见图未至其地。若南京牛首之龙，自瓦屋山起东庐山，至溧水蒲里生横山、云台山、吉山、祖堂山而起牛首双峰特峙，成天财土星。左分一枝生吴山，至西善桥止，复于肘后逆上，生大山、小山；右分一枝生翠屏山，从烂石冈落变作冈龙，至麻田止，中抽将军山过黄泥冈起祝禧寺，至安德门生雨花台，前至架冈门、上方门而止。虽为钟山应龙打水，归聚明堂。其中结来西宁兄弟，皆侯；又结周尚书、吴尚书、顾尚书、王尚书、许会元、朱状元、姚进士，其中发贵者不可胜数。左右二枝亦多贵穴，麻田倪尚书祖墓在其地。未发、未葬者尚有遗珠，而来龙不过十余里之内也。

洛阳即今之河南府也。从嵩山而来，过峡石而北变作冈。龙入首后分一枝结北邙山，托于后山，虽不高，蜿蜒而长，顿起首阳山，远映下首，至巩县而止于黄河之中。嵩山抽中干起皇陵山，分出一枝至黑石关为水口，中扩为堂局而四山紧拱，前峰秀峙，伊、洛、瀍涧汇于前，龙之右界水也。稠桑，弘农、好阳诸涧乃左界水，流入黄河，绕于北邙之后。洛河悠扬，至巩县而与黄河合一，大聚会也。

后龙不可轻动，而《囊金篇》中有石山带土者，打断反为出贵之应，读之心窃疑其非。询知浙江义乌镇多发武贵几六七十人，初因镇后八宝山出矿为处州矿贼所据，官兵不能胜，义乌一人倡勇，一夜而杀尽诸贼。戚南塘知其勇而用之，后遂有义乌兵之名，实由打开八宝座山而发也。

兰溪范氏十子九登科，坟图具诸书而穴结于二片巨石交错之中，则甚奇。然内堂之圆聚、九峰之秀丽，莫出其右。其一子未登科者，又为名贤，范香溪也。九峰之旁有一小尖峰，其斯之应乎？

湖州韩状元祖茔从罗山顶落平冈，突起三石，从中巨石横落一线土脉。石首圆净可爱，脉长不过二三十丈，细嫩而秀，乃亥龙也。右首一臂横拦过穴，左首下砂远关。前有夹山漾外诸山，帐内贵人作朝，宜作乾山巽向，今作子山午向。又将右臂开去一段，平作神路。前朝山既不端正，右砂开去又不与左砂相交，右砂之头开直顺窜，此韩公虽发大元而官阶未尊。闻韩公先世更无佳茔。葬此公已三岁，其秉间气而生，此地为贵人之助乎？

凡得龙得穴而乘气不正、作向不正，不害为发福，但不悠久或贵不尊，余屡验之。

徽州程丞相祖墓在府治之西，过化台路傍，赖布衣初至，访其处，询之农夫，农夫妄认为祖以试其验。赖公遂以席帽浪袍山为箬帽蓑衣山许之，为农夫所嗤。故有"我来不识丞相坟，我去留心在飞布"之语。其龙发自临金，从龙变冈左分结毕太常、毕京兆、唐状元祖坟，此则从右起三台，跌落平田数里。来茏隐伏，低平到头，隆起一墩微高，左即龙行不止；高冈为护，右则随龙溪水，一条更无缠护，看之似偏而不偏，何也？龙在乎田，穴情隐伏，水缠便山缠。况有溪外远山高映，溪与高冈相配，一阴一阳、一雌一雄，最贵之格。亥龙入首，作壬山丙向，本身右砂兜转前面，左砂逆生横冈作案，亦阴阳交护；案外诸峰高耸，似压而不压；朝山金、水头，身上挂下枝条若衣褶然，似乱而不乱；大溪水绕于前，天门开而地户扃，内气聚而外气长；信大贵之地也。然非细察，虽布衣名公亦为所误，卜地者可不虚心详审哉？

第二十章　堪舆汇考二十

《葬经翼》

原势篇一

夫山者，宣也，其气刚；川者，流也，其气柔。刚柔相荡而地道立矣。是知五岳四渎，所以节宣天地之气者也。昔者庖羲氏之俯察，其在兹乎？气有升沉，变化莫测。拟之于龙者，潜见飞跃，不可得而知也。然其始发也，必有势焉。是故经曰：千尺为势，百尺为形。曰势来形止，曰若马之驰，若水之波。言形近而势远，形小而势大也。审势之法，欲其来、不欲其去；欲其大、不欲其小；欲其强、不欲其弱；欲其异、不欲其常；欲其专、不欲其分；欲其逆、不欲其顺。气之积而成体也。厥状有五：火，言其锐也；水，言其波也；木，言其直也；金，言其圆也；土，言其方也。五体咸备，气之至盛者也。伏而再发者，由粗出精，刚中柔也。上势之伏，陟降以正，侍卫以严。水分旁达，相顾为关。其纵也，奔崩千里；其横也，跨州连郡。其川源之襟带也，回环重复，情与之偕。会为江湖，以蓄其气；啬为尾闾，以固其去。故育乎若九重，矫乎若万马，茫乎不可得而窥焉。经曰：占山之法势为难。斯言尽之已。善观山水者，审其长短，而知衰旺。善辨衰旺者，问发源之水，远近阔狭而知山力之大小。兼能鉴气辨色，因吉凶而卜休咎，则精粗毕举，靡有遁情。原其所始，要其所终，察其向背，度其短长，不出户庭而得方域之概，河山千里，指顾咸归矣。

察形篇二

经曰：势来形止，是谓全气。全气之地，法葬其止。又曰：其来若奔，其止若

尸。是知来与奔，言其势之趋走者，动也；止与尸，明其形之端凝者，静也。势即来龙，形即穴星。势欲其来，形欲其止。故经曰：过水所以止来龙。又曰外气横行，皆所以明其止也。穴星万变不同，一如人形。虽大小、高下、肥瘠、俯仰、正侧各状之难齐，而其外貌之可必者，不出圆、匾、直、曲、方、凹之六体。六者之变，不可胜穷。不合体者，非穴星也。夫既明其体矣，又当求其气之所钟。夫山体本静，故穴宜求动。动属阳，阳即生气。故经云：葬者乘生气也。后之明师，更其说为隐语云：先看金龙动不动者，即此也。龙从左来，其气倒右，故穴宜求之于右。龙从右来，其气倒左，故穴宜求之于左。故云次看血脉，认来踪。龙来正出者，落穴反多偏闪。龙来偏出者，落穴反多正结。故曰梧桐叶上生偏子，杨柳枝头出正心也。经云：乘金相水，穴土印木。何谓也，盖五行中，以圆为金，以曲为水，以直为木。凡真穴必有圆动处。窝钳之圆在顶，乳之圆在下，突之圆在中。若窝钳之中，更有泡突。乳突之上，复有窝钳，名曰罗纹、土缩，即少阴少阳之穴也。孩儿头下有毬檐，毬檐下有葬口，葬口之上，正中曰人中，葬口之下，余气曰毬髯。此皆入穴动气，证佐消息之异名也。何谓相水，盖有此圆相可乘，左右必有微茫曲抱之水，交揖于穴前、小明堂内。后人更之曰虾须、蟹眼、金鱼等名者，此也。何谓印木，盖微茫水外，必有蝉翼沙两片，隐隐隆隆，直夹过穴前，然后逼得微茫水合于小明堂内。昔人云：上出明肩，下开暗翼。股明股暗，边短边长者，指此。非聚精会神，含光洞视者，莫能察见也。有此三者，又须有五土四备、裁肪切玉之土。石山土穴，取夫四备；土山石穴，求乎肪玉。四征既具，中间必有暖气，即火也。此占穴之要法也。是故求穴大势所在，在乎水城堂局，而细察决疑则定于小明堂。次及近案、龙虎、鬼乐之情。看水城湾环所在，即为有情。下砂须真面来收，即名得水，即穴不远矣。更审堂局何边，平正端的，要以左右砂水相包适中处，对面登高望之合局处，自然不同，即穴不远矣。必欲无疑，看穴前有小明堂，微茫水合处，可容人卧。昔人云：水证明堂堂证穴者，此也。小明堂内，回首望穴星顶，相于圆、匾、直、曲、方、凹中，随合一体，即是证佐。星体面上有窝钳、乳突、鸡心、鱼胞、灰中线、盏中酥、草中蛇、等一项动气，即是真穴。或近案有情，或至此则砂水凶恶者，皆消得穴中不见，名曰神藏煞没。或至此则龙虎方驾得住，或直来横受到头。穴星是横山，则横龙出穴，必有鬼，当以鬼星征应求之。惟孝顺鬼交抱于后，当从中取。又有无鬼者，以托乐证之。托乐之体不同，惟取逼近

穴星为有力。又有无托乐者，或龙尽倒钩，或逆盘向里，则不拘托乐有无，凡大龙尽处，山尖薄，局势散，风吹水劫，必不结穴，宜向腰脊求之。非腰结，必骑龙。二者总须星辰端秀，穴情合法，夹从有情，局内水俱为之用，同称干龙正尽。大抵骑龙之地，穴虽多种，不出倒、顺、侧、横之四势。倒顺二法，不离龙脊。在龙脊者，山须开面，再出细嫩，穴星如过峡状。穴前小明堂宽平，不觉水跌穴中，不见大水去穴前。去者亦出。真面朝向转里，枝脚要抱回。当穴两旁要有夹耳，即天乙、太乙。罗城要周密无缺裂，水流去数十里必合。必有真水口，捍门收住。此顺骑龙法也。若倒骑龙，则多结于龙将尽处。倒望来龙结穴，元武须大开面，垂头须细嫩，小明堂、近案、夹耳，一如前法。求之近身枝脚，通应抱回。大水倒合会于后，或有捍门在后。罗城水口，俱须紧密。水口以交互者为上。左顺侧骑、右顺侧骑、左倒测骑、右倒侧骑四法，穴必偏向一边。亦以龙来左右定之。凡侧骑之势必偏。顺则取当面，出一横案，过宫收回。穴前之水，下砂枝脚，趋来与横案相亲，如合盘之势方佳。逆则取穴上收一边之水。凡言收一边水者，即指前界水而言。必无收后界水之理。记取记取。面前另有横案遮阑，只取横而有情，抱我便佳。盖逆势小案多顺，勿以为嫌。下砂须逆插收回，真面向里。明堂、夹护、应案、罗城、水口，一如常法。检察不可疏漏，唯有横骑龙，结作不同各势。直与大龙腰落一体，或出一节、二节。星辰即结者，尚名横骑龙。若再抽数节，或开小障，出脉作穴，方称腰落。此其大略也。大抵葬者、藏也。穴者、山水相交，阴阳融凝情之所钟处也。藏之欲乘生气者，谓阳气聚处，则无风、蚁、水三者侵体之患也。夫情与无情，其本不二。山川交会，何殊有情者哉。信斯言也。求穴者思过半矣。

怪穴篇三

已作察形篇，竟形穴大意，校然可知。惟是奇形怪穴，非常法所可尽者，谨再述其概，列之于后学者，以意求之可也。穴有摇拳者，穴星虽正，中间却空。或结于左、或结于右。结穴一边，必然细嫩。或捻颈、或伏断，再昂到头，必有动气。动气前必有小明堂，仅容一人侧卧，则微茫之水方住。若摇拳又兼没骨，则看石纹。两边左右相交，中间有土，方是真穴。沙水必尽趋拱，这边那边，只为应案相向而已。穴有入水者，杨公云：也有穴在深潭里是也。此必石脉连根透下，聚水湖海，平流处仍复昂起，星辰不拘大小，必有上好土色。石纹相交、证佐分明、窝

钳、乳突、鸡心、鱼胞等动气天然，方是真穴。大要在察后龙真来，别无结作，方可著眼。若果大龙度水，必然开嶂作势，两边枝脚，一齐涌来，临水跌断，方是真度。水势若山，不开嶂，来不汹涌，枝脚边有边。无便非真度水之龙。水中虽有小山，只作星散零断者论，必不融。结穴有影光者，如太阴、金星，整齐圆匾，而面上或急、或满、别无动气，前有余气，圆晕即是影光。或以得水，一边有微动处，扦挂角穴；或正中取魄，穴必有小明堂及应案方真。盖太阴者，月象也。以其圆匾而满急，故不求之面，而求之气。此至理所存，非臆说也。穴有仰瓦者，法曰两金扛一水，穴在软中裁。凡天财体多是。背后仰瓦，只以有乳为真。及鬼星托乐，为准大地，亦有此法。唯别于来势尊特，罗城阔大而已。穴有拖枪形、将军踏弩形，皆是余气不住。所离元武嘴长，高处点三脚，金星顶上扦。同一例也。穴有上聚者，凡缠护龙虎，周回捆夹得紧，其气必拶聚于顶，除小明堂外，则以外洋为局。总亦须入穴细嫩藏风，不露为妙。若后龙近处，从无抽细。作蜂腰、鹤膝状，及辏地跌断者必无。此法误下，立致败绝，慎之。穴有下聚者，凡后龙未尝跌断辏地，或入穴气急、或星面匾大、穴出弦棱之类，通名下聚。要以低而不沉，平而不脱，四山高而不压小水，应案相称，方为合格。穴有脱龙就局者。来龙虽大，抛踪闪迹，穿田度水，脱卸在一边，初看若与大龙不连属，细察则大龙开面卸下，伏而再起。本山别不结，地如新建。伯王公祖地，乃大丰山正面，卸下平地，数里无脊，忽于平田中起，小小两枝倒地木，一横一直，正中落穴有窝。界龙之水甚远，而大丰山反在一边，并不坐嶂。惟见江水绕流，远朝是面，局势宽平而已。观此可以类推。穴有四空者，脉从一隅入首，斜倚受气，四正俱空，四隅有山照应。若姚江邵氏、柳家澳祖地是也。须龙来真确，活动飞舞，局势完秀，四山面拱，方可为准。穴有鳖皮者，凡木星开大口，悬乳或发水泡，微有微茫，略见而难分者，多是鳖皮。盖木之生气在皮，故木星入穴，土亦不厚圹，不宜大深。夫葬者，藏也。故穴以藏聚为主。盖藏聚则精气翕集，暖而无风，暖则无水，无风则无蚁，三害不侵，则穴得矣。穴虽怪，不出乎动气、小明堂及应案、鬼乐以求之。乘金相水、穴土印木等法以证之。砂水聚散，有情无情以别之。众为我用，则我为主；身为人卫，则我为奴。气精力强，故为主者；个细而数断，粗雄偏侧，故为从者。拥护而趋随，穴星之山形宜大，入手处落穴动气宜小。大抵所喜者润嫩小巧，所忌者粗大老拙，斯求穴之大法也。悟之者自能成其变化，达其元微，书不尽言，图不尽意，往圣尚

欲自得，况后贤乎。乃若诸家穴法，则三宝宝照。杨、曾、刘、胡、廖、谢、司马辈，咸究极其变，不可不参之以开廓知见。然而一领百会，非心通神解者，孰能与于此法外一句。唯有情则妍，可以嘿会，难以形求。噫，大匠能与人规矩，不能与人巧。昔人谓有人识得明堂法，五百年中一间生，诚叹此尔。

穴病篇四

夫山止气聚，名之曰穴。穴有真病，同乎废人。虽具形骸，神气伤于败缺，而中无所存。如是者，法不可葬。葬之则三害臻。故穴有贯顶者，脉连脑抽，星峰不现，上既无分，下何所合也。穴有折臂者，龙虎夹辅，当穴凹折，外风不蔽，生气内散也。穴有破面者，星体虽端，面则流破，一如浪痕，皮崩肉裂，生气无传也。穴有坠足者，脉从足出，星蜂上压，生气不舒也。穴有绷面者，星面绷紧，脉痕横生，条数虽多，横而无直，气无所聚也。穴有饱肚者，粗如覆箕，圆如榧子，區如瓜体，上下浑沦，分止弗具，虽有尖圆，法无所施也。穴有割脚者，形势虽正，水洗裀褥，扫割无余，生气已荡也。穴有漏腮者，贴身蝉翼裹不过穴，小水既漏，内龙虎折边，水不会于小明堂也。虎蹲者，形反而凶，僭且逼也。龙踞者，势凌而压，强且窜也。元武拒尸者，星峰无降势也。朱雀腾去者，水倾反而朝斜背也。前花者，余气为官，二水虽交，尖露无睁，沙脚逼迫也。后假者，穴背鬼托，龙虎虽端，水涯必溜，出穴一望，众不归随也。左右诡落者，其堂必倾，过宫回视，水却趋会于真穴也。故凡山形高大、穴出贴身者，纵见窝钳乳突，百稀一实也。形穴软小而众水不归，护缠不附者，虽巧嫩可观，生气微薄，必无尊特也。要以先审向背，次察精粗，枝干既得，主从因之。四应有情，分合无谬，众势既会，沙水自朝。起自分龙，至于入穴。山水互交，由大及小，由外及内，值至入首，动气，小明堂分合分明，则枕圆向尖，眠干就湿之道得，而风、蚁、水三害不侵。天地之生机显，而穴无所逃矣。不然，其误可胜穷哉。占穴真伪，可不慎欤。

峡论篇五

夫峡者，祖山中干行度之。次敛大为小，变粗为精，两山相夹以成之也。故峡必断伏，旁必有夹，谓迎送也。过必中出，得正气也。其伏也至地，其拔也干霄。水分左右，山转关阑，蓄而回环，可建州邑，则干之所钟，枝之所止，概可想矣。

是故平夷千里，王者之宅。奔腾不息，山陵之格。迢迢郁郁，作镇方岳，自余偏断宅坟已尔。

分龙篇六

崇山忽起，作镇一方，莫之与京者，是曰祖山。群垄横出，力有长短，众之所趋。彼独开张，断续拱护，是为正干。或各分而势小，或因干而再抽，此分龙之始也。各分欲其成体，再抽欲其出面。成体者尚须变化，出面者唯求特达，又当观其始分，再抽之际，护从冈峦、孰多孰寡、孰短孰长，则得水得局，可概见矣。昔人谓起家须用好公婆是也。

四兽砂水篇七

夫四兽者，言后有真龙来住。有情作穴，开面降势，方名元武垂头，反是者为拒尸。穴内及内堂水与外水相辏，潆回留恋于穴前，方名朱雀翔舞。反是者腾去。贴身左右二砂，名之曰龙虎者，以其护卫区穴，不使风吹，环抱有情，不逼不压，不折不窜，故云青龙蜿蜒，白虎驯頫。反是者为衔尸、为嫉主。大要于穴有情，于主不欺，斯尽拱卫之道矣。至于砂之插回收水者，必须开面向里，不拘远近，俱名有情。远朝及前后左右之砂，皆以真面相向，无破碎、尖射、凶顽为融结证佐。唯曜气飞扬，穴中不见者，不忌。大地多有此类。欲知砂之背面，当分厚薄顽秀。背厚面薄，背顽面秀，背挺面湾。面来必有情而长，背则无情而短。故砂之湾者水必湾，砂之秀者水必秀，砂之走窜者水必不收。砂水之形，实相比附者也。吉凶征应，可不言而喻矣。

明堂篇八

明堂者，穴前水聚处也。其名有三，大约穴有窝钳乳突四体，则自然有蟹眼、金鱼、虾须三法之小水，皆自毬檐分，下微茫界合处，可容一人侧卧，名小明堂。两边必有蝉翼沙，似有似无，包裹于外，占山正法，必有此堂。入穴方真。其二，龙虎内二水合处，名中明堂。专以窝平圆匾为常体。然亦有真地。无此者，或穴结高山，龙虎夹紧，直垂向穴下。穴中小水聚成一线，从中流出者，势使然也。或穴结临江临溪，洋朝当面，直至山脚。若非龙虎夹紧，直走至水边，则水冲堂而气

散，且兼有洗脚之患，便不成地。此山川自然之情，造化之妙，非人所能为者。总之，落穴处开脪，则小明堂已真；外虽夹紧，无害吉水。萧氏白砂祖地，牡丹滴露形，即此格也。时人误安金简银槽之名，又从而援之，以误后世，俾无堂局者，亦得滥此可慨也。其三，乃外洋大势，自少祖分水，总聚于大龙虎外。或从太祖分水，并入外堂，或无此二者，而外来大水横过中明堂，前后面几节分水，俱流入横水内。或远江远溪来朝，抱于横水外，通名之曰外洋大明堂。凡中明堂即内堂，其水有逆、有顺，有横。大地龙虎，多层大水在外，非横则逆。则此内堂之水，虽欲之元行走，终必当面而出，与大水会，此小顺大逆，上地之局也。唯大水势顺，而内堂水逆，有龙虎下砂收回，名小逆大顺，此中下地也。亦有层层交互、过宫环抱者，此名大顺局，亦主力量绵远，此非龙真穴的。山势大者勿下，大抵明堂以聚水为上，横抱次之，朝水又次之，交互有情，不见水去而顺流者又次之。四局既定，义备于斯。唯明者详焉。

余气篇九

罗城者，祖山分障，包罗于外，以成大局者，即龙之余气也。穴已结而前出者为官，穴后拖抱不见者为鬼，此即穴之余气也。曜气者，龙虎外飞扬。反张者，即砂之余气也。顺骑龙，余气前；倒骑龙，余气后拖。二者虽抛假穴，毕竟虚花。若不以乘气之法、及开脪与否、石纹转否证之，鲜不误者。昔贤谓余气不去数十里，决然不是王侯地，正指此类。非专为穴前余气一端而设也。

水口篇十

夫水口者，一方众水所总出处也。昔人谓入山寻水口，又云中士求水口，又云平地难得者水口。盖局之大小、山之贵贱，咸于是乎。别也，必祖龙开障，展作罗城。罗城余气，去作关阑。重重关锁，缠护周密。或起捍门，相对特峙。或列旌旗，或出禽曜。或为狮象，蹲踞回互于水上，或隔水山来缠裹，大转大折，不见水去方佳。若在山中，必得交互水口，方为有力。若结都会，及作帝王山陵必有北辰尊星坐镇水口，高昂耸异，望之惊慑者，始合上格。唯取两面合抱收回者方正局。一边真面单卷、一边借辏无真面同收为偏局。皆以跌断成星体者为贵。此总水口也，亦名大水口。若中间只结一地，余皆为用者，其近身必当有小水口。中洋、外

洋亦必层层有收水之砂，此为专结。昔人谓关门若有十重锁，必有王侯居此间。可概见矣。若局内龙非一枝、地非一穴，则各各有近身小水口，或有罗星收水。昔人谓大水之中寻小水者，指此。盖水口乃地之门户，王侯有王侯之垣城，将相有将相之困第。方岳藩镇，可以类推。观外即可知内，当与望势参合，亦占山之要诀也。

望气篇十一

山冈，体魄也；气色，神理也。故知山川为两仪之巨迹、气质之根蒂。世界依之而建立，万物所出入者也。然则气，其形之本乎？知形势而不知神气，譬之贵人已死，不如贱生；壮夫病困，未若弱强。凡山形势崩伤，其气散绝，谓之死。形势虽具，生气未舒，谓之枯。死者不可复生，枯则有时而润。关中者，天下之脊，中原之龙首也。冀州者，太行之正，中条之干也。洛阳者，天地之中，中原之粹也。燕都者，北陇之尽，鸭绿界其后，黄河挽其前，朝迎万派，拥护重复，北方一大会也。之数者，自三代以来，靡不为帝王之宅。然兴衰迭异者，以其气有去来之不齐也。凡山紫气如盖，苍烟若浮，云蒸霭霭，四时弥留，皮无崩蚀，色泽油油，草木繁茂，流泉甘冽，土香而腻，石润而明，如是者，气方钟而未休。云气不腾，色泽黯淡，崩摧破裂，石枯土燥，草木零落，水泉干涸，如是者，非山冈之断绝于掘凿，则生气之行乎他方。有一于此，法不可葬。误卜之者，立跻乎沦丧。此气机之变，未始易窥。然而山川虽大，气则有征，盛衰虽微，来非无自。审择形势，参以鉴气辨色，微乎微乎。精义之至者乎？脱不具夫天纵之朗鉴，济之以神明。无累，鲜克举此，故知庸人睹而弗见，听而罔闻，几微旁烛，亦何自而臻耶？与时消息，以乘生气，此形势之要，占山之秘，故终之以望气焉。

葬旨篇

山刚水柔，相比以求。喜其妩会，恶其凶流。远势近形，众秀毕呈。势来则聚，形止斯凝。或跃若龙，或驰若马。万派同奔，众势俱下。巍巍庑空，是祖是宗，睨而视之，神悚心仲。大以成大，众中特尊；小以成小，特亦情存。凡物之性，负阴抱阳。阴背肃杀，阳向荣昌。向故使聚，背乃反张；向出口面，背则颓溜。唯口得食，唯后弗秀。宁为鸡口，毋为牛后。向背若差，其失大谬。阳若左旋，阴必右回；阴若左转，阳亦右随。阳窝阴脊，两片为的。消详变化，造物定

式。阴来阳止，阳来阴承。毫厘有差，休咎反征。左来钟右，右来钟左。入首察脉，气归止所。气行地中，必与水比。浅深欲乘，明堂是例。

江南无深圹，江北无浅穴。此地气厚薄之不齐也。

体若高昂，贵在包藏。葬者藏义。乘风弗藏。形若下聚，势必得水。水来风去，气融斯美。金木相并，火金并体。葬其所会，挨生弃死。隐隐隆隆，生气在微，动而弗著，故曰难知。窝钳乳突，动体之形。穴以之立，不合匪情。贯顶漏腮，绷面莫寻，割脚折臂，真气不临。元武拒尸，死气勿针。衔尸嫉主，压窜灾侵。有临必合，无合必淋。虾须、蟹眼、金鱼难别。三水四穴，岂可一律。贴身蝉翼，股暗股明。水交气止，明堂略平。平可人卧，不平则倾。毯檐毯髯，人中莫偏。正毯架折，杖枕尖圆。缓急饶减，接迎要端。消详放送，就湿眠干。棺脉相枕，盈缩自然。水蚁不作，八风宴安。九害永辞，五福自骈。匠心烛远，至理幽元。俯察道要，匪悟难言。

十二倒仗图次

顺杖图　逆杖图　缩杖图

缀杖图　穿杖图　离杖图

没杖图　对杖图　开杖图

截杖图　顿杖图　犯杖图

倒杖总论

倒杖者，葬家立穴放棺、消息准的之要法也。大较各因其入首星辰脉络，自然之势。顺适其情，不违其理。的知生气所钟，因放棺以乘之。俾前后左右，合乎天然。虽气有迁流，而枕圆就尖，不逾界穴。微茫之水，水交气止，是小明堂。第二合水，是中明堂。穴之浅深，应与之并。此是一定不移穴。穴皆然之，矩度也。脉变无穷，法总十杖。虽云图论之详，尤贵心目之巧。察之会之，慎毋失之。其安也可几矣。若夫顿者顿于未止，犯者犯其死气，违乎生气之乘，害乎骨骸之藏一也。苟不明十杖真踪，不流于顿犯者几希。前十是法，后二简非，研几极微，心契于法者，能舞枻焉。

图之杖顺 	**图　说** 　　凡顺杖之法，遇龙势懒缓，脉微屈曲，方可用顺杖。正对入脉而下，插中顺来势以放棺，直施斗接之功，不借饶减人之法，葬后发福绵长。 　　脉善雌穴用顺杖，脉善迢迢势软平，委蛇退卸似蛇行。气从脑入棺中正，顺杖仙机妙入神。
图之杖逆 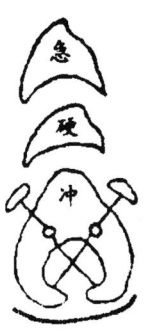	**图　说** 　　凡逆杖之法，龙势雄长，气脉急硬。宜饶归一边逆倒杖。放棺而侧受，挫急势而归缓地，葬后发福甚骤。忌用顺杖、犯杖。 　　急硬冲来气势雄，放棺切忌直当锋。气从耳入微斜受，逆杖饶偏始有功。
图之杖缩 	**图　说** 　　凡缩杖之法，来脉缓而短，其脉冲奔在顶。百会之间，必发小突如鸡心状，以其融结上聚，宜缩入脑头正倒杖。凿开天庭放棺，故曰。盖穴名缩杖，下后人财大旺，发福悠久。 　　势短来徐上聚高，气藏百会产英豪。放棺凑紧当中截，缩入天庭不用饶。 　　饶者，让也；即抛出也。减者，截去也；即凑入也。

图之杖缀	图　说
	凡缀杖之法，以其来脉劲直，以杀气既脱之前，取生气已阑之后，脱脉二三尺，正倒仙杖。大堆客土，长接高塍以续脉，此谓缀杖。葬后朝贫暮富。脉急粘穴用缀杖。 　　劲势冲来不可回，到头急杀上崔巍。放棺脱杀乘生气，缀杖能令发似雷。
图之杖穿	图　说
	凡穿杖之法，以其来势上直，下无堂气。稍停缓处，必开腌脐窝。其法取中停，或十字，或剪刀交倒杖放棺，横枕乐以靠棺首，截直脉而注棺腰。如斗斧眼、如撞钟槌者，穿杖也。葬后发福久远。 　　上刚下急势棱嶒，好觅中停撞乐星。十字剪交横受脉，仙人穿杖有谁能。
图之杖离	图　说
	凡离杖之法，龙脉雄急，却以脚下卸落平坡。或如金盘棋局，以乐应齐登，宜就平坡倒杖，脱本脉之急而浮迁。或取微凸之上，或在窝中略去二三尺，土高堆客土为坟，后出宽广之土，慎勿深掘。郭氏谓坦夷宜深，涸燥宜浅。言定穴之浅深，非言地势也。 　　势雄气猛峻无停，脱卸铺毡展席平。离脉就停中倒杖，如盆中正叠成坟。

	图　说
图之杖没 	凡没杖之法，因乳头肥大圆满，必大开明堂，阔作莹基。凿金井于莹基之中心，放棺以葬，与脉一线泯没。故曰没杖。葬后人丁官爵悠长。乳大脉突用没杖。 乳肥面满脉微茫，法有开金取水方。阔大开莹中接气，酌量没杖始相当。
图灾杖对 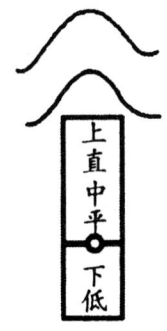	**图　说** 凡对杖之法，以脉直昂，忽然低下，居高则急，居卑则弱。上无停，下无平，两旁则不结，只于高低相接之所，倒杖放棺，是为对杖。但高脉直张，急杀未尽，虽龙真发福，不免成败有焉。 上直中平下忽低，刚柔顺逆两相宜。只堪对杖棺中正，发福须交吉半之。
图之杖开 	**图　说** 凡开杖之法，脉势雄硬，上之则冲杀难当，下之则气散不结。别寻生气趋向何边，看左右相顾之水，收前后朝应之山，稍离来脉，此谓开杖。经云：直杀冲中，夺葬其旁。然止离二三尺，不可太脱脉也。倚左长先发，倚右小先发，侧受倚穴用开杖。 直冲中杀不堪迁，堂气归随在两边。倚脉稍离三两尺，法中开杖最精元。

	图　说
图之杖截 	凡截杖之法，来脉直泻而下，上既不住，下又凌压于稍弱处。气行血通之所，对中阑截，取正放棺如骑马，名截杖。真停正止，截得气住，富贵双全久远。然水本两分，初年未免小败，旋复兴隆也。 　　上雄直泻下凭陵，稍弱中间必有停。其法龙腰骑龙脊，仙机截杖是真经。
图之杖顿 	凡顿杖者，来势本刚，落脉又险，明师未明，勉强斗杀，直撞，以遭急射之凶，葬后人财衰耗，不吉。 　　到头崎峻势还雄，凑脚当锋不免凶。时人不晓安困顿，养尸无益应家穷。
图之杖犯 	凡犯杖者，其脉死硬。元武嘴长带杀，误扦嘴穴，此为犯杖。龙雄元武嘴尖长，嘴上安坟杀气昂。此是乱埋为犯杖，翻棺倒骨见刑伤。

三宝经穴法

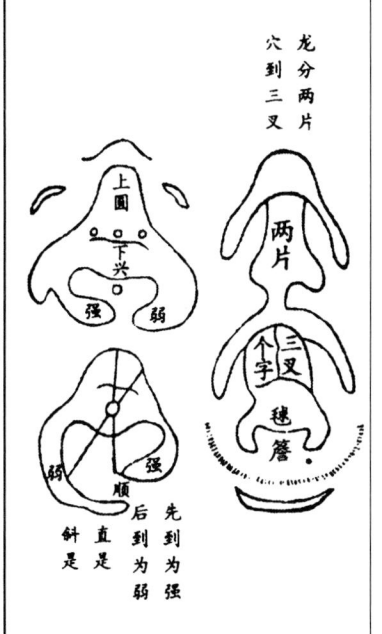

穴到三叉　龙分两片

两片　三叉　个字　穗簷

上圆　下兴　强　弱

弱　强　顺

后到为强　斜是　直是　先到　为弱

图　说

两片三叉穴自然，仗随斜侧枕尖圆。接迎顺逆分强弱，个字之中元又元。

两片者，贴身两旁之砂也。三叉者，两片之中有脉，泻下成三叉之形，即个字也。尖圆者，个字之下，虾须水分合之中，有上圆下尖之形也。穴之结，有正有斜侧。正者王，扦之后倚前亲，上不出圆，下不出尖，所谓枕也。此犹易知。斜侧之穴，尖圆之形难辨，亦必求后倚前亲之法。随其斜侧而枕之，总不失尖圆也。然龙脉有强弱，则扦法亦不同。当认其何为强，迎而饶减，所谓逆杖由之而逆指也。认其何为弱，接而直受，所谓顺杖由之而顺放也。然则尖圆、强弱、正侧、顺逆，俱不出个字之内矣。予故发明此诗。

后倚三龙水，言三水分处，穴必倚之。

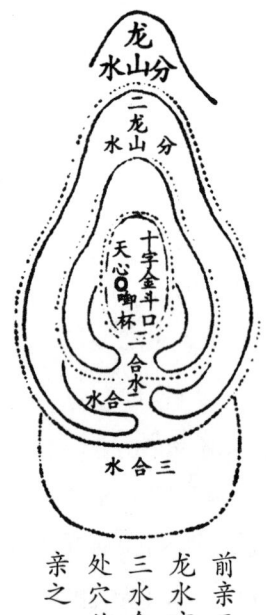

倚之　处穴必　三水分　龙水言　后倚三

龙水山分
二龙水山分
十字金斗口
天心御杯
二合水一
水合二
水合三

亲之　处穴必　三水合　龙水言　前亲三

图　说

横斜直撞金斗口，天心十字口衔杯。若能会得三龙水，也须龙水荫鱼腮。

结穴有横、有斜、有直之不同也。而皆有天心、十字，至中之位，名之曰金斗口，即葬口也。不同横、斜、直，皆要详看三龙水。后倚其分，而前亲其合。放棺十字之上、斗口之中，令金鱼水滋，荫乎两腮之间，乃为穴之的也。

前亲三龙水，言三水合处，穴必亲之。

图水合三

龙二
龙
大八字
龙
三
毯
合二
合二
合三

图　说

个字毯檐水贴身，荫腮二合浅和深。向座只明三合水，会得此法直千金。

点穴依一合水，浅深依二合水，立向依三合水。

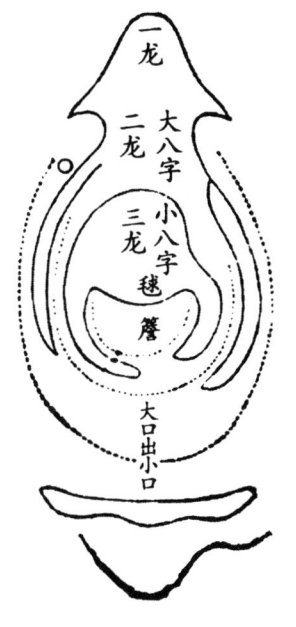

图之字八

一龙
二龙
大八字
小八字
三龙
毬
簷
大口出小口

图 说

化生脑盖要分明，八字从来大小生。个字三叉横外气，毬簷切莫要锄深。

立穴先看大八字，下便是小八字。从化生脑，生来即三叉，个字名曰毬簷。开并不可锄深，恐伤龙也。

图插右左

右明
左暗
是
非

暗
明
非
是

图 说

左插先到左入手，右插先到右入手。两边无插以何凭，看取到头左右口。

左右插，是荫龙贴身砂。明者先到，当迎之；暗者后到，不可迎。若无左右插，可凭便细看。隐然有口，或在左，或在右，当随口为定向。

《论葬》

八法总论

求穴之法，龙如此来，脉如此结。其脉有八种：缓、急、硬、软、侧、中、虚、实是也。其穴有八法：盖、黏、倚、撞、饶、折、虚、实是也。

图之缓脉	图　说
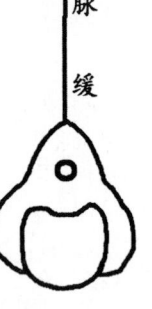	脉缓当作盖穴。其脉来处软，曲曲折折而来，半就虚、半就实，如塞桶漏状。其到头略露微窝，入首低，明堂平，两肩微起，切不可绝顶贪前砂，见穴水倾泻。
图之急脉  	图　说 脉急当作粘穴。粘穴谓之草尾。露珠乃真气所聚，硬直长脉宜虚粘，横来急脉宜实粘。切不可安无脉泥水，田坪顽硬突面之间，及无外裹尖杀以误人。

图之硬脉	图　说
脉硬	脉硬葬倚穴。倚穴谓之南枝。春早如附火趋炎，发极快作处，必有小明堂方是。经云：龙从左来穴在右，只为回来方入手。是脉落在右，故于左倚之。龙从右来穴在左，只为藏形如转磨，是脉落在左，故于右倚之。

图之软脉	图　说
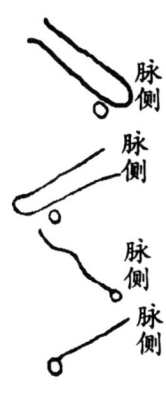脉软　脉软　脉软	脉软葬撞穴，结穴处面阔缓平，脊如琴背，法当截来气之稍急处而正撞之。又有边厚、边薄，则当随其厚处，取生旺而干开偏撞。大抵葬撞法，直葬不折，故谓之顺。倒逆裁却，不可以龙不尽为疑。切不可于来脉抽动处作伤脉之穴。又当杀嘴作穴误人。 顺即正也，逆即凑入。以其犯上，故谓之逆。凑入是急。

图爆裂侧脉	图　说
脉侧　脉侧　脉侧　脉侧	脉侧葬饶穴，饶穴谓之勒马回头。趋生避死，必认来龙不曾转身，气势紧硬，而脉斜侧。合逆倒顺裁，方可避煞。然不可避之太过。其脉转近处，必有自然前后、左右，照应砂水。 逆即斜也，顺即抛出退让也。抛出是缓。 上之顺逆，言邪正也。下之顺逆，言进退也。世人明此旨或鲜矣。此言既出，腾口说者将侈谈也。

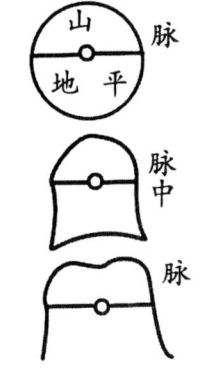

图之中脉

山
地 平

脉

脉中
脉
脉

图　说

　　脉中葬折法，折穴谓之曲水引泉。和针在手折处，故真气于此聚。诸法中独此法变换最多。入首脉沉而不可见，然行干地中山面而不在两角，故谓之脉中。皆宜寻其横折曲处葬之。切不可葬泥水绝处，及龙起伏脉上，当煞以误人。必来龙处不甚起伏，直至入首方顿伏而面平，无脉者方是。

脉虚葬实法

　　脉虚葬实穴。实穴谓之凿石取玉，开杀求生。龙入首处，抽出正乳或圆珠等。山三面皆虚，只得凿开以就虚取实。取其中之生气，切不可大开深葬，及于无龙突面不开，脚独山及漏脚山，枝之硬块死窝、田内死墩以误人。是必认来龙尖圆起主。盖尖则有乳，穴圆则有窝，穴及两旁有包抱，中出乳头，或左右单提，或太阳金垂，珠掩脐者皆是。

脉实葬虚法

　　虚穴谓之笼甑炊物，气从下上。龙入首处，或尖、圆、方，皆面平无脉。地下亦平，无脉只有四应包抱，可考其脉藏。地中不起纹路，结穴处平实，故谓之脉实。只得于平地堆土葬之。又有在平田，或水地中平墩者，盖以动静之理言，则水动为阳，山静为阴。以险易之理言，则坦夷为阳，崇峻为阴。以情势之理言，则开耸为阳，局缩为阴。抽袅为阳，硬滞为阴。面豁为阳，背负为阴。其形之止聚也，则必有向背之情，分开合之体。何谓开，窝是也。何谓合，乳是也。盖形开则阳发于外，其气浮，故属阳形。合则阳蓄于内，其气沉，故属阴。阳则浅，以乘之合，以固之阴。则深以取之，辟以通之。夫阳结之属，其形为仰窝，为承掌，为兜凳，

为偃箕，为垂坡，为窄钳。如曇之倾，如袂之垂，如月之抱，魄及屬隐，沤浮趺盘、袂敛脉蘸、浅流突临平洋之类。阴结之属，其形为悬囊，为悬钟，为垂乳，为肤偃，为凸萌。如芽凝，如节及、驼峰、鹤顶、龙颡、珠腹、鮎唇、马迹、龟肩、牛项之类，若其落平阳，经旷野，则全属乎阳矣。盖势平流缓，脉浮气浅，有水以止之，无质以类之。其为势也，长若垂虹，摆若走蛇，横若衡平，弯若弓满，飘若丝游，直若弦曳，方如毡铺，圆如荷叶，宛如龙蟠，回如钩曲。其形之敛也，如龟鳖露泥，鱼凫出浪，壳负蜗身，肉垂蚌口，此皆形聚之妙也。若其势趋田畴，行无定踪，落无的脉，则当参其特小、特大之变。又有落平原而有微似仰掌之窝。然外流必交抱，兼有十道可考。虽不见龙脉，意合如此。或有纯阴不变之龙，只得直葬不折。有气却安于无气。龙尽处脱煞虚粘，切不可葬八风吹动及泥水绝穴处。

难解二十四篇

一问：山水向背，乃无情之有情。占穴之大法，欲人无迷。亦有旨乎？

答曰：山以得水为面，故不得水者背也。以秀为面，顽者背也。润为面，枯者背也。明为面，暗者背也。势来者为面，势去者背也。平缓为面，颓陡者背也。得局为面，失局者背也。总之，一方之山川，必有最高大者为之镇焉。是名祖山。其山方，虽八面出，各有枝，然大势所向，其出必多伏而再起，断而再续；则其面必前向水，随之而同趋，气之所钟，形必转顾与水相交。其他从山，势亦趋回。此得水之明验也。势回则石纹必转，石者，山之骨也。故经云：山势原骨，地势原脉。既知原其始，则能要其终。终也者，其面之所存乎。昔人谓天下山山随水走。山向则水向，可不言而悟矣。昔人云：山乘秀气，故以秀为面，秀之一言，其占山之神乎。顾聪明不备，不足以明此；不明乎此，不足以语向背。苟向背无征，难乎，其言微矣。是故向多者，其终必大，背近者，虽得必微。兄弟之国，势足相敌，各为其主，外必互违臣主之分，势必悬殊。若同处一方，则尊卑迥别，虽有其位，情终卫主，势必为用。何则所得多寡，其源元不齐也。山川之性，亦犹是已，明乎。此则真伪辨、小大别、吉凶定矣。

二问：曰龙之去来、断伏多者，世莫能察，时师指说去来不定，欲求画一，安所从求？

答曰：过水者，所以止来龙也。经曰：外气横行，内气止生。气即水也，横行

者，言阑止其行也。若夫高山冈阜，叠叠绵亘。虽有闪跌形势不绝者，不待察而知其来止也。至于山冈大断，一伏数十里，近者二三里。或中有掘凿横河，不知审势，即为所惑。来去倒置，其失非细。夫水必从高而下，从分而合，从小而大，从近而远。观其源派，迹其流行，审其入止，则两山之中必有水，两水之中必有山，不辨自明矣。世谓石脉度江河，其说似是而非，不可不察。凡山入水，虽云石脉，必不能透过。过水者，谓从高至低，通流之溪江也。唯湖海势下，形洼为众流所归，漫衍平阔。故山脉从不界处透入，譬夫经脉，各有条理，一身五体，随经而断。其间骨节，各各界开。外看似连，其中实断。故有通溪皆石，水自中流，昧者不知，谓为连属。盖不察其两山皆石，势俱向尽，犬牙相匝，而中有缝罅，辏而不属，故各不相连。观八闽延建之溪，可以自悟。观东西二凉山，可以知长江中流，南北不接。观东西二洞庭，可以知三江所入，总出吴淞。二山中间是界水道，则流深不流浅连近不连远，昭然领会矣。

三问：受气之法，其变有几，求穴之要，莫急于斯。苟昧其旨，厥误甚远。期其弗失，岂有道乎？

答曰：受气大法，其变有五。曰直来横受、横来直受、顺来倒受、斜来正受、正来斜受。五者，阴阳变化自然之道也。循而穷之，虽山川诡异，莫能逃焉。何则直而不横，即是直来直受，气冲脑散，生机不存。横而无直，生气不吐焉。有融结顺来，则水必直趋，脱不倒迎，何以交会，正而闪跌。猥藏入穴为斜，梧桐叶上生偏于也。斜而入穴，列局转正，杨柳枝头出正心也。若斜而无正，正而无斜，则变化不施，木强无情。故必得此，乃可用以合堂气、审局势、收水法、定宾主、辨真伪，此求穴之大旨。搜剔山川之握奇也。不明乎此，穷年卒岁，汗漫无归。长望冈峦心目，俱眩，焉能窥隐测微，得造物自然之情耶。神而明之，非法可尽，况无法乎。谚云：下士偏山走，由昧此尔外。此复有山乘秀气，平乘积气，积者，积厚而为脊也。水乘旺气，石乘杀气等法，亦于前法有补。明者宜并参焉。

四问：水法有宗庙、明堂，黄泉、八杀等种种不同，其道何居？

答曰：水法之妙，郭景纯葬书言之详矣。特时人不谙其旨尔。其意谓凡山结地，必是山势番身，收得一边界水。所谓山水相交，亦名得水。其势必居于前，但有见与不见之异，以其居前，命之曰朱雀。经云：朱雀原于生气者，言界水必从龙发源处起也。气者，水之母。山气盛则水大而长，故曰原于生气。派于未盛者，言

水源初分，流既未长，势犹未盛也。潮于太旺者，即廖公所谓水乘旺气也。泽于将衰者，言将出必先汇为泽，则有蓄聚也。流于囚谢、以返不绝者，言水去处欲其细小，似乎囚谢亦复却顾而不绝，所以状之也。法每一折潴而后泄者，言欲其曲折渊停，不欲其直泻速去也。洋洋悠悠、顾我欲留者，言其于穴留恋有情也。其来无源、其去无流者，言来远莫知其源，去曲不见其流也。此章通篇俱论水之形势情性，何尝有方位之说。术家懵于至理，妄以长生、沐浴、临官、帝旺等神煞吉凶配之，遂使吉者不葬，葬者不吉。惑世诬民，莫此为甚。今以水之宜忌，具详于左。凡水抱不欲裹，朝不欲冲，横不欲反，远不欲小，近不欲割，大不欲荡，高不欲跌，低不欲扑，众不欲分，对不欲斜，来不欲射，去不欲速，合此者吉，反此者凶。明乎此则，水之利害昭昭矣。然术家不欲用此法卜葬者，其蔽有二，一为父师沿袭已久，非有上智，安能破俗，失在不明。一为以此卜地，非真不合，得失易明，莫可饰伪，利葬家不利术者，同巧相倾，难于诡异，固执其说而不变，弊在挟诈。然使其言得售者，葬家成之也。夫吉凶祸福，人所时有。多言凶祸以杂之，必有偶中。多言福应以神之，亦必有偶中。世徒见其偶中也。遂曰是何神欤。人情狃于祸福，以此相传，莫之或违已愚。故曰葬家成之也。

五问：寻龙望势审穴之法，何者最要？

答曰：先看祖宗尊特高大，次察众中何条先断。断处中出，夹从周密，即是正龙。正龙到头，止是一穴。行度分枝，所结必多。纵龙脉不长，亦主秀旺。盖龙气本贵，譬诸王侯，支子犹不失安富尊荣。术家谓起家须用好公婆，正此义尔。凡龙行走，远者数百里，近者数十里，大势必随水走，一逢过峡跌断，忽然番身收住前边界水，列成局势，或逆或横，上砂转下，下砂转上，其中决然结穴矣。便须著眼用心检点。凡大龙气盛，四时多有云气覆其顶。大山顶上有湖，池泉清冽，大旱不涸，俗名养荫，此气盛所致。气者、水之母，有气斯有水，观水深浅，可以卜气盛衰矣。寻龙望势定穴，宜登一方最高处。先从局外审察，次向对面注视，次向左右睨视，却再回有情处细察微茫，必无失也。凡审穴，贵详贵缓，当候草枯木落时。昔人先以火燎草，而后登山，甚为有法。雨中可以审其微茫界合，晴天可以察其气色脉理，雪中可以验其所积厚薄，则知阳气所聚。昔人谓三年求地，十年定穴。慎之也。

六问：水有大小，复有前后远近，纵横亦经左右，山冈匪齐，交错而流，倏去

忽来，孰得而有明，知其得何为法式。俾迷谬者觉，混滥者分，遵为道耶？

答曰：用水之道，以龙为准。凡山冈大势，必有分合聚会。夫分既因水而界，合亦因水而聚。故山行千里，两水随之。亦复千里转顾而交，遂成局势。前界先收，后亦随会。所以然者，罗城展布，缠护俱至，山回水聚，自然俱收。阴阳相敌匹配，以类故也。此言专龙之局四方八面，水咸为用者尔。若夫山行百里，与水一交，前后护缠，自然会合。则所收之水亦止百里，以自此后，山水再分，或远或近，各成会合，用水多寡，局势小大，亦必因之。原其去住，定其短长，要以前砂已反，后山复背。约其分疆，则水之为用不为用，纤悉皎然矣。唯主，故专一而尊，则远近皆归。唯从，则所收一面，仅止共身。譬夫长江万里，南龙东奔，每一转折，便成分合。大则省会，小则郡邑。靡不然者，是各因其山自收，所分之水，长江所界之力，亦必因其分界，以为护缠。其间轻重在乎山势之大小长短，江水之力，亦因之而尽。试观金陵为南龙，大尽水口，关锁尽于圌山，而前砂则自采石以南，皆反上而不顾。然亦无害。其为南都者，以山水俱尽故也。苟能明此，推之近小，复何微而不得哉。昧者弗思，配合乱指，山冈妄贪朝水，违厥性情，非其配偶而误当之，则祸败立见。昔人谓支龙不纳干龙水，有以夫。

七问：九星九变，及诸家龙法之异，何者至当？

答曰：山川之状，不出五行。体多相杂，故设九星。其状万有，故立九变。究其大略，五星尽之矣。若言其变，即九九之数，亦何能穷。总在心目之巧，非名言可尽也。予见术者论星峦，多以贪狼为金，又以献天金为贪狼，又以泛水木为水星，论形一差，定穴必误。欲知其真当辨，手脚不可不察也。至于穿落传变、玉髓经专，以相生为顺。然金得火、木得金，不相克而相为用者亦多矣。乃知其言之不足征也。何则穿言其始，出帐是已。落言其终，入穴是已。传变，即中间行度之变也。要之山川本乎一气。气有变化，则精微始著。故假五星虚号，以纪其圆、直、曲、尖、方之变体尔。岂真有所谓五行生克之说哉。刚柔情性之外，无复他道。唯达微者，能通其变。

八问：理气方位、天星宫位、应验之说，果有之邪？抑不足凭也？

答曰，易曰，仰以观于天文，俯以察于地理。言理者条理也，即文理脉络之理也。察其条理，则知中边、向背、精粗、大小、于以建邦立国、安处万民、此圣王之能事也。气者形之微，形者气之著。气隐而难知，形显而易见。经曰：地有吉

气，土随而起，化形之著于外者也。气吉形必秀润，特达、端庄。气凶形必粗顽、欹斜、破碎。以验气，气何能逃。岂若术家之泥理，气为吉凶者乎。经曰：占山之法势为难，形次之，方又次之，此方位之始也。今之针盘，即指南车土圭遗制也。圣人立法，教人辨方，俾万方之民不迷所向而已，曷尝有吉凶哉。葬家亦用以占山者，盖欲原其所始，乘其所止也。譬夫山冈发源于坤申。左出者，委蛇至亥，自亥历艮。右出者，委蛇至艮，自艮历亥。则山势大转皆可收。一边界水，即是山水相交。必有融结，言坤申所以纪西南，言亥艮所以纪西北、东北也。百里占山，已非一目可尽，况数百里乎。以此而求，亦占山之一法，故曰又次。今术家舍形势而言方位，固已失之。又迷方位，而论吉凶，其谬益甚。以针盘分金立向者，盖审定主宾，不使差失，恐放棺处稍偏一线，则远处差多，宾主不对矣。此朝迎之法，实乘气自然之向也。故用分金以纪所向之山水尔。设若合向此而误向彼，则所对非所朝，失乘气、失堂局、失宾主，故其应有差殊，非谓吉凶在分金也。乃至天星之说，世多知其迂远。据其所论星垣，必是冀州、关中、燕都、西洛，始合垣局，杭州已多不足，况其他州郡邪？审如是，非都会山陵鲜有合者。今术家不过为民间卜葬卜宅，安用此为哉，不必究其是非可也。若夫宫位之验，有不尽然。世固有无龙而发长，少虎而发幼。譬夫树树，植之沃土，后必荣茂；树之硗瘠，多不发生。此理势必然者。总之，得气则发。然必欲以理推其某枝得吉气应茂，某枝得凶气应枯，则不然矣。果若此，又安得谓之造物哉。所谓一株树上有荣枯是也。愚谓但当辨地真伪吉凶，不当预忧其发福偏颇。天道幽远而茫昧，苟尽人事安之而已。已上四端，术家舍是无以操罔人之术，故世守其说而不变，然不自知其言之离经叛道也。嗟乎！焉有事不师古、义不宗经、而不诡于正者邪。夫葬以安死，必诚必信。慎择吉壤以藏体魄，弗使风、水、蚁三害侵之，其义备矣。河南程氏曰：地之美者亡灵安。夫亡灵安，所生亦安。一气流通，死生靡间，理固然也。今人狃于祸福，惑于术者，动言生人休咎，甚至累代不葬，暴露无休，陷人于不孝，则任术之过也。矧祸福本乎前定，吉凶唯人自召，岂尽关朽骨哉。与其因地以徼福，孰若安亲以听天之为愈乎？

九问：山冈万派、地脉枝分，众势之中一方之内，何以别其砂龙邪？

答曰：经云众大特小，众小特大。唯特，故乃可以别主从。凡山冈发足，或特高耸，或特阔厚，或特润秀，或特短缩，或特绵长，或特出面成体，或特委曲活

动，或特端坐合局，或众水特皆聚会。总之，用人而不用于人。多断而精彩强健，抛闪而踪迹诡异，正出而夹从周密，虽长而缠护必到。如此者，则非砂也。宜用意审察，必有奇特异于诸山。苟寓目焉，当自有省。故知观龙之法，其重在特。经曰：参形杂势，主客同情所不葬也。斯言有由矣。砂龙之别，不既明乎。

十问：验石纹转不转法。

答曰：经曰山势原骨。石者，山之骨也。骨节必有向背，气亦因之而行。知向背，则去来逆顺、洞然自明矣。凡入穴，必是两边石纹通转，向里则真气凝结无疑。察山去住，亦必用此法。唯有正脉包裹转里、曜气反张，石纹似去而外势通转，包住曜气，却是大地，不可以曜气石纹为疑。此求穴之要法也，宜精察之。又有山将转身，石纹暂拐向后，而大势向前，则当以大势为主。又凡山形止势聚，情意以钟三分三合，明堂得真三阳，登对砂水俱称，只察寻丈之间。方审石纹，或面上无石，开穴始见，其纹或窝、或口、或丫、或钳、或圈、或是人字，皆可随形证穴。穴中土色必鲜润、坚细方真。若不审势的确，漫指石纹，谓为真穴，误者多矣。不可不察。捻之成丸者，是土撒开者，非也。若先拈之成丸，后来渐不可丸者，是真土已尽，而及金银炉底也。名曰穿穴，急填起二三寸。

十一问：上下砂重轻，及水去风来之旨何在？

答曰：凡大龙正结，多是上砂反重。盖来龙处枝脚必多，前去逆转者必少，势使然也。要以大势与石纹裹转，便真若水之去。必是无砂包裹关阑。无包裹关阑，则风吹必矣。水来风去，不言可知。昔人云：劝君莫下去水地，盖深戒之也。又有枝龙结地，必要上砂，一臂包回遮得，穴中不见正龙背处方真，非此决然不结。是知枝龙无上砂不真，干龙无下砂不住。

十二问：审其所废，及障空补阙之说，何者轻重？

答曰：审废者，言昔完而今伤，非生成欠阙，此在山水俱有之。昔人谓伤穴可葬，伤龙不可葬。既知其废可补完者，则完之以复其旧。譬如肉伤，可以傅药使合，骨断则不可复矣。障空补阙，只可施之砂水，及水口或加培补，或植林木。若夫龙穴，则皆天然一定而不可移者，譬夫人焉，肥者不可使瘠，瘠者不可使肥，昂者不可使俯，跛者不可使伸，势使然也。世有形体亏欠而贵为卿相者多矣。状貌姝好而不过常人者亦多矣。以此而推，当辨真伪，不当论完缺。尘埃中识宰相用是道也。

十三问：喝形亦于理有合否？

答曰：形者体貌也。山川之状容，或有类一物者。然此乃千万中一遇也，岂可为准邪。予窃观诸家喝形，盖欲寓理寄法，俾人易晓尔。岂知沿久而滥流于鄙陋，遂令末俗顿忘其本。尝见直隶、两浙、江右名墓，求其形似，往往不类，审其穴法，则与古合。乃知葬贵合法，不贵合形。今人但知论形，不知葬法，误矣。

十四问：双圹乘气之法所宜？

答曰：合葬自周公以来，未之或改。但论乘气之法，必以一棺正受生气，一棺祔之可也。阴气之行乎地中，止是一线，若两圹并置，中虚尺余，生气之人，反居空处，则父母俱不得气矣。不可不察。

十五问：催官之理，果有之乎？

答曰：此人事偶合，术者因而神其说尔。诗不云乎，唯岳降神，生甫及申，则骨骸得气，所生受荫，乃川岳降灵，故产英杰。若其人已生，则所禀非此山川之灵气矣。安能变愚为智，化贱为贵邪。葬家谓祖荫孙，其言近之。

十六问：葬者大事也。学必有源，宗必有经，世之所传，其说不一。图书甚广，何者为要？

答曰：狐首青乌等经，其来旧矣。莫知为何代书契，相传既久，讹舛多途。郭氏诸公所著葬书，皆本其旨，然去今稍近，其文全，其义备，虽圣人复起，不可改已。杨、曾、廖三家，言虽粗浅，亦皆法度所存，切于实用，舍之无以入门。故当断自郭景纯葬经、杨氏疑龙经、撼龙经、怀玉经为宗，参合泄天机，相山骨髓，以备作法。此外多伪书，引用错杂，醇漓相混，不可为后学程式矣。近代如长乐谢观察所著堪舆管见，零都李中丞重刻囊金，其法甚正，惜乎未全，伤于太简，不能究极其微。然图书所载法度尔，大匠能与人规矩，不能使人巧。傥心目不明，图书虽多，亦奚以为。

十七问：山谷中与出洋地不同，何以取裁？

答曰：山谷中结穴，先须本体秀嫩，四围罗城周密。近身一层包裹，通要秀润。外面一层粗一层，近内一层嫩一层。中间堂局要宽大，方是山中结作之法。故曰山乘秀气，又曰高山难得者明堂。是知秀可乘、堂可向，则真气融聚无疑矣。若出洋地不然，穿田大断，脱卸原多，其秀嫩不待言矣。但有穴情，乘气得宜，水城不反，无不发者。

十八问：仰观俯察至道存焉，世说纷纭靡所底，止欲探其要，合有存乎？

答曰：斯旨之精；世所难晓。然巧非天授，学鲜通微，徒徇俗术，昧于大道，无惑乎山川之性，不可得而知也。昔人谓有人识得明堂法，五百年中一间生。叹真师不易产也。夫山川不言，其情自见。苟遇明者，安所遁情哉。然以参天两地之学付之齐民，而欲责其探颐索隐，惑亦甚矣。幸而中，则张其能；不幸而左，则标其失。是诚贤不肖混淆，而徒取验一时之吉凶也。其于察地之道，顾不悖欤。吾故愿海内之论葬者，必先择师。择师之要，当以心识开通，瞻视明远。知微知著，不遗诡怪。知衰知旺，不惑祸福。洞识山川之情，弗徇时俗之论，超乎常格，迥迈寰中者，始可以言师矣。予尝见士友，往往以齐民蓄术者，术者亦自安于齐民。唯衣食自求，不顾其说之纰缪，讵非胥失之乎。且也，群术相聚，言若河汉，矜夸罔物，至厌听闻，每叹管、郭、曾、杨，异世同趣。今之术者，同堂异论，递相非毁，类成聚讼。俾葬家无所取裁，至经年不决，良可恨也。是以葬家当先择师，不当择地；得师则得地矣，此盖人事也。至于得与不得，各有前缘。亡灵、气连、山川三者之缘，会则得，否则不得。求之有道，尽吾心焉尔。

十九问：覆视旧墓，定知吉凶，果与占山之法合乎否也？

答曰：覆视旧墓，原与占山一体。当先看来龙，次察穴法，次察堂局，三者俱合，则为福荫所基无疑。不尔发福，非由此也。然此其大略尔。若口鼻开破，微茫已失，葬非一穴，则寻丈间进退左右，难可辨别。世俗不察，以此验之于师，是以有合有不合，此赖布衣所以失程丞相祖墓也。且夫察冢中休咎，断生人祸福，唯在形穴真伪，气色枯润辨之而已。乃若冢中分金，葬时年月，讵可得而知邪。昔人谓善断者不必善葬。诚有鉴于斯乎。复有无欲至人，虚明灵照，悬知吉凶，验若符契，此道通神通之谓也。外此皆术数之学，有所凭依，吉凶虽验，非占山卜葬之法矣。唯高明者，幸无惑焉。

二十问：阴阳宅兆，何以别之？风气所钟，同乎否邪？

答曰：来龙大势，亦与阴穴不殊。唯是到头形体格局者异尔。夫阳舒阴敛，自然之道也。故曰阳来一片，阴来一线。阴非一线不敛，阳非一片不舒。是以阳基入首，与阴穴殊形。阴穴多取格局紧拱，入首处专以细巧为合法。阳基则不然，所重在局势宽大，落气隆厚，水城汪洋，或环抱、或倒合。或朝来绕，后来悠扬去。湾曲缠护，多在隔水。水口常在数十里外，大者在二三百里外。审其融结，其法大率

有二：一曰倒影，二曰冈阜。倒影者，到头五星中一星出面，合格面上一片铺出，中间无小水界破，渐铺渐平，渐高渐阔，缠龙二水，夹之同行。到结局处，非横则逆，众水不拘远近，尽为我用。此都会结法也。冈阜者，到头一星出面，合格面上逐条抽出，乎冈委蛇行走，便成冈阜之体，几条合聚一处，虽渐平阔，中间各条自有小水界开，终不似倒影一片铺成也。其局势水法大小一义，片龙收拾尔。唯番身逆势、及脱龙就局者，多是坐虚向实，背后反宽。时师不识，辄以为嫌，不知水缠元武，何殊到堂，既为我用，岂分前后。小则歙县溪南吴氏，吉水桑园周氏之居，大则荆州吴都，皆前山后水，坐虚向实，即其格也。观此可以悟矣。大都阴之所钟，本乎一线，其气不可以普被阳之所萃，盖乎一方，其气冲融，故能小大涵濡，群物蒙化，毓秀于人，其何不则乎。是知阴阳之精，其凝一也。贤才之产，有风气焉。

二十一问：杨公云："行到平洋莫问踪，但看水绕是真龙。"则平洋果不问其所从来邪，抑亦不可辨邪？

答曰：是亦杨公不得已之言也。所谓方便语尔。盖平洋阔衍，去山冈甚远，穿田度水，断伏已多，众水交流，平夷如掌，世鲜法眼，何能辨之。故云但看水绕。夫水不自缠，因砂故缠，砂水相缠，主从辨矣。此又方便中微旨也。欲穷其所自，亦自有法。姑以东南水乡平地论之，其法自见。三吴之平，莫过于苏、松、嘉、湖、常之五府，嘉兴、松江之龙派，自西目分于杭之凤凰山，循江东北委蛇而逝，高亭忽峙入于海宁、海盐，稍中行者，崇德、桐乡、嘉兴、秀水、嘉善、平湖、松江，而尽于西余等九峰，为大泖所界。其稍外者，自上海至吴淞江口而止。外则遵海以西，内则苕水以东诸郡邑，皆西目分核所结也。湖州之龙派，自东目为临安、为余杭、分安吉、涉武康、经归安、止乌程、雪水界焉。盖苕之西，雪之东，东目之尽也。雪水之西，漏湖之东，隶溧西者，为孝丰，为长兴。隶直隶者，为广德、为宜兴，宜兴正尽于离墨、长兴，大尽于弁山，皆南干分枝。故其种尊贵，虽为关峡收水，亦自耸拔，异于诸山。常州之龙，派于京口，连乎丹阳，高原冈阜，隐隐隆隆，是为毗陵，与晋陵相属。夫椒锡山，皆其枝分，自晋陵循太湖向东南行，可六十里，许洋山在焉，方广四十五里，至天平山向东，稍南行，断伏超金山，金山出狮山，狮山出索山。自兹而东皆平原，亦几三十里，会为吴都。都城方广，与洋山准。相传为子胥所十理，或然也。丹阳与武进之交，滨江复分一枝，至江阴循江

而东，稍南虞山在焉。是为常熟。北则大江，南则昆湖，中间一脉绵亘，东南为昆山县，东为嘉定、太仓、亦抵吴淞江口而尽，一自西北，一自东南，势若玦环，交抱于东北，为三江所出之口，中间众水聚于具区，为江东蓄气，此一方大势也。若知诸水所界，便知地脉所止，则枝干之小大，得水之多寡，局势之阔狭，皆可得而明焉。其中虽小有分派，可以势求，可以情得，不至大相径庭矣。

二十二问：平洋亦论藏聚否？

答曰：安得不论藏聚。凡大江大湖结穴者，要以不见江湖为贵。故曰大水之中寻小水，正欲其藏聚尔。盖大水之中复有小水者，是有层层之砂缠护故。有层层小水围绕大水，方无扑面荡胸割脚之患。唯阳地大龙，结作不同阴宅，多有直临大水者，盖阳基欲其铺尽，龙大力长势足，与水相称故也。然两边贴身，亦必有小水界开，后面过咽束气，要明白清秀，龙方不顽，方是真大平洋。阳基结法，若阴穴却无此格，间有见者，亦是龙势庞厚，前砂远拱。或穴前余气去，得长支开大水，望之只见一线湾环，有情方佳。反此者必败。

二十三问：平洋何以辨其大小？

答曰：凡平洋有脊，势可原者，即可寻其来历。复以两边大界水相去阔狭证之，其大小立见。唯去冈原远甚，众水交流平薄处，无脊势可原者，只以众水到堂，或数河水聚会，或通缠其后，来大去小，是谓平地难得者水口。总之皆大局也。

二十四问：平洋何以辨其真伪？

答曰：廖公云平乘积积者，脊也。盖言气积而厚也。气，此验平洋带冈阜法也。杨氏云但看水绕。此验水乡平薄处，专论水局之法也。带冈阜者，须要过咽束气，方见脉真。落穴处定须开口。昔人谓平地不开口，神仙难下手。盖开口，方有真明堂，则真气方住。若在水乡平田，专以隔水，田丘形势，照应夹拱，有情为准。要以来大去小，面前不见大水为佳。纵见亦是一线，立穴必当培土成坟，不宜穴土为葬。如是，方不舛错。

广吉凶论

葬埋之道，其始于中古乎。上世之人，委形顺化其生也。寄其死也，归情念靡留，安事遗蜕，中古圣人因人。情之渐殖，虑其终之必漓。乃启以孝慈，导以厚

亡，始有不忍其亲，以掩其体者。先王因之制礼，慎终送死，以垂后世，俾人尽其心，靡有遗憾。后之君子，推广此心，冀其不朽，则又择吉壤而藏之矣。乃今不然，谓寿夭贵贱，动关乎葬子孙世及，靡不由之。人情患得于斯，愈胶。忘前圣之意，忽先王之礼，惑术士之口，矫哲人之论。妄意祸福，皆由亲骨，时日不利，或生咎殃，遂使淹延，累世掩骼，何时水火蚁蝮，皆所不免。或经兵燹，焚弃无余，嗟乎。何朽骨之不幸而蒙兹多厄邪？予伤世俗之暗，因著论以明之。夫吉凶本乎因缘，因缘缘乎当念，贯通三世，大业由生，恒人情之，智者了焉。故修德而被祸患，悖道而享康乐者，宿业所感也。君子修之吉，小人悖之凶者。善恶由于一念，主之者我也。斯二者，统三世而言者也。理既幽微，义难卒悟，世俗之论，未达本源，术士之言，祇腾口说，矧古人远矣。人情安于浅近，无惑乎高明之旨，不足以语中庸也夫。然而葬有正义，卜有正法，故枯燥而露，蚁必侵焉。阴劲而沉，水必生焉。水倾卫缺，风必射焉。气之所去，骨必毁焉。葬道无他，免斯而已。是以善葬者察山川之交会，占生气之所钟，纳骨其间，俾前后左右，兼以浅深，不失尺寸，则魄得所藏。违乎三害，孝子仁人之用心，斯亦至矣，蔑以加矣。宁暇冀其福荫及人哉。说者谓亲魄既安，所生因之，理固或然。事非尽谬，第俗情莫解，祸福纷纭。拘忌多途，咸责朽骨，不亦舛乎。何者盛德之至，莫过唐虞，而其后不继，三仁一也。而比干独死，颜渊庶圣，寿止三旬。东陵大盗，享有黄耇。如斯之类，难可枚举。更陈往事，益有明征。若夫景纯，善于占山，身被刑戮。杨公精于卜葬，后嗣无闻。揆诸前说，则往因现业，自可悬知。乃至阴阳之不经，弥滋谬悠之诡说，挠作甲子，本为投时。后世迷之，乃流于鬼神。试观三代，迄乎本朝，帝王之葬，皆由制典；诸侯之礼，不过五月。自天子至于诸侯，葬未有逾期年者矣。岂其方之必吉，年之必利欤。何历数之绵长也。明哲之士，鉴远烛微，凭乎大道。远观三世，近会三缘。安吉凶于前定，徇义命于将来。则动无不吉，举胥中道矣。苟澄心以思之，管窥之徒，安所置喙，拘挛之见，其少苏乎。世徒见夫相冢占山，盛衰多符，岂知缘会，而有吉凶，斯契非察地之权衡，当别论也。

占山统论

占山之道无他，唯以山水向背求之而已。是故山川大交则大结，小交则小结，不交则不结。山与水，相得则交，不相得则涣。天下大龙，都随水走，至于将结，

必然逆转，列成局势，则结地无疑。地理之所以重逆者，以其逆则交也。杨公云：杨公养老看雌雄，天下诸书对不同。阳从左边团团转，阴从右路转相逢者，是杨公垂老之言也。其意盖指山为阴，水为阳，阳若左转，阴必右回，如是则山水觌面相交，必然结穴，不必登涉，可以坐照。是占山之捷法也。故云养老诀乃今时师，则以净阴净阳之说，谓是阳龙阳向水流阳，阴龙阴向水流阴，合以穿山虎透地龙之说，岂之误哉。要之，地理秖有水、土二行，与金、木、火三行无与。必欲牵合附会，以论生克、吉凶、贵贱、谬之甚矣。即杨公所论五星及九星，亦是不得已之说。正以山川状貌难齐，有如人面。要之不出尖、圆、曲、直、方、凹等体，言火所以纪尖，山也。言金所以纪圆，山也。言水所以纪曲，动而波之山也。言木所以纪直，而耸之山也。言土所以纪方，及凹之山也。如得其旨，则五行生克之谈可不辨而知其非矣。唯交之一说，谈易而会难。盖穴前一合，是蝉翼与小水小水即微茫水也交也。第二合是龙虎内水与龙虎交也，第三合是龙虎外左右二砂交也。此即向之所在也。过此以往，则自内及外，自近及远，乃至罗城。与送龙大水相交，是则交之大者，此干龙之局也，明乎。此则分枝擘，脉举自易穷，界限既分，适千里而无惑矣。

第二十一章　堪舆汇考二十一

《水龙经》一

序

山水为乾坤二大神器。后世言地，知山之龙而不知水之龙，遂使平洋水局之地，傅会山龙之妄说。非曾杨以还，未晰此义也。古人不云乎，行到平洋莫问踪，只看水绕是真龙。又云平阳大地无龙虎，溙溙归何处；东西只取水为龙，扦著出三公。其言彰彰久矣。至裁制格法，专书未备。岂不以山之结构有定，而水之运用无穷。若知水龙作法，尽大地山河神机在握，故惜秘奥耳。某因无极之传，尽泄杨公之诀，以高山平壤二法判，然而求之成迹，茫无考据。又得幕讲禅师玉镜正经、千里眼诸书，而后入穴，元机若合，符节又得水龙经。乃叹平洋龙法，未尝无书。但先贤珍重不可泄耳。用加编次为五卷。一卷明行龙结穴大体、支干相乘之法。二卷明五星正变、穴体吉凶审辨之法。三卷述水龙上应星垣诸大格。四卷指水龙托物比类之象。五卷申言。二卷、五卷、四卷，得之吴天柱先生，三卷得之乍浦，五卷最后得之我郡。作者姓名或有或无，合而观之，以此水龙为之体，而后施之以三垣九宫，乘气相用，始无余蕴矣。时下元癸卯杜陵蒋平阶大鸿氏题于丹阳之水精庵。

总论一

此专明支干之理。以通流大水为行龙而为干。沟渠小水为割界而为支。穴法取支不取干，犹高山起祖，重岩无真结，而老龙发出嫩枝，始有结作也。此以干龙绕抱，取外气形局。以支龙正息交会，取内气孕育。盖大江大河虽有湾抱，其气旷渺，与墓宅不亲，断难下手。须于其旁另有支水，作元辰绕抱成胎，则化气内生，并大水

之气脉，皆收揽而成大地。余观名墓，支川小干，首尾通流，其形曲折，竟于转处下龙腹穴，全无内堂界水，亦得大发，其小枝尽处，或一水单缠，或双流界抱，深藏秀丽，福力难量。不必尽论外局，此书不必拘。然小干无支，其局虽大，必久而后发。支龙无干，其效虽捷，而气尽易衰，皆不若支干相扶之地也。此书所重，在特朝之水，迎秀立穴，犹是一偏。盖水龙妙用，只在流神，曲秀生动，化机自呈，前后左右，无往不宜，顺逆去来，随往协应，尤以坐向首尾为驾驭有权，或左或右，未免偏于公位耳。若湖荡龙法，此书取众砂环聚，亦仿山龙图式，眠倒星辰，局法固大，然偏观吴楚，江湖巨浸，百无一遇，亦难按图而索也。湖荡之脉，亦当深明支干，大荡即名大干，必须旁求支水，立穴乃可发福。若单取大荡，阳宅尚有归收，阴基必难乘接，其借外砂包护，即支干之法而变通之也。至水龙作用，全在八卦三元，江河湖荡，其归一也。不精此义，总得合格大地，亦难受福，此又秘要心传，而非作此书者所能知也。余以支干之说，为水龙第一义，故节取其图列之卷首。

气机妙运

太始惟一，气莫先于水。水中积浊，遂成出川。经云：气者水之母，水者气之子。气行则水随，而水止则气止。子母同情，水气相逐也。夫溢于地外而有迹者为水，行于地中而无形者为气。表里同运，此造化之妙用。故察地中之气，趋东趋西，即其水之或去或来而知之矣。行龙必水辅，气止必有水界。辅行龙者水，故察水之所来，而知龙气发源之始。止龙气者亦水，故察水之所交，而知龙气融聚之处。经曰：界水则止。又曰：外气横行，内气止生。盖天地之气，阴阳互根，山峙阴也。水流阳也，不可相离。地脉之行，借水以导之。地脉之住，借水以止之。外气与内气相合而成物，犹牝牡生育。故曰冲阳和阴，万物化生。合而言之，混沌之体，即万统体一太极之妙用。分而言之，随物付物，又物物一太极之元妙。知此始可与形家之学矣。

自然水法

水法卦例难尽述，彼吉此凶行不得。自然水法君切记，无非屈曲存情意。来不欲冲去不直，横不欲返斜不息。来则之元去屈曲，澄清停蓄甚为佳，倾泻急流有何益。八字分开男女淫，川流三派业已倾，急泻急流财不聚，直来直去损人丁。左射长男必遭殃，右射幼子受灾迍。若还水从心中射，中房之子命难长。扫脚荡城子息

少，冲心射胁孤寡天。反跳人离及退财，卷帘填房与入赘。澄清出人多俊秀，汗浊生子蠢愚钝。大江洋潮田万顷，暗拱爵禄食五鼎。池湖凝聚卿相职，大江洋朝贵无敌。飘飘斜出是桃花，男女贪淫总破家。又主出人好游荡，终朝吹唱逞奢华。屈曲流来秀水朝，定然金榜有名标。此言去流无妨碍，财丰亦主官豪迈。水法不拘去与来，但要屈曲去复回。三回五度转顾穴，悠悠眷恋不忍别。何用九星并八卦，生旺死绝皆虚说。述此一篇真口诀。

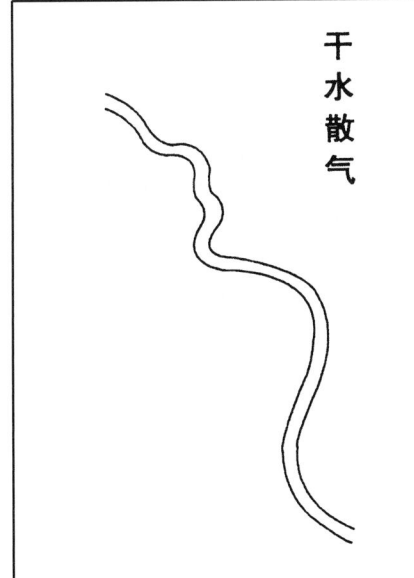

干水散气

干水散气图说

干水斜行，似有曲折，而非环抱。又支无水以作内气，总不结穴。

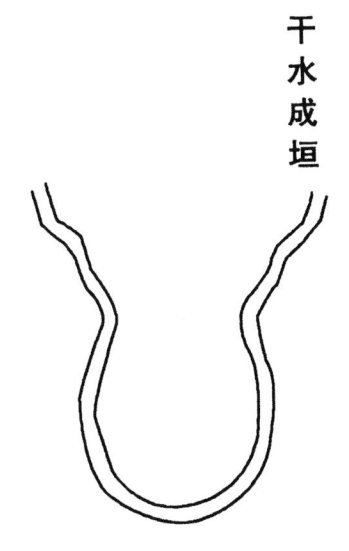

干水成垣

干水成垣图说

大江大河，一二十里而来，不见回头，环绕中间，虽有屈曲，决不结穴。直至环转回顾之处，方是龙脉止聚。经云：界水则止。又云：界水所以止来龙。

若一二十里，尚不见水回头，则前之屈曲乃行龙处也。书云：龙落平洋如展席，一片茫茫难捉摸。平洋只以水为龙，水缠便是龙身泊。凡寻龙须看来水城回绕处求之，然水来路远，其势宽大，中间虽有小回头处，乃直龙束气结咽之处，即未结穴，直至大缠大回之处，方始聚气。然到头形势宽大，又难捉摸，必须求支水界割，如得支水插腹，界出内堂砂水包裹，方为真穴。

界枝
一水
交

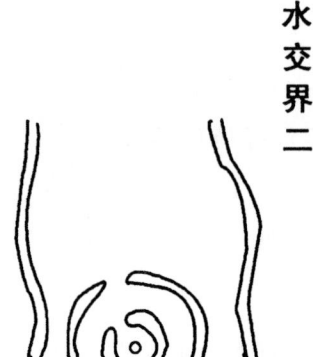

枝水交界二

枝水交界图说一

右前一枝大江，自右倒左，右后一枝大江，亦自右趋左，与前倒左水合流，屈曲而去。此两水合流，一水引脉之局，又两水合出，是真龙局。中龙脉宽大，要寻路水插脉，割界作内局，龙虎前后左右、朝抱周密，方可立穴。此局于腹中插入，小水分界，左右重重交锁，三分三合，束气结咽，龙脉到头，员净端严，形势极秀，横来横受，向前面砂，水湾抱处，立穴以迎西来水福力甚大。

枝水交界图说二

坐下从东北或西北插一枝水，上南屈曲，一路向左而插上，一路向右而插上，割界左右，龙虎交锁，及抱于坐下，成龙虎交抱势，到头成仙人仰掌。结仰窝穴，近来脉立穴取向；坐回受穴，顺脉立穴取向；为顺杖，得龙虎砂朝抱于前，其秀尤速。此三法俱可，但看前后朝应何如，如前有远朝曲水，可迎立回受穴，如后有曲水远朝，或远山呈秀作顺杖穴，此势虽缠，元武弯抱如弓，并无分泄，城郭局势周密，主百子千孙，朱紫满门。若东北或西北一路水分泄而去，其力便轻。

枝水交界图说三

枝水交界三

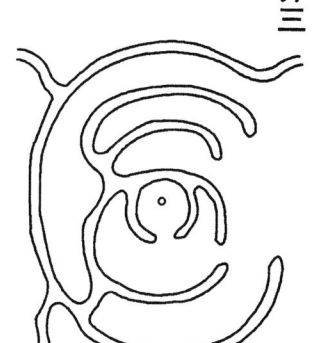

西南水夹送，合东南来水，出东北却于东北插一枝水，分界于左右，作龙虎砂，横夹于前后，中间插一枝水，横界于前，左右有金鱼水紧拱于两间，作横来正受于两间水，护卫周密，三分三合，到头其气完固。经云：水要有分合，有合气方洽。此局三分三合，而转头向南，委曲活动，略无硬直之杀，主富贵全美。若东南屈曲而来，穴中望之，如在目前，其秀尤佳，文翰声名，可甲天下。

枝水交界图说四

枝水交界四

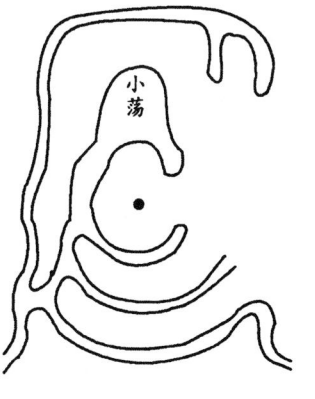

受水从后面右来，绕元武不回头，即于左边局后屈曲而去，于后大水去处插一枝水，上左向前，湾抱过右边，即收作外包裹。又于左之后插一枝水，上前分作两股，一向局后过右界出龙，一向局前聚水成池。其砂水双双回头于左侧，此亦横来侧结穴也。前有小荡，作聚水堂宜对小荡正受，亦主科第发贵。盖元武水虽不顾穴，却于左边绕局后而去，乃真气也。

曲水朝堂一

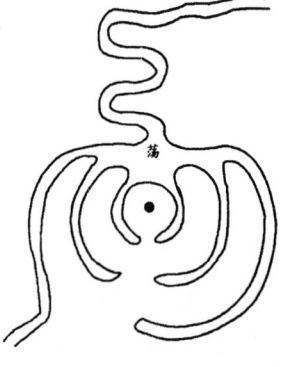

曲水朝堂图说一

穴前曲水，不问三五曲，周匝整肃，自右过东，就身回抱而去，却于曲水后分枝割界，作重重龙虎，分列左右，双双回头，朝顾穴后，枝水分合，三关四峡，重重结咽，来气兜收，形势周密，秀水完固。来水屈曲，呈秀来脉，尊贵端严，左右重重卫护，主百子千孙世出元魁、神童、宰相。若穴前含蓄聚水，富堪敌国，若水系左来，于前曲屈而去福力不减，但清贵无财。

曲水朝堂二

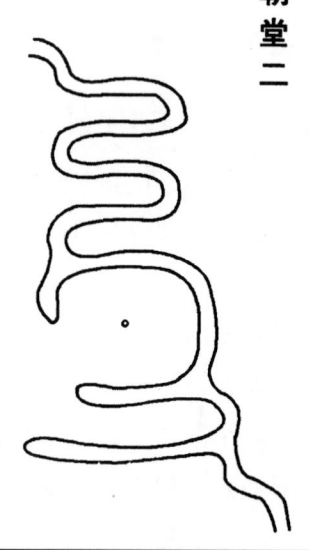

曲水朝堂图说二

凡曲水当面朝来，横过穴前，须就身回抱，屈曲而去。坐下要枝水割界，兜收龙脉，或一二三重，叠叠绕于穴前后，方成体势。其穴前横界深水，太阔则气荡，太狭则气促。面前朝水箭射，恐破气伤泄。此地曲水单缠，一路兜收，脉气凝聚，大能发福。但坐下无元武水，大江绕护，乃是行龙腰结，非尽龙也。其力比两水合出稍轻，若得去水在元武后回头，从作下包裹而去，更自不同。

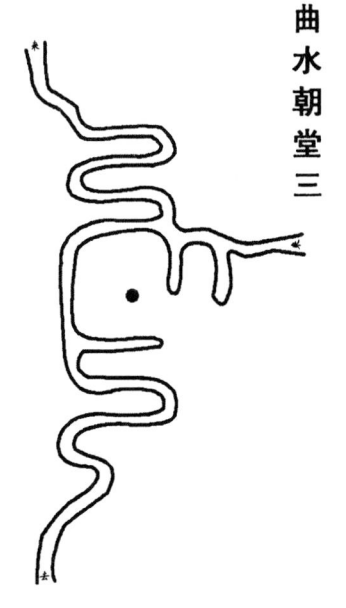

曲水朝堂三

曲水朝堂图说三

穴前秀水当面朝来，与右来横水合流，倒左就身，回抱绕元武，却回头望东北而流。来则屈曲，去则倾家，更得右水交会，此与一水单缠，殊觉差胜。水交砂会，龙尽气钟，主人丁繁盛富贵。

凡右水倒左灌堂，则前秀水不得过堂。而长房发迟，须右边灌堂，使曲水从右倒左，则长房与二小房并发。若右水是穴前曲水，分泄而去，则小房不发矣。后主迁移过继、易姓离乡也。

曲水朝堂四

曲水朝堂图说四

与前绕青龙、缠元武合法。前局周密紧促，此势左来就身，夹下稍长而宽，龙脉趋归元武。秀水在前，欲就曲水立穴则气聚，在后而脱气，欲立穴就气聚处，则曲水远而承受，不及中间。必须枝水插腹，兜收其气，中局使前不脱曲水，后不脱龙气，前亲后倚，方能发福。主文翰之贵，先发长房，后发中房，小房更得去水之元，力量悠久。

曲水朝堂
五

曲水朝堂图说五

　　或从左来，屈曲到堂。或从右倒，就身环抱，绕元武而去。或从右来，屈曲到堂，从左倒，就身环抱，绕元武而去。其曲处须如之元字样，不懈不疏，整肃周匝，至穴前弯弓，就身绕转，包承于穴后，形势甚佳。若中间太宽，须得枝水，界得脉络清奇，若局势周密，虽无枝水割界，亦可立穴。

曲水朝堂
六

风摆柳条　有坏病

曲水朝堂图说六

　　须折折整齐，厚薄相等，不宜东泄西窜，如风摆柳条，如风偃草。或盖过穴，或不盖过穴，参差错乱者，虽见屈曲，无足取也。垣局割界结咽，内气合局，亦发福秀。但子孙飘荡淫逸，豪奢废业。若得进局，一二折水，朝抱有情，亦主初年稳发。行至摇动摆跌处，不免退败。

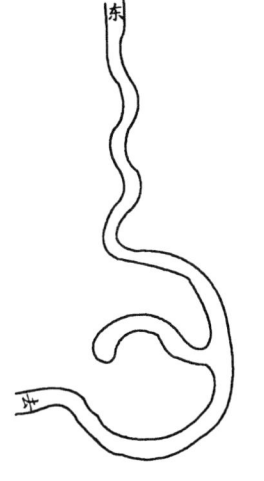

曲水单缠一

曲水单缠图说一

须三横四折，之元曲折，包过穴场。其折转处，不至冲射。若来水虽见屈曲，东牵西曳，固不可用。若曲形如缠，索穴前虽见弯抱，前面一路，殊非秀丽，亦不吉。此局中虽割成势，而穴中难发福。不冲不破，仅可一有冲击，或前后左右，略见分泄，必主破坏。远水如展索，而穴前弯抱，盖得穴过，望之不见前面冲射，亦主三四十年发福。及水步行至之日，即衰退矣。此图外局既全，内气复固，爵尊福厚，丁旺力长，美不可言。

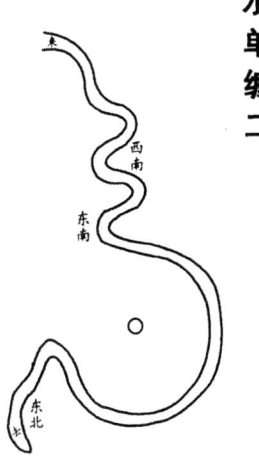

曲水单缠二

曲水单缠图说二

只要屈曲有情，从东南来或西南来，折折匀调，不牵曳不疏密，三曲四曲，厚薄同情，未即结穴。直至回翔弯绕，势如满月，方成体面。其去水亦要回头，顾家所云洋洋悠悠，顾我欲留，是来要之元，去要屈曲。屈曲去处，怕如绳索样。去不远即反背走跳，亦不结地。此水从东南来，三五折到局前，弯抱如满月。前面不厚不疏，而独到头一曲，厚而员净，此水星曲池穴也。得去水变局，不向西北、而向东北者真。

曲水单缠三

曲水单缠图说三

三横九曲，当面朝来堂。不疏密、不牵曳；绕青龙、缠白虎。回头顾家，屈曲而去。中间并无支水插界，左右兜乘，真气于中，此穴名水星穴。曲池穴前，曲水端肃，皆宜正受。望曲水立向，此名曲水朝堂。缠青龙，绕元武，前后左右紧抱，拱秀大地也。赋云：为官清贵，多因水绕青龙。发福悠久，定是水缠元武，更兼曲水朝堂。去水回头，水法中之最吉者。凡曲池不宜太宽，恐其气荡归元武，穴难向前正受，必有脱气失脉之患。若见宽大，必得支水兜架力妙。此势主出状元、宰辅、文翰、满朝三房，并秀百子千孙，富贵悠久。

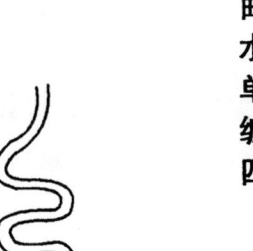

曲水单缠四

曲水单缠图说四

凡局内不宜太宽，恐气不归聚。太狭又气不运化，生气急迫。若势宽，必须左右或前后有支水兜乘，不使生气荡散方妙。荡左兜左，荡后兜后，又得元武水绕过穴后，上下包裹，则秀气完固，必大发福。此曲水当面朝堂，从左倒右，绕白虎、缠元武，却回头复从元武而去。局内左右，金鱼夹界，其气凝聚，是为真穴。一水单缠，乃为游龙戏水。

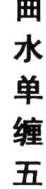

曲水单缠五

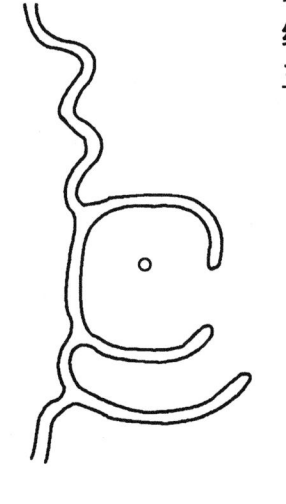

曲水单缠图说五

左来朝堂，不疏密，不牵曳，折折齐整者，宜从曲水至处立穴。穴前一水横迎曲水，合流者须得小支水插界于后，方能收曲水之秀。

两水夹缠

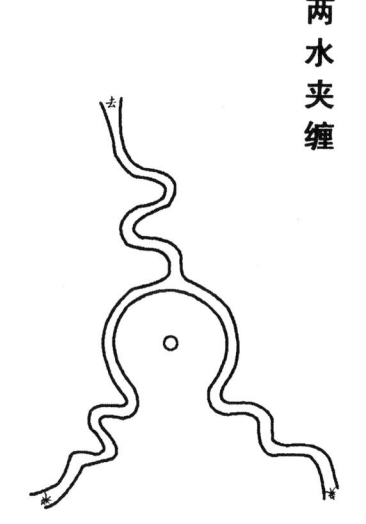

两水夹缠图说

合流而出来见之元，去见屈曲，局内紧拱，不宽不荡，不必支水割界成形，只要中间界割，束腰收气，则穴法完固矣。两水合出，前面三五折，屈曲整肃，当面曲水立向，虽顺水而不至于直流直去，亦不嫌顺局也。龙尽气钟，更得外堂曲水有情，明堂内砂如织女抛梭，节节包承，则水虽曲，而气自固发。文翰清贵。若局内宽大，更得支水兜插成局，而得水潴，更有回头砂包裹穴场，亦发财贵而又富。

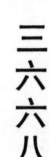

水缠元武一

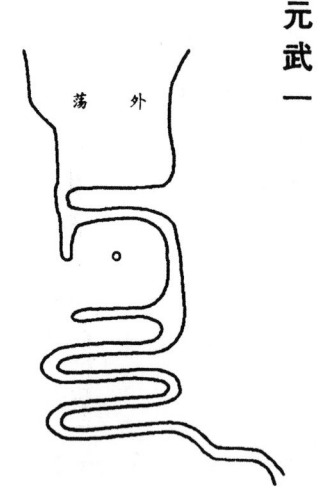

荡 外

水缠元武图说一

局前大水聚于明堂，从东南横架过右，抱身缠于元武，三四曲而去。砂水反关于坐下，其本在穴后，法当向曲水立向，然前有曲水明堂，流神自南而绕，亦可就水处立向，富贵两美。但聚水在前，秀水在后，先富后贵，若来水自北而南，福力尤重，代出魁元。只要曲水包裹整齐，若有牵曳，便不发秀矣。左缠发长，右缠发小，中房福力悠久，大旺人丁。

水缠元武二

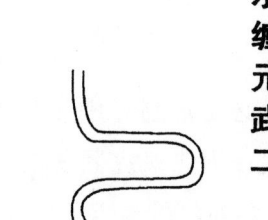

水缠元武图说二

前有曲水三四折，远远朝来，就身兜抱局后，缠身元武而去。入路得结咽处，束气紧密，发福悠久，富贵双全，人丁繁盛，二三百年不衰。

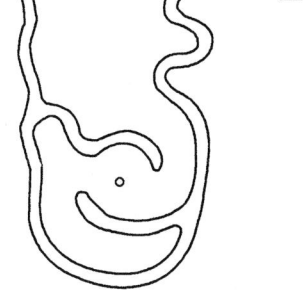

水缠元武三

水缠元武图说三

曲水当面朝来，不厚不薄，折折整齐，或左右就身环抱，从元武缠回而去，势极若员抱紧夹，不宽不狭，法当凑前曲水中立穴。若就身环抱，宽大深长，则凑前立穴，恐其气劫泄于后。虽得亲就曲水，而失气脱穴，亦不发福。即当于曲水后求支水，兜插在于何处，若兜插中间，法宜立中穴，兜插后面元武前，宜立穴坐元武水。作回受穴，只要穴前望得曲水，虽远如在目前，乃妙如局内。别无支水插界，须以人力为之，毋使真气劫泄脱气，但要迎受得秀水著耳。经云：曲水朝堂，秀而可穴。缠护紧密，凑中迎扦，若还宽大，发福必迟。

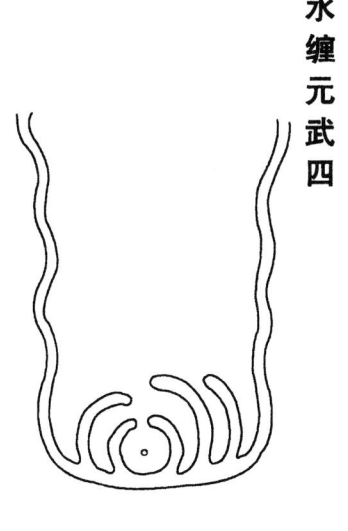

水缠元武四

水缠元武图说四

凡面受穴，多是水缠元武。俗云坐空割背者，妄也。只要天源流水，从东向西，左右得支水插腹，重重包裹，割界结咽，与夫分合清奇，福力亦大。若从右边来，绕元武出东南去，比绕青龙者稍轻。以水向东流者常也，嫌于顺水。若从西南向北转，绕向南面出东南，穴向朝西得水绕元武，福力与绕青龙缠元武相同。以逆势也。百子千孙，富贵三百年不衰。前有朝阳，其秀尤美。凡元武水缠，须得数百步之外便弯抱，拱夹仰折而去，方显正格。若面前滔滔横架而去，不见回头，又不可以水缠元武论也。缠者回绕，弯抱之谓也。

顺水界抱一

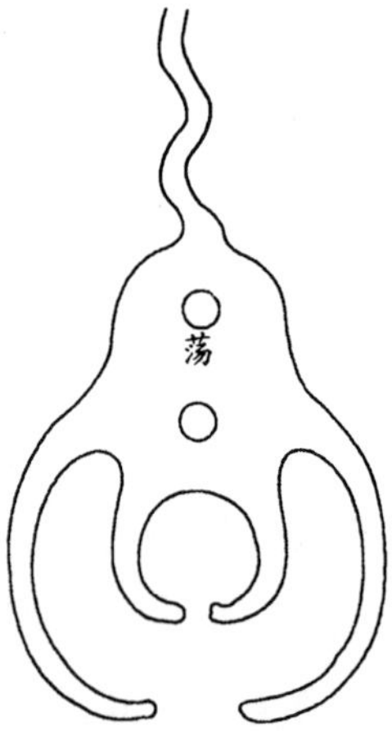

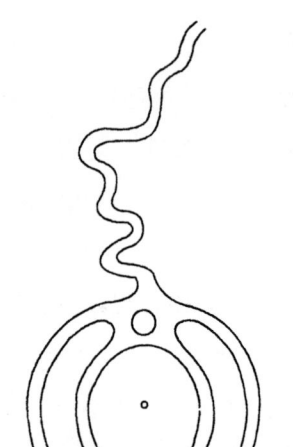

顺水界抱图说一

一片大砂,周围四水团聚,中间却插一支水,直至大砂中腹。或分作两路,割界于左右,裁成龙虎砂,紧夹于穴外。穴前蓄成一河荡,五六亩、十数亩,涵聚穴前。虽元辰向穴前出去,然得屈曲如之元,不见直流,又蓄聚不泄,形势尤佳。不可以元辰水直出而弃之也。亦主发福一二纪,财不甚厚。人丁虽盛而不秀,小贵而已。河荡中得一砂盖过,不见前水出去,乃为可贵。如无小砂盖过,三四十年便见退败。

顺水界抱二

顺水界抱图说二

与前局同。但无蓄水涵于穴前,若明堂无聚水,却得前面支水到堂,三四折如织女抛梭,东西包裹,砂头双双抱护,虽无曲水,因其曲秀,反主发贵,丁财亦盛。

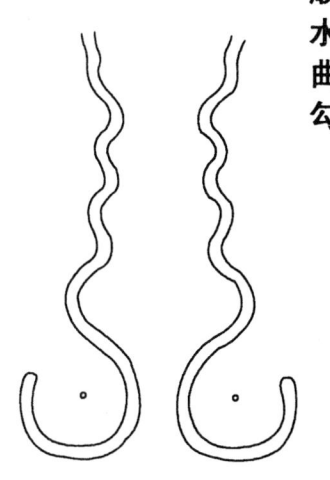

顺水曲勾

顺水曲勾图说

有曲水横来，到头却于尽处作仰勾如钩。有曲水直来，到头却于尽处作抱水勾势。二势皆可立穴，但要水来屈曲，不疏密、不牵曳，折折整肃。或迎曲水来处立向，或张曲水作朝，或垂钩尽处立穴。主年少魁元，奕世贵显，文名鼎盛。

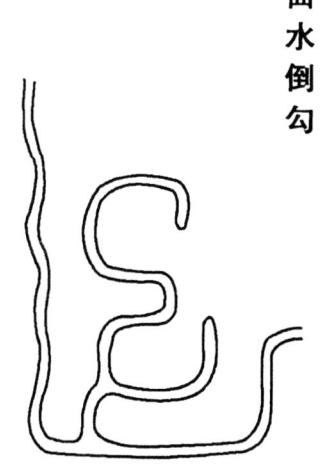

曲水倒勾

曲水倒勾图说

青龙有水屈曲，就身抱缠元武，回头顾家而去。此绕青龙、缠元武势也。却于元武插一支水，转折直至腹中，作一挽水勾形，穴之亦能发福。穴前虽无吉秀砂水朝应，而水脉自坐穴后来，气脉完足，丁财极盛，贵而悠久。

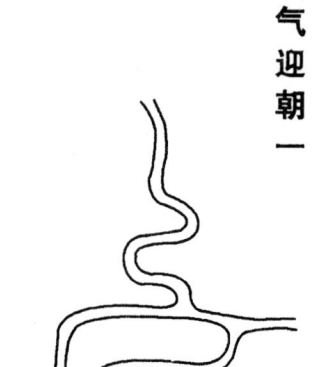

斩气迎朝一

斩气迎朝图说一

大江大河在前，或有大江远远屈曲而来，与大江横架水交会。其交会处，并无支水收受，荡散龙脉，似难立穴。却于百步之后，有一水横界中间，有支水插进腹中，如勾、如仰掌，或勾左、或勾右，与曲水登对，虽远数百步望之，如在目前。即于此处斩脉立穴，以迎前朝曲水之秀，名斩气迎朝穴。亦发二三代福力，但不悠久，以龙脉未尽也。若得左右夹界重密，元武水仰抱如弓，力大且久，因朝远而不就，须迟至数十年后方发。发则暴而盛，以大江势大故也。

斩气迎朝二

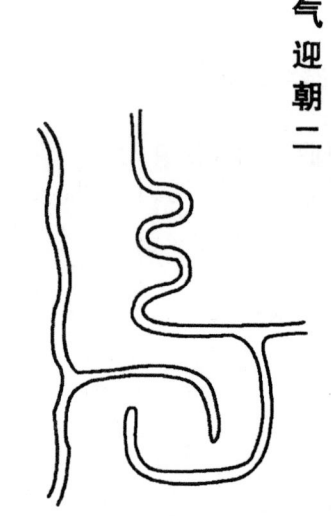

斩气迎朝图说二

曲水远来，到结局竟横夹，而不见回头斩下，此本入怀反跳之势，理无可取。然曲水三横四曲，折折整齐，不牵曳斜窜，形势秀美，若得支水插入秀水之后，弯抱如勾，木局又得支水插入于后，仰兜如勾，龙脉虽未正歇，却于交钮处斩气立穴，仰乘曲水之秀，亦发福。曲水近在目前，只发二三十年，远在百步之外，三四十年始发，然终是曲水反跳，不得归元就身，富不过万金，贵不过三品，两代即衰，入籍他州，亦出魁元。

远朝幸秀

远朝幸秀图说

曲水朝堂，从左转右，弯弯就身绕转，却又得客水从东来缠元武，与曲水合于局后，此亦两来成势。而曲水之内，并无插架，成穴反于客水，插一支水，横架于曲水之后，乘曲水之秀，所谓移花接木，名曰邀幸。主迁居易姓，或赘婿过房发大贵，或远乡冒姓、冒籍发科甲。或于边疆立功业，或文人立武功，武人立文业，或于他途成名，然局势周密气完，固主人丁繁累代不绝。

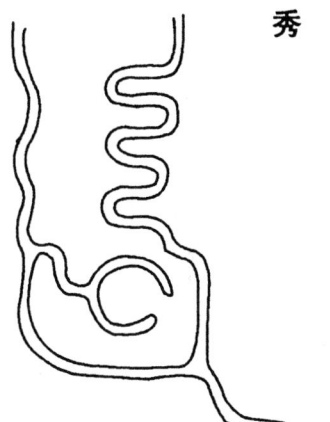

远水幸秀图说

曲水当面朝堂，或倒左或倒右，本局无支水插界，成形却于他方外求。插下割界，金盘仰掌，势托于曲水之下，亦名幸秀。然穴后又得一支水，包承于元武，与曲水合从作一路而去，则水口当以曲水为主。若后面外水不从，与元武曲水合流，则水口当从本穴支水去处论。去虽曲水回头，交锁织结，不至渗漏方为大地。其水去处，虽不屈曲，亦不为害。盖本支之水，乃龙之元辰，而曲水乃客水也。不过邀客水之秀以发福耳。其流之曲直，无预于本龙之气，但要坐下元辰水去，得曲为贵。此等当过房入赘而发，他途泮籍登科。

远水幸秀

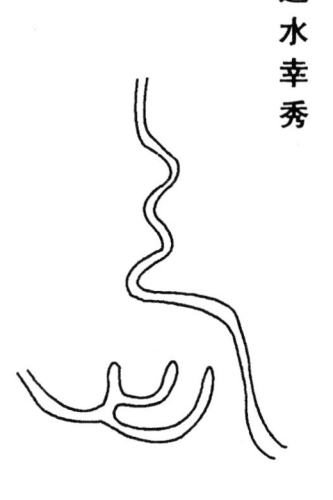

流神聚水图说一

流神聚水一

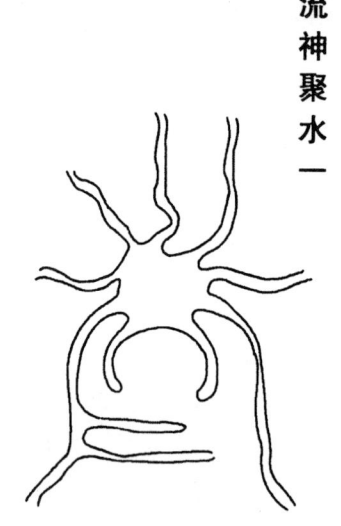

凡两水夹来，随龙交合于局前。其水多从明堂前直去。人谓顺水地、顺水龙，岂知结地水未有不向前去者。只要屈曲不见直去为吉。局前亦宜蓄水，不至径来径去，盖潴而复流，虽去不害。若局前无池沼蓄积，其去水无交钮，向前直去乃忌耳。若三横四曲，顾我复流，眷恋不去，为顾家水也。前顾家者发近而速，后顾家者发远而迟。与过穴返出，相去远甚，岂得以顺而弃之。

流神聚水图说二

流神聚水二

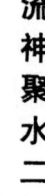

十八格惟水聚堂第一，盖水为富贵枢机，放水神涣散，不惟不发，亦主败绝。古人论水不曰荡然直去，则曰水无关阑。务得局前水蓄积方为吉壤。此左右砂头朝抱，而前又见众水朝流，聚汪成荡，只通一路，或缠元武，或过青龙。此来多去少，所谓朝于大汪，泽于将衰，潴而后泄之势也。垣局周密，众水聚堂，十全大地，主三四十纪之福。长、中、幼三房并发，但荡不宜太宽，众人之水，非一垣之水，情不专而发，福亦不专矣。

流神聚木三

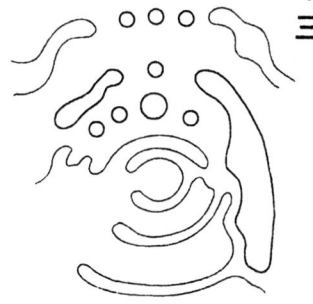

流神聚水图说三

　　亦类湖荡聚砂格。而本身穴后界水多，内气足，与一片平坡者不同。

流神聚水四

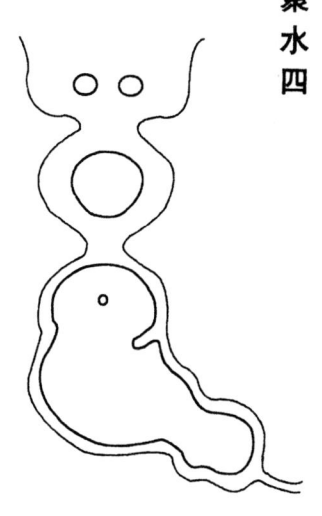

流神聚水图说四

　　元辰水从穴后分开左右两路，随龙向穴前合衿，当穴前而出，却聚成一河荡，左右砂角，双双朝抱。湖荡中间小砂，或方员，或长横浮水面，交锁关阑，亦不见水口冲射，虽元辰水向穴出流，而聚蓄汪洋，与元辰水直出之势相悬，主大富贵，福力悠久。若穴前湖荡中无砂角拦截，亦不为害。只要左右砂觜拱抱为佳。不可以元辰水直流指为顺水也。赋云元辰水当心直出，未可为凶。只要湖荡蓄之横案，拦之乃吉。

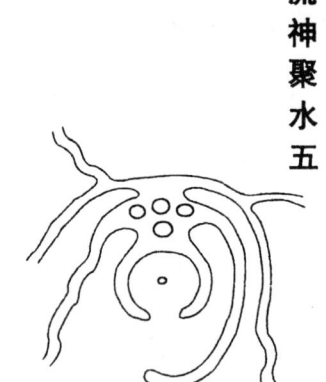

流神聚水五

流神聚水图说五

水聚明堂，两水来拱于左右，与前横水合流，过左或过右，只通一路出去，穴前蓄水荡于垣，或联珠串作内明堂。龙虎重重拱抱，亦大地也。局前虽朝阳揖拜，只要下砂逆水插得紧密，似不容水神流去，则精神凝聚不减众水朝堂之局。仕可腰金，但科第不获名魁。以穴前无秀朝拱揖故也。内外堂有二三重关锁，亦主三四十纪福力，二三代荣华，子孙满堂。过二纪后贵虽不大财禄丰肥，因水静专而不荡泄，故悠久。

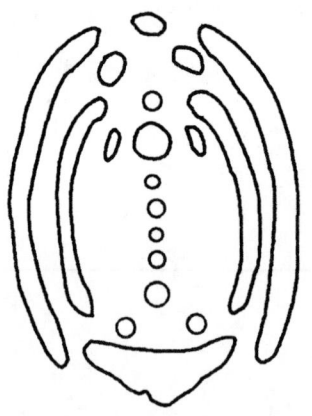

湖荡聚砂

湖荡聚砂图说

荡泊多有结穴，如波心荡月，如雁落平砂，又如浮鸥点水，审而穴之，无不发福。

界水无情一

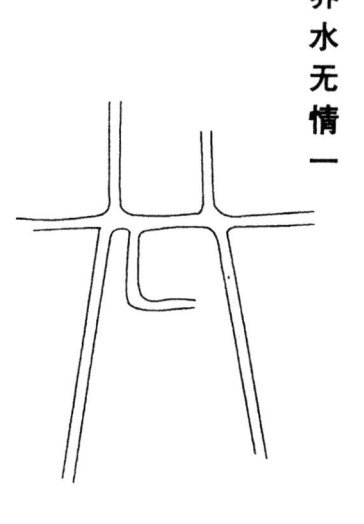

界水无情图说一

寻平地与山龙不同，只要水抱左右，前后委曲，向内就身围绕。凡直来硬逼，不顾堂局，大凶。虽支水勾弯，亦不可穴。赋云：荡然直去无关阑。其内岂有真龙。诀云：水能界生气，弯曲回绕者，界生气水也。荡直不顾家者，散生气也。经云：生气尽从流水去。正谓直水去也。一直如箭，略无回顾之情，若井字，若棋格，虽有支水插界，似是而非，虽略发财，久之出人横暴忤逆。主流徒之患，贫败绝嗣，瘟疫自刎，皆刚硬之气所致。

界水无情二

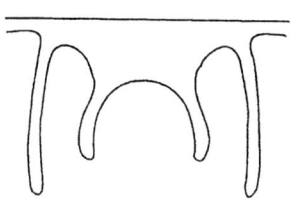

界水无情图说二

赤霆经云：棹椅反张，手足握曳，败绝之藏。又云；官不供职，鬼不还气，穴之主父子分居兄弟别离。书云：砂分八字，水斜流田，地不留丘。

界水无情图说三

凡左右砂水，须朝抱回身向堂局，青龙如勒马，白虎似眠弓。书云：大地却如羊见犬，双双回头，转如星之拱北，四面环绕。若龙直出，无弯抱形如推车，为无情。书云：却如伸去推车形，砂不回头，堂气即散。令龙虎直去，不见回头，明堂虽有聚水，而左右砂头直去，则水亦不含蓄，堂气不聚，穴气不顾。书云：龙虎所以卫区穴，既不回头其内焉。有生气耶。虽内砂似勾亦不足取。赋云：内勾外直枉劳心。

界水无情三

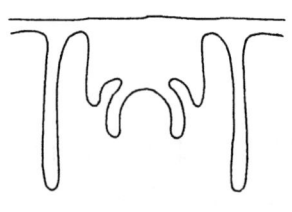

来水撞城图说一

穴前水弯抱如带，左右龙虎紧夹护送，形端局正，似为结地向前。明堂水更屈曲而来方妙。今向前有二三路水，直冲穴前，为金吾箭来撞城，其祸最亟。书云：直则冲，曲则朝。又云：一箭一男死，二箭二女死，箭左损长，右损小，中损二。若斜冲，主子孙军徒。又曜杀，方主刑戮甚至绝嗣，凡穴前有此直水，或得池湖受之，或横案遮之，差能免祸。赋云：为人无后，多因水破天心。

来水撞城一

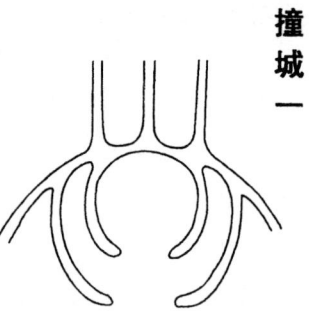

来水撞城图说二

水或左来，夹身从右斫下；或右来，夹身从左斫下，穴前水如弓、如带，左右又有支水合界，拱夹两旁，形似可观。若明堂左右有曲水朝来，照穴则美。使局前虽有水直来如箭，无屈曲情况，则穴中之气反被直水射散。书云：来如箭纹身傍面，虽发财禄，子孙必有编配之患。若左来右去，右来左去，或左右俱来，穴前分作两股流出，一直如箭远去，更无他湖收蓄，尤不美。切不可以左右支水夹抱可观，而穴之，主绝人败家。

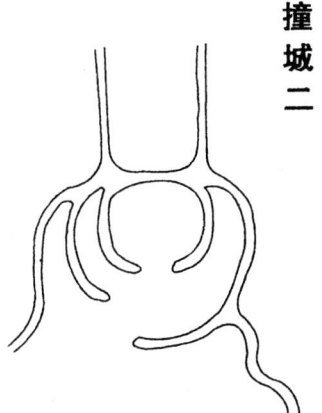

来水撞城二

水城反跳图说一

凡真气所聚砂水，必然归向砂则，如拜如揖，回头如勒马，俯伏如眠弓，水则如之元，缠绕顾家青乌。经云：扬扬悠悠，顾我欲留也。若左来而右反去，右来而左反去，或前来而后反去，后来而前反去，或前来如倒书人字，后来如顺书人字，源头水尾，并无兜收勾回之势，名为四反。主人忤逆，小则劫掠，大则叛逆。左反主男逃为盗，右反主女妇背夫，前反主瘟疫，后反主火盗，四反主灭族刑宪不可以四水交流而穴之也。

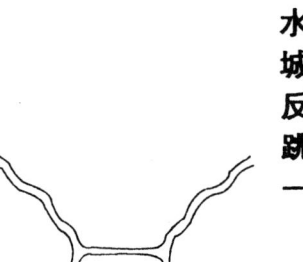

水城反跳一

水城反跳二

水城反跳图说二

水来去须环抱夹拱，则力聚结穴，抱东则气聚于东，抱西则气聚于西，经云：界水所以止来龙，弯抱所以聚穴气。此穴前水反圈，如仰瓦、如反弓，左右不就身斫下，反跳斜飞。情系抱前而不夹后，左右虽支水夹护，情不在后，势虽迎气，气实不聚，八之暂发，终必退败，盖水忌背城。书云：背城反跳，主逃盗、编配、远方浪游。左跳长房当，右跳小房当，以左右支水回抱而正穴。支外拱夹是假势，而外面走窜，切不可下穴。

曲水斜飞一

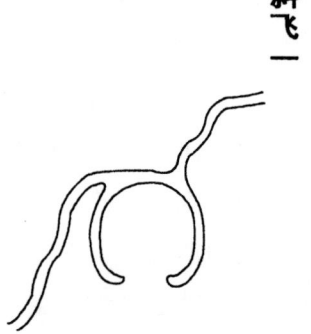

曲水斜飞图说一

凡水界龙来，宜就身贴体，过穴而斜飞为斜流，以其不卫穴也。过穴而反跳为跳，以其不就身斫下以卫穴，却于穴前反跳而去，无屈曲回头朝顾之情，虽一边围绕，而一边反跳，则穴气已从反跳之处走泄，虽发不久。赋云：水才过穴而反跳，一发便衰。若水自横来过穴而反围是，左右不得水抱，虽支水兜收，全不聚气。经云：来不揖穴，去不拜堂，败绝之藏也。左跳长房当，右跳小房绝。

曲水斜飞图说二

凡水来去，要朝抱就身，尤要弯环委曲来。要之，元去要回头，缠绕此局前，左来右抱就身，似可为穴。形如之字，虽见屈曲，然势如曳索，斜来不秀，而非朝堂。其右边去水，虽见就身，扎局不远，不反跳斜飞，更不回头顾家，则去水似是而非。其贴身左右支水，总裁割如画。穴之仅可暂发，不能悠久。若认水元如带，则误矣。水城固要员抱而来，去亦宜朝拱。书云：水来曳索曲而斜，此处莫安排。又云：水若回头号顾家，水不顾家家必破。水之来去，可想见矣。

曲水斜飞二

湖荡聚砂一

湖荡聚砂图说一

前面湖荡千顷，横盖于前，局后旷荡无顿，又得支水插界成局。穴前再见小砂盖照，不致荡散宽阔，精神完固，穴之发福。此等地不问水之去来，合法只审气之聚止何如，主富贵难量。

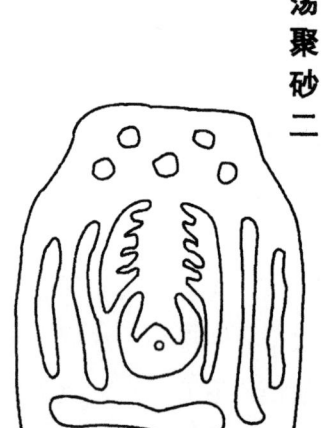

湖荡聚砂二

湖荡聚砂图说二

湖荡数千顷，中间突起二三片，大者数百亩，小者五六十亩，圆聚拱顾，洲角兜收，双双回顾。即于中间审认何砂严正，有无支水，界割成局。如有界割支水结咽，分合明白，便看明堂左右朝，抱有情，荡水收尽，蓄于穴前，作内明堂。局前更有远砂盖照，湖荡虽大，而局前视之不觉宽阔，荡散垣局周密，穴之大富贵。分茅列土，以湖荡中精神独擅，人不得分受也。以砂水朝揖之多寡，定世代之远近，朝拱之砂，愈多愈妙。

湖荡聚砂三

湖荡聚砂图说三

群砂辐辏，众水聚堂，左右各有二三重长砂抱卫，两旁砂头向堂回顾，不软不直，又不背坐，更后托坐于后，中间有一支水，界出龙虎，坐实中立，向前远砂，左右趋堂排衙，拱揖中舍，湖荡外有远山，或长砂为盖照，湖荡宽洞中有小砂，如星月水中排列。主富贵绵远，出宰辅英贤。

湖荡聚砂四

湖荡聚砂图说 四

河泊之穴，多有群砂团簇，远近四顾，朝应中处，一砂端整。中处望之，左右前后，各有长砂抱之，双双回头顾穴，四畔俱系湖荡，相去或半里一里，视远若近，群砂拱衙，若在目前。拜伏整肃而坐穴，有横砂夹拦于后，不致渗漏。主列土分茅，富堪敌国，子孙孝义悠久。

湖荡聚砂五

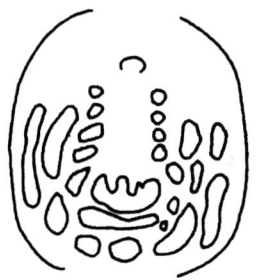

湖荡聚砂图说 五

洲泊一望无际，中间或有小砂数十数百块。大则五七亩，小则二三亩，或芦洲草渚，围簇一处，却于中间看有大砂，或十亩，或二十亩，得支水插界，紧身包抱，左右小砂，长短团簇，双双回头，向拱小砂，交钮重叠，不见穿漏。坐下近局，有横砂拦后，穴前小砂，点点横直，排列团匝。主威震边疆，或分茅割据，若前有倒旗反砂，主出强梁之人。

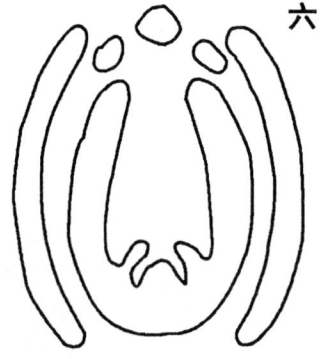

湖荡聚砂六

湖荡聚砂图说六

凡群砂辐辏有五势。一穴聚水，远砂朝应。二水聚明堂，近砂夹辅，而远砂拱卫。三本身绵长，直出湖荡，外砂远应。四荡中群砂围绕，自相辐辏。五群砂内聚，而外更有大砂包乘。皆大地也。此局聚水明堂，得近身砂衬贴，前有湖荡，而远砂拱夹，外砂拱水，外水夹砂，局势更妙。更得穴前或远或近，有砂呈秀，富贵极大。若左右拱夹虽多，前面无砂作应，则堂空。虽富不显。

湖荡聚砂七

湖荡聚砂图说七

内张湖荡，左右两砂相顾，中通过穴，双双回头。若内蓄水长直，须得盖砂护覆，不见明堂水直长方妙。左右两砂，各自结穴，故曰鸳鸯垂钩势，形如皮刀靴觜。当就弯处扦之，转身向上方有力。若侧扦之，则不发秀矣。此地主科甲联芳，初必因财致贵，后发文翰腰金，官官相见。左穴先发次房，右穴先发长房，孝弟子孙，繁盛悠久。若扦穴太进，则气散而不收，难以发贵，两穴同断。

湖荡聚砂图说八

砂形勾踢如马蹄，如靴头，如皮刀，口客砂包，缠于坐下。穴前蓄聚来水成湖，一水单缠，元武左转，两砂自相包裹，垣局完固，并无水割，亦大地也。水自右来，穴宜右迎水，堂局端正，不觉斜侧，穴宜正受。湖泽虽无盖砂照应，亦吉。若聚水直，水必得中，水小砂照为美，盖明堂水喜横长如几，不宜直如竹也。主富而且贵，代代荣显。若元武水倒缠，入明堂竟向前而曲，穴宜横受方吉。

湖荡聚砂八

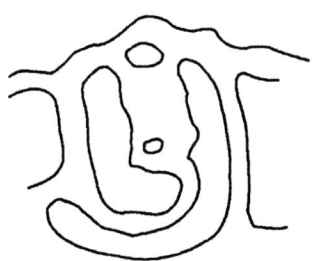

湖荡聚砂图说九

积水灌堂，聚蓄成湖，一二顷或八九十亩，却于穴左右起砂，条条夹身，逆水插出，护卫区穴，四五重或六七重，双双回头朝拱，形如勒马，力重大地也。或以后龙散漫过峡，束气不清，而弃之误矣。

湖荡聚砂九

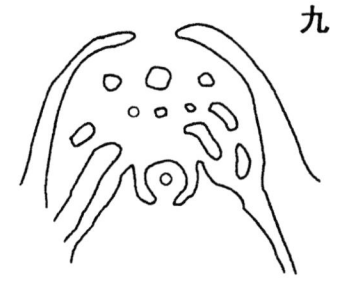

湖荡聚砂十

湖荡聚砂图说十

湘、汉、浙、直地最低薄，古人辟田，多填低就高，各因砂汰以成田。故多小砂攒聚，成势之穴。然多大小不均，横斜不齐。零散而围簇者少。或有结穴者，须随砂详看砂头朝向何地，若见攒护整齐，不疏不密，便于群砂之中寻中立之砂，四顾有砂包裹，不觉露风，藏聚含蓄，此地极佳。主百子千孙，富贵悠久。其穴向当视小砂，中处之向，内得来水，正面迎受方美。若小砂多而大砂远抱，终恐近身穿漏，必得穴砂左右有贴身，金鱼水紧抱以护漏风，则气益固矣。

湖荡聚砂十一

湖荡聚砂图说十一

湖泊多有小砂，或二三十块，或一二亩五六亩，团簇抱聚，中间包湖荡，其砂点点，印于水面。小砂之外，却有长砂，周围包裹小砂于中，左右前后见水穿漏，而外有大砂、长砂、角角包裹，不见缺方成势。却于中间小砂，认出一中砂，头面端正，而前后左右小砂，虽零散而实朝顾簇护，不远近，不疏密，外面更得大砂弯抱周密者，力量雄盛，大贵之地。若中间虽有小砂，而不得湖荡，含蓄秀不显露，虽贵而不甚富，主文翰词林，但小砂不要鹅头鸭颈方妙。

湖荡聚砂十二

湖荡聚砂图说十二

前后各有长砂，横架左右，各有直妙包裹中间，却得小横砂三四亩或七八亩，并无支水插界，藏于众砂之中，左右直砂，个个回头勾搭，包抱左右前后。水虽四穿八达，穴中视之，毫无渗漏，众砂归向，不敢反背，真气聚矣。凡地先看前后左右，朝向何处，若只只回头向于内，即于中间寻中正不倚，或大或小处求之。若有反背，或向内，或向外，或反跳，即无真气，不必求穴。

湖荡聚砂十三

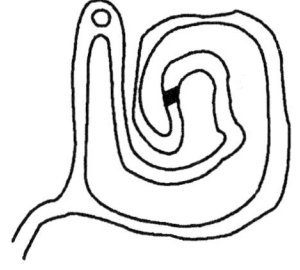

湖荡聚砂图说十三

一条水入，一条水出。周围盘结，皆在局中。结穴处须要水宽，聚成湖泽。其中涵得气脉，溶活方妙。不然成裹头城矣。裹头名巾帼术穴，气窘逼不得流通，反成绝地。经云：山囚水囚，虏王灭侯。此穴前湖泽汪洋，紧而不迫，发福悠久。出人孝弟，聪敏、功艺、成名、发财，以龙来秀曲也。

湖荡聚砂十四

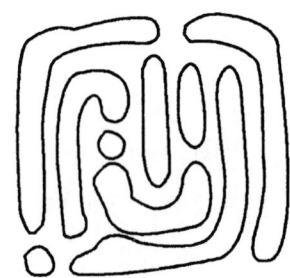

湖荡聚砂图说十四

砂水团云，势有双盘龙、单盘龙。凡盘龙，结穴须砂水回旋，方盘结而气聚，若无委曲盘旋之势，虽回头朝应，非盘龙结也。此势是双盘，而左右客砂，重重旋绕如云之护日，凡盘龙穴，多结在局中。必得蓄水于明堂或小砂，点应方佳。发福悠久，以无风吹水破之患也。虽穴不尽真，总不大发，亦不大败，房分均匀，富贵贤贞，或有被征召而不仕者，皆气脉潜藏之应。

界水外抱

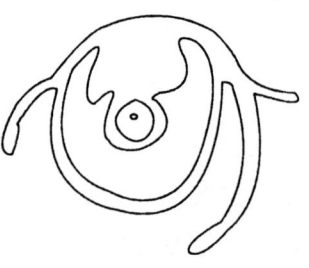

界水外抱图说

龙虎重重朝抱，局前弯环如弓，形势美矣。然穴前砂角硬直无情，外形可观想。不可以内形有碍而弃之也。赋云：内直外勾，尽可剪裁以工力，掘去直指，使成弯势开睁，亦大地也。

界水前抱

界水前抱图说

局前支水插入，包抱左右，砂气紧拱，似乎有情。然湖荡在坐下，砂角双双飞散，则前气虽收，后气不蓄，前为外气，后为内气，外实内虚，此地尽发小财，终无大福。官贵绝响，人丁亦稀。

一水横拦

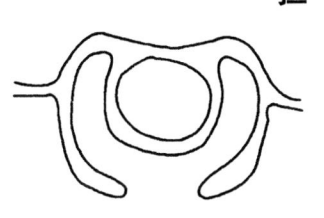

一水横拦图说

腰带水左右斫下，紧夹包裹。其水城形势收界，龙气有力。经云：界水所以止来龙，若大横界，而左右不就身环抱，亦不为妙。书云，水随左右斫穴，看左右铎。今局内紧身，金鱼水分合上前，回头拱抱，后有结咽。前有包裹，砂水回就，美局也。书云：砂要回头水要就。又云：好水弯环巧如带。此局前水环抱如带，水法之最佳者。当面若有小反，亦不为害，可以人力改员。或内堂左右，各开腮水，插进作内荡，则不见其反矣。三房均发，福力数世不替。

第二十二章　堪舆汇考二十二

《水龙经》二

总论二

　　此言贴体吉凶形局，而入穴星体为水龙，扼要不著姓名。言都俚俗，然必杨公之秘旨也。开卷言五星，惟取金水土为吉，木火皆凶。与山龙异，山龙有火星起顶，顶下即结真穴。亦有行龙，穴星皆木星结体，弥见贵秀。水龙则一犯火木立见灾祸。盖水星喜柔荏而恶刚强，宜转抱而忌冲激。金水柔荏而土形转抱，与木火之刚强冲激者判然矣。五星既别，即继之以绕抱、反跳、收气、漏风、蓄聚、分飞诸格，亦五星之变体而引伸之也。先明支干之义，则行龙之体格已定；次明五星之正变，而入穴之作用得其主宰。过此以往，三元九宫之法，庶其有逢原之乐乎。

　　此卷吉凶之妙，但言其体，未及其用，当合三元九宫推之，祸福不爽矣。

论五星

余圆木曲土
方木直火尖

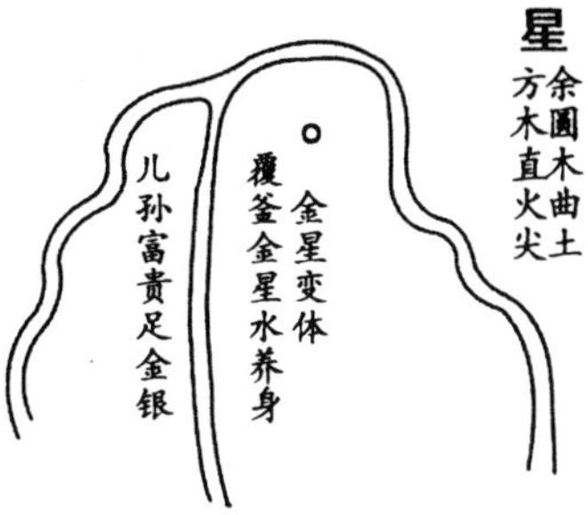
金星变体
覆釜金星水养身
儿孙富贵足金银

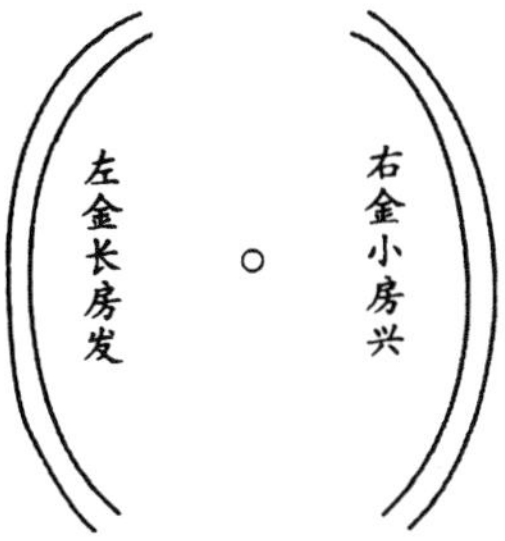
右金小房兴
左金长房发

论支干

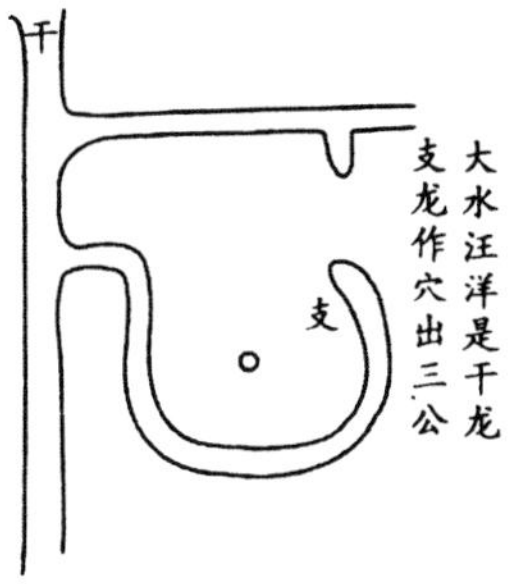
干
支
大水汪洋是干龙
支龙作穴出三公

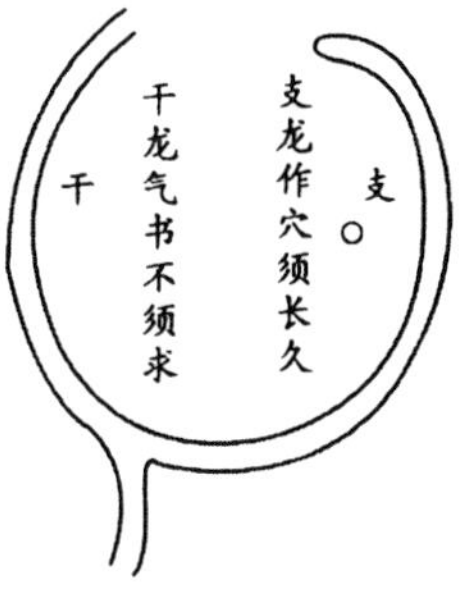
支
干
支龙作穴须长久
干龙气书不须求

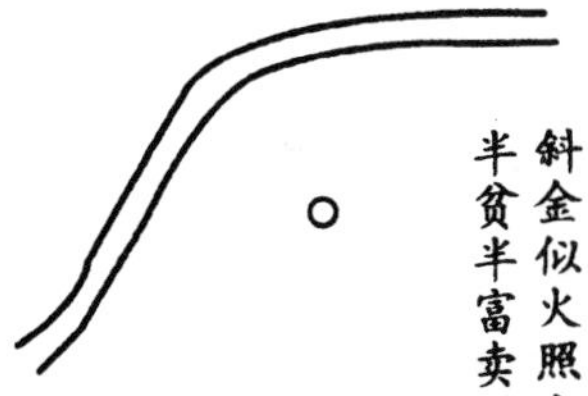
斜金似火照穴前
半贫半富卖田园

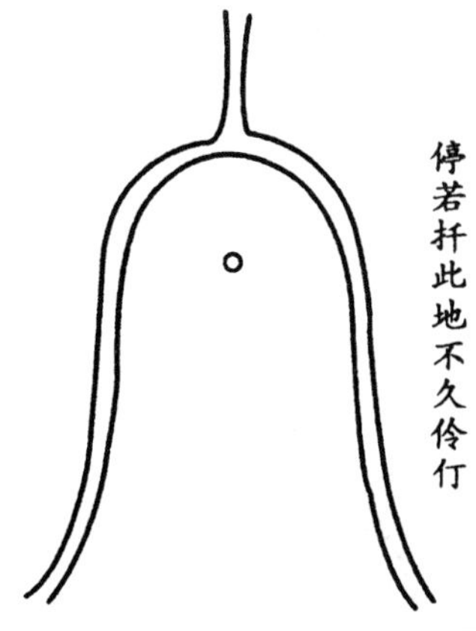
前火克金城风字脚不
停若扦此地不久伶仃

金星如玉带
此地真无价

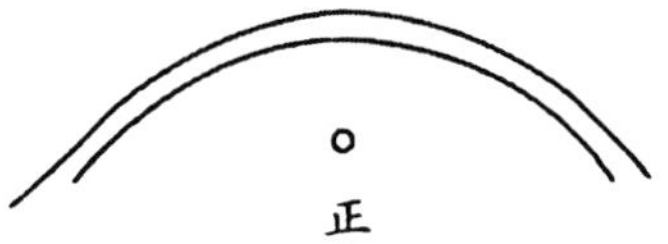

正金体

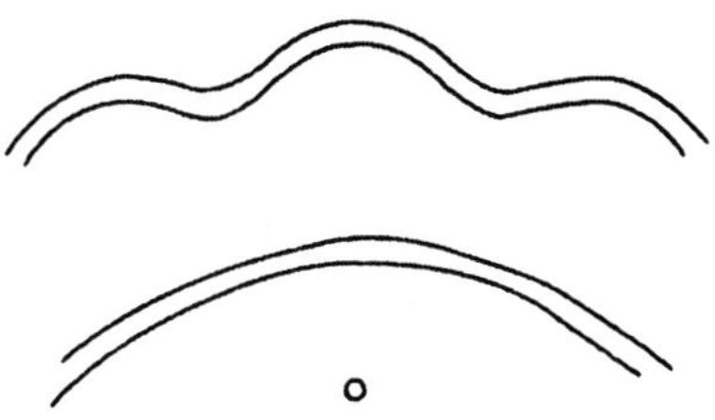

横水过宫
金城抱穴
若扦此地
富贵不歇

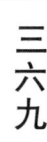

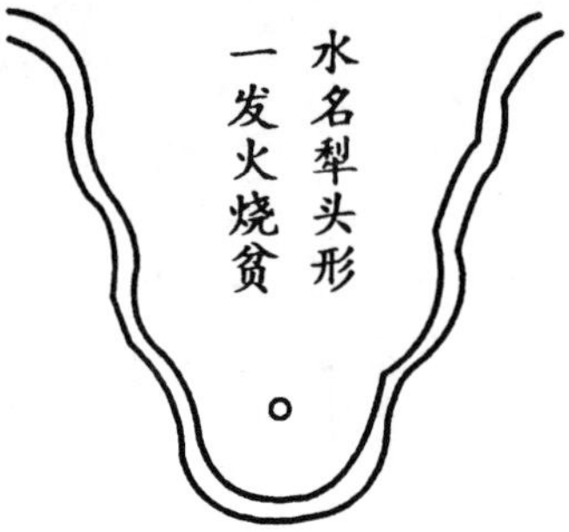

水名犁头形
一发火烧贫

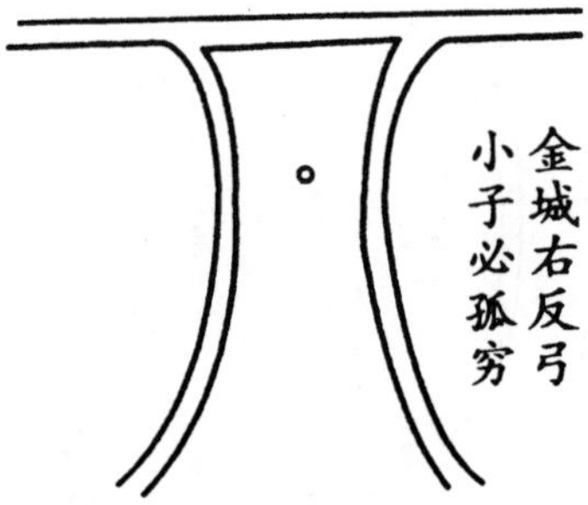

金城反弓
逃走贫穷

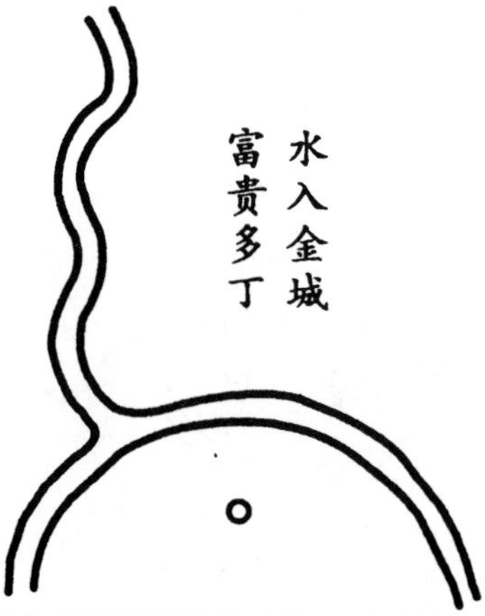

金城右反弓
小子必孤穷

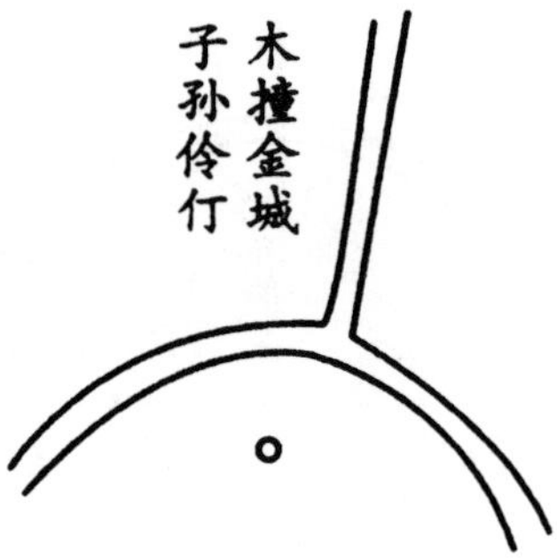

水入金城
富贵多丁

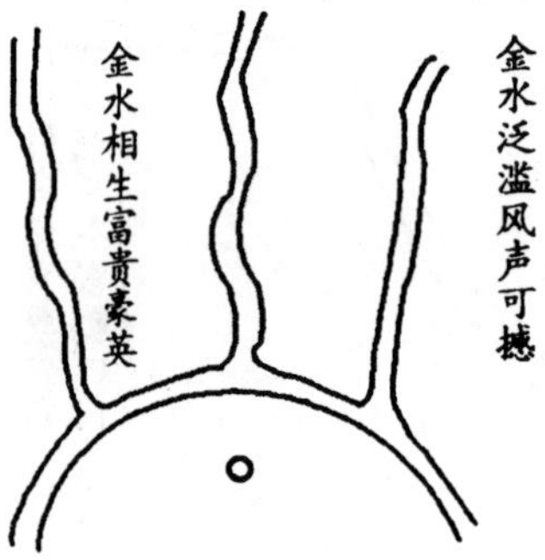

金水泛滥风声可撼

金水相生富贵豪英

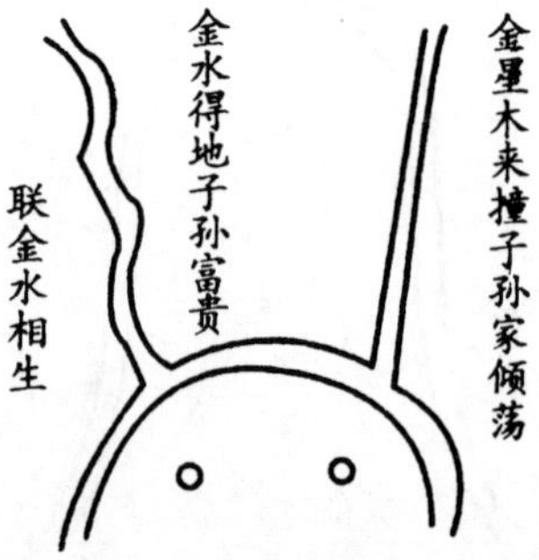

木撞金城
子孙伶仃

金星木来撞子孙家倾荡

金水得地子孙富贵

联金水相生

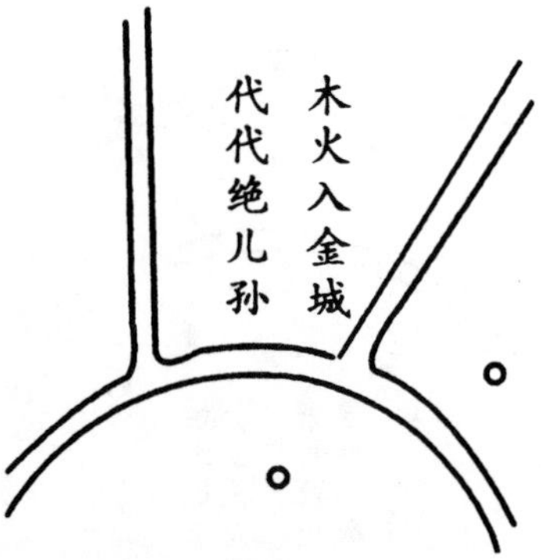

木火入金城
代代绝儿孙

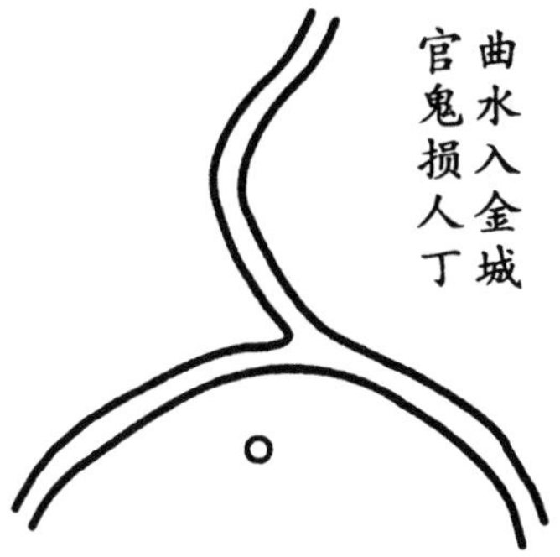

曲水入金城
官鬼损人丁

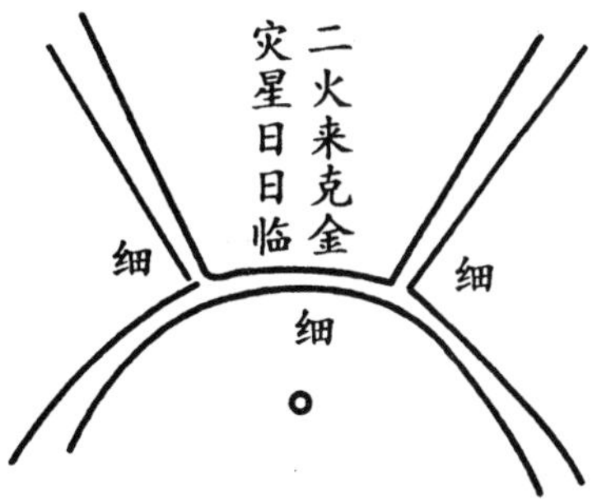

火克金城
盗贼病瘟

细 ○

中细即
成火形
故克

杀入金城

穷败无丁

二火来克金
灾星日日临

细 细

细 ○

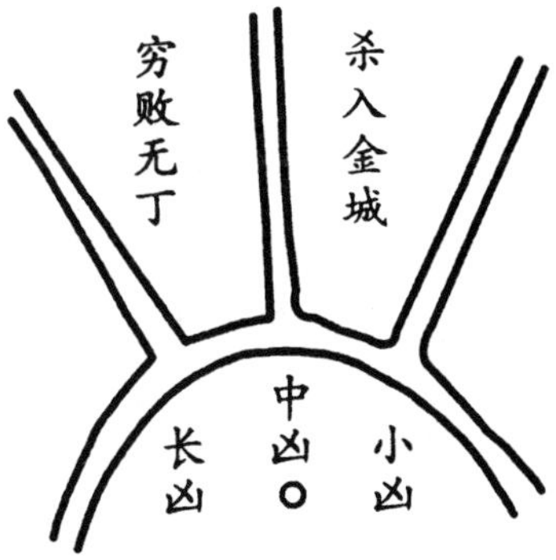

小凶 ○
中凶 ○
长凶

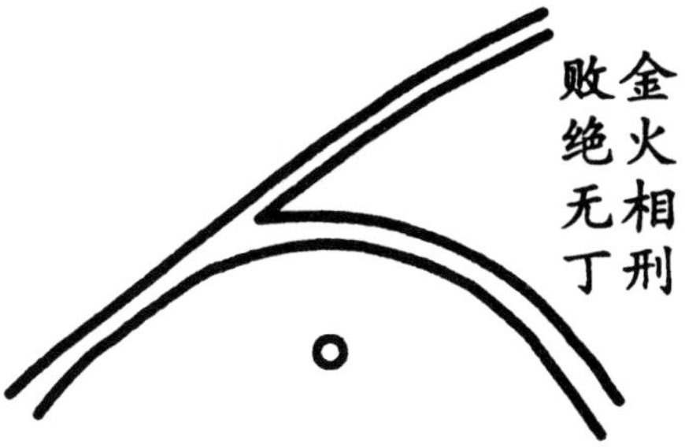

金火相刑
败绝无丁

水星得地
金星富贵

○

○

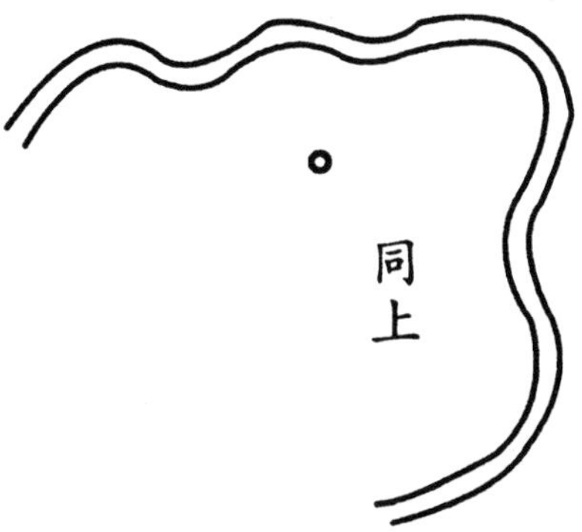

同上

同上

土星拖穴
富贵不歇

土星右转来
家富足钱财
左亦佳

二土应门前富贵有金钱

上腹藏金

水星入土曲来冲
先主克财福后生

右火斜飞水坟宅不为
良有水来救助人
合免瘟疫
火星若焰
动公事损
妻房
土城带火
别离乡土

外有木人来克
土家内人辛苦
些须衣食不求
直木冲门
人常被外人轻
人口不存

后有木人来
克土公事绝
离流宁苦

土星直去无回意不久家门退
一直如舟不可
安虽发贫穷不
久年不问东西
南北住必然进
走不知端

土城反去绝败
身家贫穷淫
乱身配天涯

斜木来时似火飞其中
扦穴岂相宜劫盗瘟灾
常自有人离财散各
东西

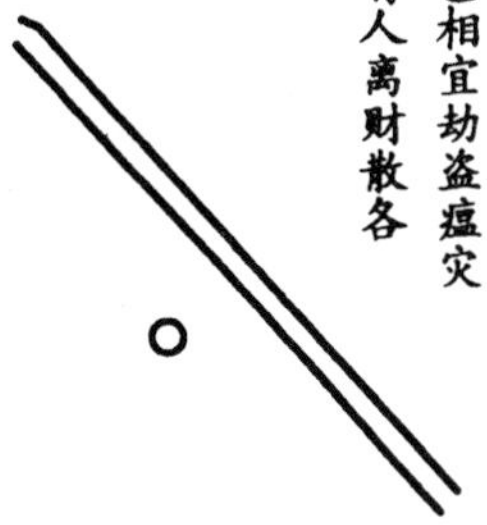

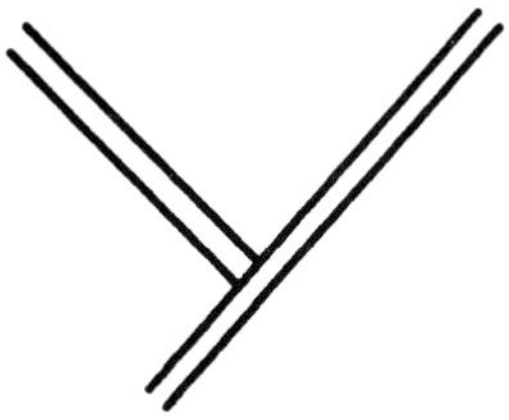

直木如枪公事灾殃
房必败绝前木后木冲军贼犯刑凶
水城直冲穴中

正木直行退败动瘟　斜
木不堪为下后主生离

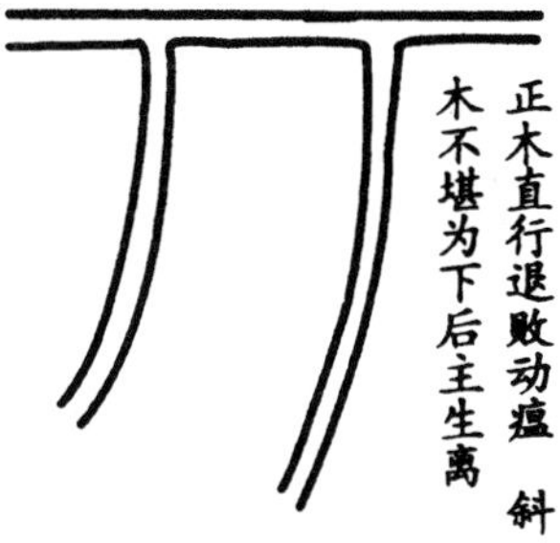

正火一名犁尖
水城合掌流
退尽好田牛

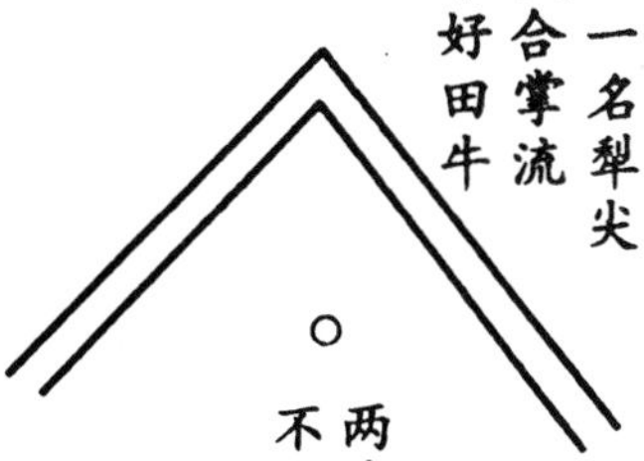

两脚升趋
不久绝祢

倒火

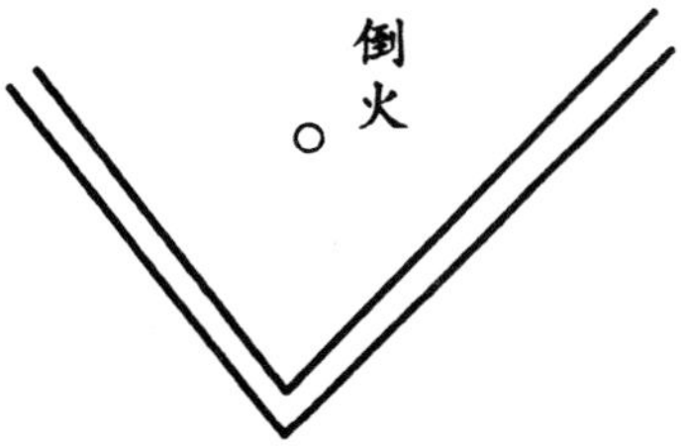

水似木文
瘟绝孤贫
尖砂随水
出子孙做
军贼

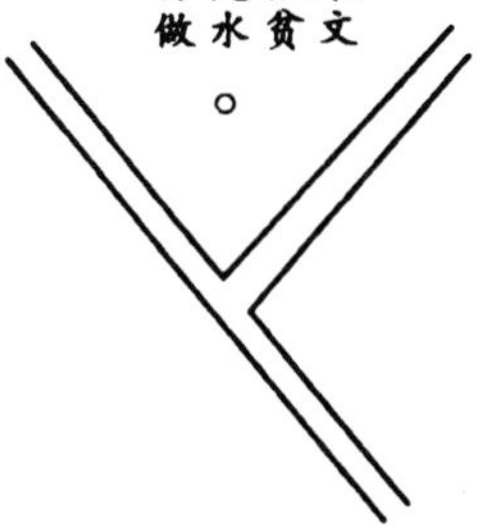

右边水冲扁怪在前头
见瘟火定烧空小水也
虚惊

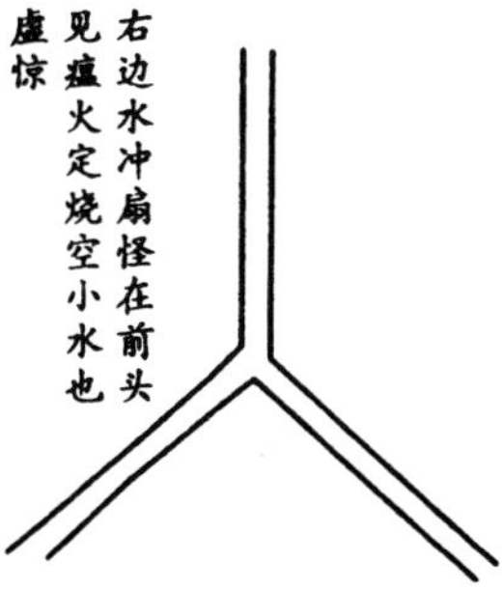

刀枪之水反射身
徒配远克军子
孙忤逆面前八字
水流

水城后反弓忤逆各西
东若还如此样退尽主
贫穷火城反去淫乱
不良家贫徒配绝嗣
逃乡

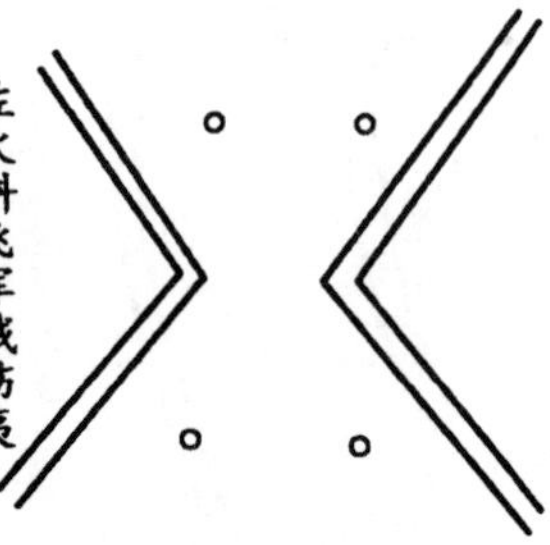

右火反飞逆走东西

左火斜飞军赋伤夷
逆移外死绝子无依

右火斜飞
兄偷弟妇
左火斜飞
弟偷兄嫂

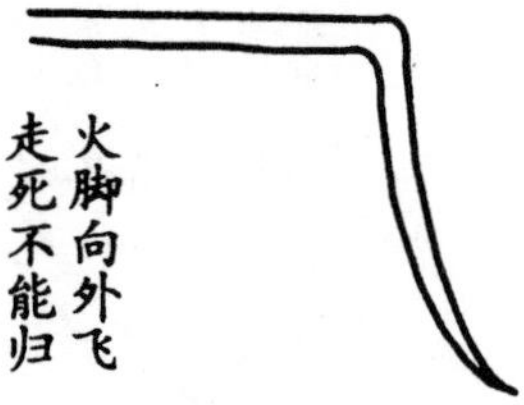

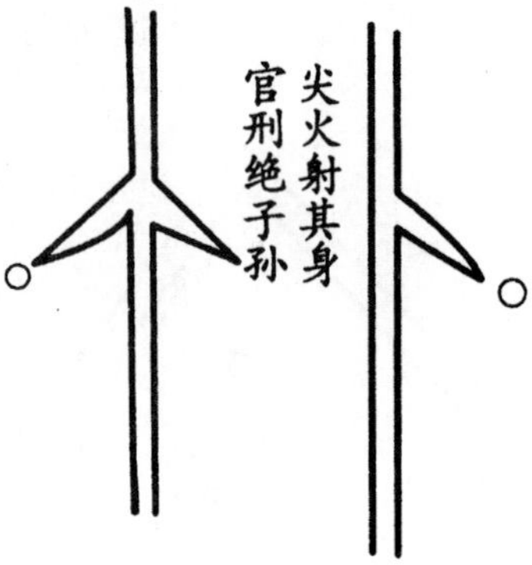

尖火射其身
官刑绝子孙

火脚向外飞
走死不能归

逆水顺木官非碌碌换妻寄子退尽
田谷　火星屈曲飞无食又无衣

爆火焰焰动老死无人送

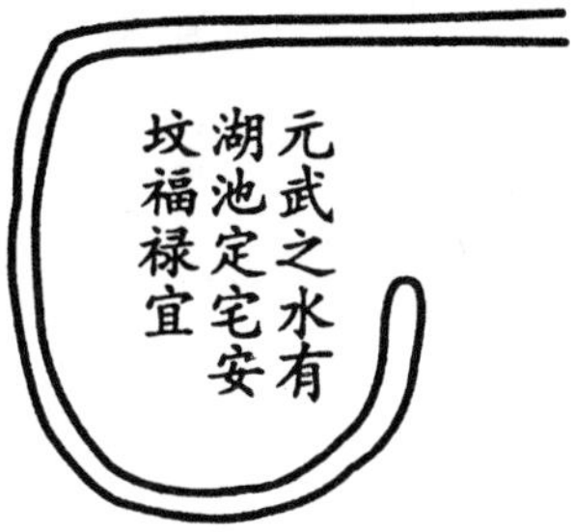

元武之水有
湖池定宅安
坟福禄宜

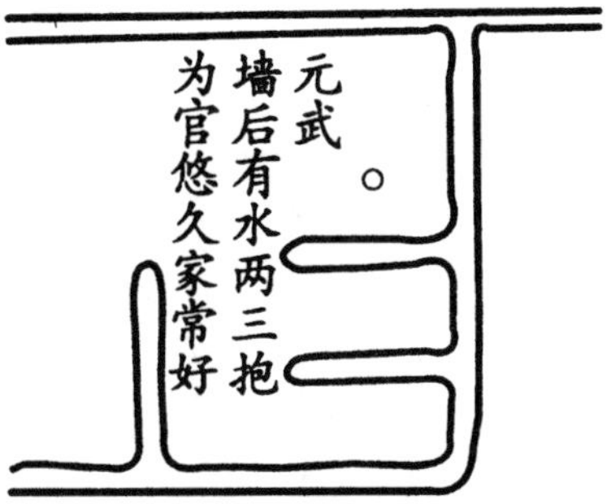

元武
墙后有水两三抱
为官悠久家常好

掀裙之水最
无情两脚分
开惹人心
元武之上有
水冲其家绝子媳淫翁

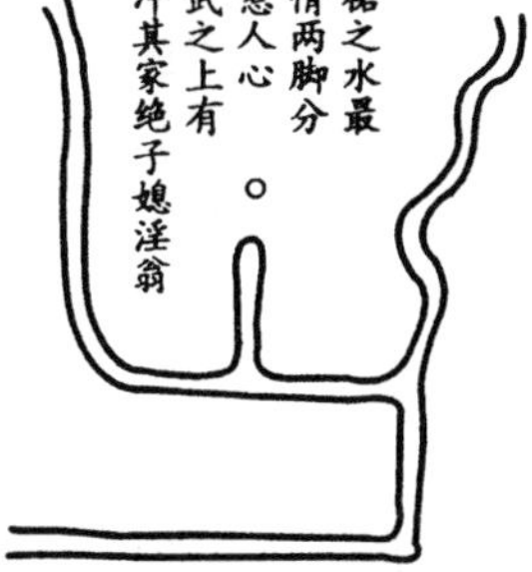

两边龙虎湾湾抱富贵双双
到若然点穴得其方神童定
作状元郎

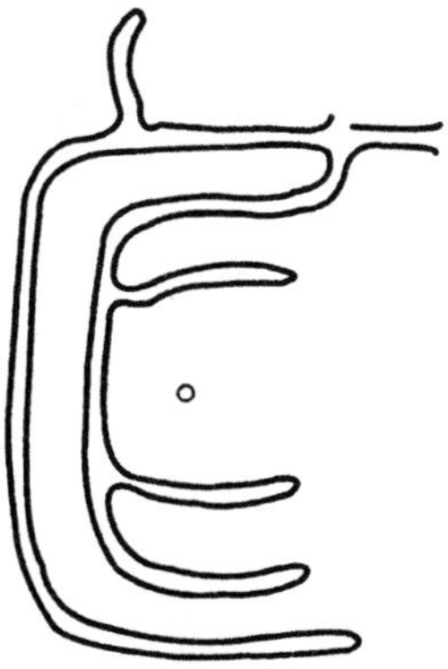

论四兽

朱雀之前三反水
男盗女淫无衣饭

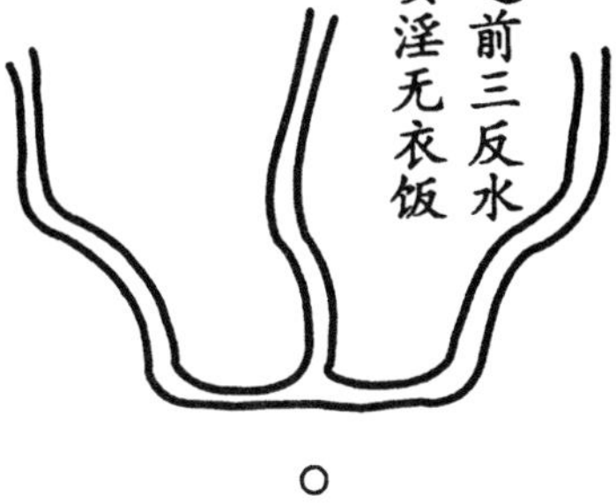

发福久长
定是水缠
无武

水冲元武头
枷锁去为囚
前丁后丁
主绝人丁

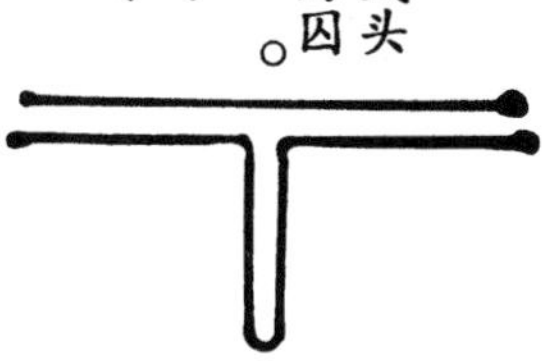

元武吐舌水风吹
绝嗣官灾少死随

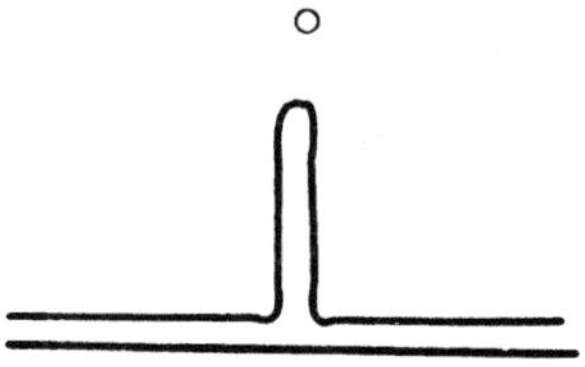

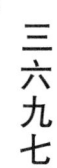

水口无山间先卖尽田地出贼败亡凶流配为边戍

白虎水如飞不久便逃移。

青龙直走去代代人难住

水打白虎脑小子命难保。

水打青龙头长子命先忧。

青龙水转抱其身此地出官人

青龙白虎两分张徒流退败主离乡

白虎衔尸鳏寡无资少亡绝嗣横天扛尸

右关水为灾阴人定损胎

青龙吞家风盲炊肿横天痴呆离乡绝种

白虎冲肠少子刑伤

青龙冲腹长子瘟疫

同前

左右水反去儿抛父母离乡住

两边水不去回顾财物鬼来偷

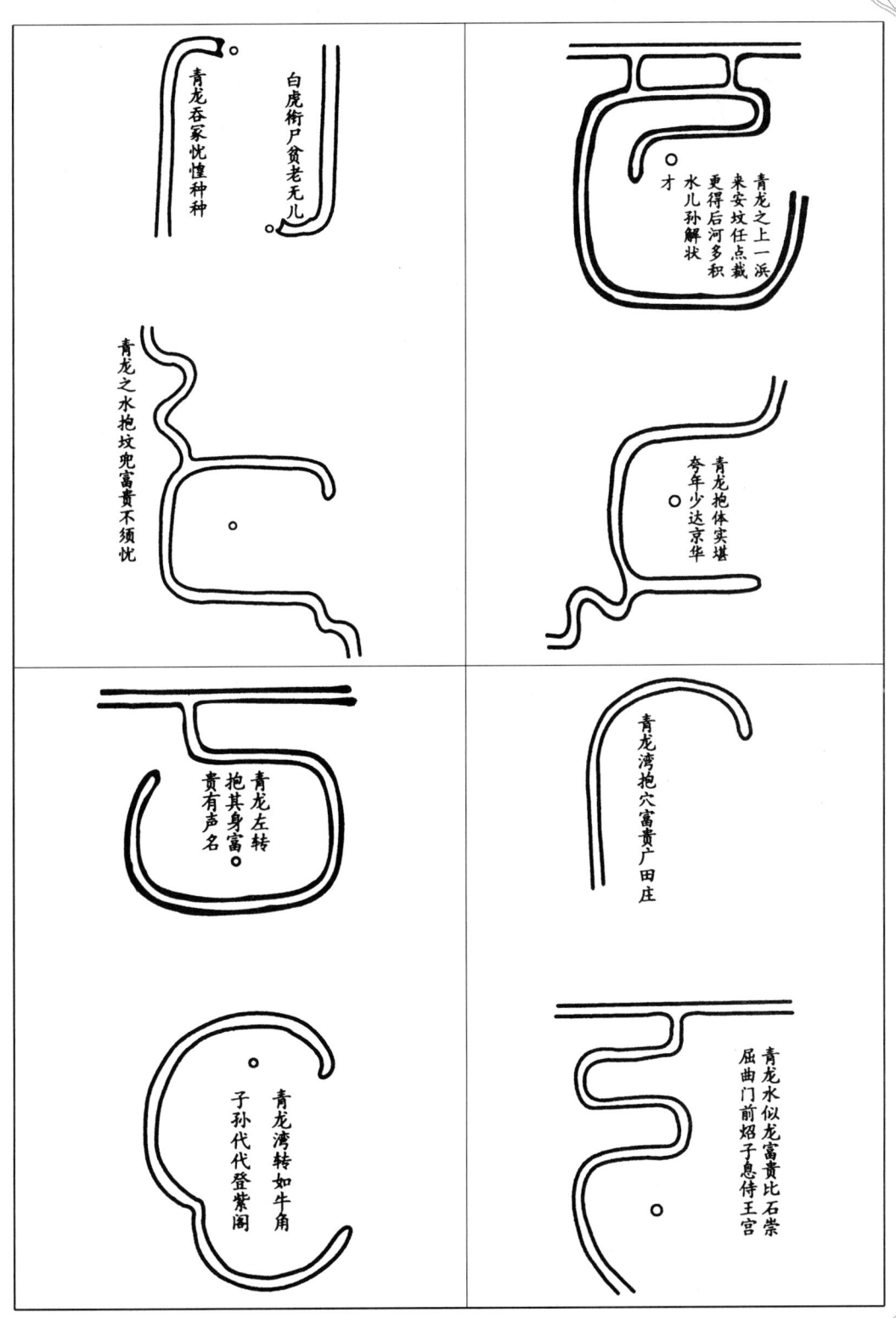

青龙之上一浜
来安坟任点裁
更得后河多积
水儿孙解状
才。

青龙抱体实堪
夸年少达京华。

白虎衔尸贫老无儿。

青龙吞家忧惶种种。

青龙之水抱坟兜富贵不须忧。

青龙湾抱穴富贵广田庄

青龙左转
抱其身富
贵有声名。

青龙水似龙富贵比石崇
屈曲门前炤子息侍王宫

青龙湾转如牛角
子孙代代登紫阁

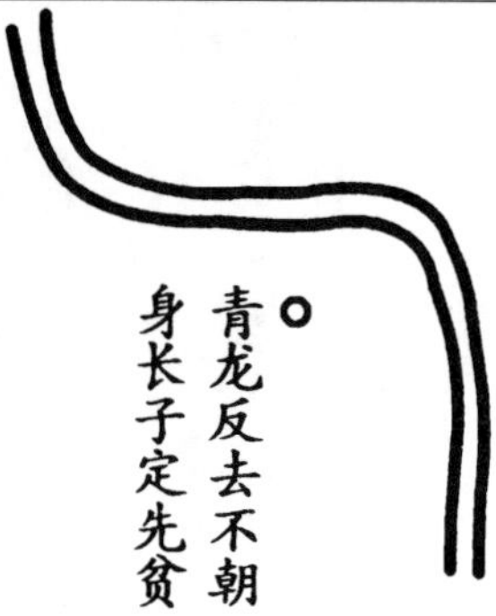

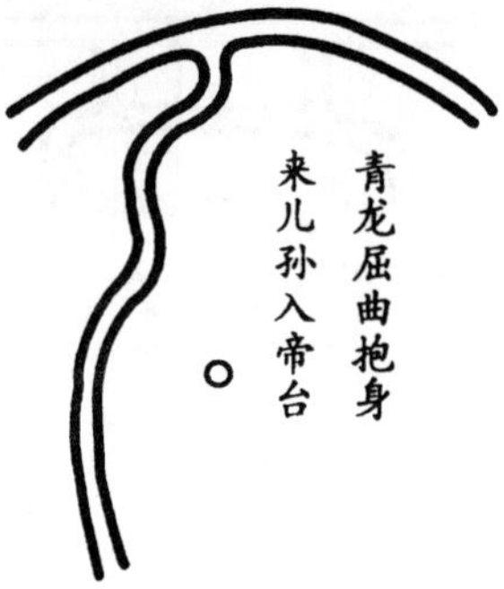

青龙屈曲抱身
来儿孙入帝台

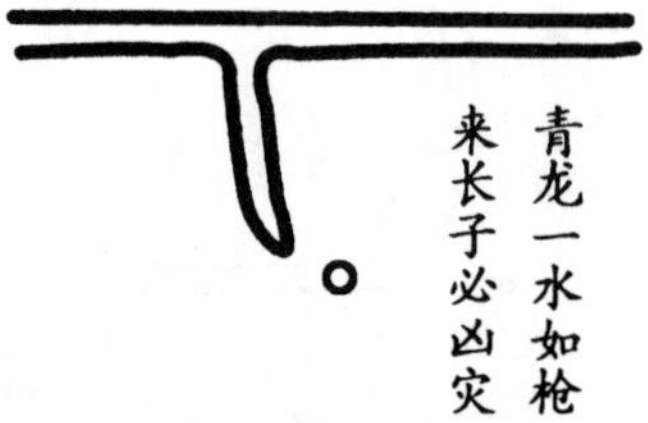

青龙反去不朝
身长子定先贫

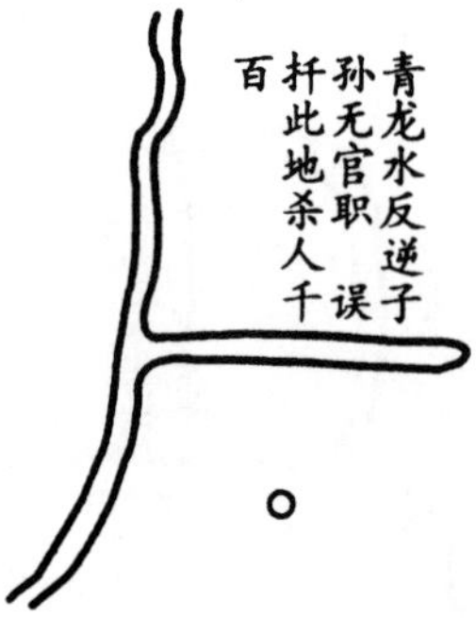

青龙水反逆子
孙无官职误
扦此地杀人千
百

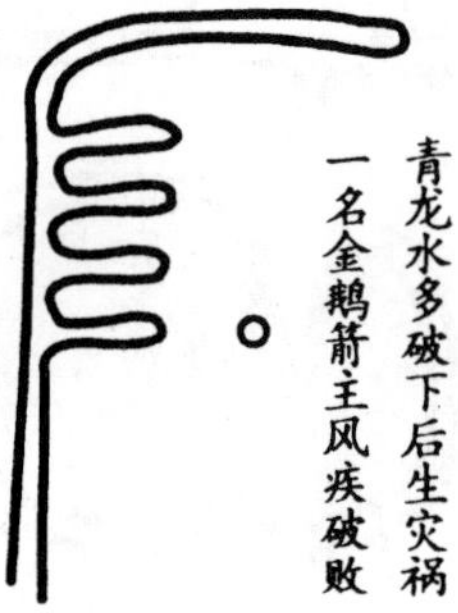

青龙一水如枪
来长子必凶灾

青龙射入子孙
伤死并军贼

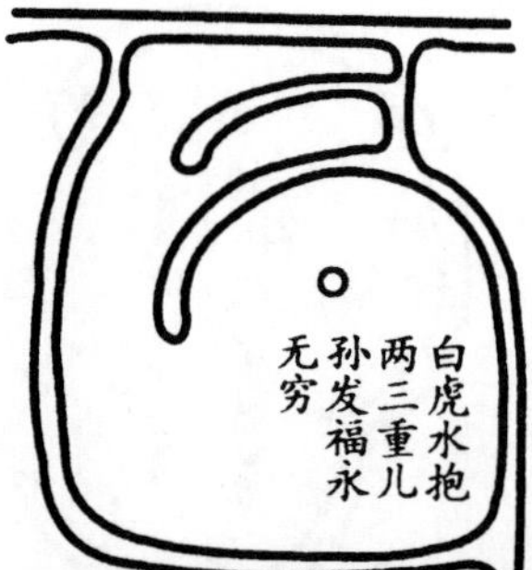

青龙水多破下后生灾祸
一名金鹅箭主风疾破败

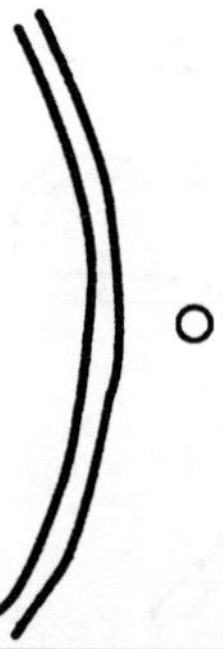

龙头水反飞家破并人离

白虎水抱
两三重儿
孙发福永
无穷

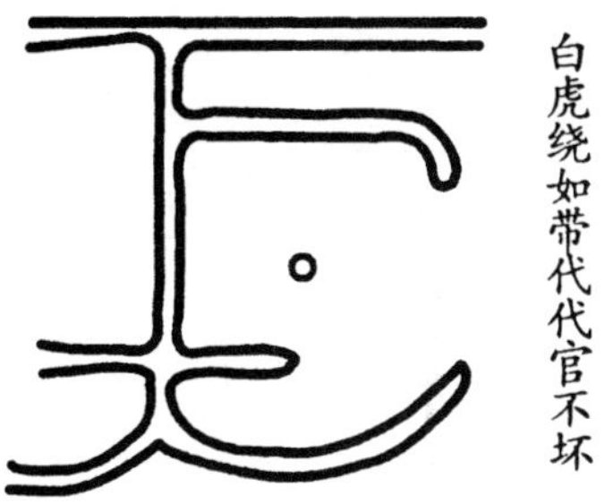

白虎绕如带代代官不坏

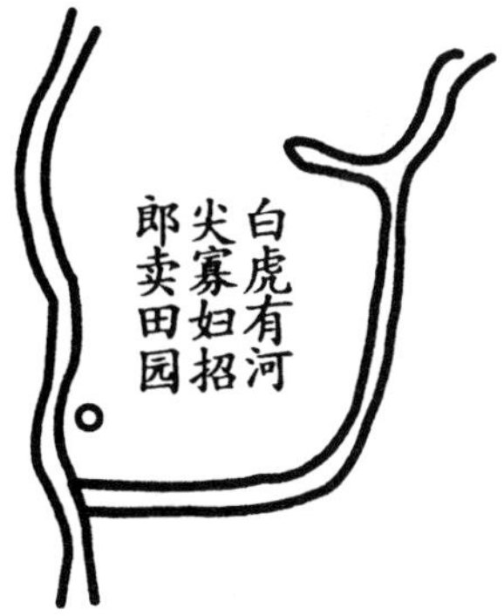

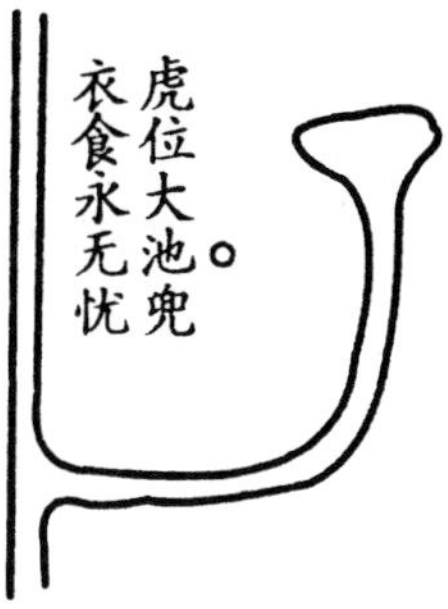

虎位大池兜
衣食永无忧

虎水象牙刀
儿孙挂锦袍

白虎有河
尖寡妇招
郎卖田园

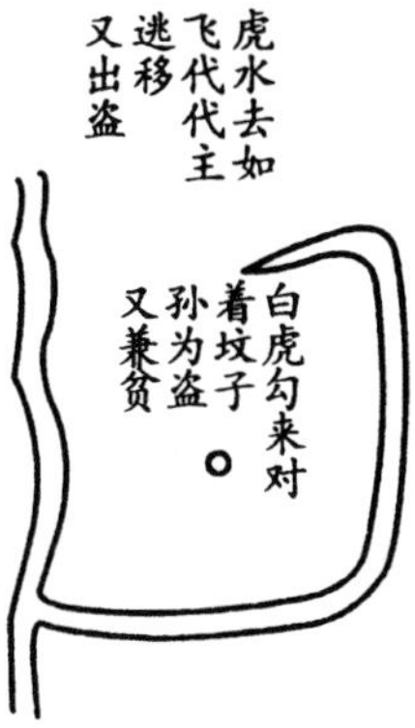

虎水去如
飞代代主
逃移代
又出盗

白虎勾来对
着坟子
孙为盗
又兼贫

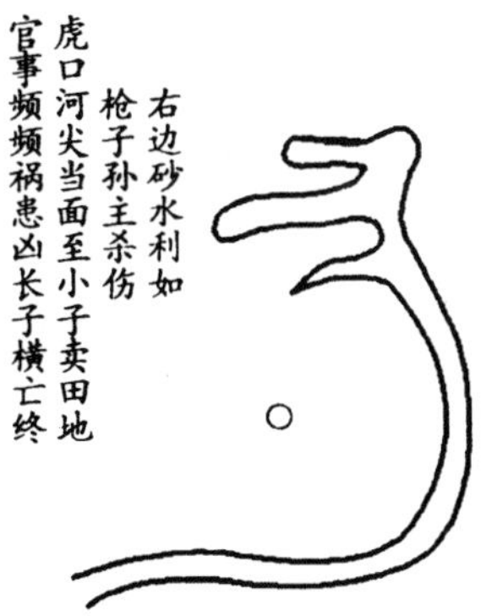

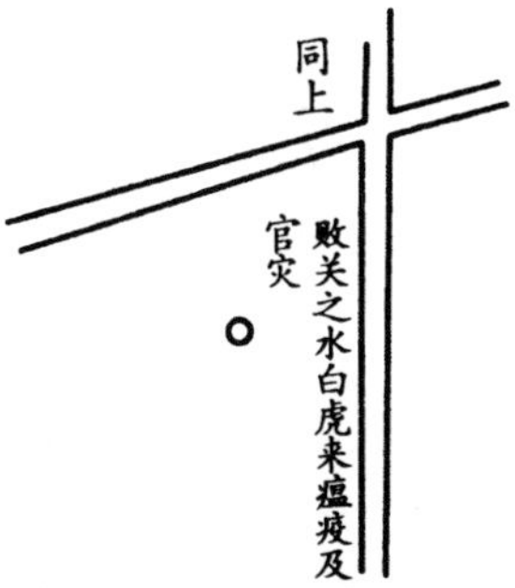

右边砂水利如
枪子孙主杀伤
虎口河尖当面至小子卖田地
官事频频祸患凶长子横亡终

同上

败关之水白虎来瘟疫及
官灾

论形局

木见三湾富贵安闲大吉水来朝家业自然豪
贪狼之水面前朝子孙代代产英豪不同去来
并前后官居台阁五云高

朝

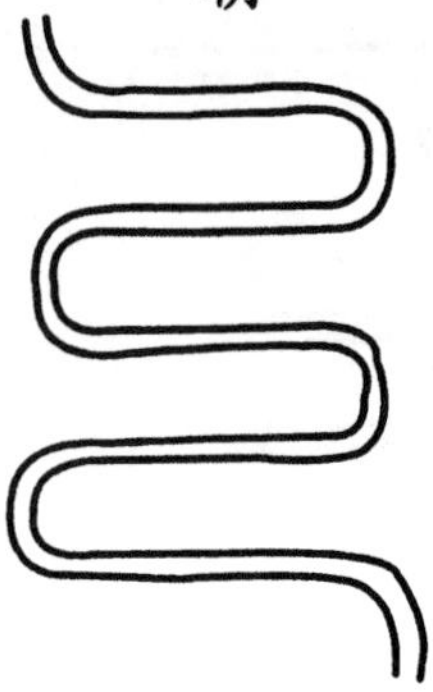

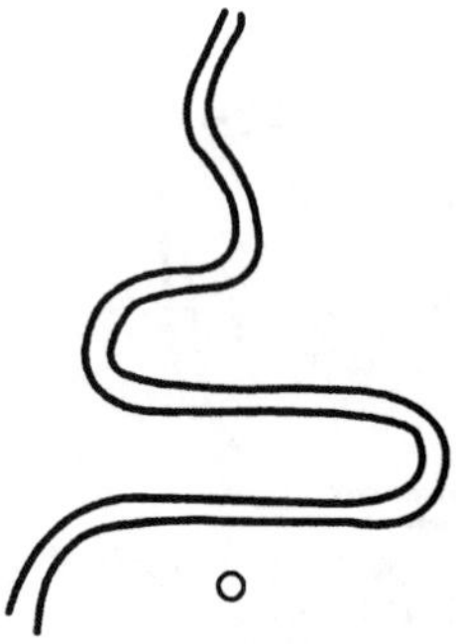

之元屈曲应门
前富贵两兼全

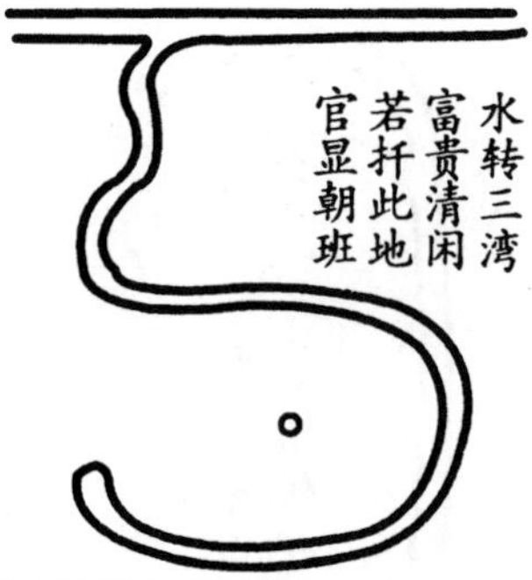

水转三湾
富贵清闲
若扦此地
官显朝班

阅

龙虎两相斗
忤逆多凶咎
父子不相
亲兄弟如
仇寇

左右水直无收
儿孙必主忧愁
虽然有水后兜
定无子孙守丘

水从左来穴居
右富贵而寿

水从右来穴居
左官高两府

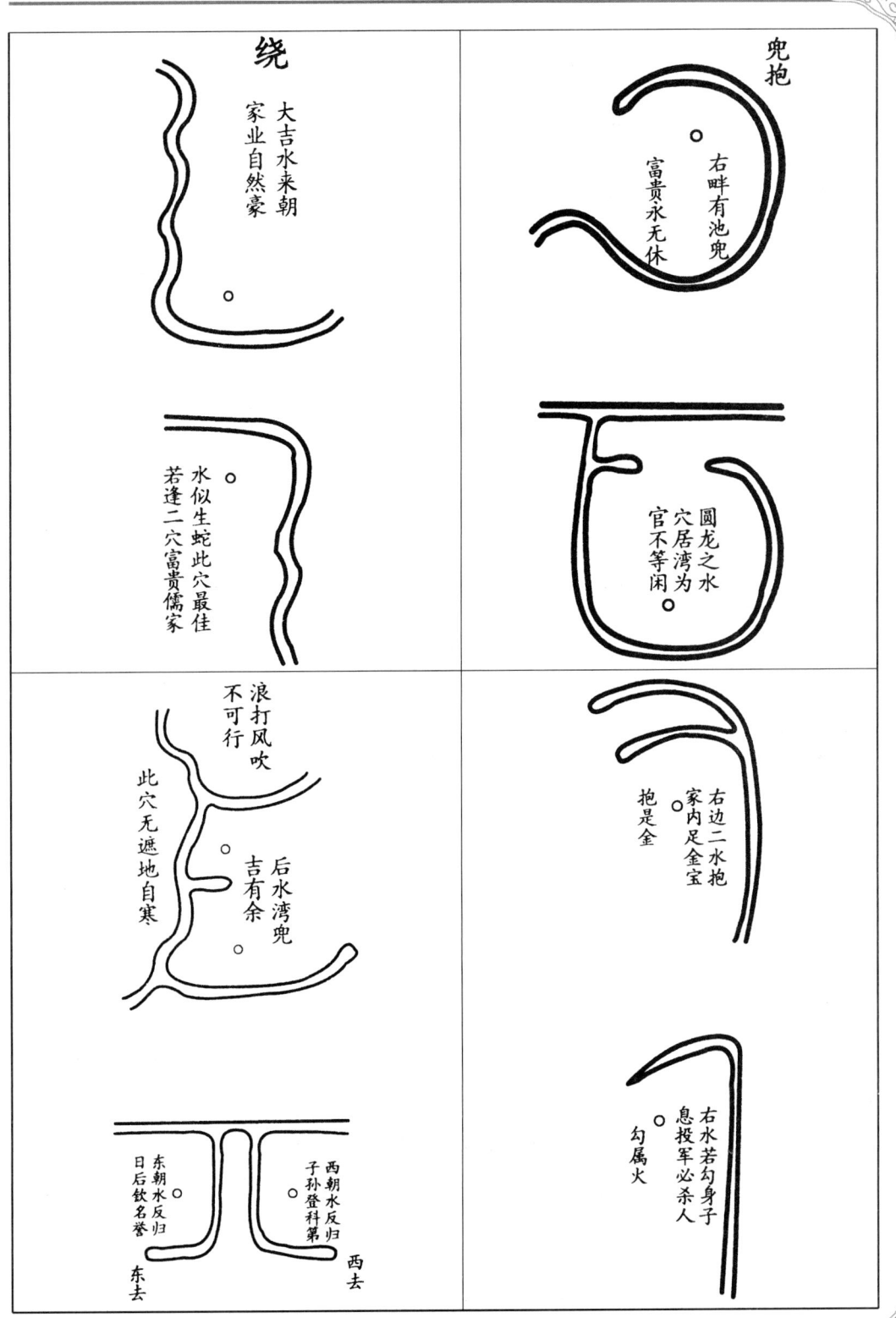

绕

大吉水来朝
家业自然豪

水似生蛇此穴最佳
若逢二穴富贵儒家

浪打风吹
不可行

此穴无遮地自寒

后水湾兜
吉有余

东朝水反归
日后钦名誉

东去

西朝水反归
子孙登科第

西去

兜抱

右畔有池兜
富贵永无休

圆龙之水
穴居湾为
官不等闲

右边二水抱
家内足金宝
抱是金

右水若勾身子
息投军必杀人
勾属火

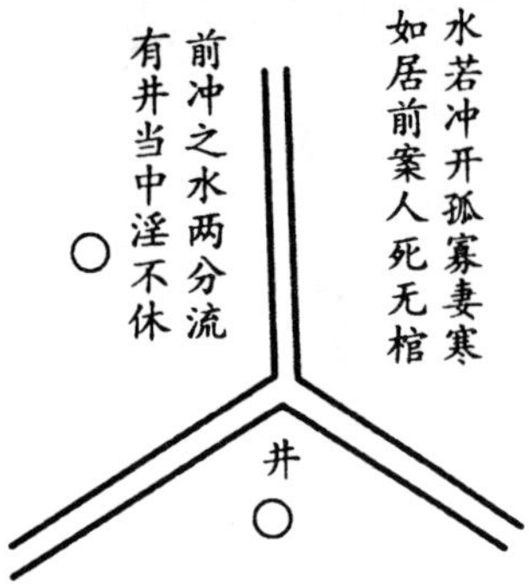

水若冲开孤寡妻寒
如居前案人死无棺

前冲之水两分流
有井当中淫不休

井

坟前一水直冲穴
下后儿孙必定绝

冲射

有子出家只为水冲城脚
面前如华柱子孙离乡去

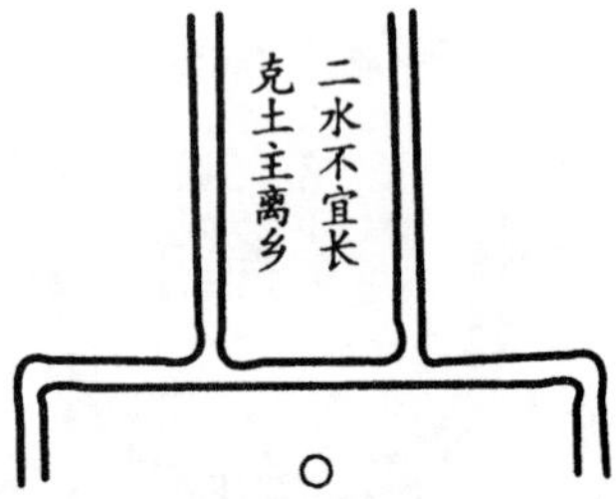

二水不宜长
克土主离乡

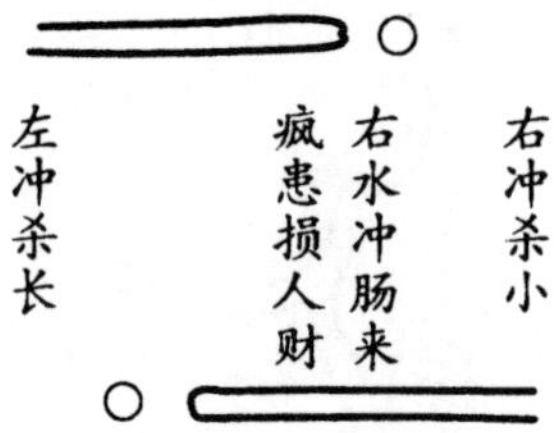

左冲杀小

右水冲肠来
疯患损人财

右冲杀小

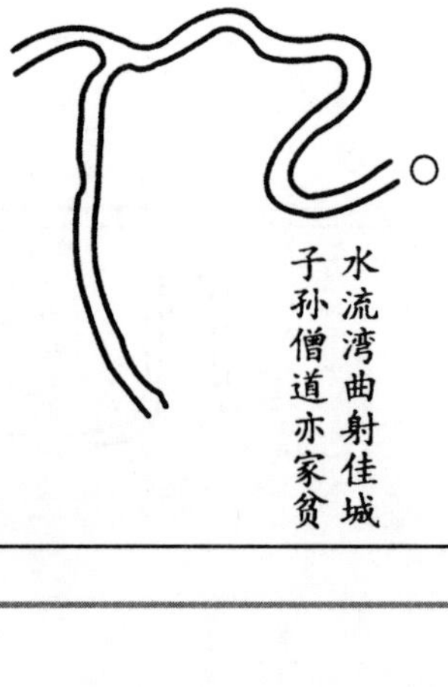

水流湾曲射佳城
子孙僧道亦家贫

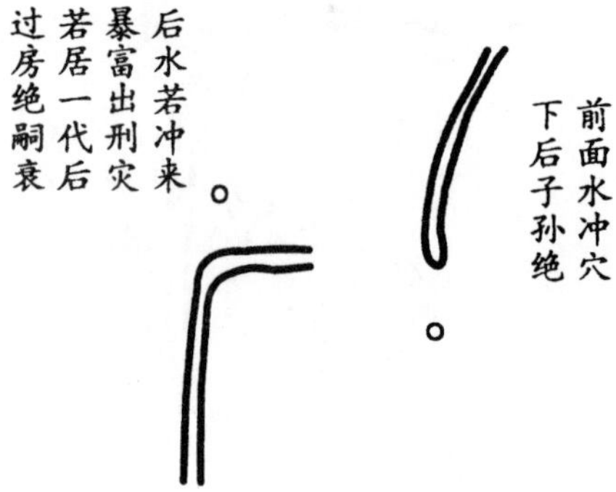

后水若冲来
暴富出刑灾
若居一代后
过房绝嗣衰

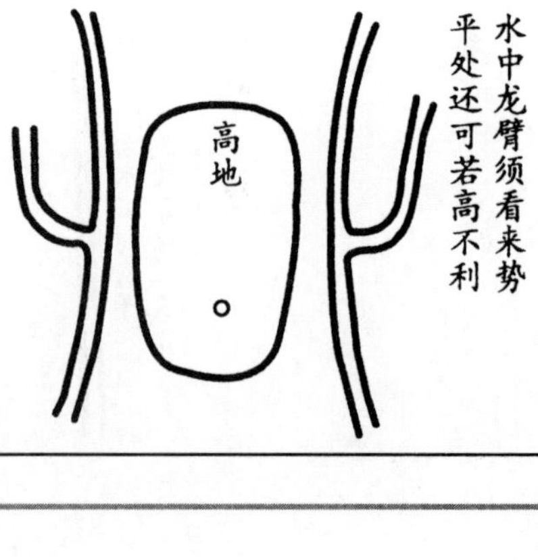

前面水冲穴
下后子孙绝

水中龙臂须看来势
平处还可若高不利

高地

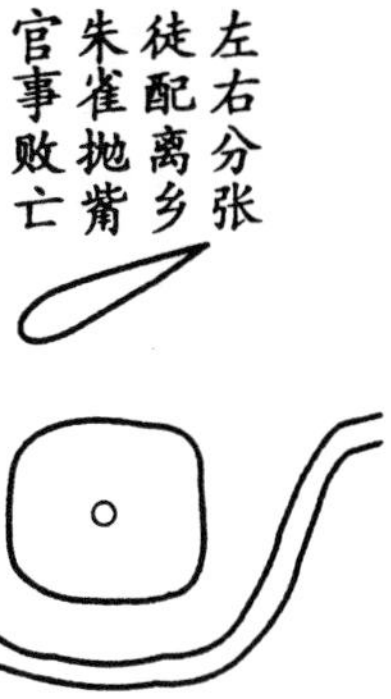

龙虎分飞
父子东西

乾星打艮风吹不
久流移定不回

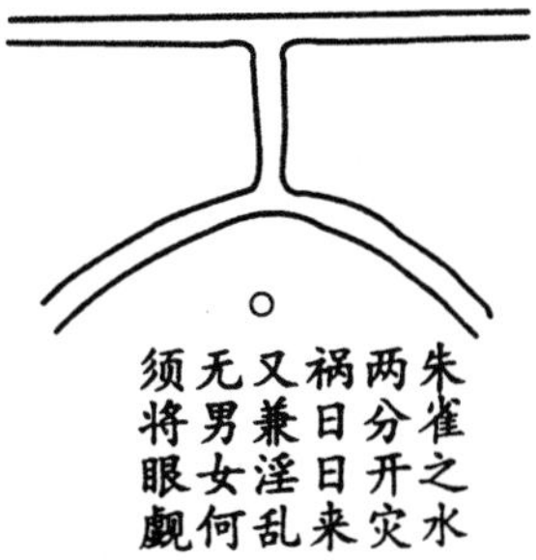

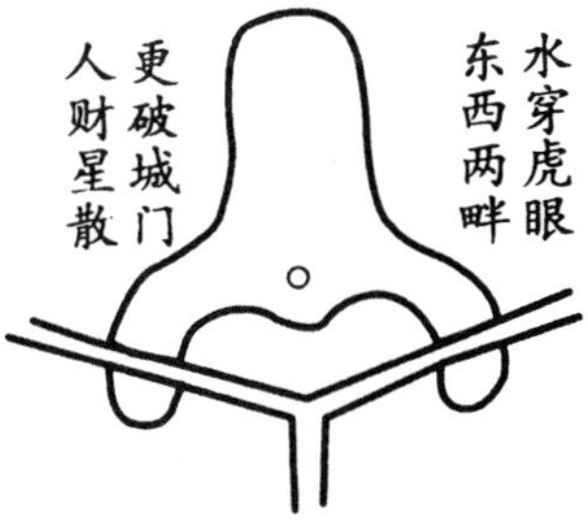

水穿虎眼
东西两畔

更破城门
人财星散

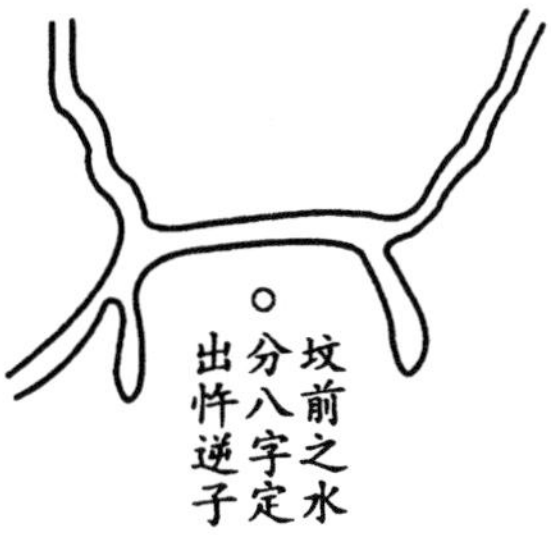

左右分张
徒配离乡
朱雀抛斜
官事败亡

朱雀之水
两分开灾
又祸日日来
须兼男女何
将无淫乱
眼觑

裹头城里莫安坟
脚东西
动火瘟
裹头城风
宇脚中男
吉长少绝
能求贤
疑是真
福到头终久败儿孙

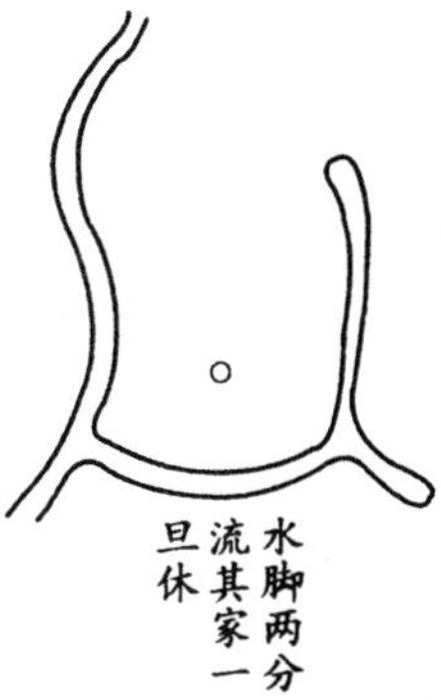

水脚两分
流其家一
旦休

坟前之水
分八字定
出忤逆子

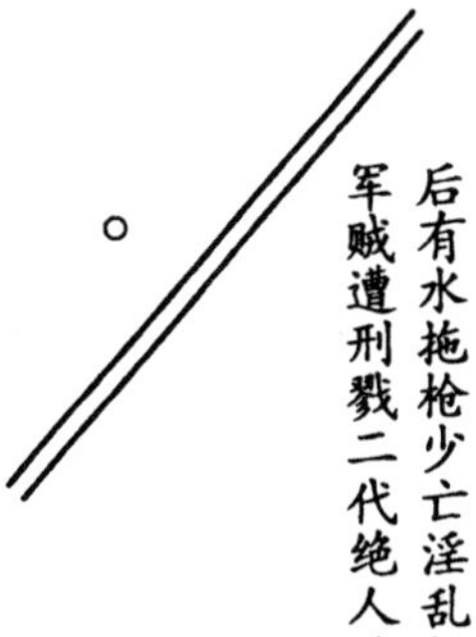

后有水拖枪少亡淫乱娼
军贼遭刑戮二代绝人殃

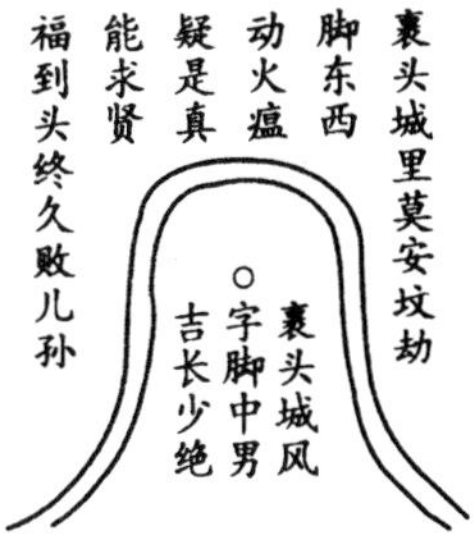

水若圆头去不归必定主分离
势如火焰遭凶死家业已成灰

飞

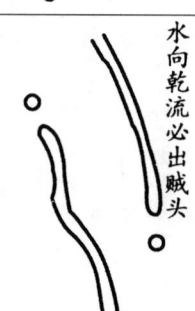

明堂屈曲斜飞
水卖尽田园终不起初
来车马满门庭下后贫穷无
钞使

五马五方驰水散
似飞尸
明堂若端
正临刑数放归

水向乾流必出贼头

前砂顺水似飞骈金火相形护得
知军贼跛跚跎瞎有兄弟相杀见
凌欺

坟前有水
不相顾常
招女婿当
门户

坟后艮水十字河
子孙疯疾受灾磨

长河一水通舟
直两边不许安
宅子孙游荡为
尖坟宅若安坟
军贼

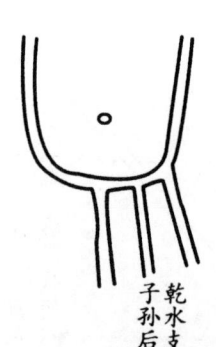

水来生浪如蛇走
人偷败乱家财有
青龙有水射真身
子孙刑狱主充军

乾水支流
子孙后休

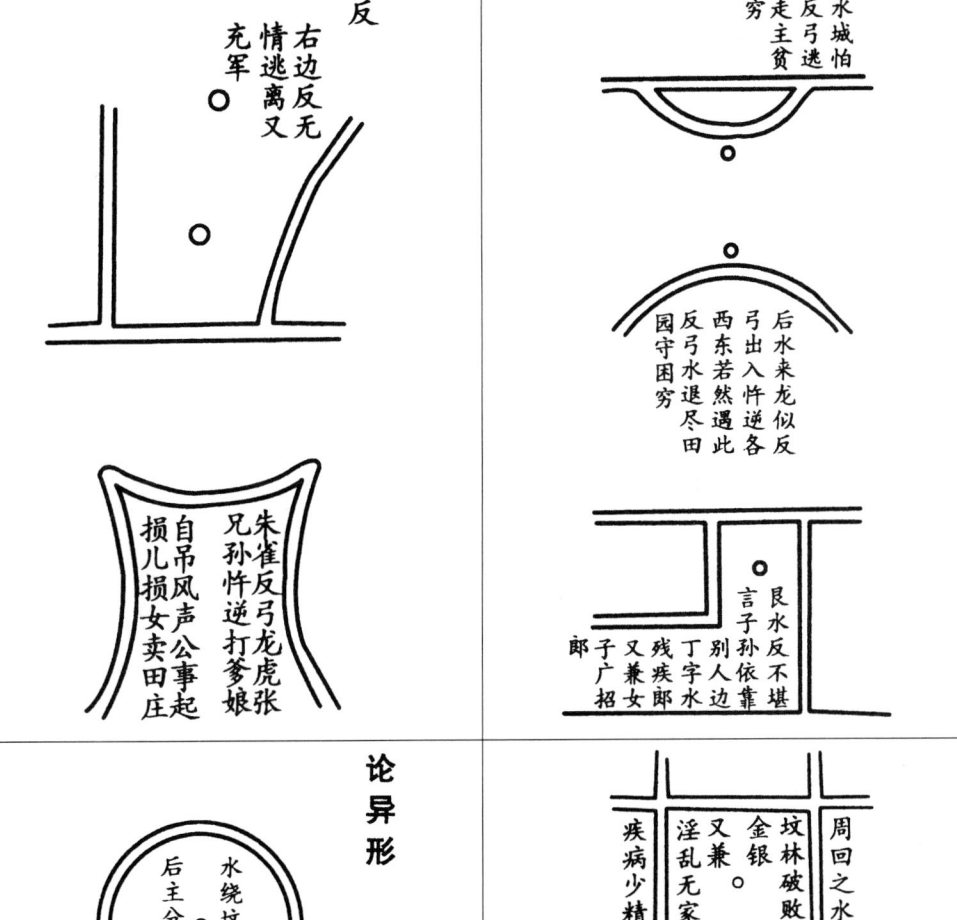

反

充军
右边反无
情逃离又

水城怕反弓
走逃主贫穷

後水来龙似反
弓出入忤逆各
西东若然遇此
反弓水退尽田
园守困穷

朱雀反弓龙虎张
兄孙忤逆打爹娘
自吊风声公事起
损儿损女卖田庄

艮水反不堪
言子孙依靠
别人边
丁字水
残疾郎
又兼
招女
郎子广

论异形

周回之水绕
坟林破败损
金银。
又兼
淫乱无家室
疾病少精神

水绕坟基绝
后主分离

乾枪向巽配在云南交趾坤枪
向艮配在远东巽枪向乾配在
陕西艮枪向坤配在广西

抄估龙体纵然
富贵亦主充军

三七〇七

水如卷古
哑疾磨折
说是搬非
众人摈绝

抄估

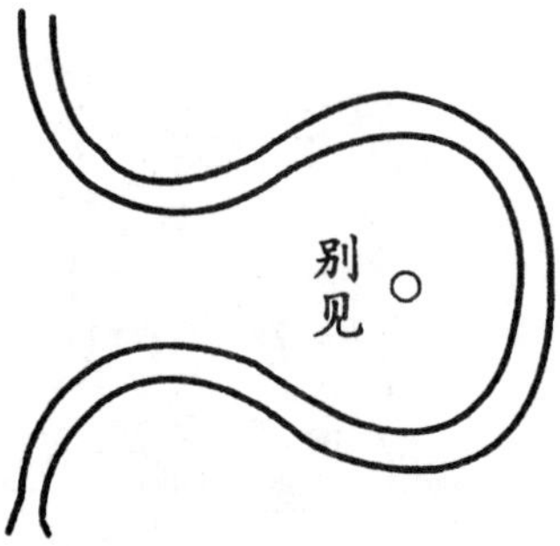

别见

青龙腰上水嵌
破常常有灾祸

乾坤艮巽为四门
一风吹入一家贫

金城吉拜如龙
绕富贵不分家
龙腹穴

金城凶拜如蛇
绕递子结冤家

水路生叉
家业虚花

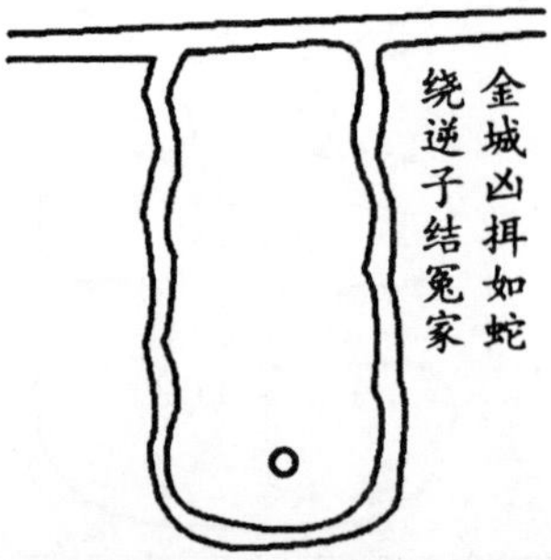

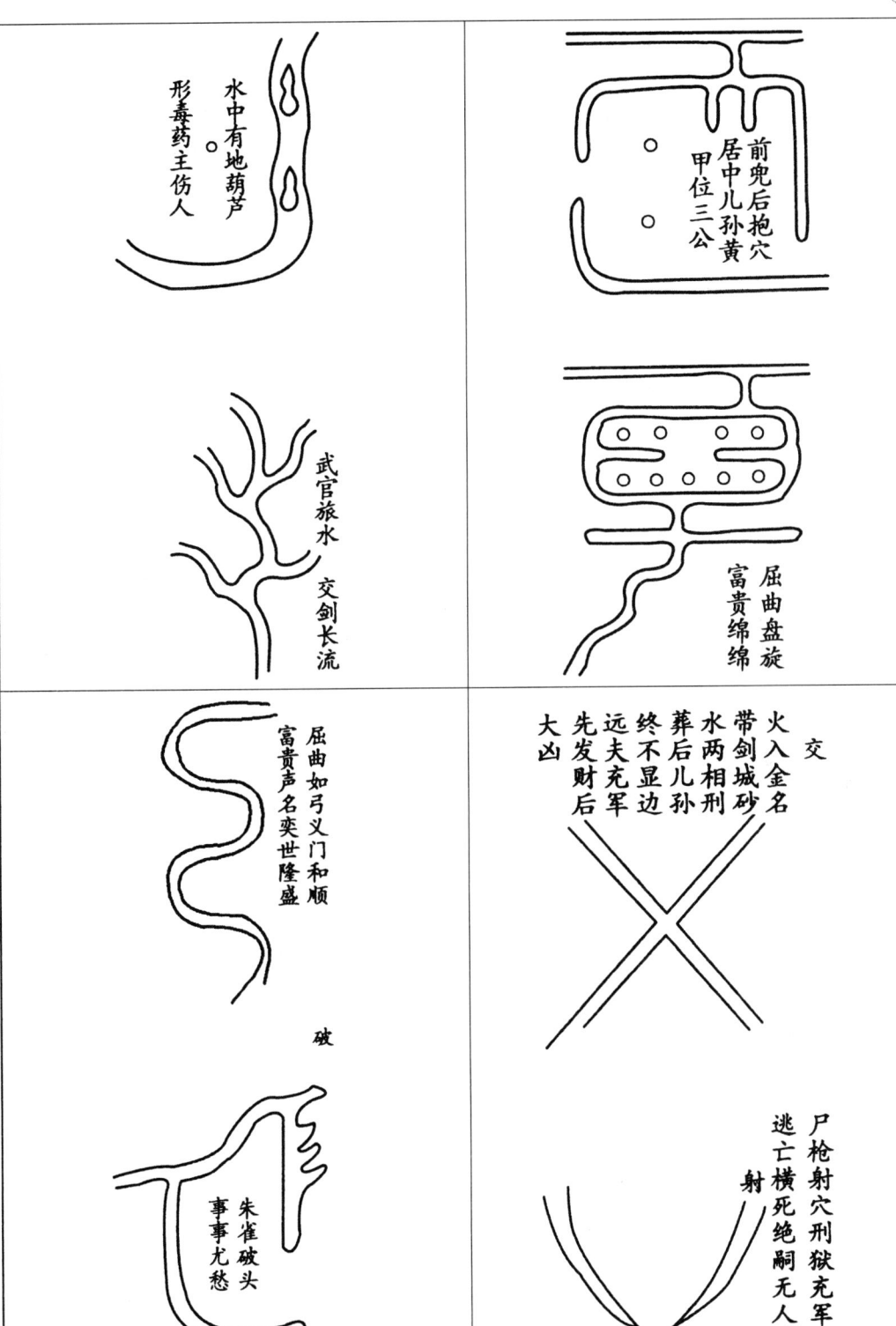

形毒药主伤人

水中有地葫芦

前兜后抱穴
居中儿孙黄
甲位三公

武官旅水　交剑长流

屈曲盘旋
富贵绵绵

交

火入金名
带剑城砂
水两相刑
葬后儿孙
终不显边
远夫充军
先发财后
大凶

屈曲如弓义门和顺
富贵声名奕世隆盛

破

朱雀破头
事事尤愁

尸枪射穴刑狱充军
逃亡横死绝嗣无人

射

叉

右边见叉木此地穷无比

左见木丫叉孤男寡妇家

偏

有一边无一边衣

食安然不久退

斜

水如鹭膝

家终逼仄

火入金城两相

战其家终不显

功名或是出骑

枪儿孙必阵亡

裹

裹头之水气无

余向前安

塚实非宜

纵使暂时

能一发为

人量窄又无儿

割

水城怕过割

下后枪刀割

绝嗣又逃亡

时师莫去宽

明堂若见三折水为官必定到三公

正对前朝明印业弟兄必定世恩荣

绝

论象形

水城屈曲似飞

龙日日遇恩荣

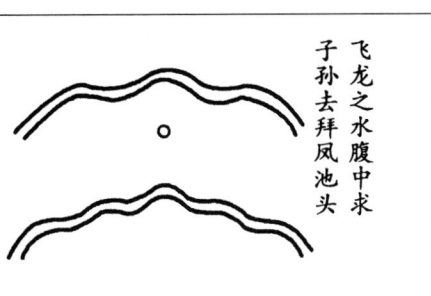

飞龙之水腹中求
子孙去拜凤池头

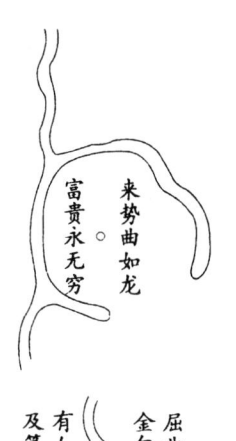

来势曲如龙
富贵永无穷

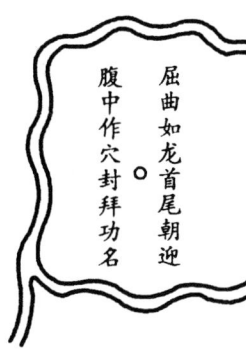

屈曲如龙首尾朝迎
腹中作穴封拜功名

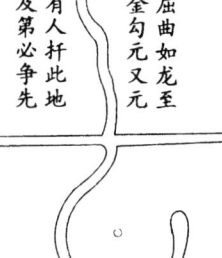

屈曲如龙至
金勾元又元
有人扦此地
及第必争先

同上

飞龙之水最难
逢必定出三公

金蛇势
难识下
后大官
出
又名笑天龙

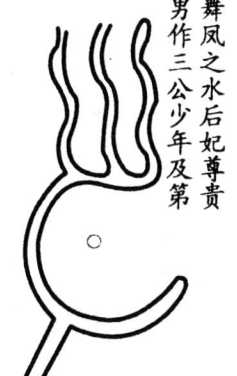

舞凤之水后妃尊贵
男作三公少年及第

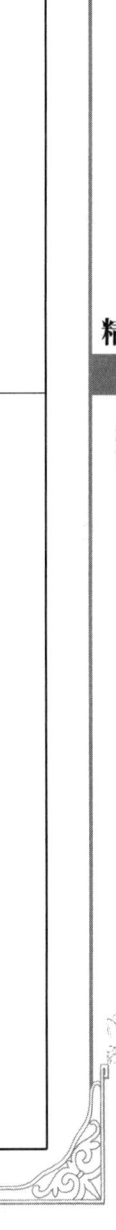

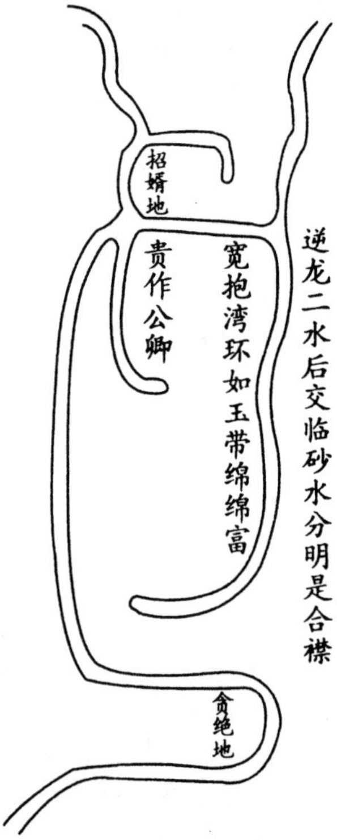

二龙相会号雌
雄富贵出三公

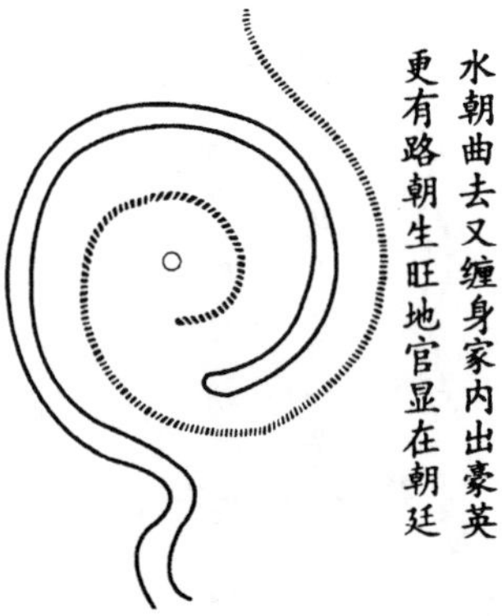

水朝曲去又缠身家内出豪英
更有路朝生旺地官显在朝廷

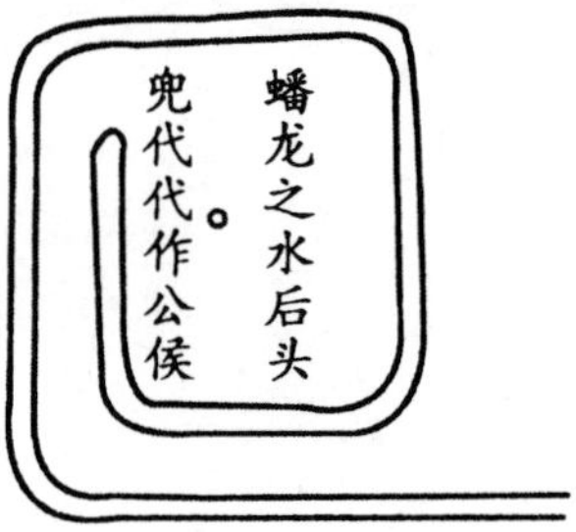

逆龙二水后交临砂水分明是合襟

宽抱湾环如玉带绵绵富

招婿地
贵作公卿

贪绝地

一重路抱一重
城金木重重
案面门若
得穴中再
包裹代代
英华绕帝
京

蟠龙之水前后兜庄
田千万富无休
面前若得三龙水
儿孙代代爵公侯

蟠龙之水后头
兜代代作公侯

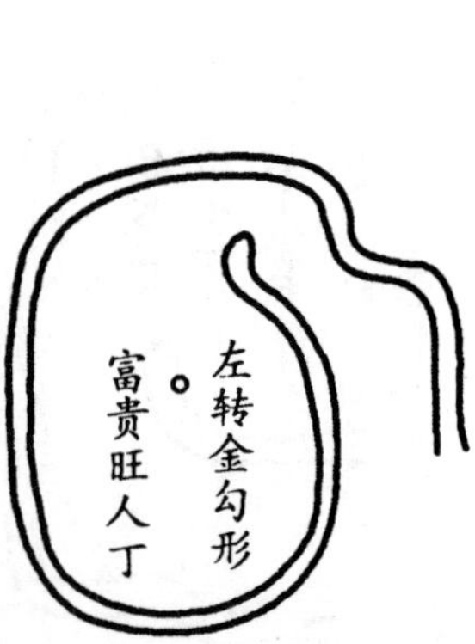

左转金勾形
富贵旺人丁

瓜藤之水
节节有情

若扦此地富贵声名

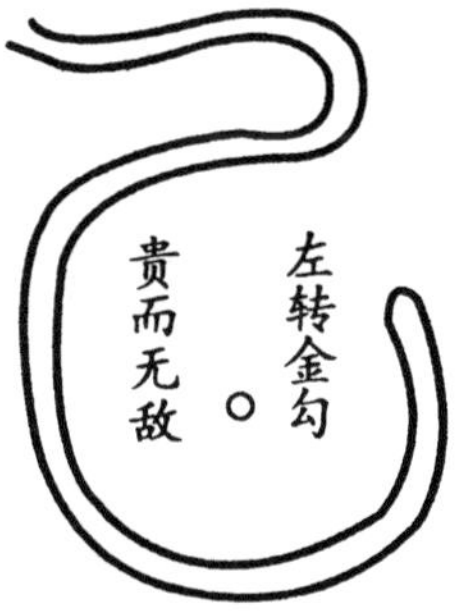

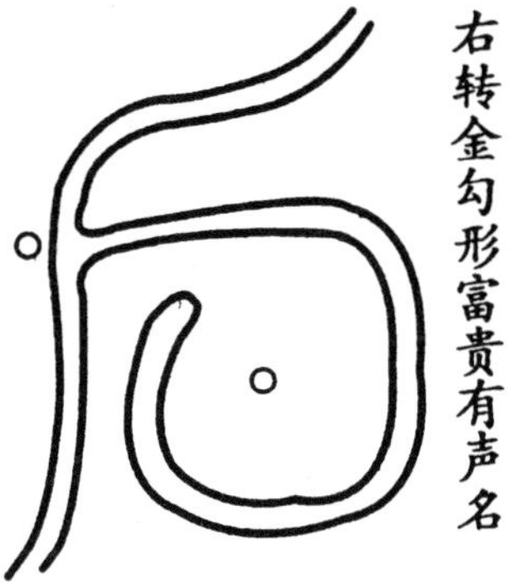

右转金勾形富贵有声名

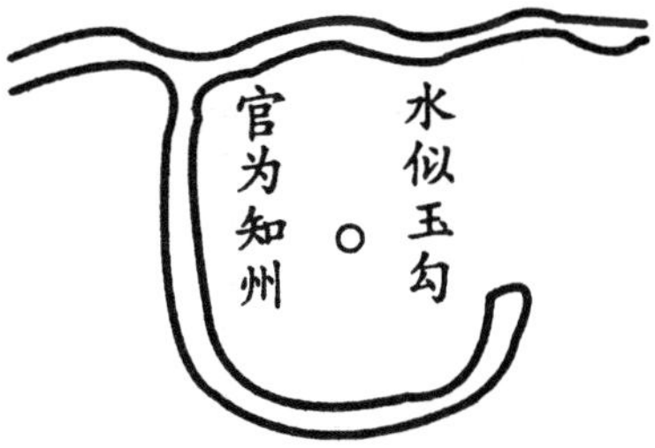

左转金勾
贵而无敌

水似玉勾
官为知州

金勾左转足金银
案应三台出贵人

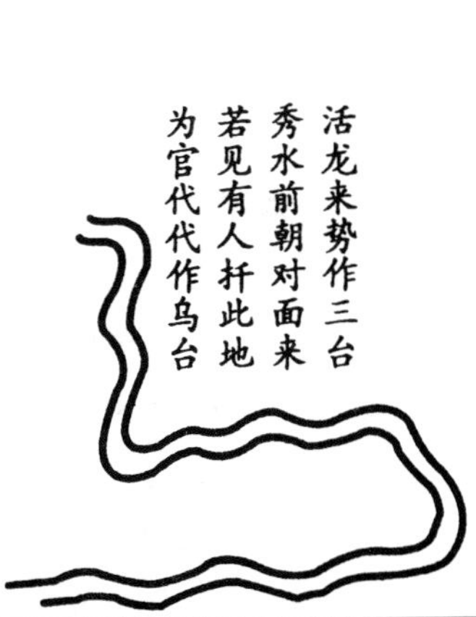

乙字水影身
家出大朝臣

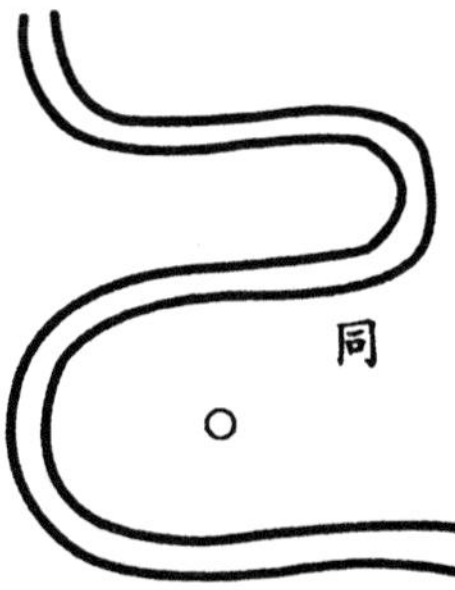

同

活龙来势作三台
秀水前朝对面来
若见有人扦此地
为官代代作乌台

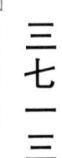

十字水流
后与前廿
字井字总
一般此为
市井人多
住若是一
家不可安

此穴分明结作真
只恐时人不识
荆若遇明师点
真穴富贵双全
四海名

凶

吉

之字合衿
之字流知
州知府出无
休

十字水来坟儿
孙手艺人虽然
温饱有成败定
出倡优贱且淫

仙人伸足形
定出及第人

有人扦得仰
大湖儿孙衣
紫达皇都

同

水如曲尺
路似尺世
代匠人
少衣食

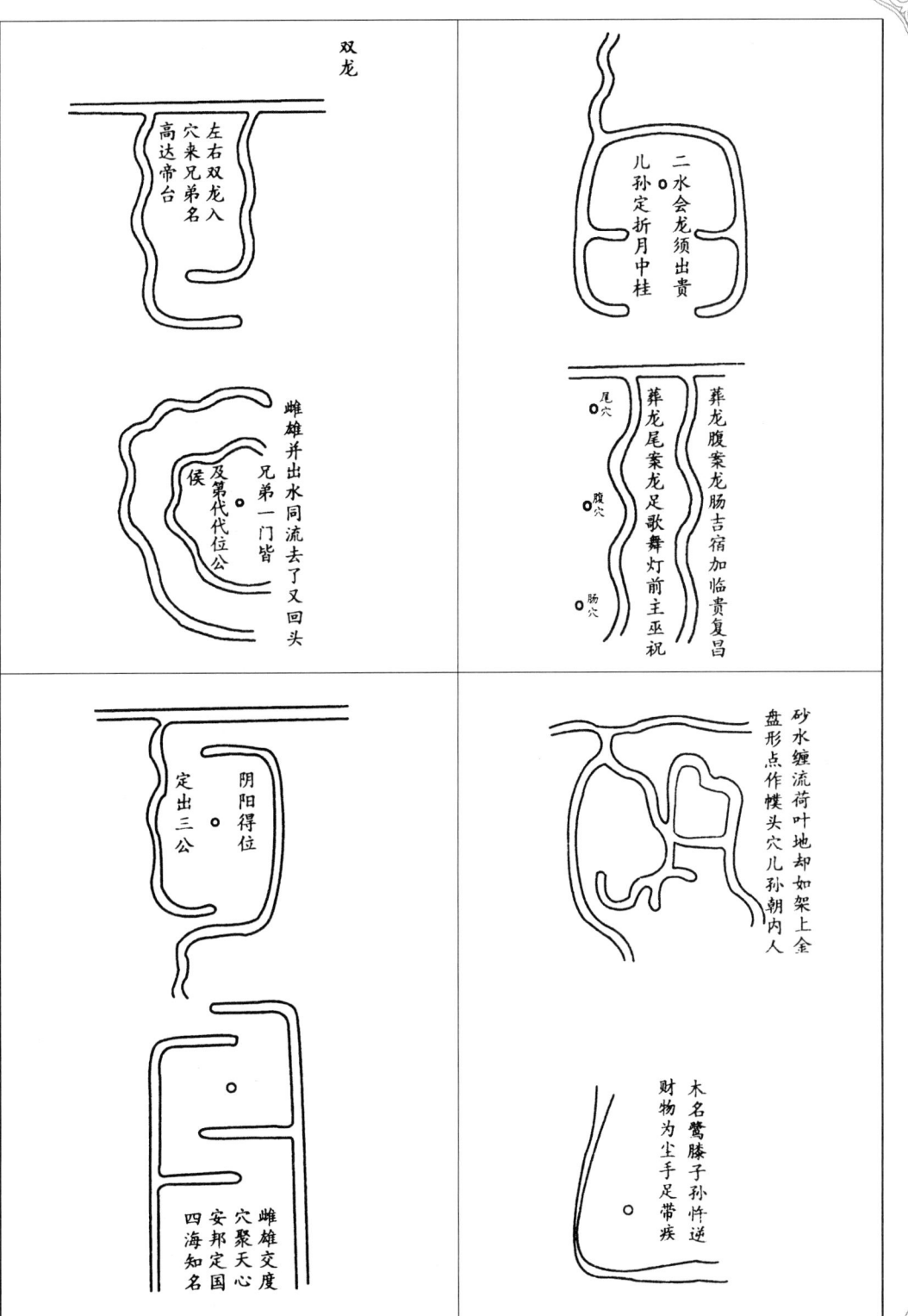

双龙

左右双龙入
穴来兄弟名
高达帝台

二水会龙须出贵
儿孙定折月中桂

葬龙腹案龙肠吉宿加临贵复昌
葬龙尾案龙足歌舞灯前主巫祝

尾穴
腹穴
肠穴

雌雄并出水同流去了又回头
兄弟一门皆
及第代代位公
侯

阴阳得位
定出三公

砂水缠流荷叶地却如架上金
盘形点作幞头穴儿孙朝内人

木名鹜膝子孙忤逆
财物为尘手足带疾

雌雄交度
穴聚天心
安邦定国
四海知名

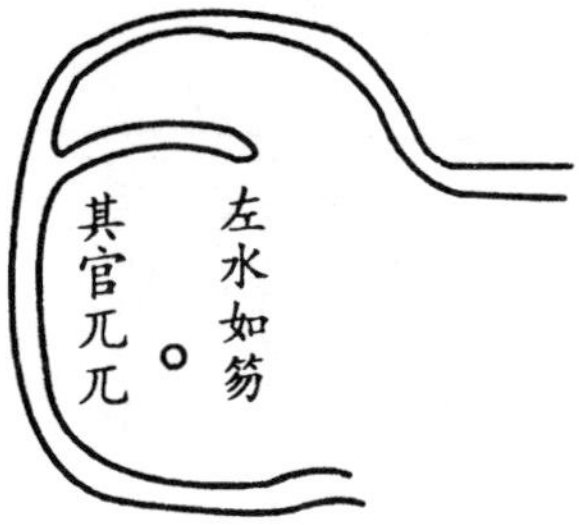

左水如笋
其官兀兀

懞头地执笋水子
孙及第作翰史

右水似笔头小子贵无休

左水似笋圭长房中元魁

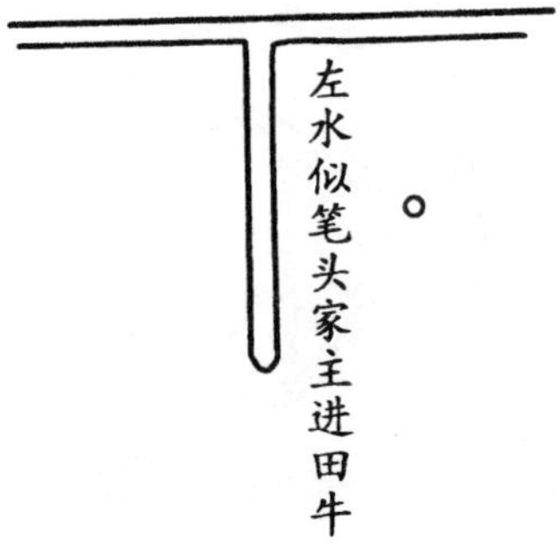

左水似笔头家主进田牛

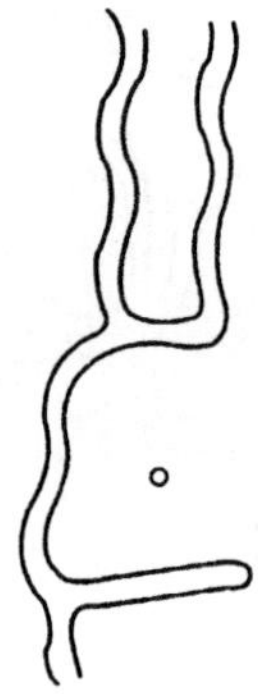

二水合门前家富出名贤

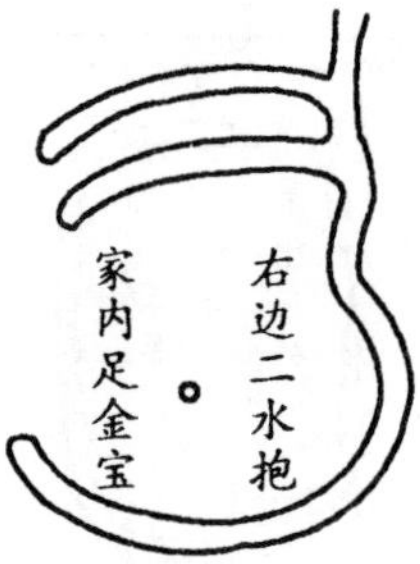

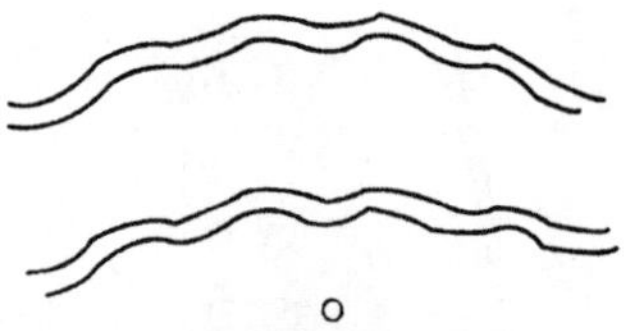

右边二水抱
家内足金宝

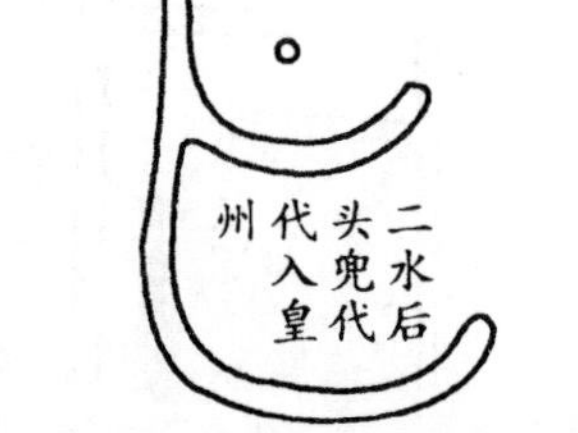

二龙相
会应门
前子嗣
去朝天

二水后
头兜代
代入皇
州代

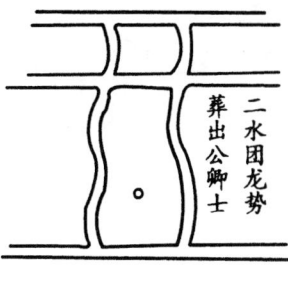

二水团龙势
葬出公卿士

迢迢四水入朝堂直冲直射不相

当若还屈曲水回头贵上金阶粟万仓

其地一圩二三十亩乃吉

二龙水后兜

富贵永无休。

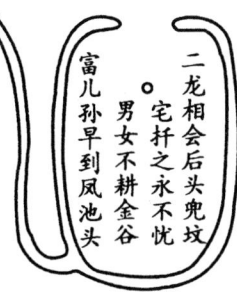

二龙相会后头兜坟
宅扦之永不忧
男女不耕金谷
富儿孙早到凤池头

杂论

前逢池沼永为富贵之家

池。

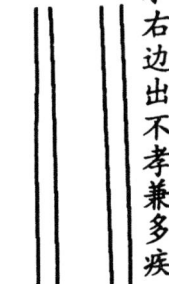

二水右边出不孝兼多疾

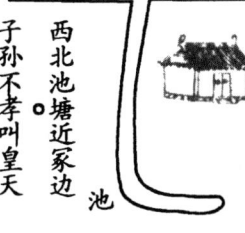

东浜深百尺西住有千粮

西北池塘近家边

子孙不孝叫皇天

坟后有井患心疼双目损儿孙井不分左右南北近家主心腹目痛

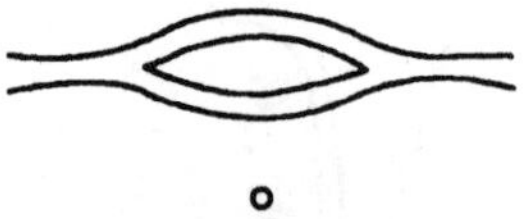

宅后有池塘亦入财之地

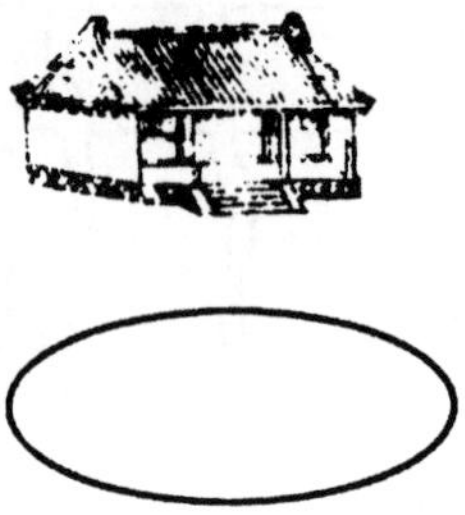

又云屋后有池塘寡妇守空房须以三元方位断之

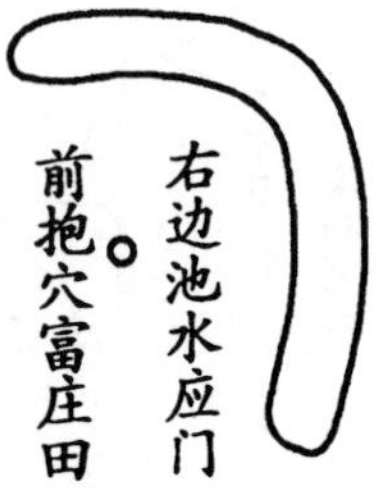

坟前水来水内一蛾眉水来水去绕蛾眉家中女子随人走更同僧道有情私

右边池水应门前抱穴富庄田

前有横沟足疾难瘳

门前桥冲少死横亡疾病鳏寡人口过房此值衰败当旺还能发福局中俱当依此推之

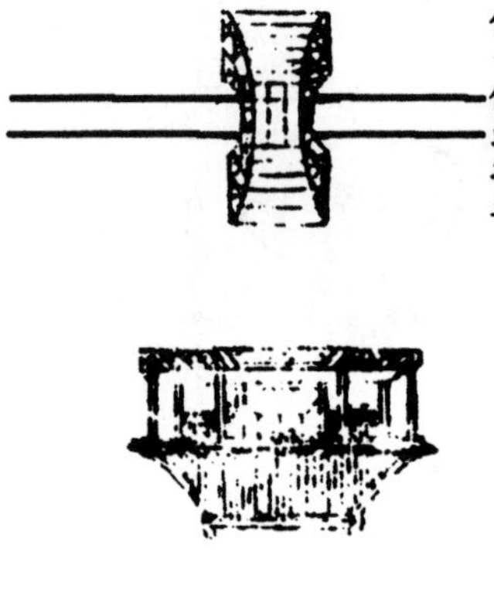

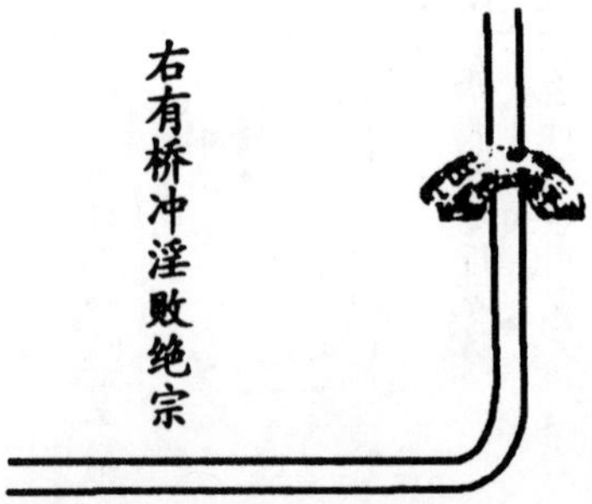

右有桥冲淫败绝宗

更有后河兜富贵岂等闲朱雀一丘地此穴乐安然

高地

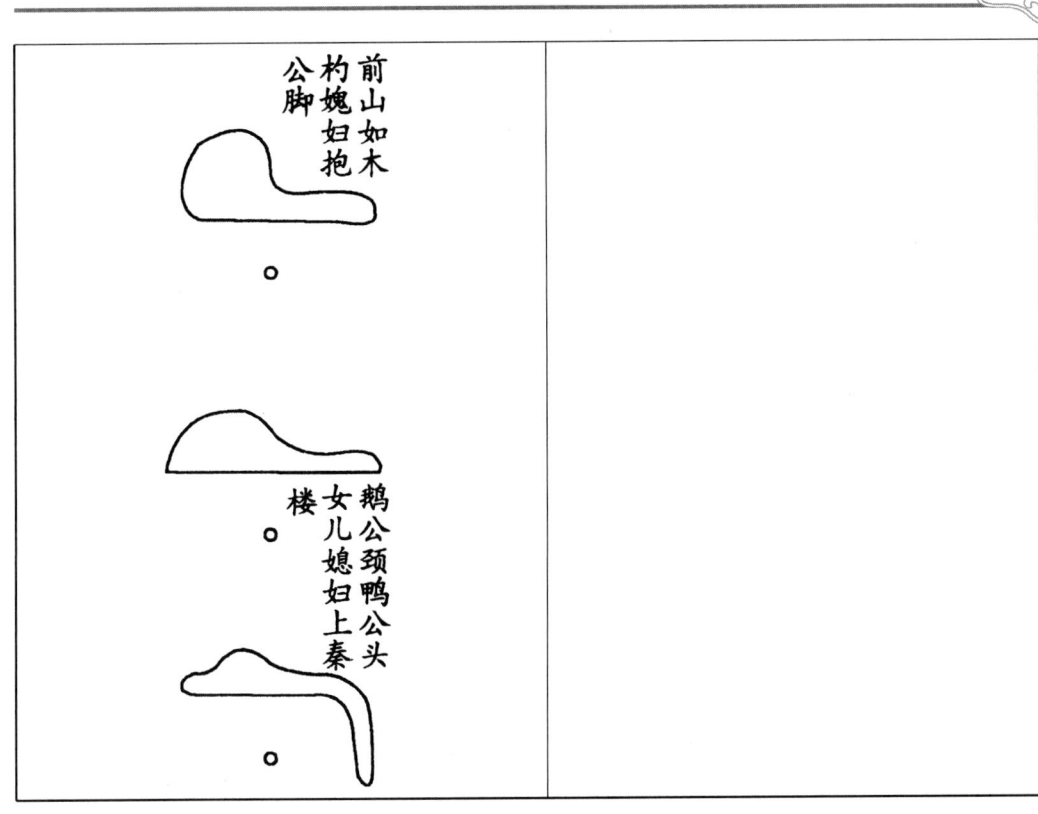

前山如木
杓媳妇抱
公脚

鹅公颈鸭公头
女儿媳妇上秦
楼

第二十三章　堪舆汇考二十三

《水龙经》三

水钳赋

天壤浩渺，三辰显晦；一气循环，五星荣悴。江河以流，以岳以峙。暄阳为生，阴寒为死。哲人象天，则物因地。察义地出，川岳天垂。斗星本乎一气，同情异名天施。顺播地德，上承阴阳。相禅五运森联举，一远二乃术之偏。欲识其地，先观其天；欲识其形，先观其元。不察其流，孰知其源。乘气而行，子母相援。夫妇交度，剥换蜿蜒。缺四字激射为嫌。指水为水，孰辨五星。土水厚重，金水圆清。木水挺直，火水飞腾。金木相攻，变水则比。水火相战，木旺尤忌。土神生金，最畏逢木。木星带火，邦家倾覆。趋蓄之位，各有关轴。胞胎死绝，生旺官禄。冲克刑伤，灾祥迅速。吉凶本乎消长，五行运乎死生。信耳不如信目，信目不如信心。若乃长江鸭绿，天海无涯，界之罔极，索之愈疑。虽有曲折，不忌逶迤。运起天钥，君子无题。下逮淮泗，江河汉水，巨脉纵横，沿洪触涘。州邑乡村，龙神所据。旋垣转屏，脉随气聚。洲涧洋洋，穿江入湖。三十六穴，景纯所图，唐宋以来，水法处无。青鸟石匮，发自何年，不载他物，惟说水钳。龙额藏珠，云云详图奎宿所履。以上龙法，形难具陈。得鱼忘筌，顿悟以心。生旺起祖，清纯入穴。水缠砂转，蔓若瓜瓞。山乱势奔，水乱势结。蛛丝浪萍，隐隐冥冥。入土不灭，入水不湮。上哲辨气，下士辨形。形气俱得，殃福自真。东南华暖，西北凛冽。冰雪未消，湖水易泄。揆高衡平，视生处穴。虾须蟹眼，立论纷纭。盖粘倚撞，化生脑唇。神不传目，化不传心。懵懵五行，既泥罗经。指生为死，白昼杳昏。上渎天垣，下毁地文。苟非智者，交臂不亲。遇元真秘，草野哀吟。虽先贤之淑教，亦祀

人之秉心。伏龙山人董遇元编。

雪心赋言山而带水此言水而带山可以并看。

总论三

伏龙山人董遇元述郭氏之言，而作水龙垣局。上应天星三十六图，图各四言十六字即赋之中，幅有驸马仪宾京堂等语，知为近代之人。至其穷，探甘石撰词典，丽诚景纯之流亚。考形家自杨公以还，鲜能文之士。惟赖布衣，生当元运，佯狂诗酒天才，偶见于会稽，诸钤不意，又得此卷。其论天形但取水形。相似所云：在天成象，在地成形，与世传二十四方，道各分星躔者，天壤。盖地有定位，而天无定位。虽有十二次舍，不可谓即地之二十四山也。翰林学士岂尽出巽辛，万里封侯，未必皆生庚震。帝王发迹之地，亦不皆属三垣来龙。故方位之合天星，不若象形之有据。三垣九野，列宿甚多。名川三百，支川三千，安能一一而比拟哉。必合天星而取水局，则又拘墟主见。存此以显水龙作用之大，与山龙不分轩轾。学者无以文害志可也。

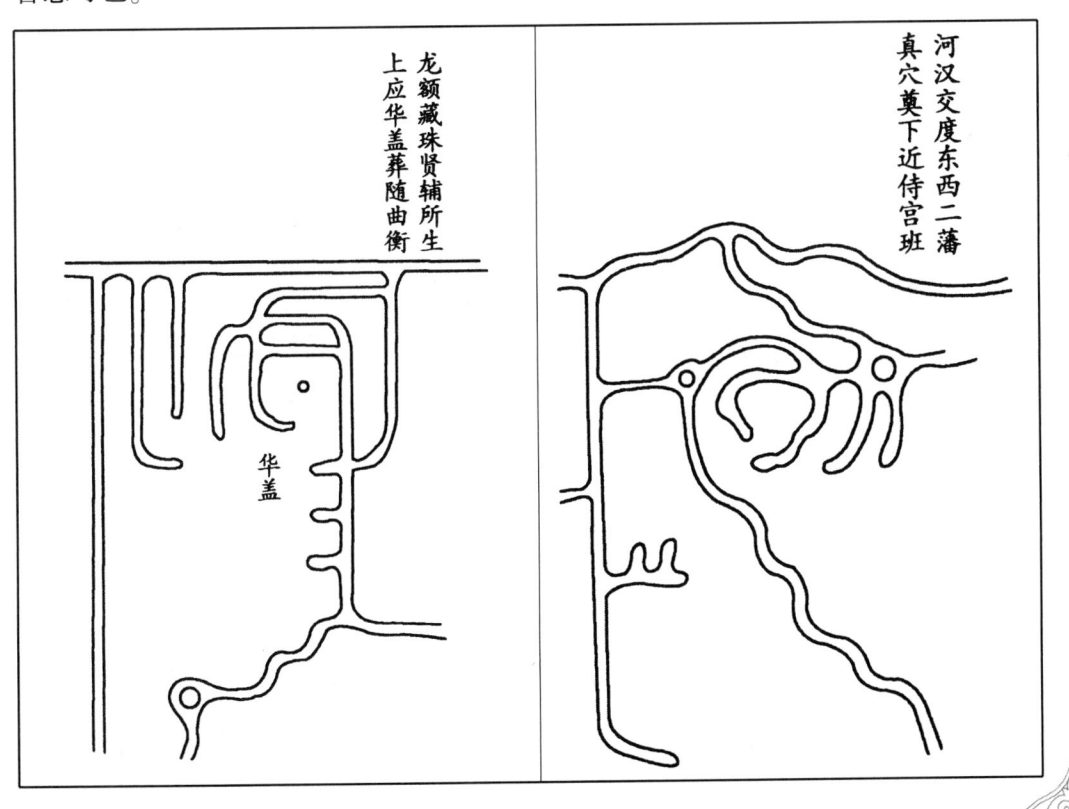

龙颔藏珠贤辅所生
上应华盖葬随曲衡

华盖

河汉交度东西二藩
真穴莫下近侍宫班

虹飞饮海将军
气扬帷幔内穴
威振边疆

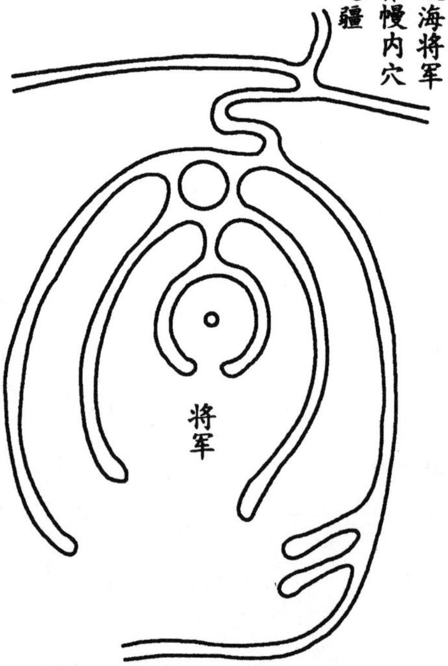

将军

天府壩篦曜通天
苑穴点龙睛名扬
翰苑

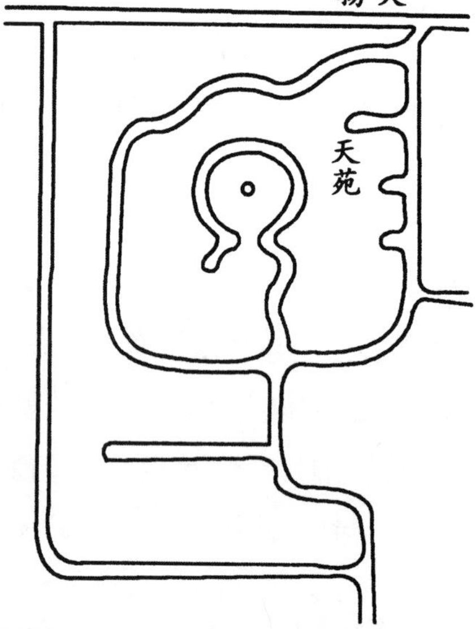

天苑

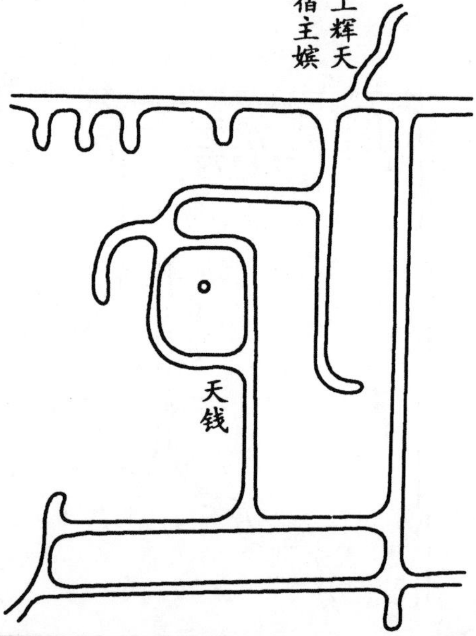

蟠龙饮乳轸宿所处
内穴京堂旁为骠骑

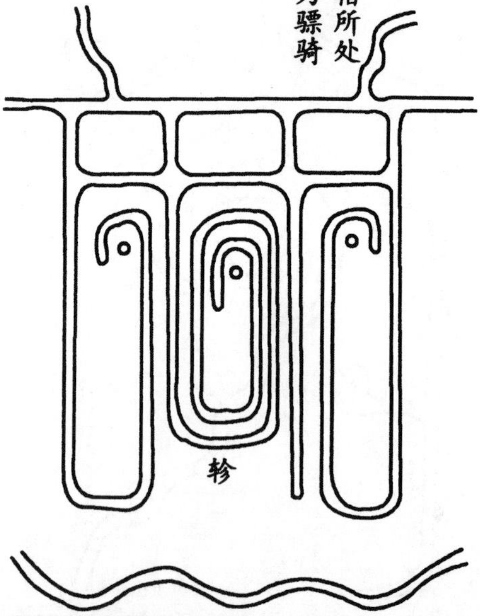

轸

锦屏挂镜上辉天
钱穴藏中宿主娱
贵贤

天钱

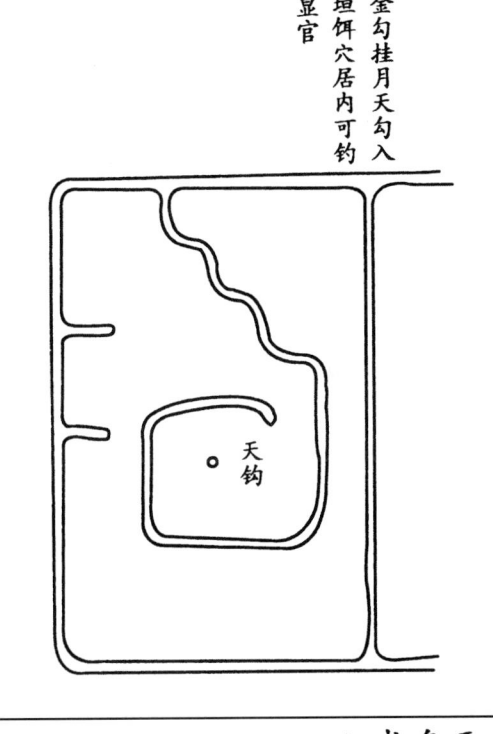

金勾挂月天勾入
垣饵穴居内可钓
显官

天钩

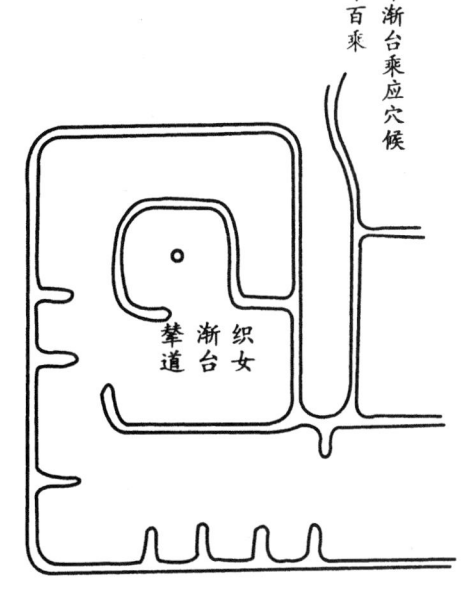

天衡献印渐台乘应穴候
中毂贵雄百乘

织女
渐台
辇道

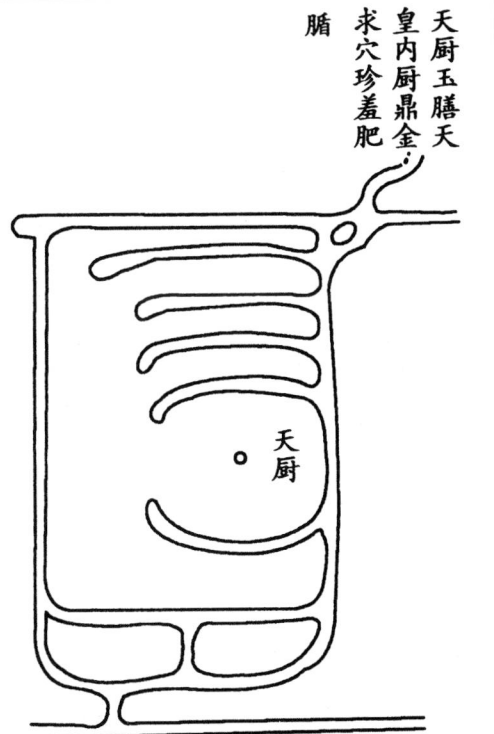

天厨玉膳天
皇内厨鼎金
求穴珍羞肥
腯

天厨

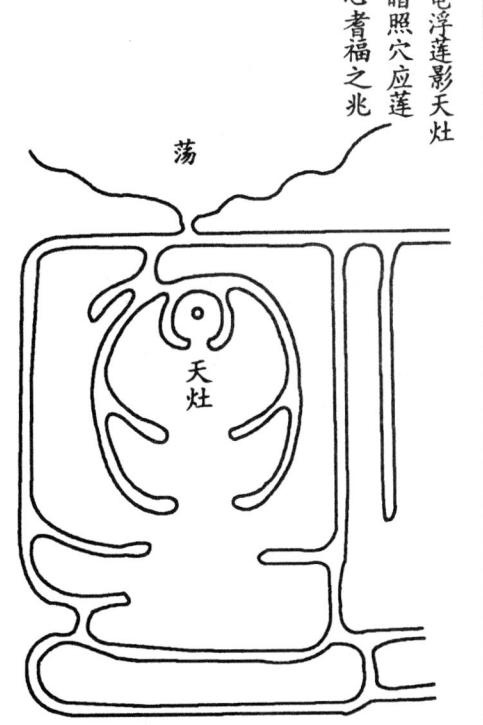

龟浮莲影天灶
暗照穴应莲
心者福之兆

荡

天灶

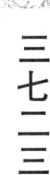

玉阶五级翼宿所居
穴乘羽翰飞步天衢

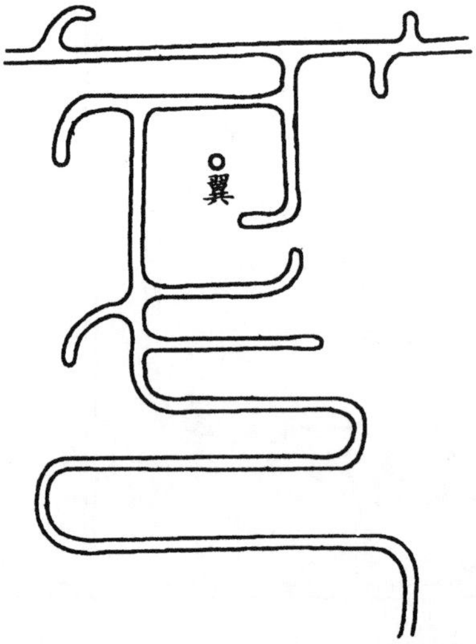

瑷屏玉架上应五车
牙签夹穴翰史荣华

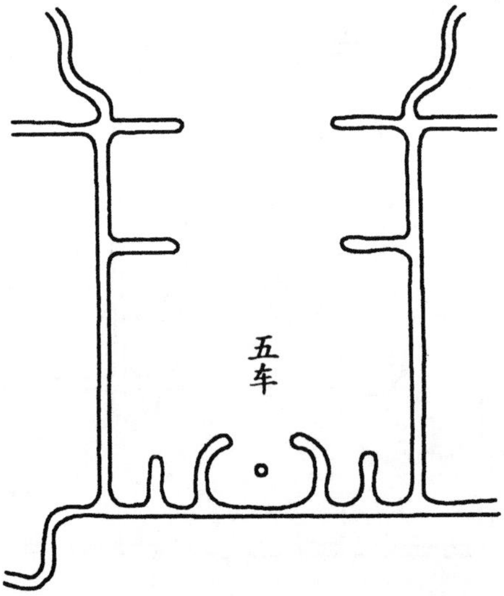

五车

翼

金锁瑷阗斗宿所
藏穴转曲窝金赀
万箱

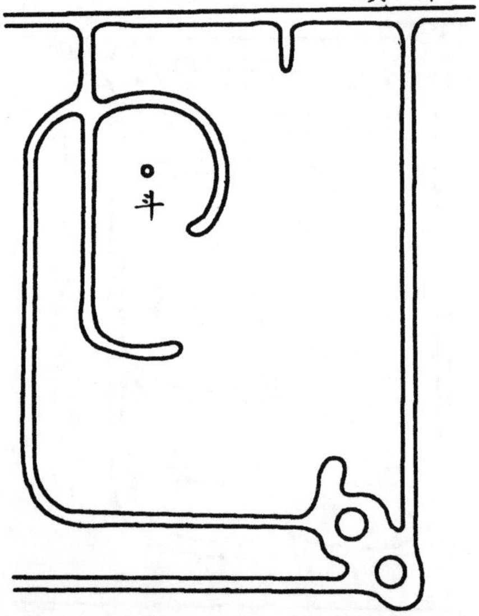

瑷筵结尖八魁聚灵
隐褥取穴锦缠联英

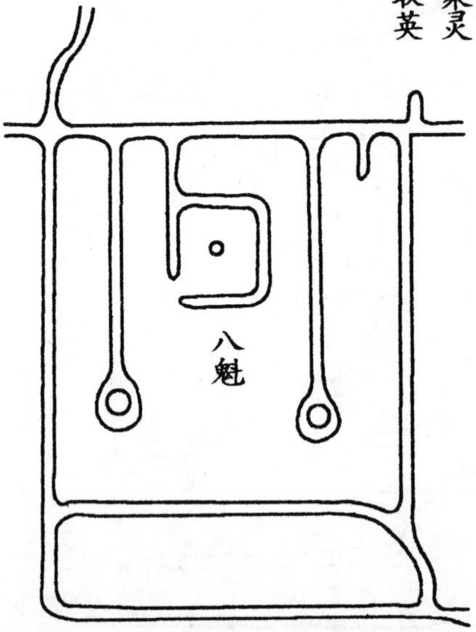

斗

八魁

哲
压簷肥遁贤
床星列穴卧
虬龙蛰首女

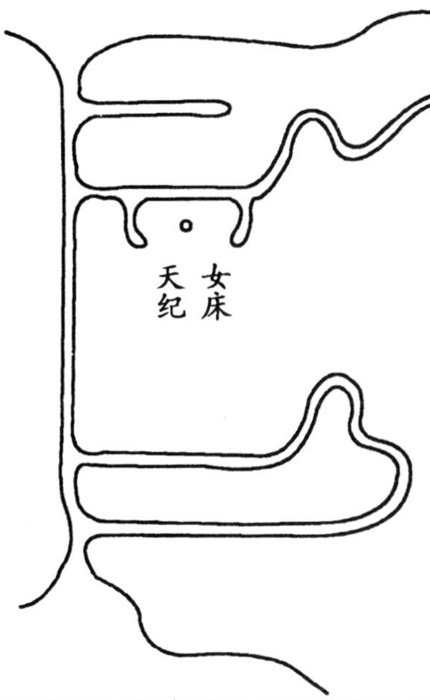

女床
天纪

满庭
璘福穴居内笙歌
玉堂文幕器府璘

器府

职
剪裁补衮之
应文曲穴居
王练缠矢上

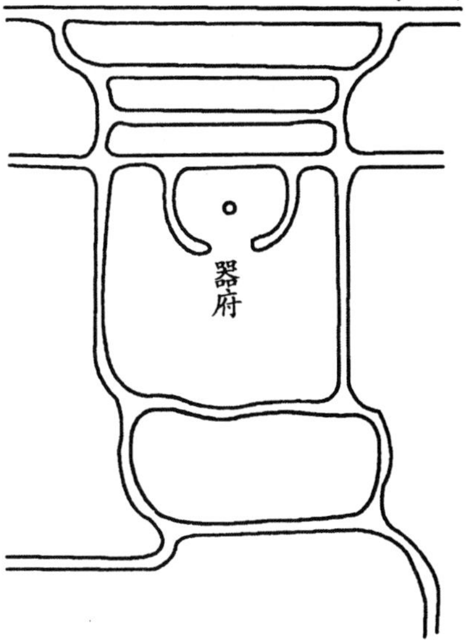

上台
文昌
三师

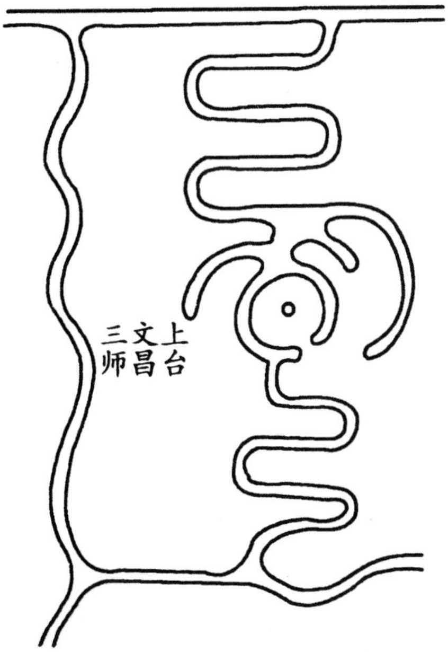

芳城秀衍上配天田
葬居中央阡陌连绵

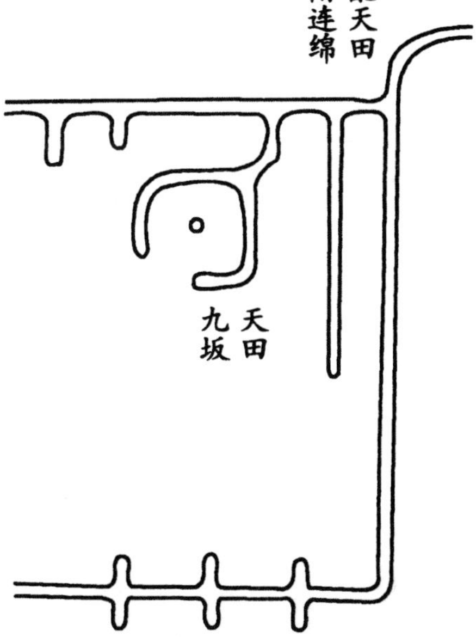

天田
九坂

象横九晼天厩
曜明穴点多眉
负辰扬名

天厩

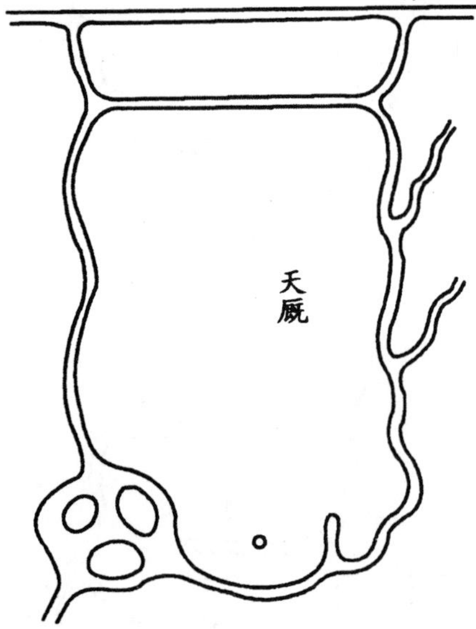

金阙牙班库楼森张
玉案作穴殊爵端行

库楼

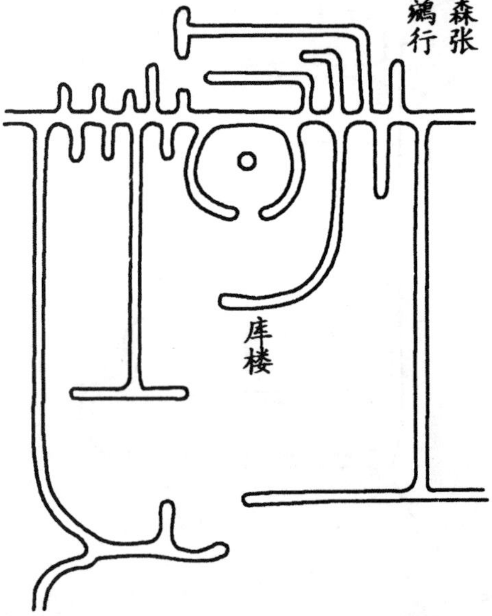

阳显缠辉郎位壹
賫参差点穴篝缨
九里

郎位

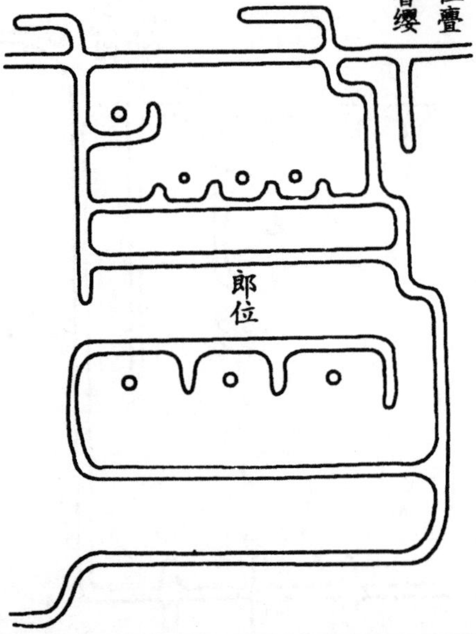

阳河潴禄土应斗斛
穴钟日精冢宰之福

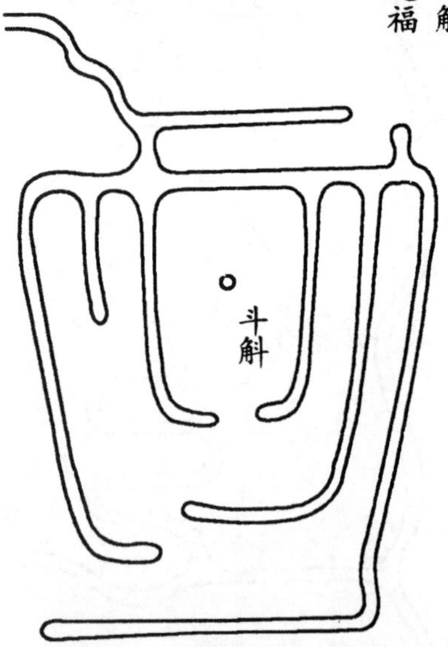

斗斛

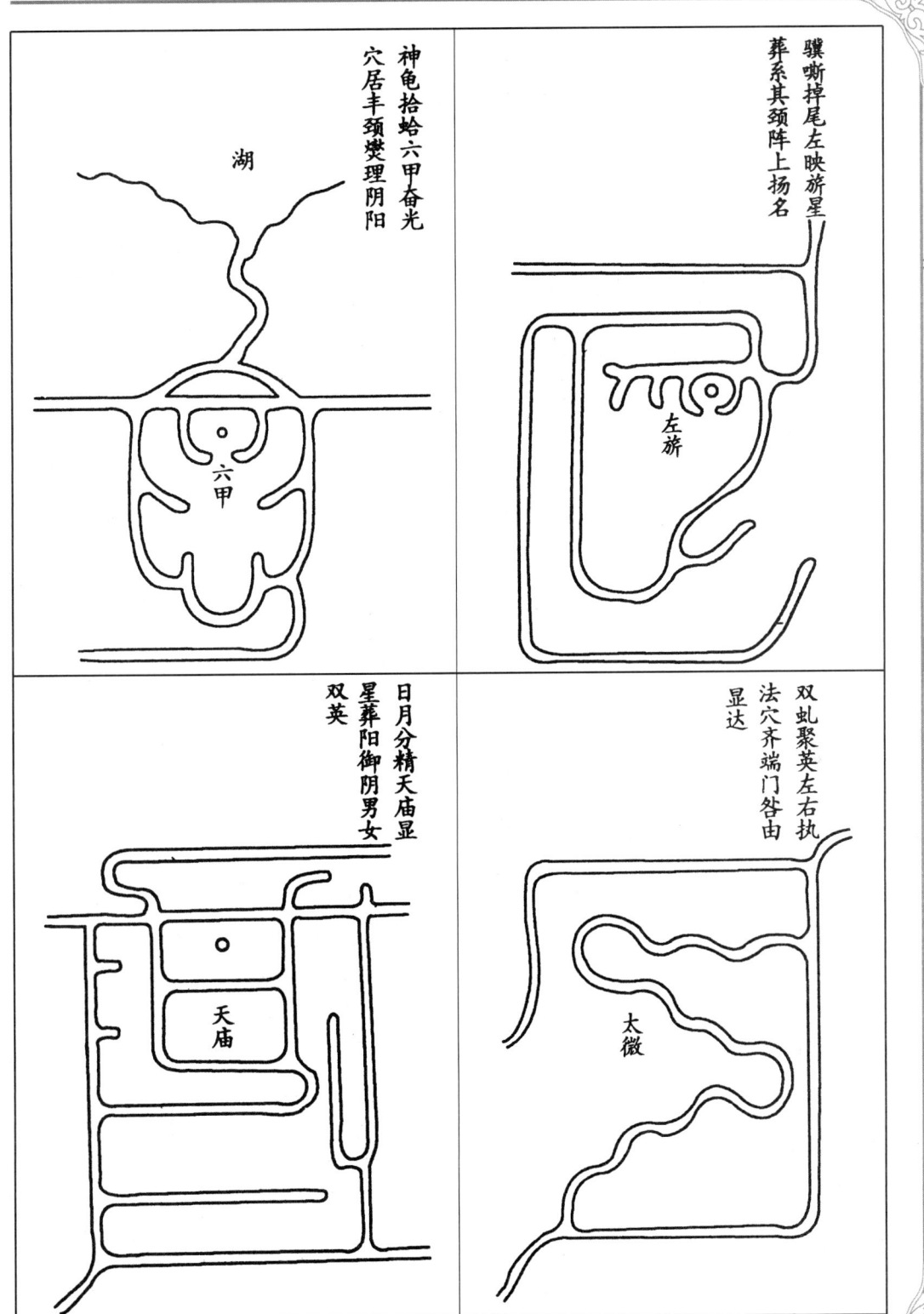

骥嘶掉尾左映旄星
葬系其颈阵上扬名

左旄

神龟拾蛤六甲奋光
穴居丰颈爇理阴阳

湖

六甲

日月分精天庙显
星葬阳御阴男女
双英

天庙

双虬聚英左右执
法穴齐端门咎由
显达

太微

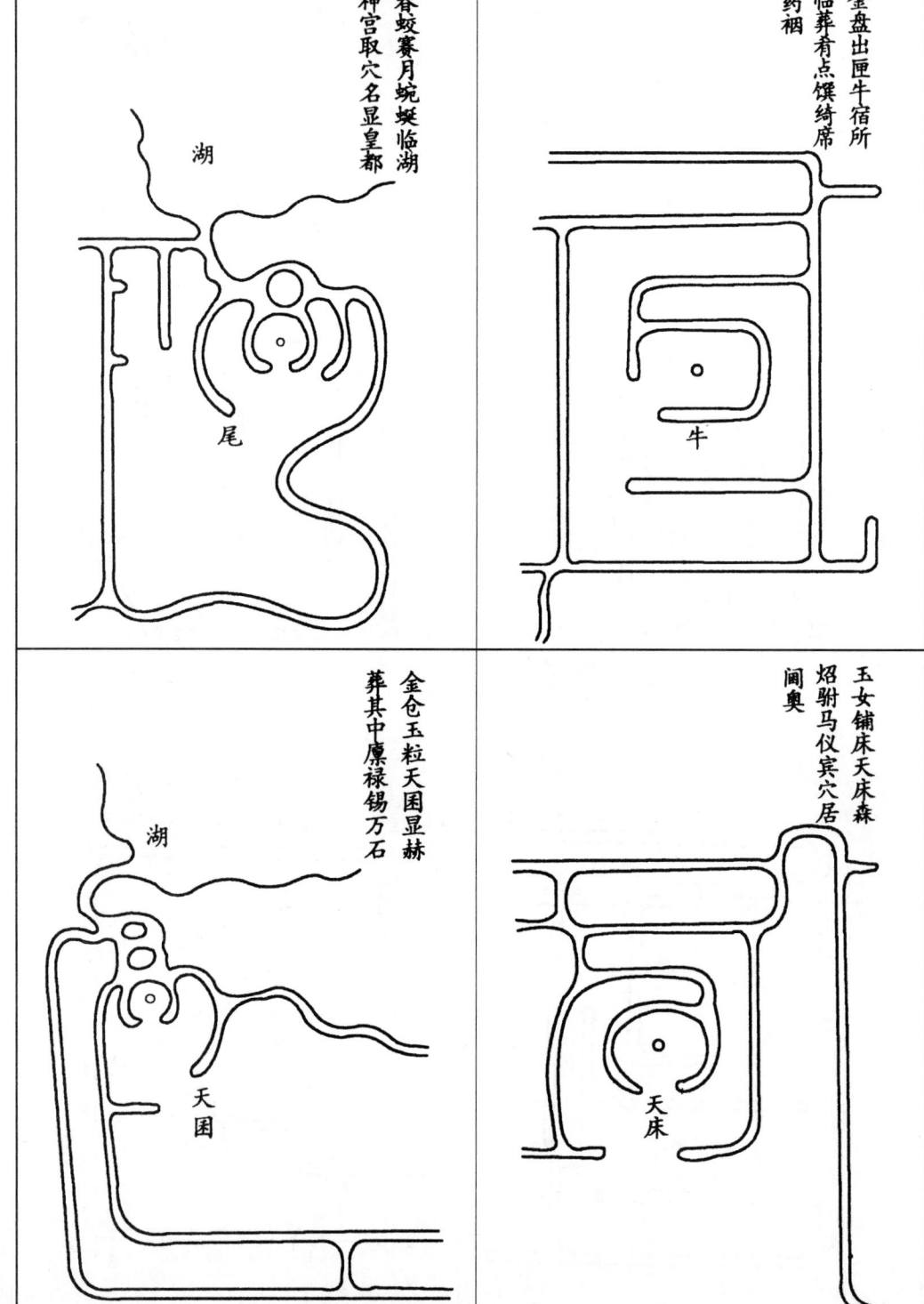

金盘出匣牛宿所
临葬肴点馔绮席
药祸

春蛟赛月蜿蜒临湖
神宫取穴名显皇都

湖

尾

牛

玉女铺床天床森
炤驸马仪宾穴居
闻奥

金仓玉粒天囷显赫
葬其中廪禄锡万石

湖

天囷

天床

雁落平沙穴粘羽林
垒壁桓桓武柄文衡

垒壁阵

绣幄银勾天涸外
屏裀褥取穴御苑
芳英

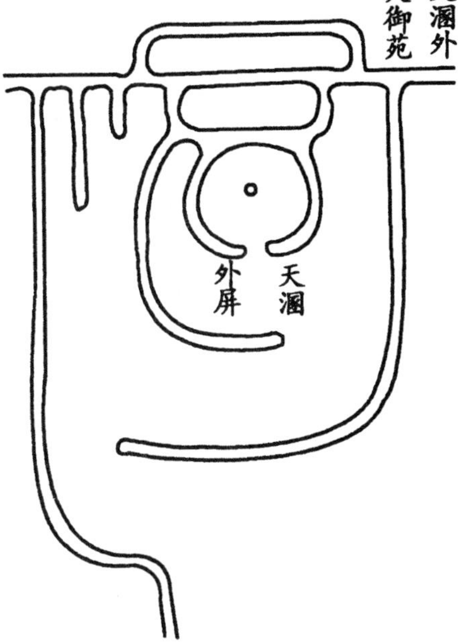

天涸　外屏

金莲侧露
穴在花心
上临积卒
统驭千军

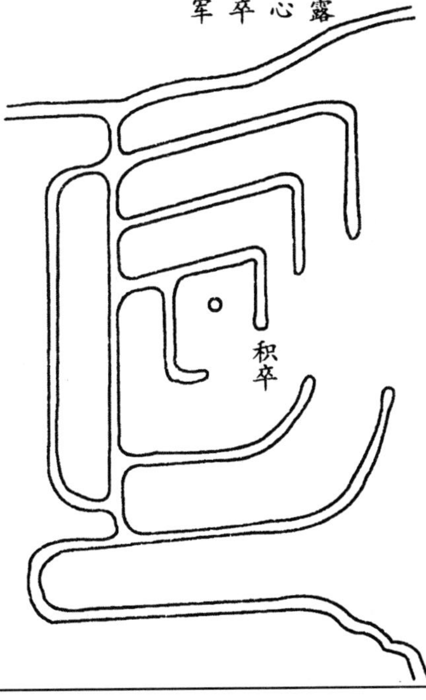

积卒

珠胎泻月
天渊映辉
法葬内池
食禄瑗闱

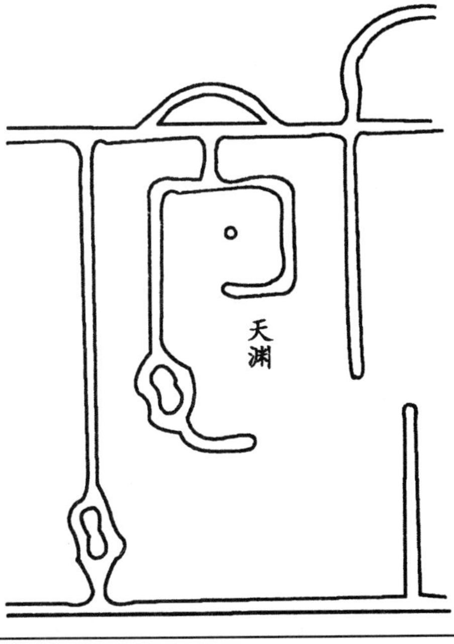

天渊

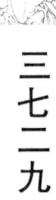

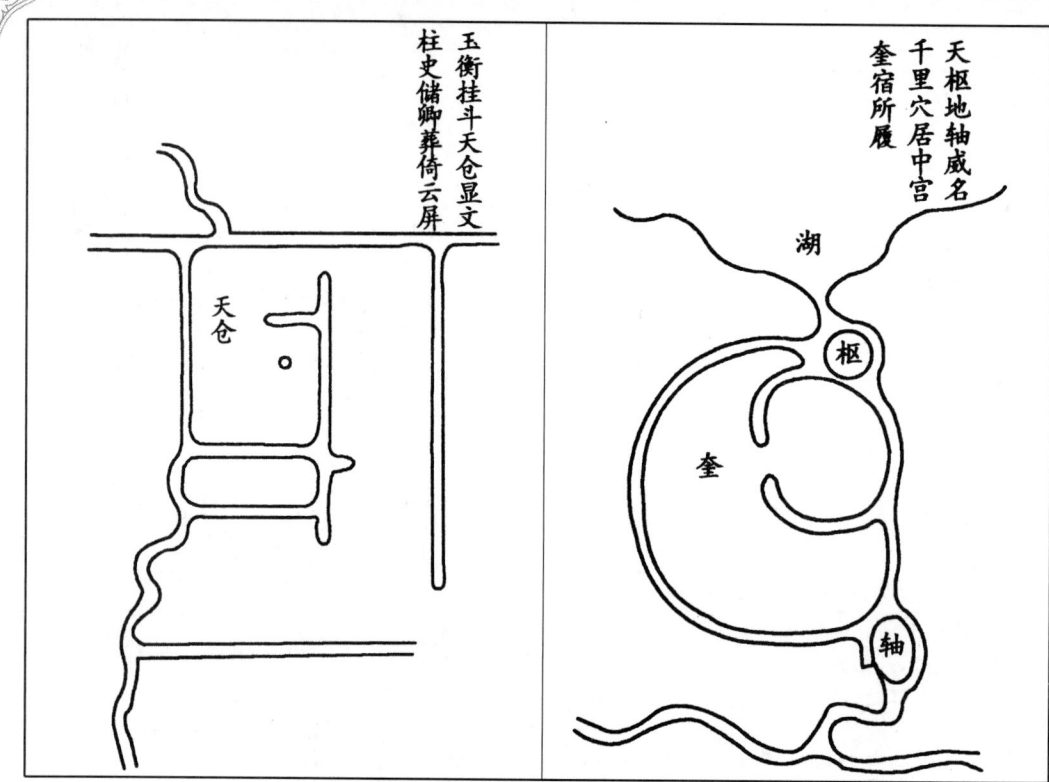

玉衡挂斗天仓显文
柱史储卿葬倚云屏

天仓

天枢地轴咸名
千里穴居中宫
奎宿所履

湖　枢　奎　轴

总论四

天有是生，地有是物，水龙肖之，此与玉髓。真经指物，论龙一例。原本云景纯著，朱赵普订明刘基阅其文不古，似后人之傅会。但篇首山群以山为龙，水群以水为龙。二语为千古创论。又水口交锁织结，虽顺亦吉。局内穿割箭射，纵逆何庸，允哉大识，至图局草尾露珠，双龙戏感入怀，诸格深得水龙微妙，而乱中取聚，则又裁穴真机也。夫喝形点穴于山龙，极论其非，岂水龙反取其说。亦缘世人论平洋、指示形局，专取地之形，而不知水之形。故博搜以破世迷，读者因文节取可尔。山群以山为龙，水群以水为龙。三吴江楚，支浜交流，一圩之地，不过里许。前贤相水认势，葬得真穴，富贵悠久。经云：江淮大地无龙脉，渺渺归何处，东西只把水为龙，葬了出三公。万里无山，其贵在水。浙闽多山之地，一离山脉，亦作水龙。至苏松近海，潮来潮去，来口便是去口，去口便是来口。两头交媾万交精，潮退两分为乳阴。妙处在潭，漩聚精神。百倍生活喜之，元观变化无穷。屈曲

来潮，不论大河小涧。绕流曲抱，无分江海池塘。经云：地道刚柔神变化，众流聚处引元机。小水聚多而愈妙，直流总大不为奇。内直外勾多巧结，内勾外直枉劳心。横过抱身为抱局，对面来朝是迎神。进局入怀，要两边抱应。流来入股，须四畔包藏。前后特秀为华盖，附身交合是金鱼。两来合局乃朝星，二派交流名合脚。六建四边，护卫三阳。当面趋迎，金鱼腰带。抱我弯环，弓局矢虹。当面大抱，上下水朝，号雌雄两感。绕身方正，即华盖幞头裹局。支浜奇特。随手荣华，穿珠垂乳源头。即时富贵，献诰水英雄三。世藏秀局，富贵千秋。叉股无缠而骤发，迎神得秀以绵长。四龙戏珠，大富大贵。四围环抱，悠久无疆。交剑合流生武职，催官磐绕出文臣。左右仙官俱富贵，莲花垂仰定阴阳。势若踢毬须得趣，形如飞凤翼宜长。仙掌抚琴甲第，卷帘殿试魏科。一水曲小盘蛇局，两浜正抱是开弓。美女献羞生秀气，排衙形局出官僚。太极二源真秀气，蜈蚣百足产英雄。虾局而雄豪，金城贵而悠久。高朝局久，则出姓幡花形，一发便休。草露珠垂，取尾露薄，则出姓绝嗣。顺风船在居中，船大则荣华富贵。顺水卷帘而入赘，舞旗脚转始堪裁。风吹罗带发福迟而绵长。伏荫金鱼，先富饶而后贵。插花垂带，衣食从容。进局入怀，享福悠久。金钩宜转脚，朝元要水多。裹局阔大而不巧，交牙紧夹而有情。四字局，有吉凶。鞋城格，分真伪。盘龙局势盘中取，虹食采霞聚处寻。擎伞水，扦垂尾，龟纹局，取中寻。双龙戏感合阴阳。一水垂丝钩里取。四水归朝防散乱。聚当旺局乘风。砂水相观真妙局，回龙顾祖巧形模。排衙裹局，生蛇朝聚。蛛丝蓁布，聚处安排。重抱盘旋，水多愈妙。中军垂乳有外抱，财禄荣昌。日土聚堂得秀朝，累科贵显。四势不流元气聚，弯弓一抱福天然。横官龙形生贵，借合穿龙发财。出水莲巧而生秀，流带局活动为荣。莲花局聚，紧小垂节，势欲枝多生蕊，灵芝蕊多为妙。丘原转结，众聚最奇。来长去短福无疆，射胁穿心凶立至。大抵来宜屈曲，去宜之元。急流易与兴败，凝静福寿延长。水口交锁织结，虽顺亦吉。局内穿割箭射，纵逆何为。

六建

出神童状元宰相

天建　人建　财建

地建

富建　禄建

迎神水

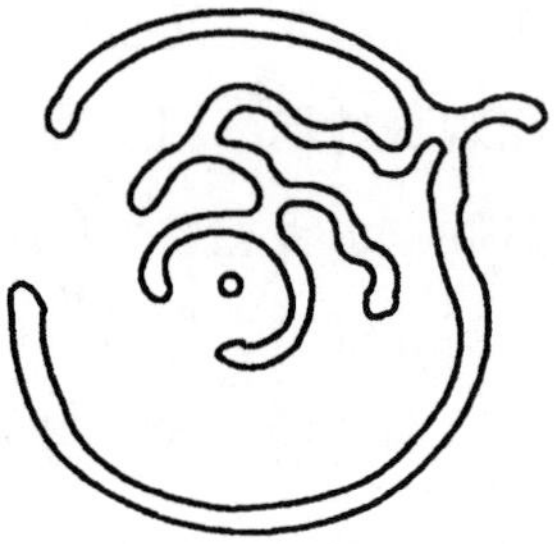

出神童状元

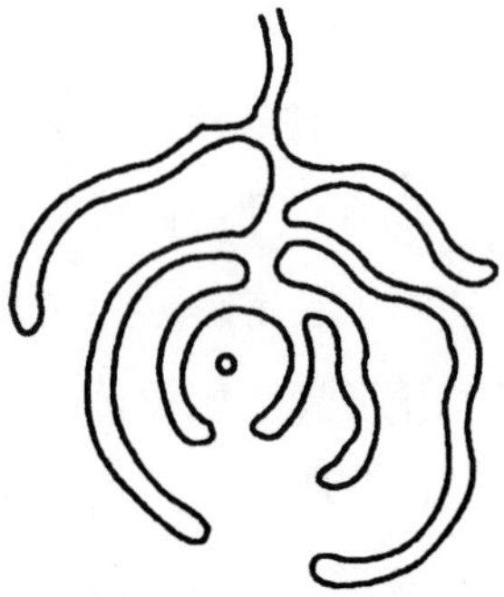

金鱼腰带

俱富贵

无支流
细水虽
发不久

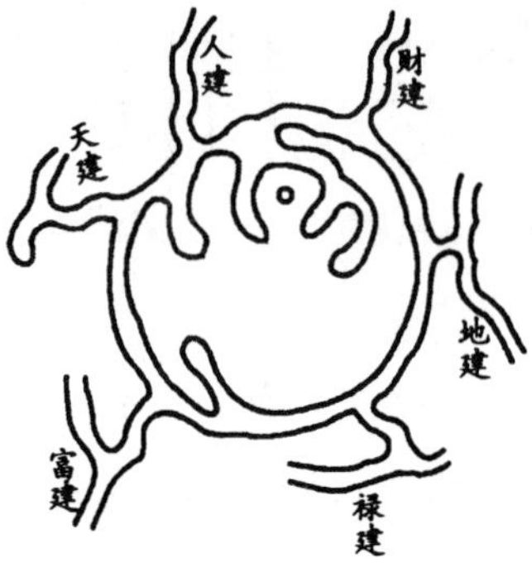

弓局

入怀

外抱

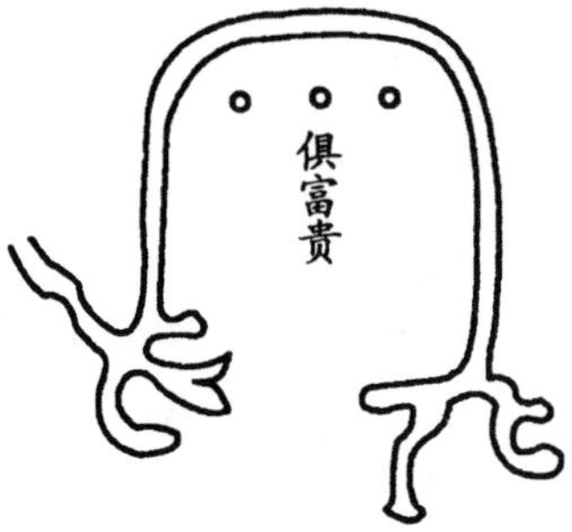

牝牡华盖

出文武全才

乱中取聚

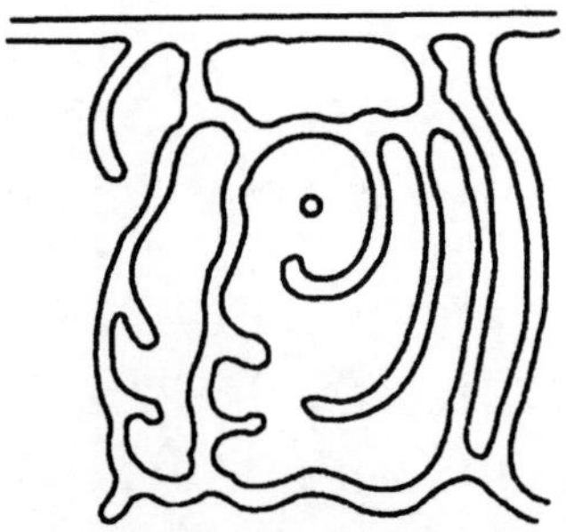

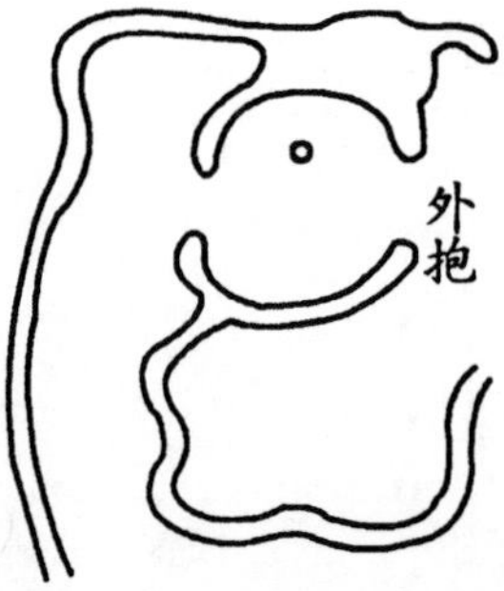

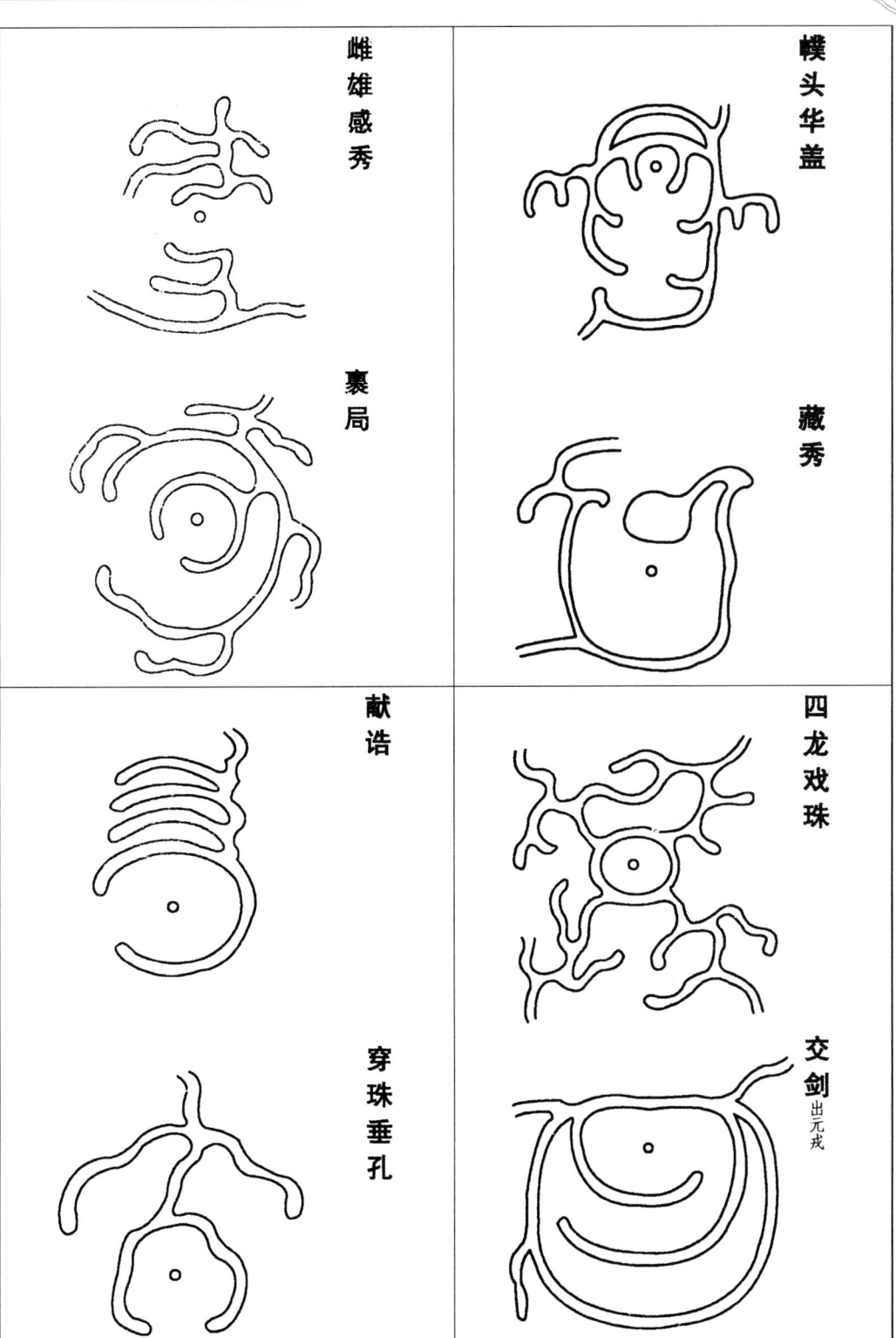

雌雄感秀

幞头华盖

裹局

藏秀

献诰

四龙戏珠

穿珠垂孔

交剑
出元戎

钦定古今图书集成

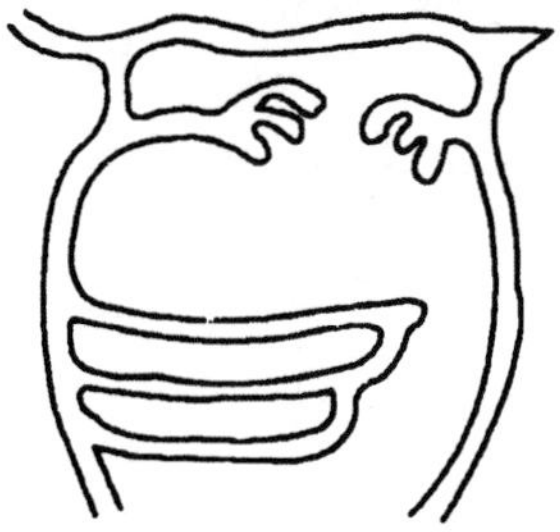

精华本

堪舆篇

催官水

仙掌抚琴

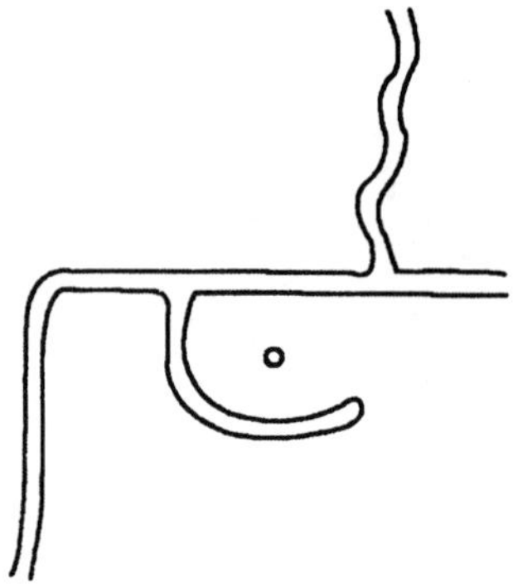

踢毬

左仙宫　右仙宫

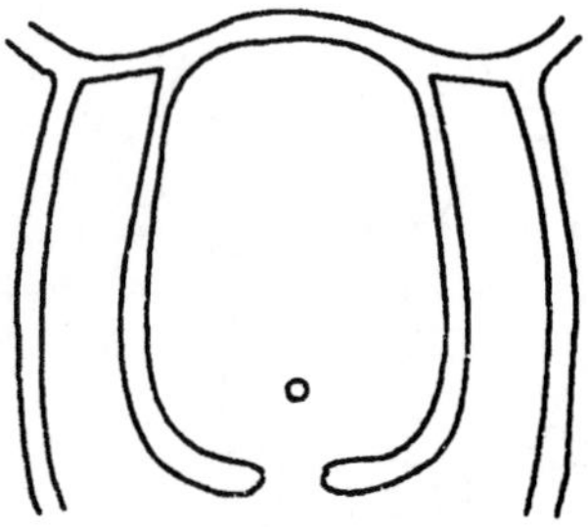

飞凤

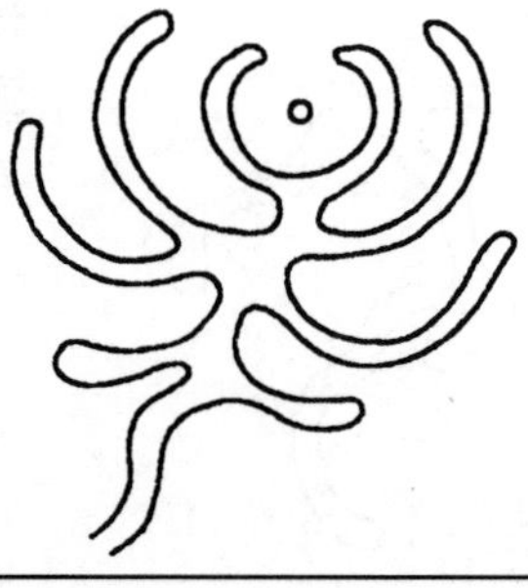

垂莲

开弓

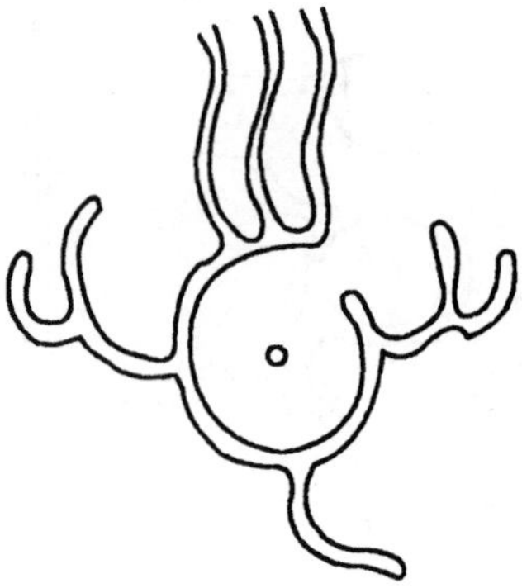

仰莲

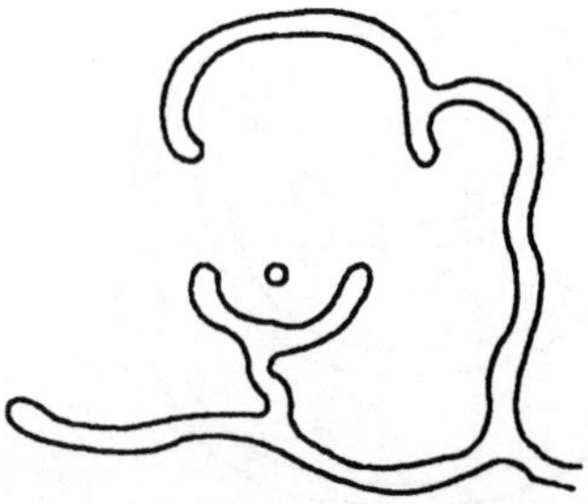

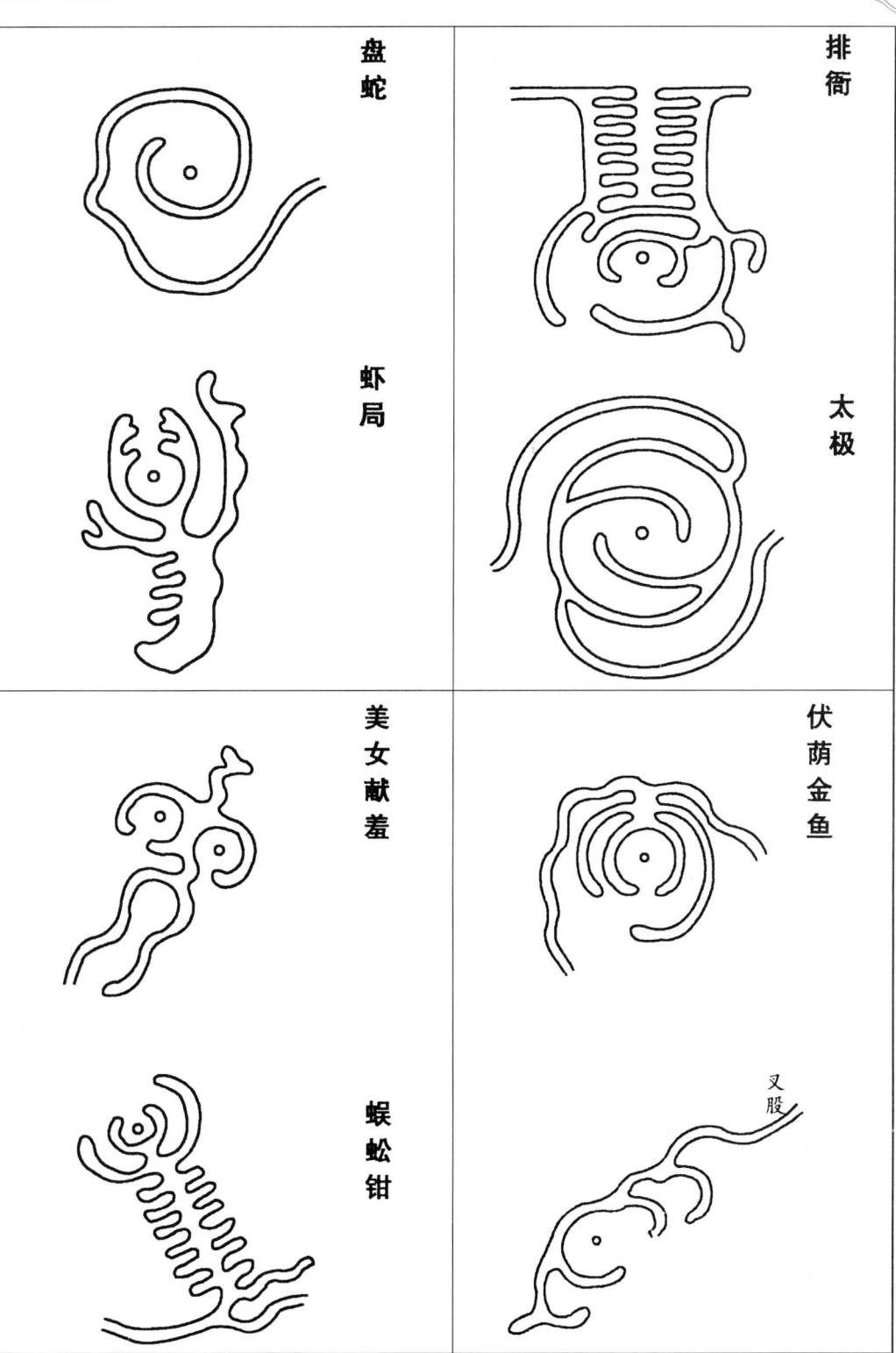

盘蛇

排衙

太极

虾局

美女献羞

伏荫金鱼

蜈蚣钳

叉股

双龙戏感

流带

插花

风吹罗带

金钩

进局抱怀

双钩

草尾垂露

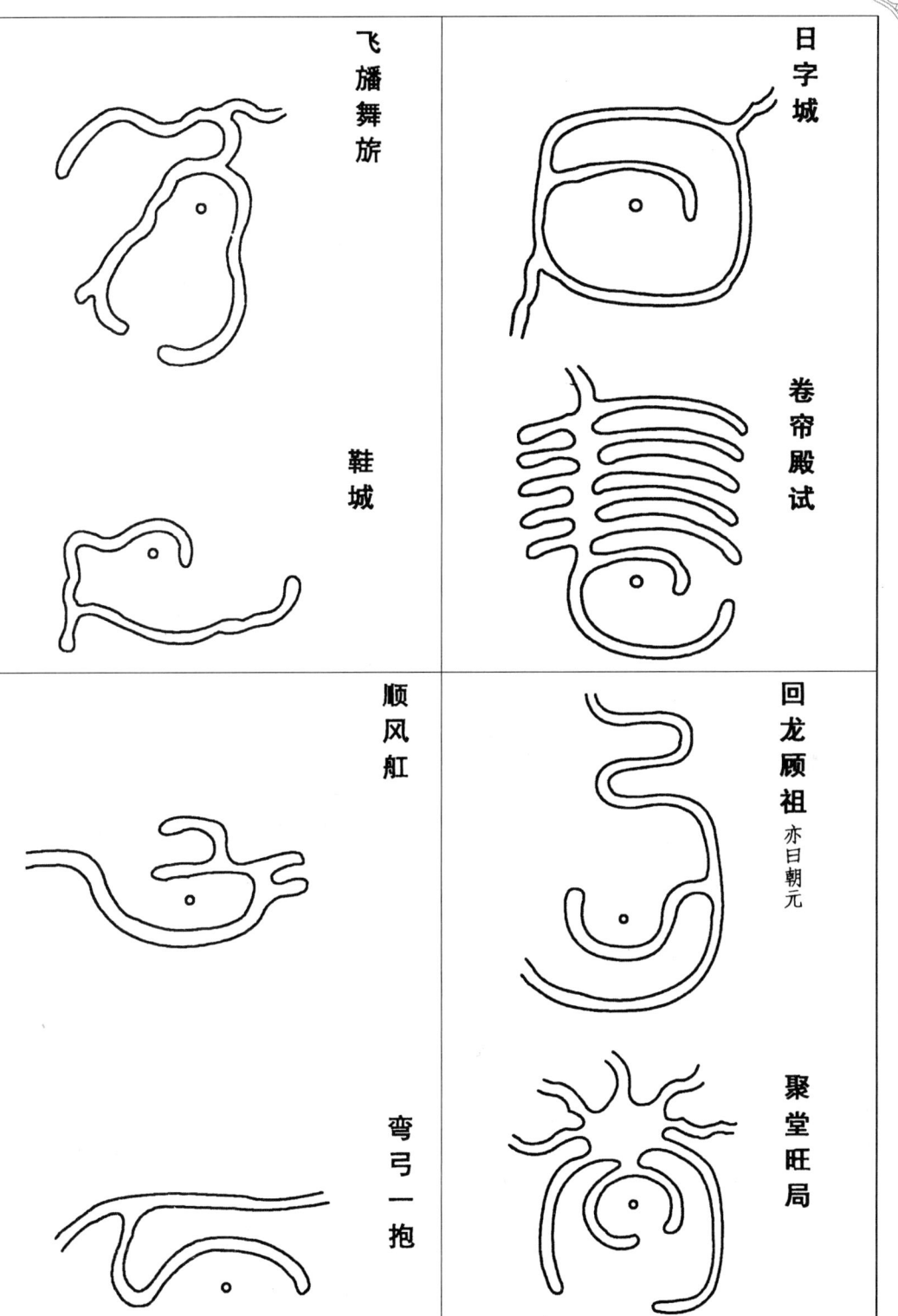

日字城

卷帘殿试

回龙顾祖
亦曰朝元

聚堂旺局

飞旛舞旂

鞋城

顺风舡

弯弓一抱

虹食采霞

擎伞

横富龙

盘龙

旛花

朝元

第二十四章　堪舆汇考二十四

《水龙经》四

总论五

　　俗以高山龙法，与平地同论。论遂使安坟立宅，尽失其宜。余得无极真传，洞悉高山、平洋阴阳二宅秘旨，藏水龙一书，未敢轻泄。庚子春，偕余子晓宗过同郡邹子。客示以水龙一卷，与余书大同小异，因叹幕讲文，成三百年绝学。于此略存梗概，但未识三元九宫秘要。又所见成迹，皆中元格局，其论列方隅，体势尚多偏曲，稍为删正，与第二卷互相参考云。

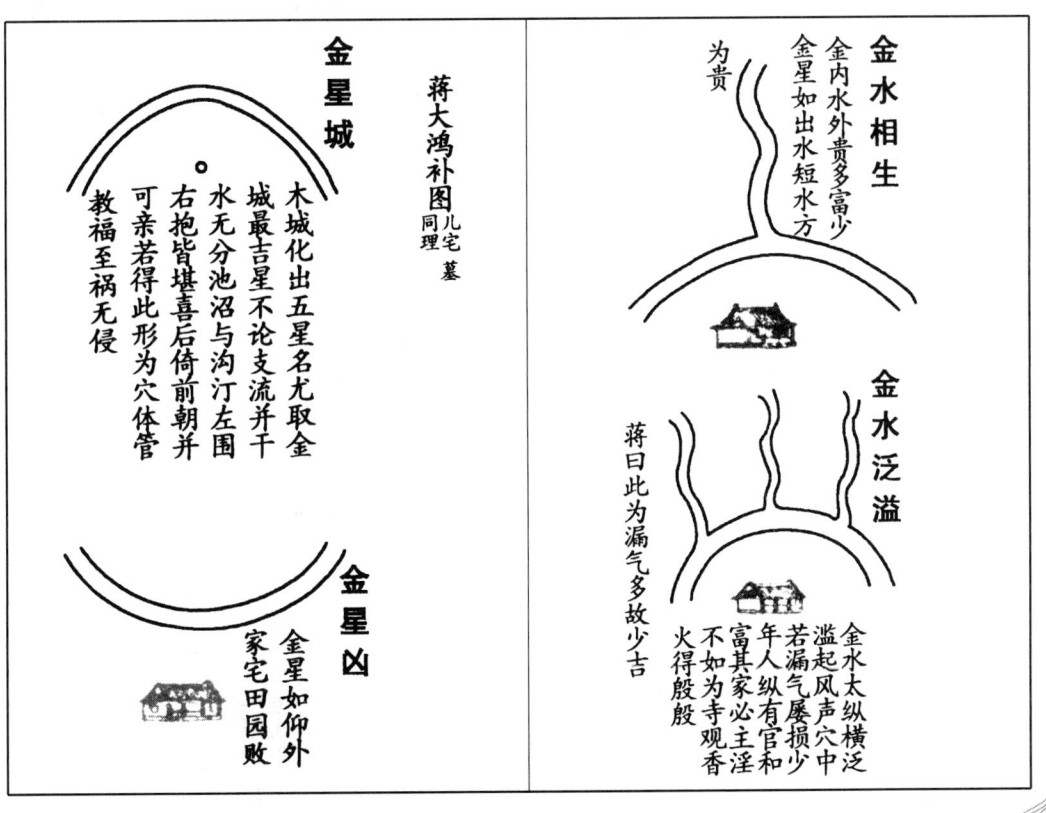

　　金星城

　　蒋大鸿补图　儿宅墓同理

　　木城化出五星名尤取金城最吉星不论支流并干水无分池沼与沟汀左围右抱皆堪喜后倚前朝并可亲若得此形为穴体管教福至祸无侵

　　金星凶

　　金星如仰外家宅田园败

　　金水相生

　　金内水外贵多富少金星如出水短水方为贵

　　金水泛溢

　　蒋曰此为漏气多故少吉

　　金水太纵横泛溢起风声穴中若漏气屡损少年人纵有官和富其家必主淫不如为寺观香火得殷殷

重金

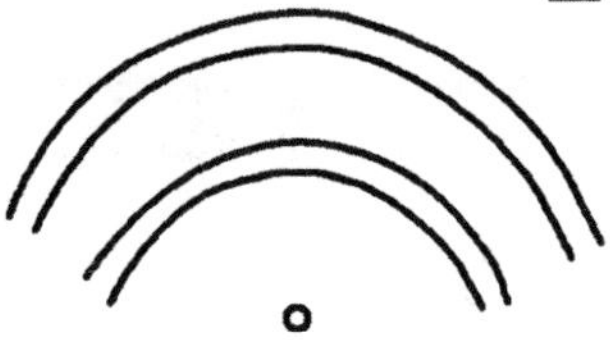

金星一抱巳堪夸若更重
重福禄奢近身贴体方为
贵运照之
时气脉馀

又

三金如品列家计
常添入外水似反
弓吉中未免凶

水撞金城

城垣之外水
来冲纵然
秀丽也为凶
左冲绝长右绝少
中心
仲子不留踪户户
房房皆遭害
忤逆淫邪
刑狱中

火克金城

火直冲金城火盗
与军刑　金星如
火焰家散人丁灭

水内木外　发中有败

水星如出木家计意须
足偏或木头长也
出少年亡

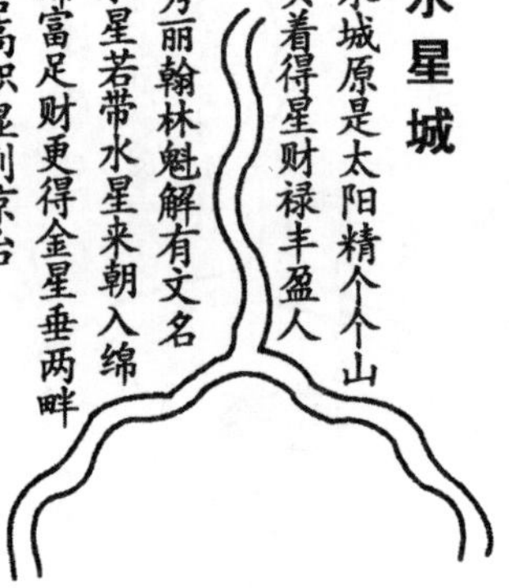

水木交流

水星硬木两交流一房
兴旺一房愁

水星城

水城原是太阳精个个山
头着得星财禄丰盈人
秀丽翰林魁解有文名
水星若带水星来朝入绵
绵富足财更得金星垂两畔
官高职显列京台

文星

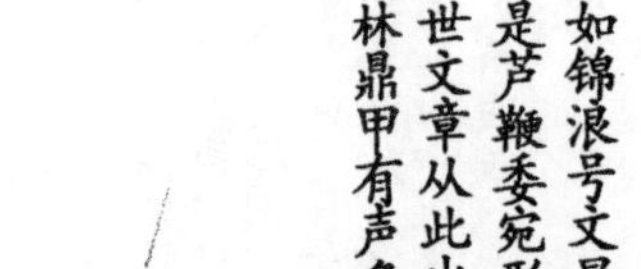

水如锦浪号文星
即是芦鞭委宛形
益世文章从此出
翰林鼎甲有声名

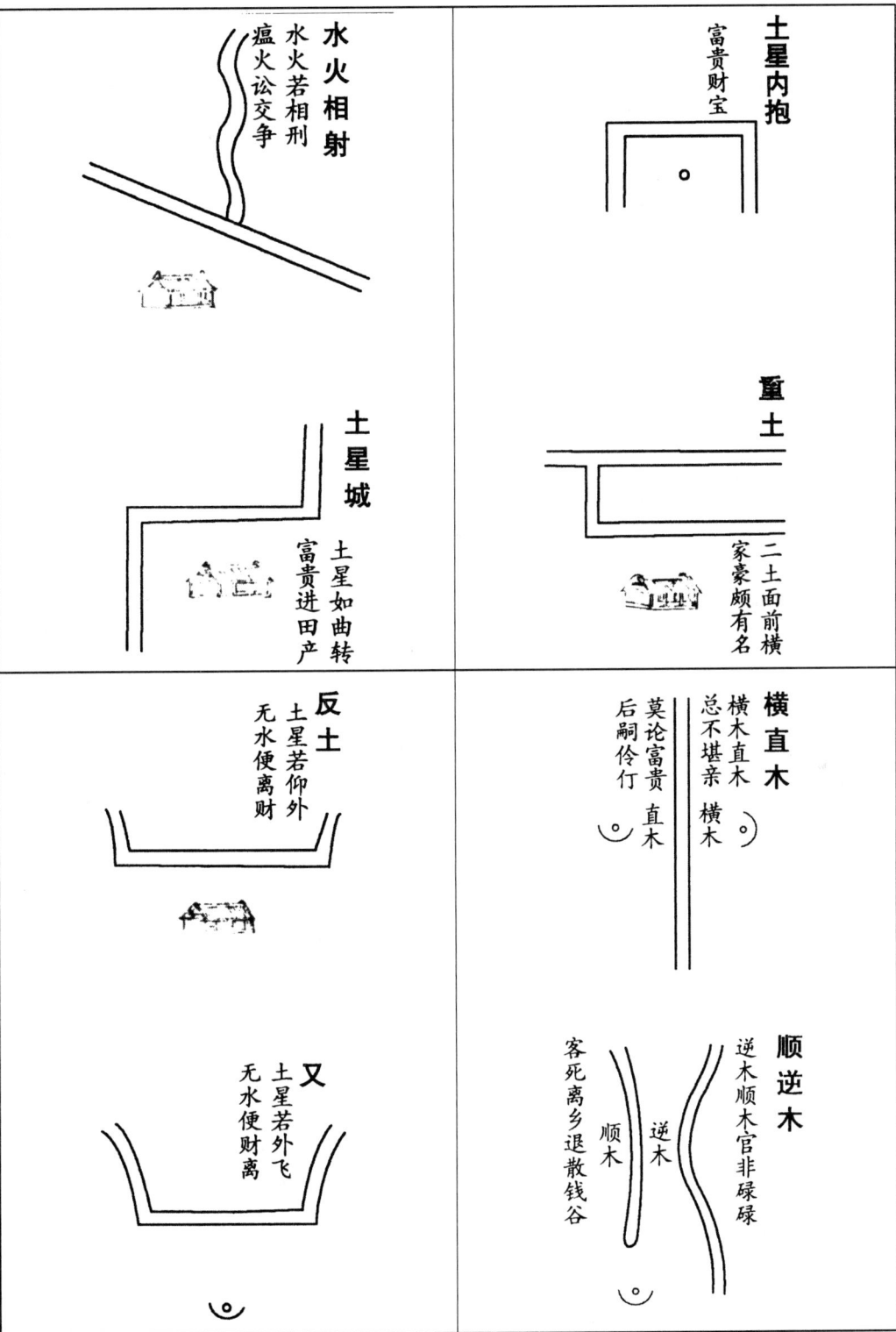

土星内抱

富贵财宝

重土

二土面前横　家豪颇有名

水火相射

水火若相刑　瘟火讼交争

土星城

土星如曲转　富贵进田产

横直木

横木直木　总不堪亲　横木　莫论富贵　直木　后嗣伶仃

顺逆木

逆木顺木官非碌碌　客死离乡退散钱谷　逆木　顺木

反土

土星若仰外　无水便离财

又

土星若外飞　无水便财离

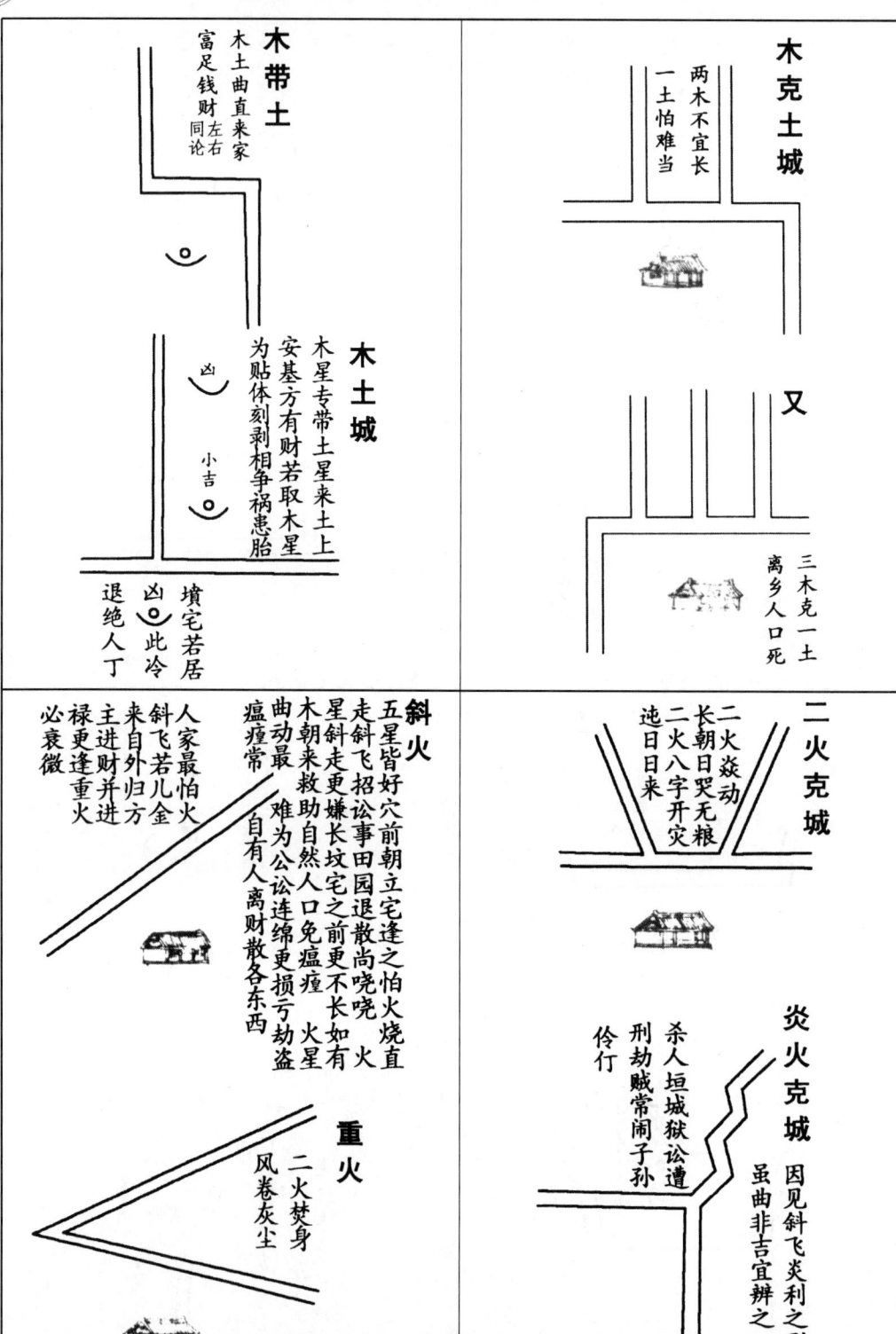

木克土城
两木不宜长
一土怕难当

又
三木克一土
离乡人口死

木带土
木土曲直来家
富足钱财 左右
同论

木土城
木星专带土星来土上
安基方有财若取木星
为贴体刻剥相争祸患胎

墙宅若居
凶 此冷
退绝人丁

凶
小吉

二火克城
二火焱动
长朝日哭无粮
二火八字开灾
迟日日来

炎火克城
因见斜飞炎利之形
虽曲非吉宜辨之

杀人垣城狱讼遭
刑劫贼常闹子孙
伶仃

斜火
五星皆好穴前朝立宅逢之怕火烧直
走斜飞招讼事田园退散尚哓哓
星斜走更嫌长坟宅之前更不长如有
木朝来救助自然人口免瘟疫火星
曲动最难为公讼连绵更损亏劫盗
瘟瘟常
自有人离财散各东西

人家最怕火
斜飞若儿金
来自外归方
主进财并进
禄更逢重火
必衰微

重火
二火焚身
风卷灰尘

抱水城

龙神湾抱过门
前富且贵足田园

又

白虎湾抱屋前富贵出高官
龙神抱体足堪夸富贵远京华

又名转角水

火城

焰动之城不可轻水流虽
小讼还兴若然城邑通流
水六十年中起甲兵

此本水星因斜
飞即作火论

后抱水

水法几千章
无如后抱良
回头看偃月
富贵定悠长
发福定悠长
定是水缠元武

重抱水

两重龙来抱屋前家富
及人安若然两抱居穴
后立见家丰厚　代代
儿孙衣锦回青琐及乌台

前抱水

束带水缠身
家中好积金
若然为冢墓
久后可成名

坟宅前有此
水湾大吉

兜抱水

屋前屋后有池
兜富且贵永无忧

旺财谷

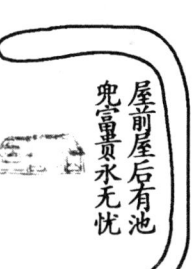

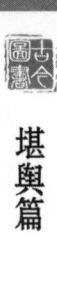

曲水抱城

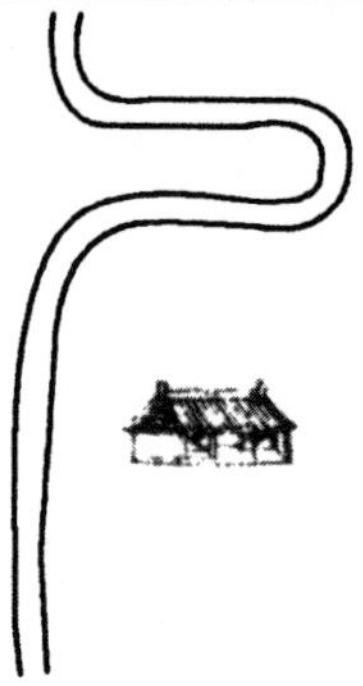

青龙头水方抱身家富出官荣

金水大抱

一重路包一
重城金水重
重大抱
形更得
四旁无
别犯荣华累代
有声名

偏旁微抱

白虎长河带里
兜家乐任君求

八国城门

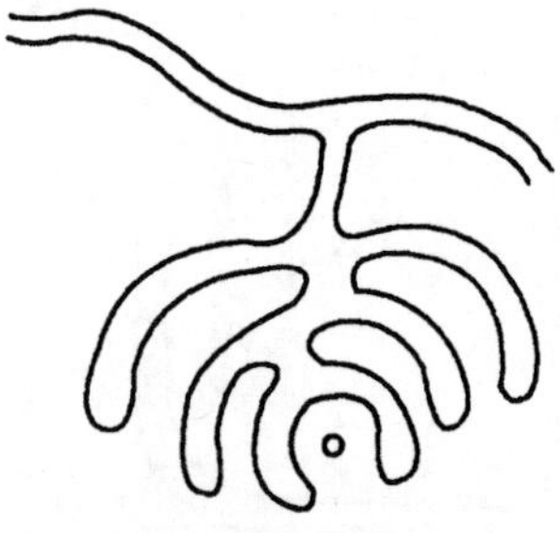

八国周环不动风
五音下着福重重

抱气水 左右同 主富贵

官足智谋
兜定主为
前后有池
府州两边
两边前后似金勾后嗣为官掌
支水交抱气脉钟墓宅定丰隆

妙在后
湾不然
无气

重抱水

虎水两重抱宅坟家富足金银

远抱水

水绕青龙身长子足精神
各房皆吉

抱身水

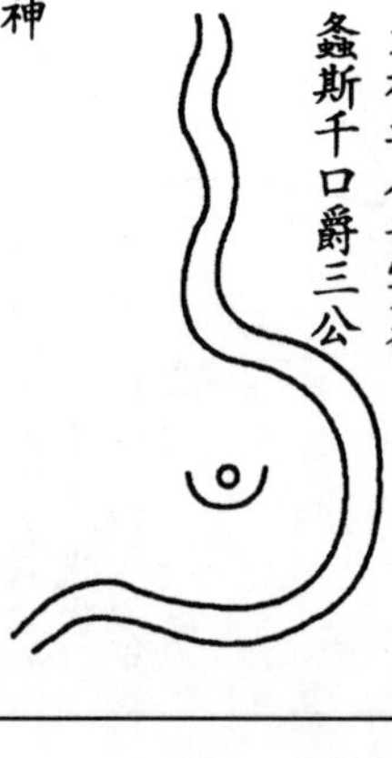

绕身一水最难逢更喜来朝屈曲中
大福之人安宅墓
螽斯千口爵三公

钳水地 出文武双全之人

水口若窝钳官高
且
有
钱
以水抱
而吉
非以
高地

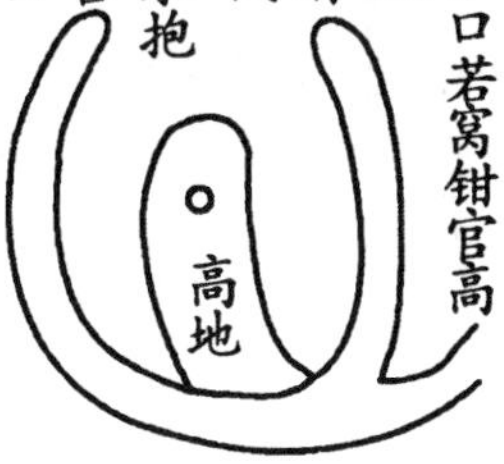

○高地

荫腮水 一水两分回其名为荫腮

两腮皆可穴居中是漏胎

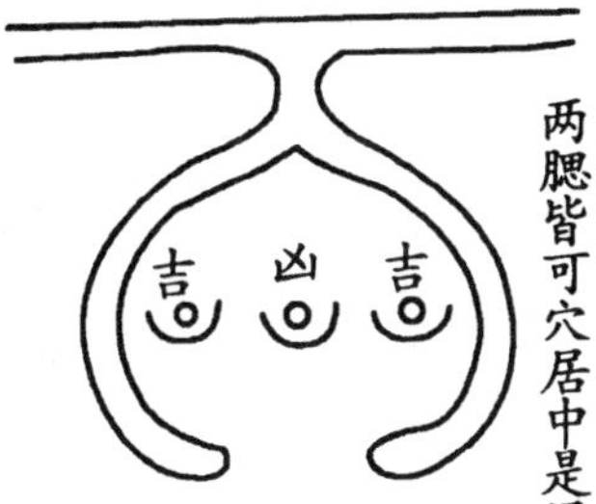

吉 凶 吉

裹头城

裹头城里莫安坟劫却东西
襄动瘟纵使真龙发福处到
头终是绝儿
孙

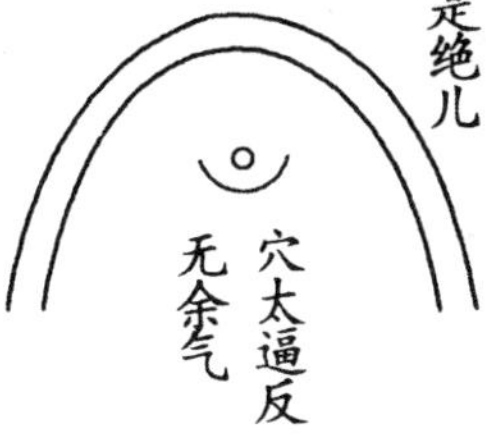

穴太逼反
无余气

钳水 亦名两木合

两水合成钳无官且有钱

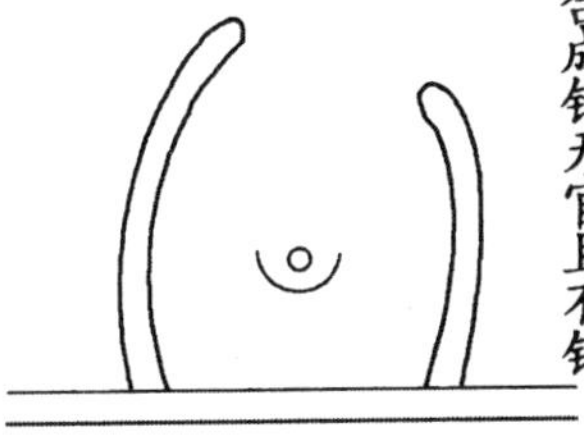

又

金钩左抱形
家富足人丁

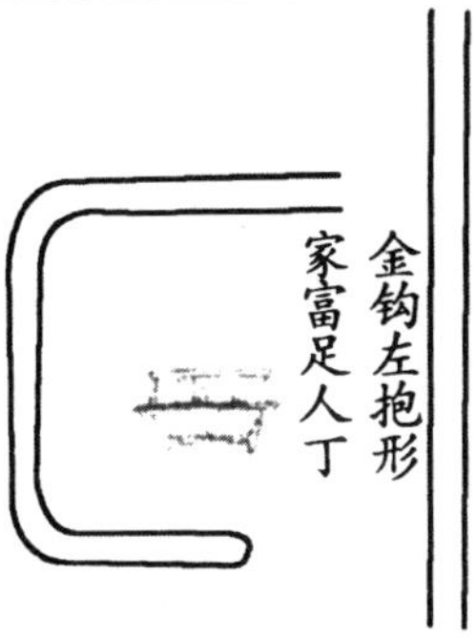

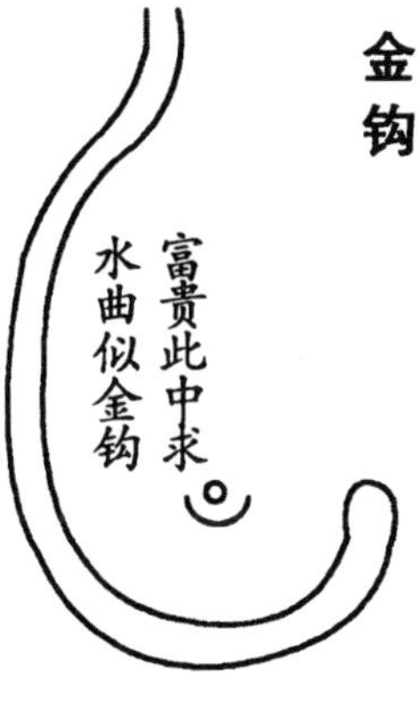

又

水来屈曲
似金钩富
贵乐优悠

金钩

富贵此中求
水曲似金钩

又

金钩左转抱身
来家富足
钱财若是
地形能阔
大端的位三台

乙字水

乙字之水入怀流
也是回头龙脉收
穴若有情真得气
其家富贵不须忧

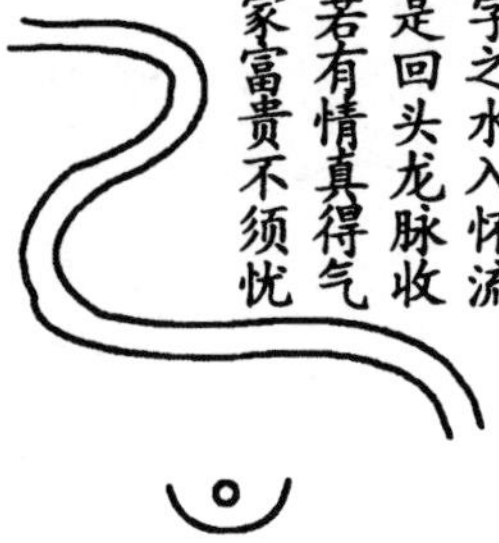

之元水

之元抱身出大贵

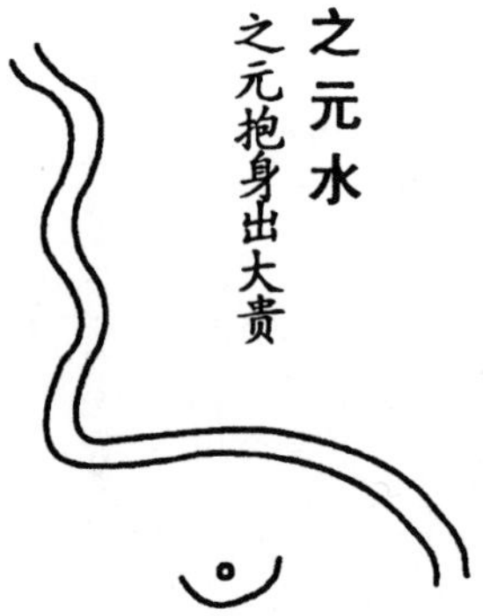

勾心水

水尾勾来尖射火
此地作凶说

此勾冲在明堂中
心便为射破若兜
过堂前勾在左手
反为大吉

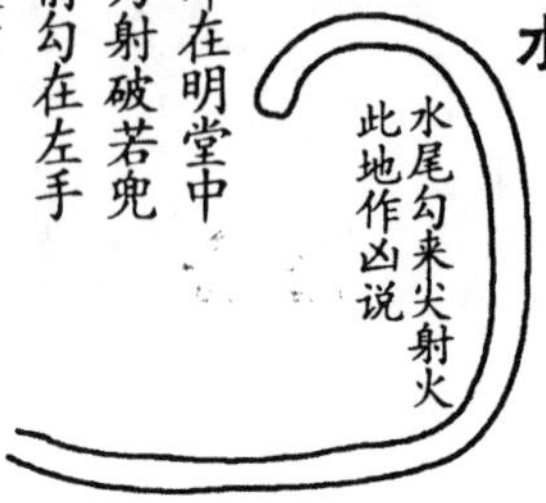

反勾水

反勾水格名背城
出人拗性并狂心
更兼手足招风疾
家业飘摇公讼兴

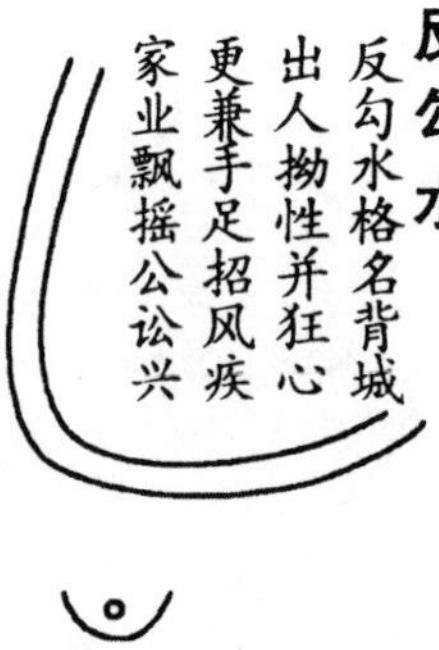

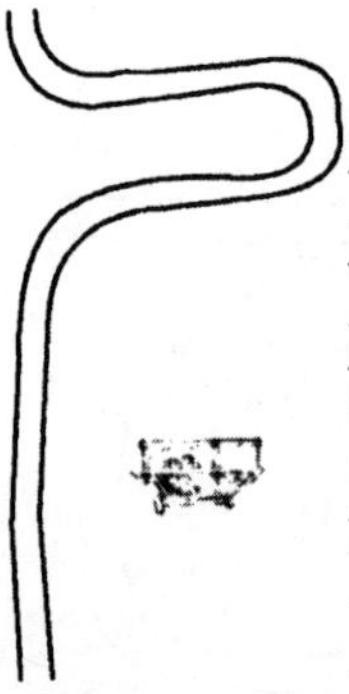

又

之元之水是真龙来
去皆能产巨
公水若抱身
钟大贵偶然
不抱也兴隆

曲水城 即飞电城

龙神湾湾屈曲来
若是曲多深且阔
金明水秀盛文章
日日进钱财
门前车马咽
翰苑姓名扬

曲水转抱 一名缠龙

金水之格如瓜藤
文秀实奇能更若
回还成大局家世
多横玉水星环抱
定主秀丽文章

折水

水行一折一龙居
更加三折龙神旺
二折两龙栖
身在青云上

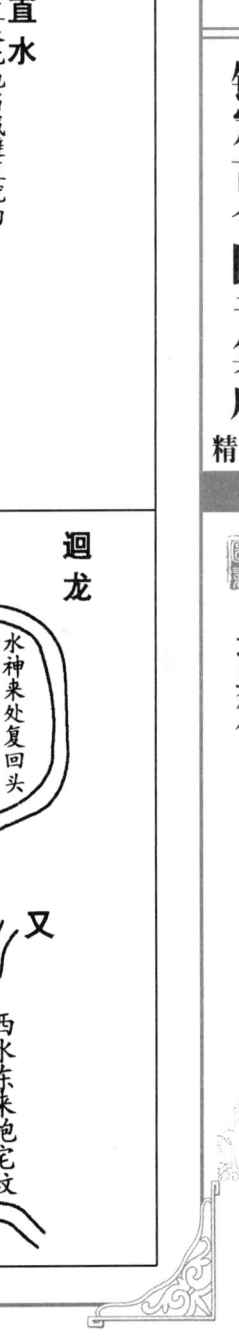

曲直水

曲从直来此地当裁避直就曲
金玉成堆避曲就直一败成灰

坟前有水直冲穴
凶　吉
下后儿孙绝

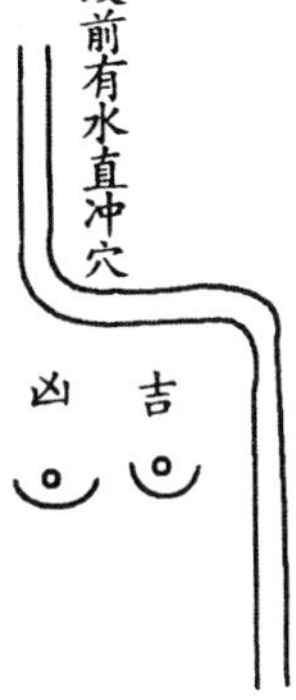

三折水

惊翔凤舞曲来朝九曲当
心气势豪纵少案砂拥水
口定然荣业姓名高
一般当面冲来直
者为凶曲者为吉

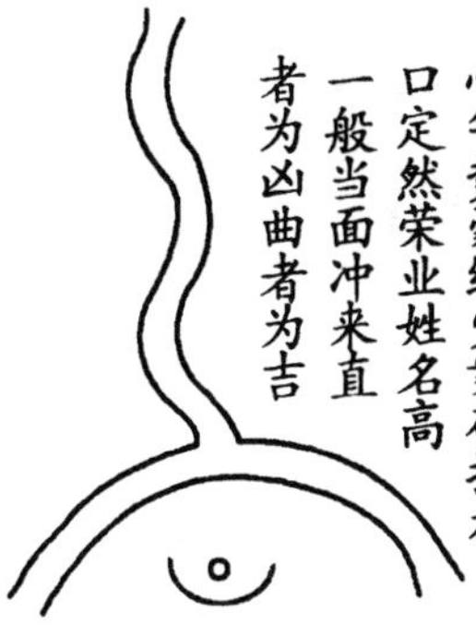

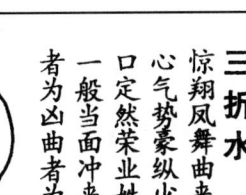

曲水反去

曲来转去抱他家反上安
坟穴便差纵得秀龙堪一
发若逢退运祸交加

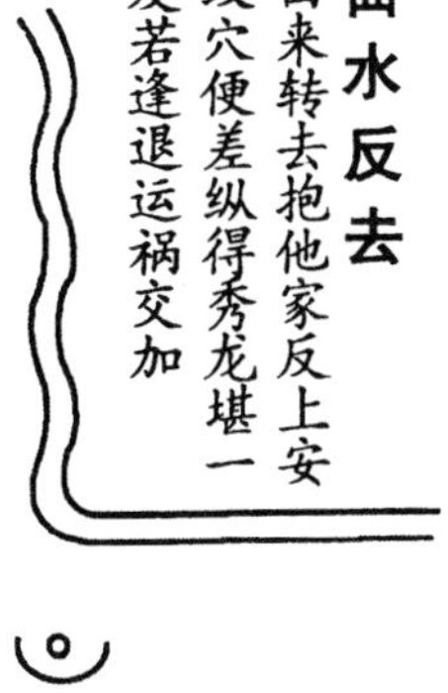

迴龙

水神来处复回头
回龙气脉收
腹里包藏无渗漏
发福一水无休

凡水从东南来过西抱家宅还向
东北而去累代富贵卿相不绝

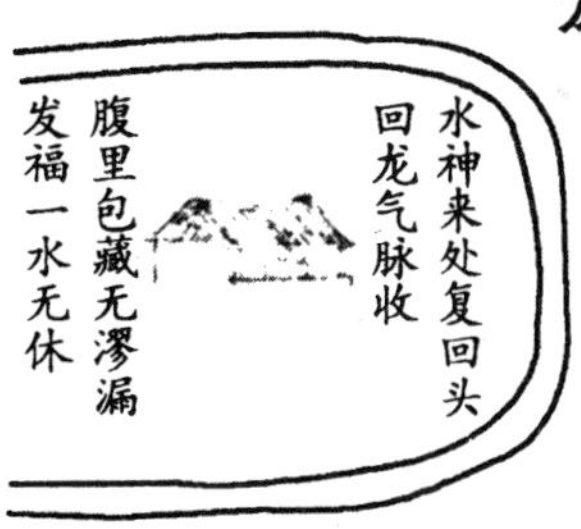

又

西水东来抱宅坟
儿孙富贵显家门

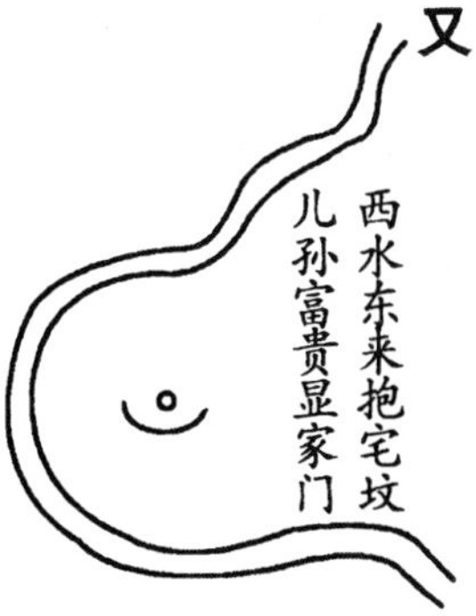

龙腹

家住曲中号龙腹富贵食天禄

龙背

家住曲外名龙背
贫穷绝嗣多乖戾

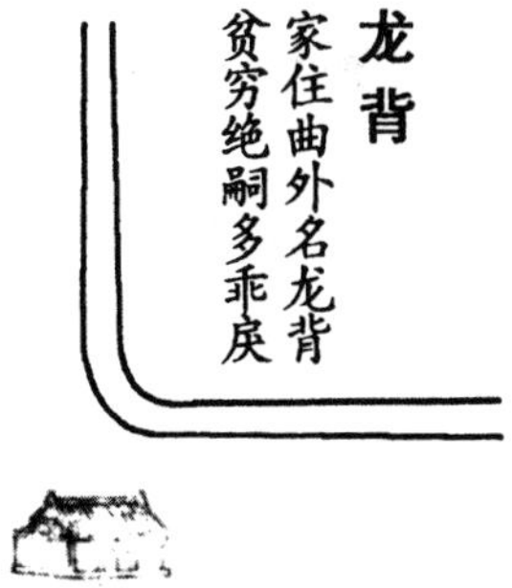

双龙交首

一龙之水两头
交化作双龙穴
在腰王侯从此
出列土并分茅

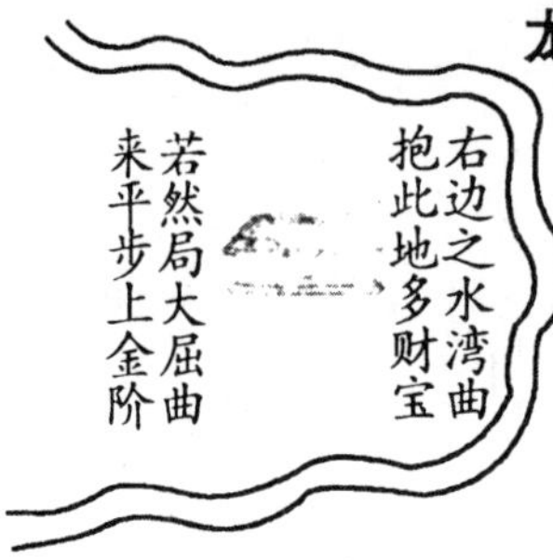

缠龙

右边之水湾曲
抱此地多财宝
若然局大屈曲
来平步上金阶

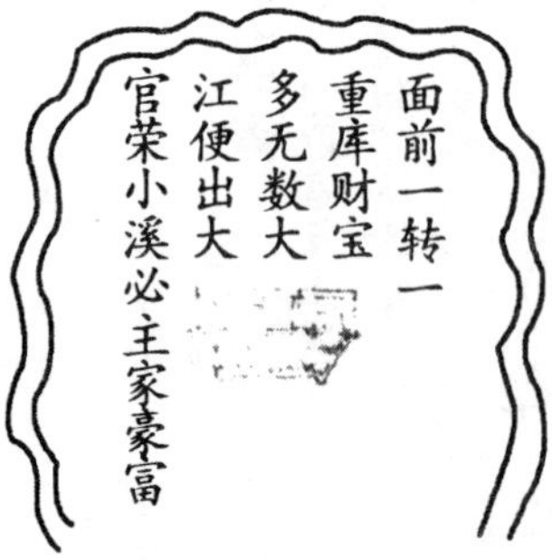

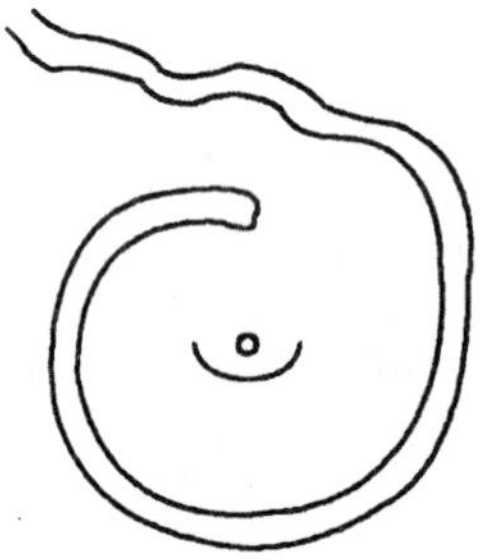

盘龙

螺旋之水是盘龙穴坐天心元
炁钟荣华名世代伊吕亮天工

瓜滕水

面前一转一
重库财宝
多无数大
江便出大
官荣小溪必主家豪富

双飞龙朝天

水似双龙两道交　水生来格最奇穴若
弟兄同榜并同朝　得宜爽　气合官居极

品福无涯

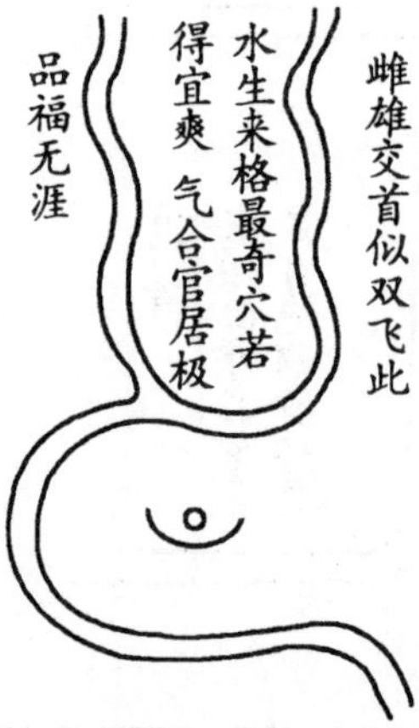

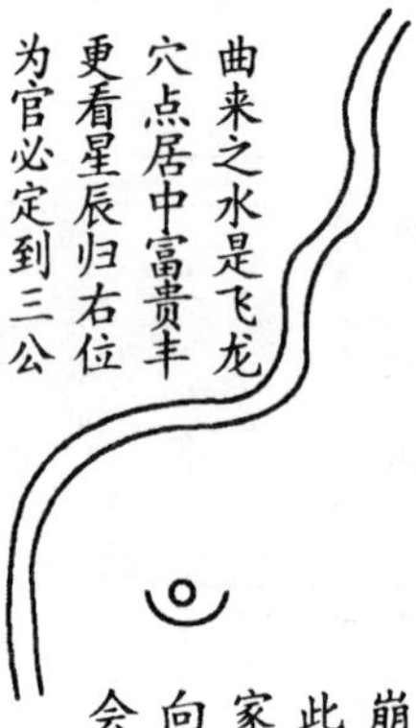

雌雄龙

雌雄交首似双飞此

左飞龙　右同

曲来之水是飞龙
穴点居中富贵丰
更看星辰归右位
为官必定到三公

飞电城

飞电之城最先发惟怕
崩冲并水割若然到
此向门前富贵之
家还激括斜水
向门流子孙
会作偷

虽然曲水也怕斜流
更兼穴假万事全休

舞凤

群流飞舞入垣城凤舞惊翔羽翮轻
更得穴中真气结不为仙客也公卿

又

朱雀势萦回蟠
龙屈曲来儿孙
登甲
第清
显列三台

覆钟

来水湾湾若覆钟堆金
积玉富弥丰
子孙金榜贵
声名达九重

幞头

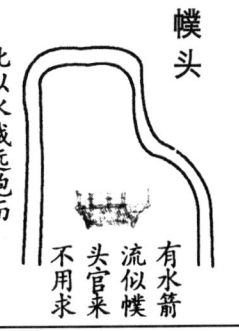

此以水城远抱而
发不重在幞头形

有水箭
流似幞
头官来
不用求

子母龙

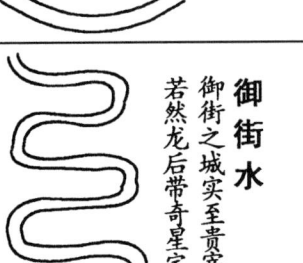

母龙蜒蜿作金汤有子成胎腹内藏
若此胎元多孕育祖孙父子坐朝堂

又

母龙抱子二水相交
祖孙继业父子同朝

御街水

御街之城实至贵宰相三公在高位
若然龙后带奇星定主圣朝天子气

又

二水二重龙
如带复如弓
为官家富足
清职显门风

砂水合秀

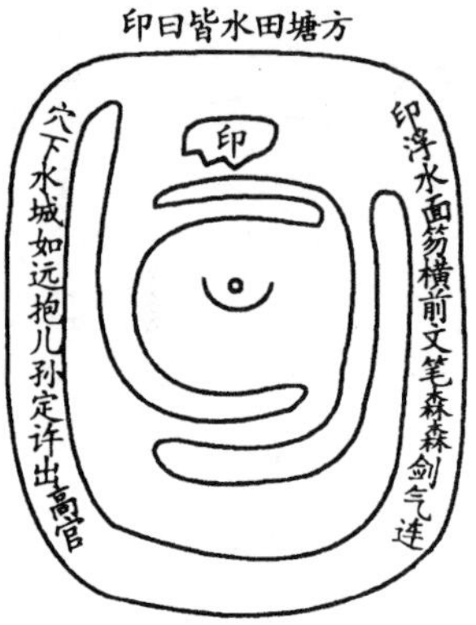

印日皆水田塘方

印浮水面勿横剋又笔森森剑气连

穴下水城如远抱儿孙定许出高官

印

山水远秀

秀峰罗列在云端

龙空有山必得具胎

若是无来荫养群峰齐应出高官

玉几

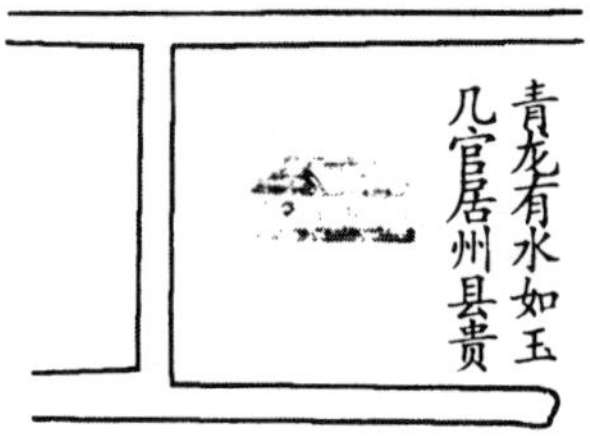

青龙有水如玉

几官居州县贵

聚水龙

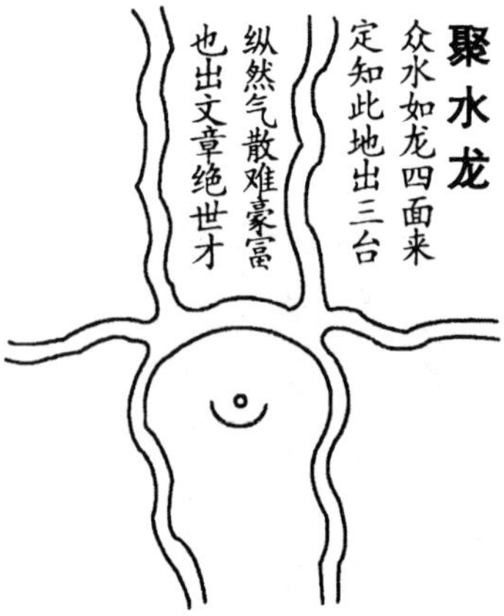

众水如龙四面来

定知此地出三台

纵然气散难豪富

也出文章绝世才

池湖脉

前有池湖汪洋巨浸者立

穴稍远大

吉若坟宅太近前难

池前须贴近

为子嗣

富贾亦须

代代换妻以无余气故也

又

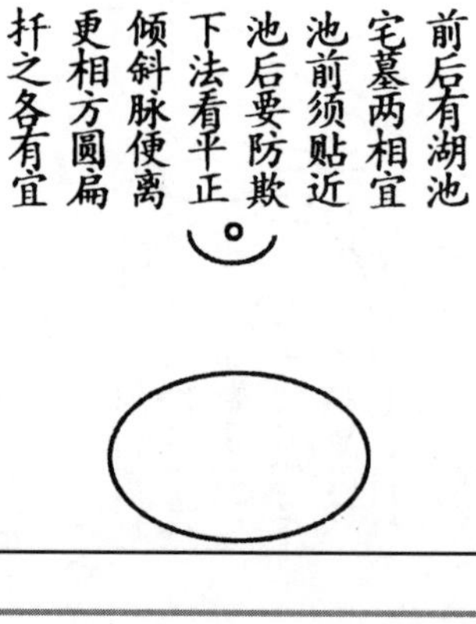

前后有湖池

宅墓两相宜

池前须贴近

池后要防欺

下法看平正

倾斜脉便离

更相方圆扁

扦之各有宜

斜水侵山

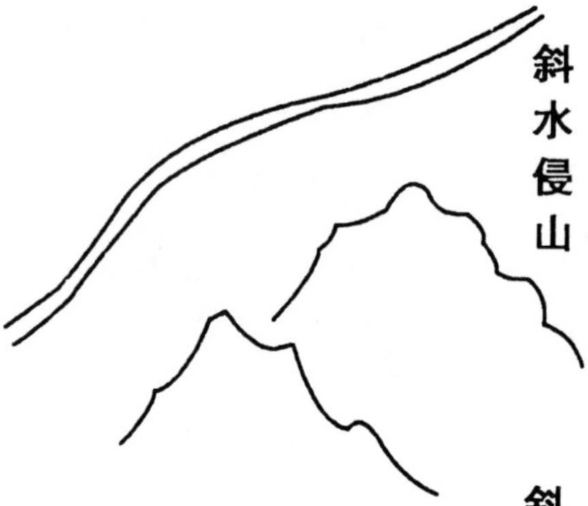

斜水冲山

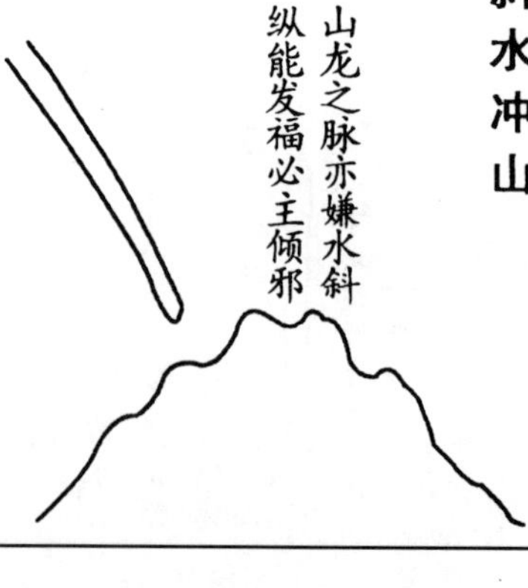

山龙之脉亦嫌水斜

纵能发福必主倾邪

凡坟宅在池水之偏旁者主有兵死客死四

隅方位同论　污池若坐偏气脉不周全子

孙多不孝刑中更相牵　凡池水在家后偏

斜主子孙不孝及狱死　坑坎龙不十分吉

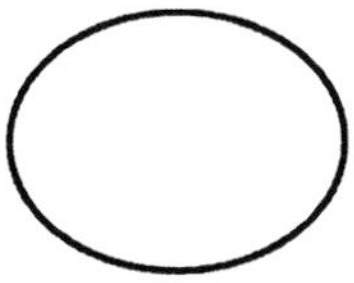

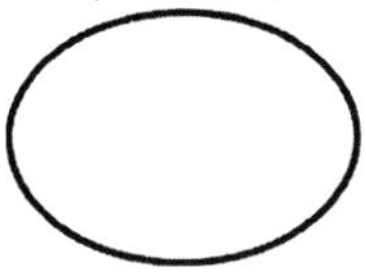

又

明堂积水圆鉴夸论

出人秀丽

男女双清

方池积水
出官人

鉴

印

又

此应桥在衰败之方阳宅

以浮气为重故

全不吉若在旺

方不吉不可

以龙虎主吉凶

阴宅桥轻

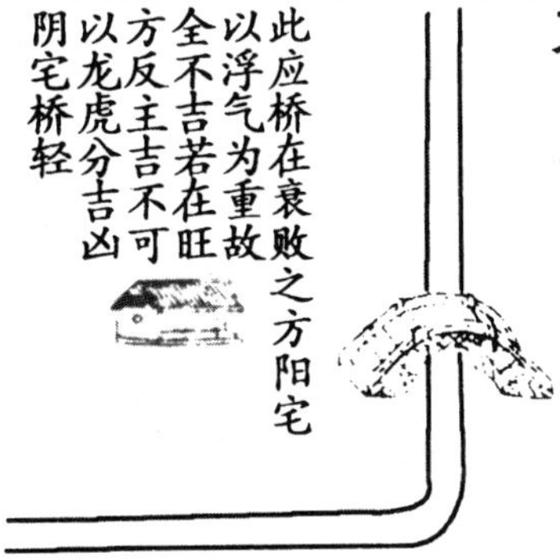

井泉

凡近家有井主有患

心腹及病目人并不

分偏左偏右前后若

太近家侧难为子孙

桥梁

当门桥来直冲着此为大凶恶　不宜坟

宅主瘟病孤寡人口死亡　桥在衰败之

方则然若在旺方反能招

福不嫌朱雀

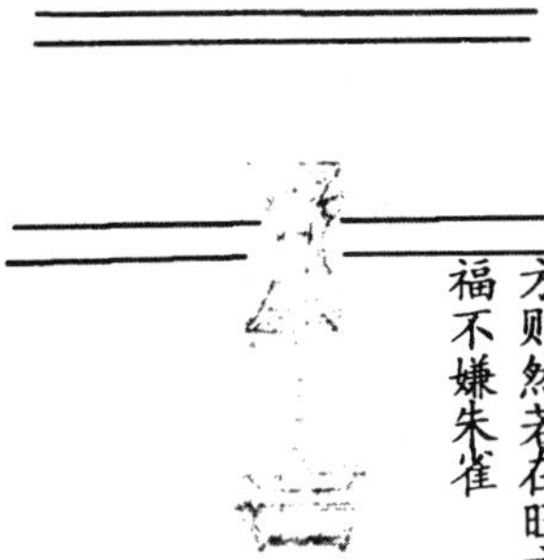

又

青龙之上有桥横锁水

任君安　然应论方位

合元不可但拘青龙

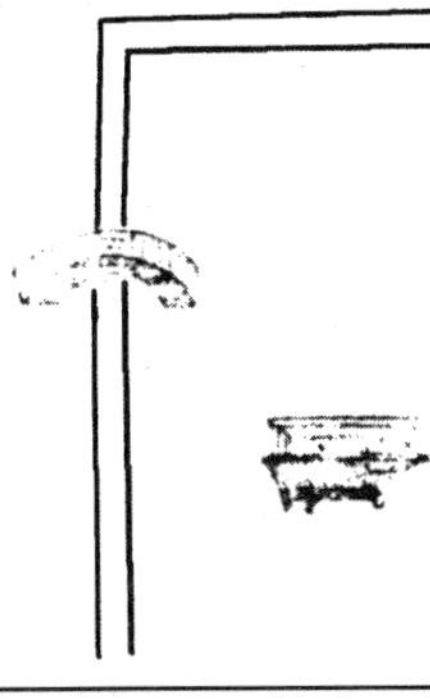

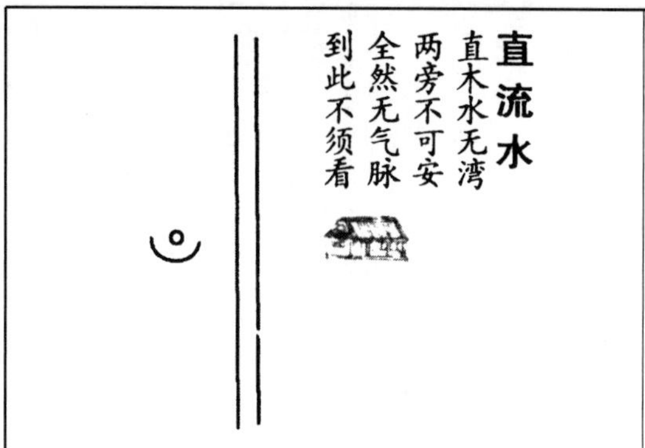

直流水
直木水无湾
两旁不可安
全然无气脉
到此不须看

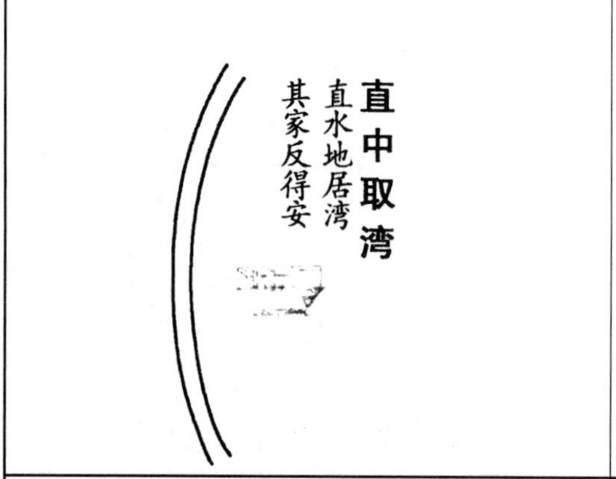

直中取湾
直水地居湾
其家反得安

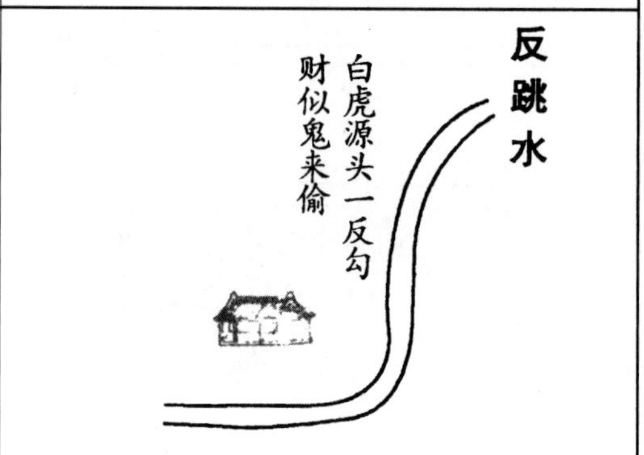

横水
屋后横水直流通
暂时未败即贫穷

微抱
横身直过本为凶
略见湾环气脉钟
纵少星辰占富贵
喜无倾败损家风

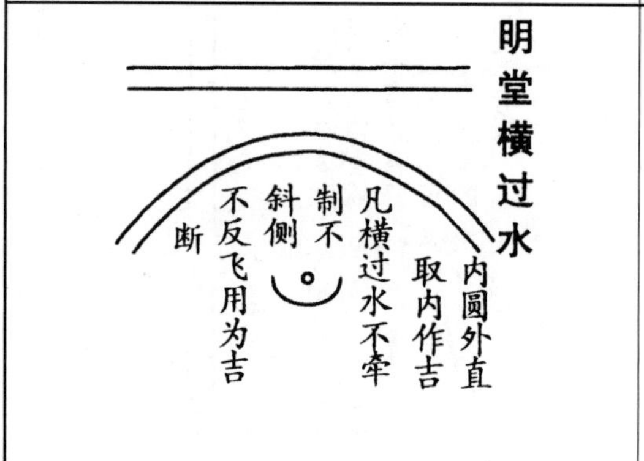

明堂横过水
内圆外直
取内作吉
凡横过水不牵
斜侧
制不
断
不反飞用为吉

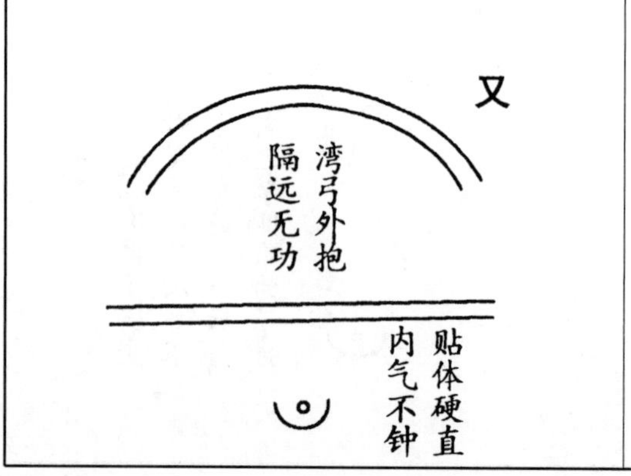

又
湾弓外抱
隔远无功
贴体硬直
内气不钟

反跳水
白虎源头一反勾
财似鬼来偷

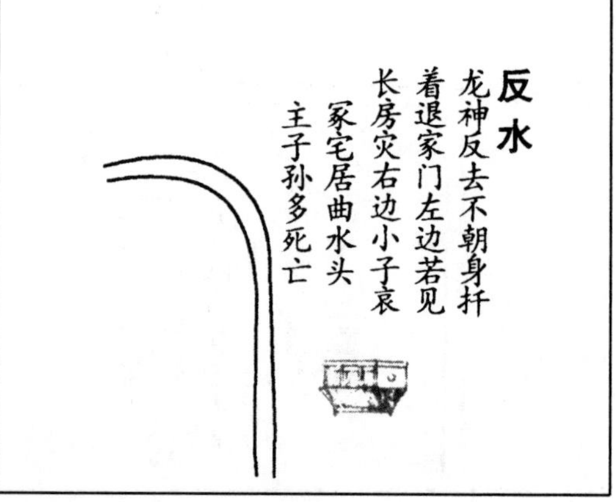

反水
龙神反去不朝身扦
着退家门左边若见
长房灾右边小子衰
家宅居曲水头
主子孙多死亡

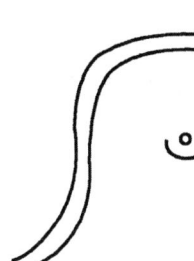
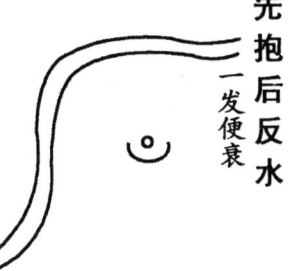

先抱后反水

一发便衰

反跳水

反跳之水是回胸茔

之万事空生男定少忠和

孝生女还归花柳中

水才过穴而

反跳大凶

分飞

头斜脚反两边来此号扛尸实可哀

客死瘟瘟并刑狱更嫌

妇女性多歪

又

青龙白虎两分张

徒流退败绝离乡

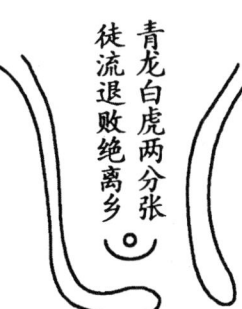

反飞水

青龙头去反

如飞家破及

人离

拖脚反水

坐后转身作土星其名拖脚更须论

去无曲势何能发穴若偏旁愈失神

凡宅后有一渠水

直来即折向西去

其家或暴富贵

却出刑人

斜飞水

水城斜走去如飞儿

孙主审移家业漂零

难保守人丁渐渐稀

又

白虎一去反无

情离乡徒配人

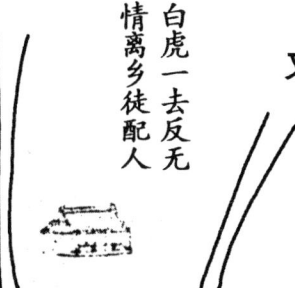

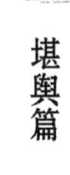

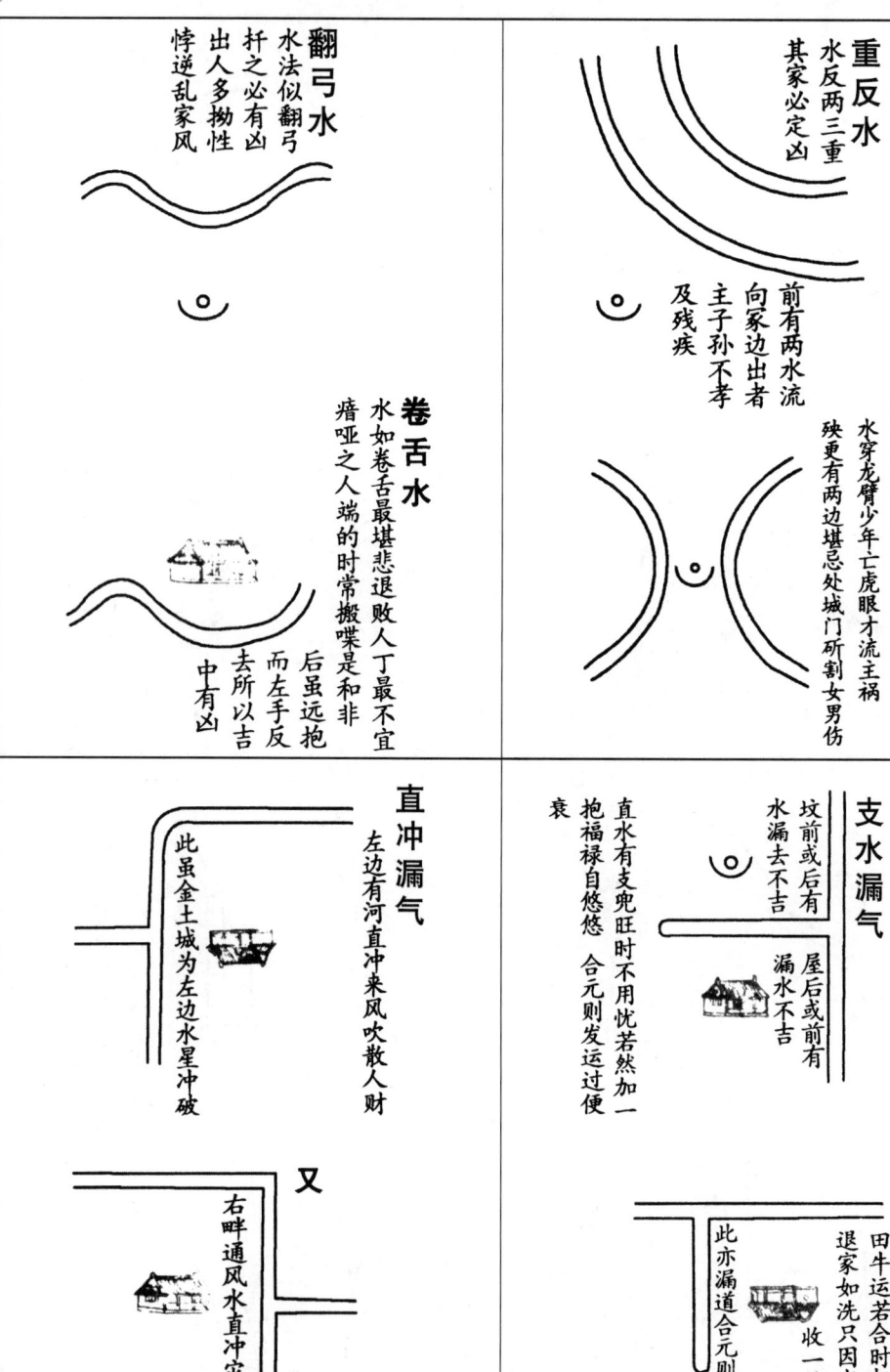

翻弓水

悖逆乱家风
出人多拗性
扦之必有凶
水法似翻弓

重反水

及残疾
主子孙不孝
向家边出者
前有两水流
其家必定凶
水反两三重

卷舌水

中有凶
去所以吉
而左手反
后虽远抱
瘖哑之人端的时常搬喋是和非
水如卷舌最堪悲退败人丁最不宜

水穿龙臂

狭更有两边堪忌处城门斫割女男伤
水穿龙臂少年亡虎眼才流主祸

直冲漏气

此虽金土城为左边水星冲破
左边有河直冲来风吹散人财

右畔通风水直冲灾祸立逢凶

又

支水漏气

衰
抱福禄自悠悠　合元则发运过便
直水有支兜旺时不用忧若然加一
水漏去不吉
坟前或后有
屋后或前有
漏水不吉

又

此亦漏道合元则发过即衰
退家如洗只因水直来兜
田牛运若合时起隆隆运
左右小水如笔头此宅进
收一转即无忧

漏风水

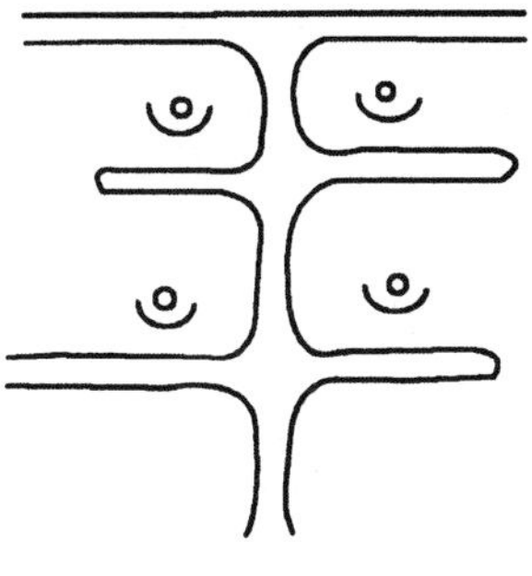

十字交流处处通纵然织锦也成空
莫将支水为收束浪打风吹无定形

又

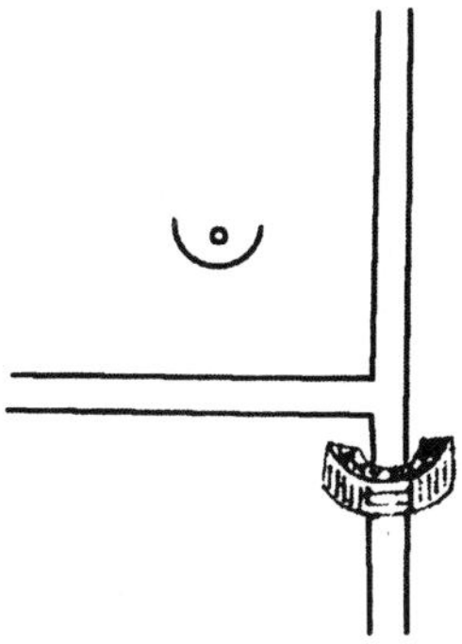

漏风吹家不堪观子嗣应知天寿看
后出穿窬夜行子桥阑虽阻岂能安

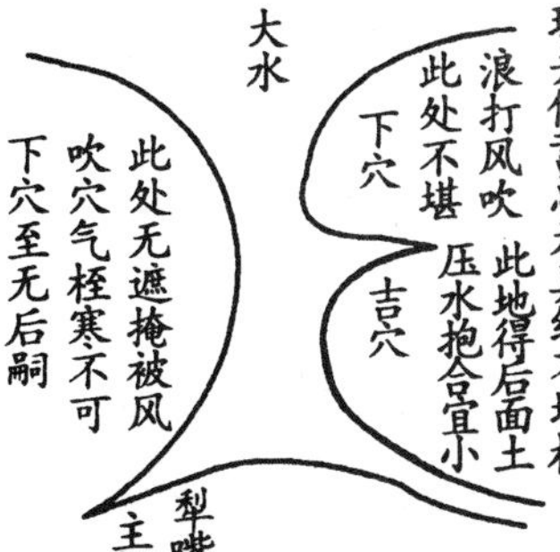

又

乾坤二风吹子孙主撺离

交流水

水形似抱实系交流全然无气不用深
求两水夹流还抱穴漏去还消歇更

前有两水若
夹埏道交流
主有杀伤死

兼分走作交流一败不回头

交流水

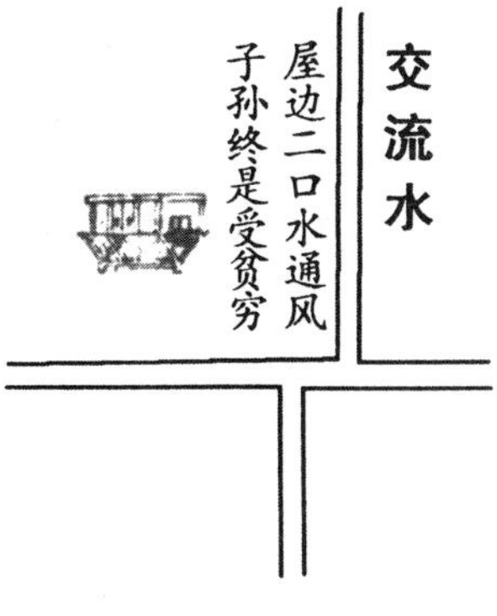

屋边二口水通风
子孙终是受贫穷

漏风

此乾巽亦主元运衰替而言

巽风吹家子孙拳孪

乾风吹家
子孙绝嗣

漏风

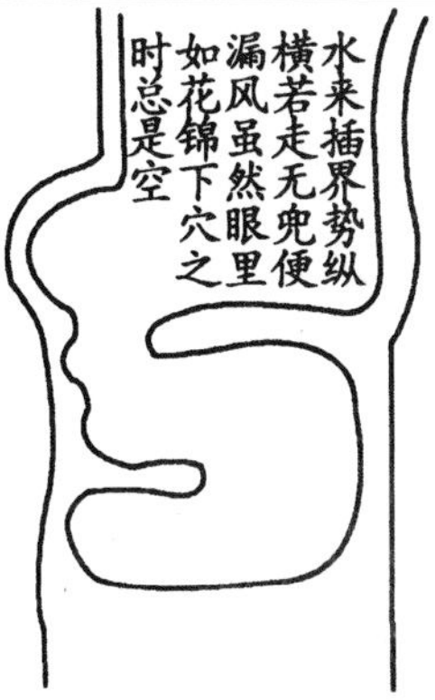

水来插界势纵横
若走无兜便
漏风虽然无穴眼
如花锦下穴之里
时总是空

大水

下穴

吉穴

此处无遮掩被风
吹穴气桎寒不可
下穴至无后嗣

又

水向四脚飞浪打及风吹虽有湾
环并停蓄总无真结不堪栖
浪打风吹此地得后面土
此处压水抱合宜小

犁嘴地
主抄估

十字水

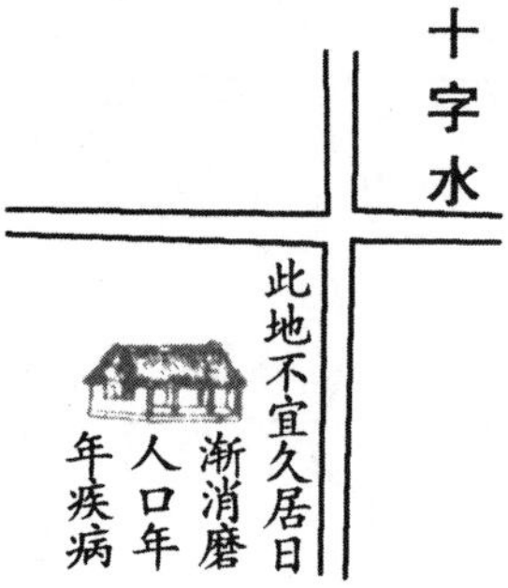

此地不宜久居日
渐消磨
人口年年疾病

又

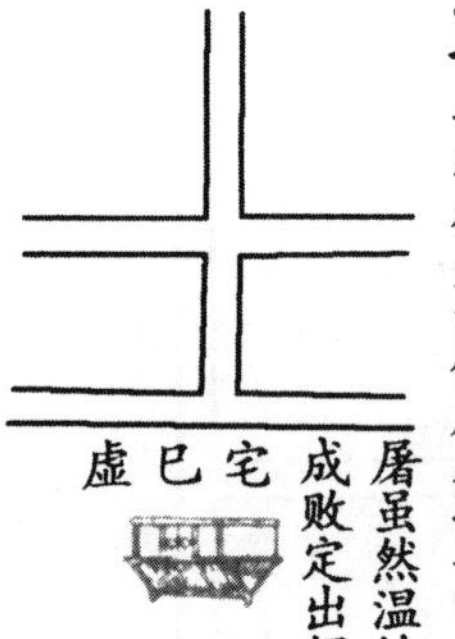

十字行来向住居儿孙手艺只宜
屠虽然温饱多
成败定出娼淫

虚巳宅

井字水

十字之水君莫看
廿字井字
总
一般若然
市井犹堪
住
独自一家
不可安

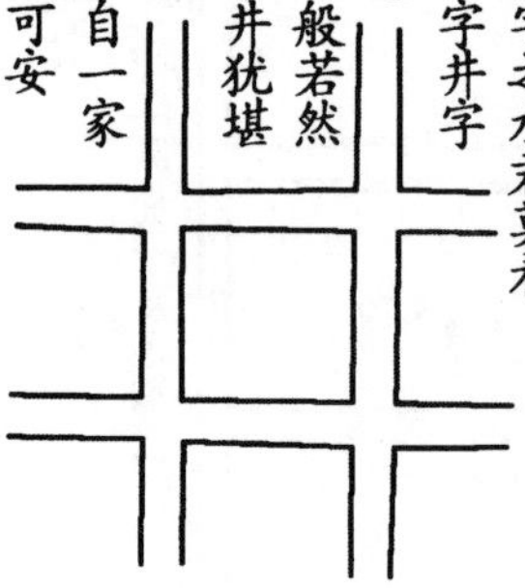

四水相朝

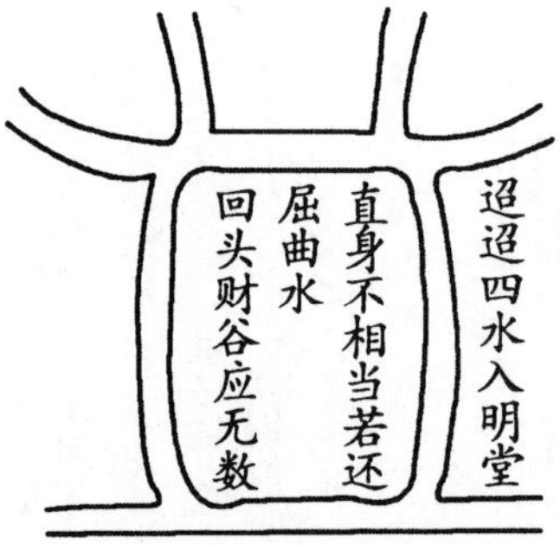

迢迢四水入明堂
屈曲水
真身不相当若还
回头财谷应无数

囚水

四面水周流其名唤作囚运旺之时才一发运衰之日万般休吊角挨边犹
自可居中作穴更堪愁时师莫说棋盘上下着　将军祸到头

四面水渟流不久
有灾尤
心疼及
腹痛水蛊药难投
收

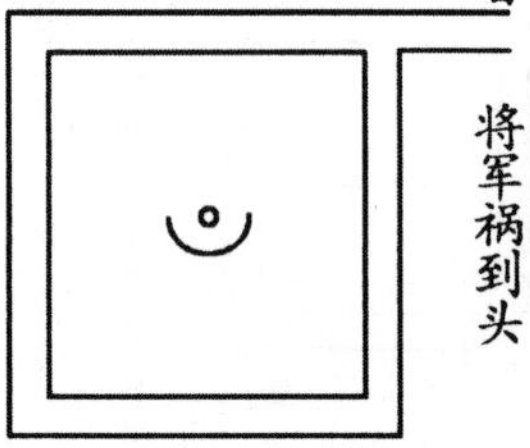

阴阳二宅一发
便衰一代发福
二代穷若不急
移三代耗绝无

同上

又

宅后青龙十字
河风冲鬼病磨

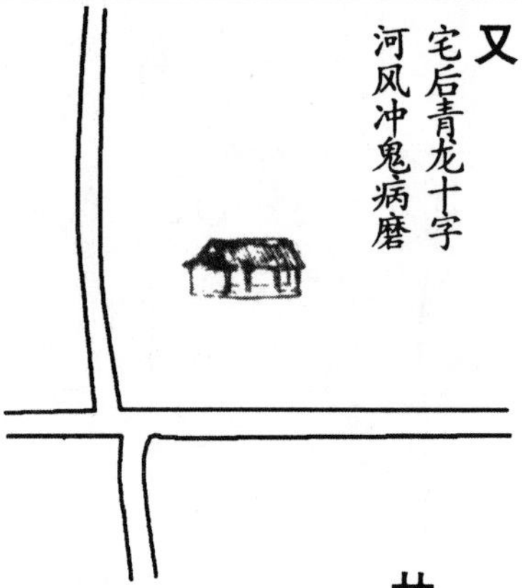

廿字水

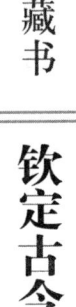

尖射

青龙如枪来射身儿孙遭官刑

刀枪水

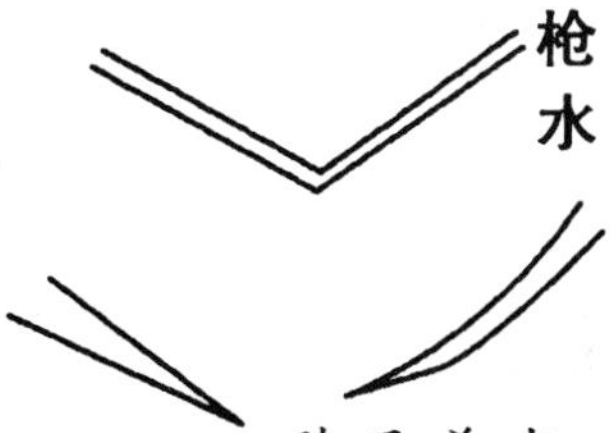

水势似刀枪
杀人不可当
子孙多劫盗
骑驴到法场

扫割水

两畔扫割瘟火形杀
家业如汤人口死绝

砍割水

前水丁叉向横
直砍割此中识
官非兵盗日日
来身作火中灰

箭射

箭水射当心飞来大祸侵

枉矢水

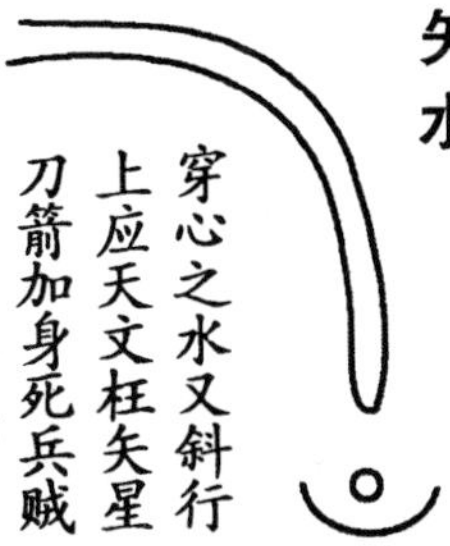

穿心之水又斜行
上应天文枉矢星
刀箭加身死兵贼
更兼自缢及官刑

枪形

面前之水若尖
枪此地见凶殃

尖射

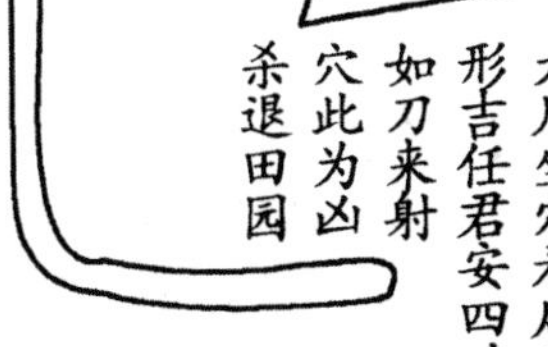

大凡坐穴看后元
形吉任君安四畔
如刀来射
穴此为凶
杀退田园

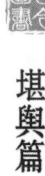

交剑

四剑水流名割斫此地如刀斩
两边撞射入明堂枉死少年郎

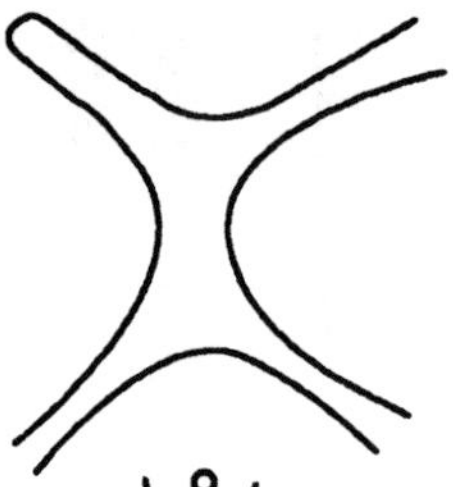

众射水

神仙当此也消魂
交加害更深恶
杀亡神
难躲避
伤心叠前
有水是
火前

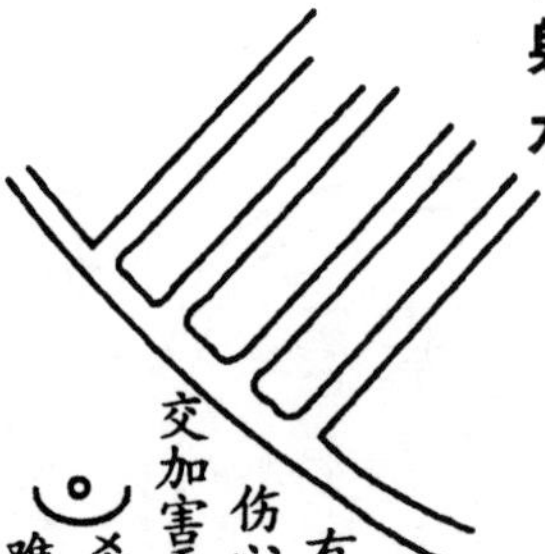

撞射割斫

滔滔流水直冲来认取湾湾
到处裁不怕吉星并合卦相
逢立便见凶灾

斫割水

刀剑攒坟斫
割形此坟一
葬主伶仃男
女死亡
无求助
投河自缢贼
军刑

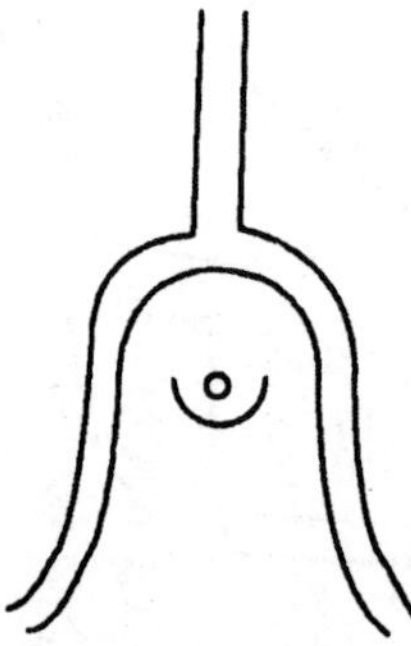

水破明堂家长难当
若不急移疾病死亡

明堂开口

此水人明堂开张去直长
路路皆尖射刑狱并瘟痪

去水流泥

流泥穴里主离乡只为坟前去
水长时师须着眼不可误贤良

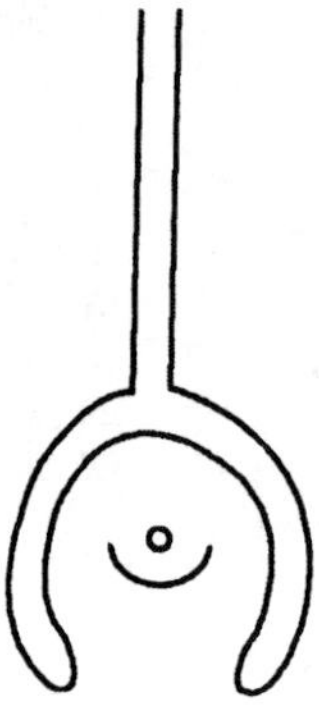

土牛四拽

面前水直去虽吉亦不济

前开水

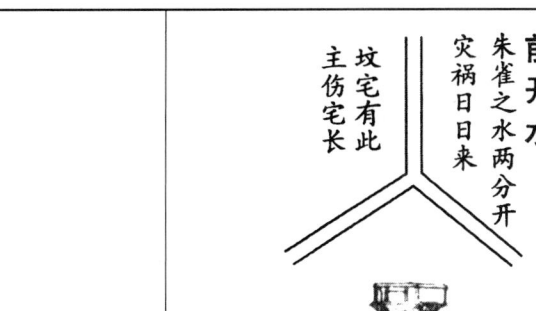

朱雀之水两分开
灾祸日日来
坟宅有此
主伤宅长

禾叉水 一名注欲水

前冲之水两分流
有井当中淫不
休　主出心痛
人患目人

牵动土牛

即去水流泥格纵有外边
远抱亦主离乡退败不吉

之元水

明堂曲水如之元土牛不动穴
可扦葬后家发福子孙富贵焉

元武吐舌

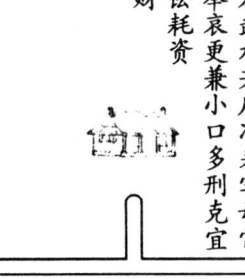

元武水若后冲来宅母常
举哀更兼小口多刑克宜
讼耗资
财

后关水

宅后有关流凶祸日
无休莫认为吉取定
主伤家母

朱雀破头

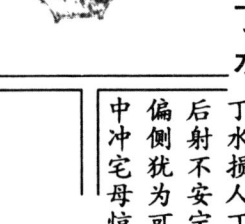

人口不宁财源虚耗

后开反丁水

丁水损人丁
后射不安宁
偏侧犹为可
中冲宅母惊

白虎衔尸

白虎衔尸最不良儿孙岂得长

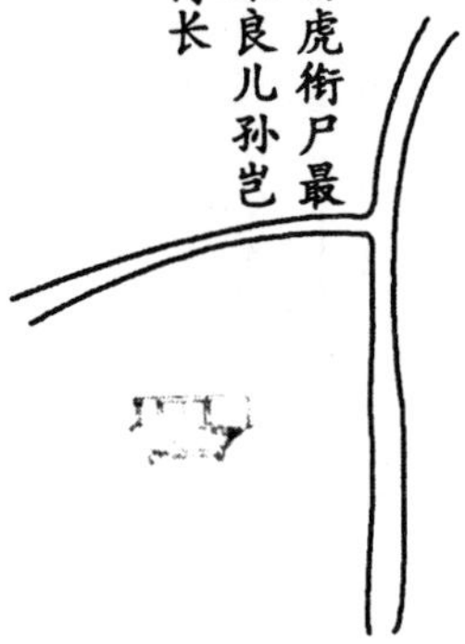

又

右关一水最为灾主有女伤胎小房位上家财退此法无人会

青龙吞冢

青龙吞冢不宜观子孙疾病岂能安

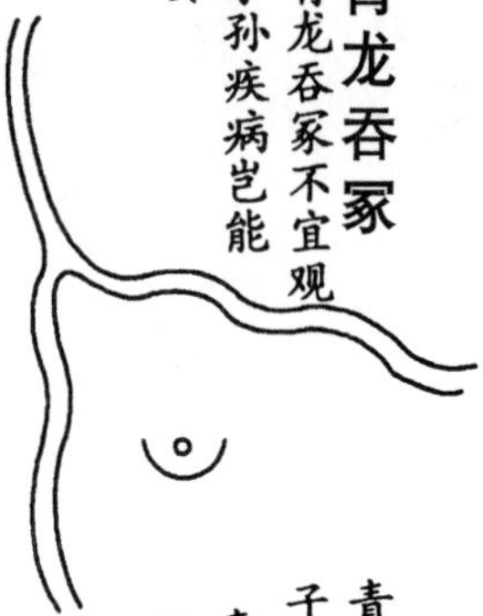

开水 同上

一水直冲来尖砂两劈开此名开水格墓宅有凶灾

青龙多反逆子孙无官职青龙吞冢主人口频见死亡

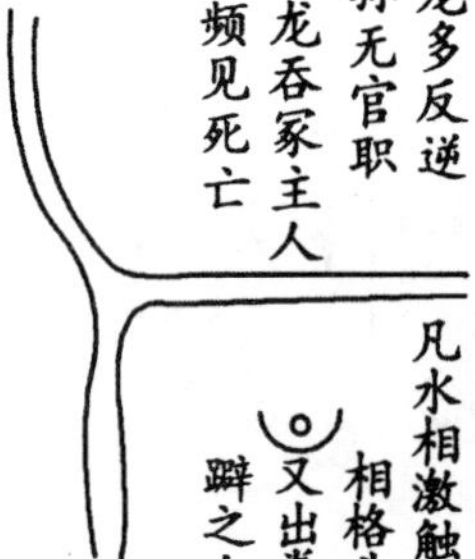

凡水相激触主子孙相格斗而死又出拳挛跛躃之人

执笏水

门前有水如执笏为官从此出龙体有迴环方许紫衣还

按剑水

小水圆者吉尖者凶

门前一兜如执笏武职及巡检

龙蛇吞并

交加水射而无情其家抄估没人丁

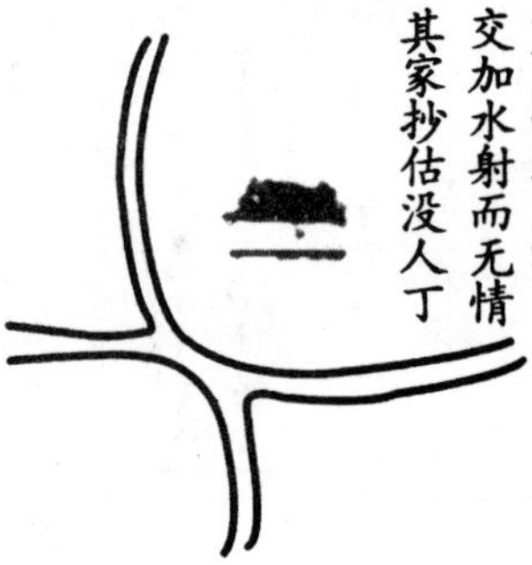

瘟关水

前头流水似叉斜退败定无家此地多瘟疾人死无埋骨

刀枪水

右边池湖如刀
枪儿孙主杀伤

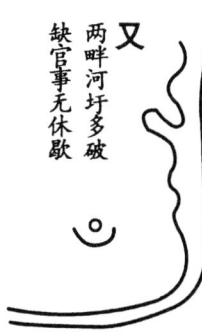

破碎水

河圩多崩破家中起灾祸
唤作金鹅带箭形纵然
抱有凶形

又

两畔河圩多破
缺宫事无休歇

破碎水

破缺见火星墓宅
有忧惊纵然龙脉
绕亦主祸来侵

此火星为害

沮洳水

沮洳之水半干半湿积垢生莒泥泞
滥漫如虾蟆背如牛鼻汗非水非陆
扦之生
患子孙
风狂形
神不庄
水臆肿
脚恶疾
嬴尫

乱水

水如败絮亦似乱麻
葬之必祸狂乱淫邪

分背水

家背之水两分流财散丁稀门户休
凡家背之水分头而去冈坑之水
停滞不流

又

凡水四散主产难死者子孙衰弱
伶仃不能继后

抄估龙

牛臂马腿水来冲抄估定知踪
不论左右并前后贫穷及逃走

又

抄估之格最不
良下着主离乡

抄估龙

铜角水

出师巫尼姑并药婆亦能伤小口
气疾并跰跛　水形似铜角气拗
不宽廓尼姑巫觋及师娘卖药走
街坊更兼
气疾跰跛
足小口多
伤促
马腿牛蹄总一般出入抄估家生怪
两头尖小中间大如蛇吞鼠难急下

抄估龙

丫叉水

边旁若有丫叉水此
处定无地

葫芦水

白虎河中带土墩葫
芦毒药名

扫帚地

扫帚地如走棋或然三角或
分飞徒配君休下贪苦主逃

移

三角地
逆悖入出

犁头地

扫帚地

淫欲地

淫欲地似鸭头之地不知
羞面前或似掀裙样女儿媳妇
上秦楼

统论

人物受阴阳二气，生有宅，死有坟。若得吉地，人安则家，道荣盛鬼。安则子孙吉昌，久富之家，必有祖坟注荫。祖宗者，根荄也。子孙行，枝苗也。择地之难，四方风土不同，形势差别。作穴或在半山深谷，或在平地，或安石间，或安水底。葬书曰：水底必须巨眼，石间必得明师。实为微妙。夫相地要察来龙，点穴必迎真脉者，阴气也。水脉者，阳气也。冈阜水道，皆龙脉也。要迢迢而来，博龙换骨，如博花接木，所谓支干也。葬书曰、得水为上，藏次之，此结穴之地。陶公曰：雌雄相喜，天地交通。故水不离山，山不离水。推形纳穴，随类而定。更取九星临照，须逢三吉，而避六凶。要环抱宛转，两胁宽容方正，立向取水合星卦，水口关锁而入格。朝从砂法宜有情。方为吉矣。葬经曰：地贵平夷，土贵有支故平阳之地，亦支脉相率，不离山水也。观平洋之地，地合田土，全无山龙支脉。立宅安坟，无龙脉之来，无星峰之应。当无龙砂护卫，前无应案朝迎。坐向不辨五星，水路何分八卦。此等之地，亦出富贵之家。反胜山冈气脉。盖闻先贤云：有山傍山，无山傍城。有水就水，无水依形。平洋之地，以水为龙。水积如山脉之住，水流如山脉之动。水流动则气脉分飞，水环流则气脉凝聚。大河类干龙之形，小河乃支龙之体。后有河兜，荣华之宅。前逢池沼，富贵之家。左右环抱，有情堆金积玉。前后潆回，无破宅富田丰地。欲水之有情，喜其回环。朝穴水乃龙之接脉，忌乎冲射反弓，最嫌激割牵消。多忧少乐，尤怕斜飞逼拗。易富即贫，或水路前朝而立宅，或田圩后掩以安坟。图内或坟或宅同理互看须参地理，要讲阴阳。主者若积阴功，天之所祐。日者须凭目力，穴莫轻裁。福轻难遇，明师福厚，须逢吉地。

水龙寻脉歌

地理真传世罕逢，阴阳之妙最难穷。

寻龙捉脉观山水，冈阜平洋总一同。

平洋之地水为龙，四野茫茫岂认踪。

若使明师精妙理，追寻源派辨雌雄。

水龙妙法少人知，慎勿轻传与俗师。

达者悟之明地理，愚人不晓岂能为。

元武之水是龙身，定穴君须看的真。

水积必然龙有穴，水流气散不堪陈。

大水潆回是干龙，小河支接干亲踪。

干龙气尽难安穴，作穴支龙富贵丰。

元武之宅有湖池，立宅能令福乐随。

坟墓穴前宜此水，儿孙富贵著绯衣。

河兜地水不通流，水若通身气不留。

若见田圩观水口，儿孙富贵永无休。

大湖之脉气归湾，湖内明砂应业拦。

下后儿孙多富贵，能令白屋出高官。

流来水势似刀枪，射胁冲心不可当。

尖利田圩为绝地，杀伤公讼退田庄。

后水来龙似反弓，出入悖逆各西东。

若还遇此反弓水，退散田园守困穷。

水要弯环莫直流，直流之处最为囚。

更兼四畔无遮掩，浪打风吹不可求。

十字水流后与前，廿字井字总一般。

此为市井多人住，若是一家不可安。

抱身之水势环坟，穴好龙真气脉纯。

葬后其家多富贵，儿孙荣显作王臣。

第二十五章　堪舆汇考二十五

《阳宅十书》一

论宅外形第一

人之居处，宜以大地山河为主。其来脉气势，最大关系人祸福，最为切要。若大形不善，总内形得法，终不全吉。故论宅外形第一。阳宅来龙原无异，居处须用宽平势。明堂须当容万马，厅堂门庑先立位。东厢西塾及庖厨，庭院楼台园圃地，或从山居或平原，前后有水环抱贵。左右有路亦如然，但遇返跳必须忌。水木金土四星龙，此作住基终吉利。惟有火星甚不宜，只可剪裁作阴地。倘有卓笔及牙旗，耸在外阳方无忌。更须水口收拾紧，不宜太迫成小器。星辰近案明堂宽，案近明堂非窄势。此言住基大局面，别有奇特分等第。

凡宅左有流水谓之青龙，右有长道谓之白虎，前有淤池谓之朱雀，后有丘陵谓之元武，为最贵地。

凡宅东下西高，富贵英豪。前高后下，绝无门户。后高前下，多足牛马。

凡宅不居当冲口处，不居寺庙，不近祠社、窑冶、官衙，不居草木不生处，不居故军营战地，不居正当水流处，不居山脊冲处，不居大城门口处，不居对狱门处，不居百川口处。

凡宅东有流水达江海，吉。东有大路贫，北有大路凶，南有大路富贵。

凡宅树木，皆欲向宅吉。背宅凶。

凡宅地形卯酉不足，居之自如。子午不足，居之大凶。子丑不足，居之口舌。

南北长，东西狭，吉。东西长，南北狭，初凶后吉。

凡宅居，滋润光泽阳气者吉。干燥无润泽者凶。

凡宅前低后高，世出英豪。前高后低，长幼昏迷。左下右昂，长子荣昌。阳宅则吉，阴宅不强。右下左高，阴宅丰豪。阳宅非吉。主必奔逃。两新夹故，死须不住；两故夹新，光显宗亲；新故俱半，陈粟朽贯。

凡宅或水路桥梁四面交冲者，使子孙怯弱，主不吉利。

凡宅门前不许开新塘，主绝无子，谓之血盆照镜。门稍远可开半月塘。

凡宅门前不许人家屋箭来射，主出子孙忤逆不孝。

凡宅门前不许见二三四尺红白赤石，主凶。

凡宅屋后见拍脚山，出淫妇通僧道。

凡宅门前有探头山，四时防盗。若在屋，出军贼之人。

凡宅屋后或有峻岭道路，或前冲后射，主出军贼之人。

凡宅屋后不要绝尖尾地，主绝人丁。门前屋后，方圆大吉。

凡宅门前不要朝垂，飞水返背者是也。主出淫乱之妇。

凡宅门前见水声悲吟，主退财。

凡宅门前忌有双池，谓之哭字。西头有池为白虎，开口皆忌之。

凡宅门前屋后见流泪水，主眼疾。

凡宅门前朝平圆山，主吉。

凡宅门前屋后，沟渠水不可分八字，及前后水出，出绝嗣败财。

凡宅井不可当大门，主官讼。

凡造屋切忌先筑墙围并外门，主难成。凡大门门扇及两畔墙壁，须要大小一般。左大主换妻，右大主孤寡。大门拾柱，小门六柱，皆要著地则吉。门扇高于墙壁，多主哭泣。门口水坑，家破伶仃。大树当门，主招天瘟。墙头冲门，常被人论。交路夹门，人口不存。众路相冲，家无老翁。门被水射，家散人哑。神社对门，常病时瘟。门下水出，财物不聚。门著井水，家招邪鬼。粪屋对门，痈疖常存。水路冲门，忤逆子孙。仓口向门，家退遭瘟。捣石门居，宅出隶书。门前直屋，家无余谷。门前垂杨，非是吉祥。巽方开门，反隙穴开窗之类，并有灾害。东

北开门，多招怪异。重重宅户，三门莫相对。必主门户退。

八方坑坎歌

丑低投军号阵中，

艮低师巫残患人。

寅低狼伤并虎咬，

他乡外死甲上坑。

卯地有泶伤眼目，

乙辰有水患秃风。

巽地坑池官司败，

阳短阴山出暗风。

午丙有坑火灾显，

未丁坑下痨嗽人。

酉方坑下家贫窘，

戌亥蛇腰鬼贼侵。

壬子有弯绝后嗣，

祸福如同在掌中。

何知经

何知人家贫了贫，山走山斜水返身。何知人家富了富，员峰磊落皆朝护。何知人家贵了贵，文笔秀峰当案起。何知人家出富豪，一山高了一山高。何知人家破败时，一山低了一山低。何知人家出孤寡，琵琶侧扇孤峰邪。何知人家少年亡，前也塘兮后也塘。何知人家吊颈死，龙虎颈上有条路。何知人家少子孙，前后两边高过坟。何知人家二姓居，一边山有一边无，何知人家主离乡，一山主窜过明堂，何知人家出做军，枪山坐在面前伸，何知人家被贼偷，一山走出一山钩，何知人家忤逆有，龙虎山斗或开口，何知人家被火烧，四边山脚似芭蕉，何知人家女淫乱，门对

坑窜水有返，何知人家常发哭，面前有个鬼神屋，何知人家不旺财，只少源头活水来，何知人家不久年，有一边兮无一边，何知人家受孤恓，水走明堂似簸箕，何知人家修善果，面前有个香炉山，何知人家会做师，排符山头有香炉，何知人家出跏跛，前后金星齐带火，何知人家致死来，停尸山在面前排，何知人家有残疾，只因水带黄泉人，何知人家宅少人，后头来龙无气脉，仔细相山并相水，断山祸福灵如见，千形万象在其中，不过此经而已矣。

宅忌架桥梁歌

一桥高架宅厅前，左右相同后亦然。

不出三年并五载，家私荡尽卖田园。

此法屡验，故特标为一诀。

阳宅外形吉凶图说

 吉宅	此宅左短右边长，君子居之大吉昌。家内钱财丰盛富，只因次后少儿郎。	 凶宅	右短左长不堪居，生财不旺人口虚。住宅必定子孙愚，先有田蚕后也无。
 吉宅	昔日周公相此居，丑寅空缺聚钱资。家豪富贵长保守，不遇仙人怎得知。	 吉宅	辰巳不足却为良，居之家豪大吉昌。若是安庄终有利，子孙兴旺足牛羊。
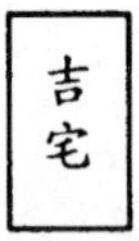 吉宅	仰目之地出贤人，庶人居之又不贫。子孙印绶封官职，光显门庭共九卿。	 吉宅	中央高大号圆丘，修宅安坟在上头。人口资财多富贵，二千食禄任公侯。

图	诗	图	诗
道 先后吉凶	坎兑两边道路横，定主先吉后有凶。人口资财初一胜，不过十年一时空。	凶宅	此宅修在涯水头，主定其地不堪修。牛羊尽死人逃去，造宅修茔见祸由。
宅前吉狭	前狭后宽居之稳，富贵平安旺子孙。资财广有人口吉，金珠财宝满家门。	凶前宅宽	前宽后狭似棺形，住宅四时不安宁。资财破尽人口死，悲啼呻吟有叹声。
丘 吉宅	西南坤地有丘坟，此宅居之渐渐荣。若是安庄并造屋，儿孙辈辈主兴隆。	丘 凶宅	此宅卯地有丘坟，后来居之定灭门。愚师不辨吉凶理，年久坟前缺子孙。
吉宅 丘	此房正北有丘坟，明师安庄定有名。君子居之官出禄，庶人居之家道荣。	丘 半吉宅 丘	前后有丘不喜欢，安庄修造数余年。此宅常招凶与吉，得时富贵失时嫌。
吉宅 丘	此居乾地有丘陵，修宅安庄渐渐兴。女人入宫为妃后，儿孙以后作公卿。	沙 吉宅 沙	此宅前后有高沙，居之依师不为差。田财广有人多喜，处处谈扬道富家。
下 吉宅 高	西高东下向北阳，正好修工兴盖庄。后代资财石崇富，满宅家眷六畜强。	平 吉宅 平 平	此宅方圆四面平，地理观此好兴工。不论宫商角微羽，家豪富贵旺人丁。

图	诗	图	诗
塘 吉宅	此宅观灵取这强， 却因辰巳有池塘。 儿孙旺相家资盛， 兴小败长有官防。	水 吉宅 水	前后高山两相宜， 左右两边有沙池。 家豪富贵多年代， 寿命延年彭祖齐。
山 水 吉宅 沙 山	此宅左右水长渠， 久后儿孙福禄齐。 禾麦钱财常富贵， 儿孙聪俊胜祖基。	水 凶宅	左边水来射午宫， 先初富贵后贫穷。 明师断尽吉凶事， 左边大富右边穷。
凶宅 池	此屋西边有水池， 人若居之最不宜。 牛羊不旺人不吉， 先富后贫少人知。	凶宅 水池	西北乾宫有水池， 安身甚是不相宜。 不逢喜事多悲泣， 初虽富时终残疾。
吉宅 山	后边有山可安庄， 家财盛茂人最强。 若居此地人丁旺， 子孙万石有余粮。	山 凶宅	前有大山不足论， 不可安庄立坟茔。 试问明师凶与吉， 若居此地定灭门。
吉宅 岗	此宅后边有高冈， 南下居之第一强。 子孙兴旺田蚕胜， 岁岁年年有陈粮。	桑 桑 凶宅 桑 桑	此宅四角有林桑， 祸起之时不可当。 若遇明师重改造， 免教后辈受恓惶。
林 坟 林 凶宅 林 坟 林	此宅前后有坟林， 凡事未通不称心。 家财破败终无吉， 常有非灾后又侵。	坟 凶宅	左边孤坟莫施工， 此地安庄甚是凶。 疾病缠身终不吉， 家中常被鬼贼侵。

图	诗	图	诗
吉宅	此宅右短左边长， 假令左短有何妨。 后边齐整方圆吉， 庶人居之出贤良。	吉宅 丘	东北丘坟在艮方， 成家立计有何妨。 修造安庄终迪吉， 富贵荣华世世昌。
吉宅	左短右长却安然， 后面夹稍前面宽。 此地修造人口吉， 子孙兴旺胜田蚕。	凶宅 山	此宅东边有大山， 又孤又寡又贫寒。 频遭口舌多遭难， 百事先成后求难。
山 凶宅 山	此地观之有何如， 前山后山不堪居。 家贫孤寡出贼子， 六畜死尽祸有余。	高 高 吉宅 高 高	中央正面四面高， 修盖中宅福有余。 牛羊六畜多兴旺， 家道富贵出英豪。
道 道 凶宅 道 道	四面交道主凶殃， 祸起人家不可当。 若不损财灾祸死， 投河自缢井中亡。	道 后先 凶吉	此地只因道左边， 久住先富后贫寒。 贵重之人终迪吉， 若逢贱者离家园。
道 凶宅 道	两边白虎生灾殃， 百事难成有死伤。 贼人偷盗钱财破， 又兼多讼被官防。	后先 凶吉 道 道	此宅东北斜道行， 宅西大道主亨通。 虽然置下家财产， 破败一时就灭倾。

水 吉宅 道	宅东流水势无穷， 宅西大道主亨通。 因何富贵一齐至， 右有白虎左青龙。	水 吉宅 水 道 山	朱元龙虎四神全， 男人富贵女人贤。 官禄不求而自至， 后代儿孙福远年。
水 凶宅 坟	宅前有水后有丘， 十人遇此九人忧。 家财初有终耗散， 牛羊倒死祸无休。	水 吉宅	此宅安居正可求， 西南水向东北流。 虽然重妻别无事， 三公九相近王侯。
林林 吉宅 岗丘埠	宅前林木在两傍， 乾有丘埠艮有冈。 若居此地家豪富， 后代儿孙贵显扬。	丘陵 慢下 吉宅 岗	前有丘陵后有冈， 西边稳抱水朝阳。 东行漫下过一里， 此宅安居甚是强。
河水 吉宅 高高	西来有水向东流， 东显长河九曲沟。 后高绵远儿孙胜， 禾谷田蚕岁岁收。	池 长波 吉宅 丘陵高	后高有陵前近池， 西北瞻仰显高危。 天赐富贵仓粮足， 辈辈儿孙著紫衣。

长波 吉宅 长波	西有长波汇远冈， 东有河水鹅鸭昌。 若居此地多吉庆， 代代儿孙福禄强。	陵 丘 凶宅 道 平	前边左右有丘陵， 后面东道远平平。 巽地开门家富贵， 不宜兑路子孙冲。
池 吉宅 岗 丘	住宅西南有水池， 西北丘势更相宜。 艮地有冈多富贵， 子孙天锡著罗衣。	道 凶宅	南来大路正冲门， 速避直行过路人， 急取大石宜改镇， 免教后人哭声频。
道 道 凶宅	东西有道直冲怀， 定主风病疾伤灾。 从来多用医不可， 儿孙难免哭声来。	高埠 道道 水 吉宅 道道 岗	前有高埠后有冈， 东来流水西道长。 子孙世世居官位， 紫袍金带拜君王。
平 岗 吉宅 高高高	乾坤艮坎土冈高， 前平地势有相饶。 立宅居之人口旺， 儿孙出众又英豪。	高 平 吉宅 平 高	西北仰高数里强， 东南巽地有重冈。 坤艮若平家富贵， 田蚕万倍足牛羊。

岭河岗 吉宅	南北长河又宽平， 东岭西冈三两层。 左右宅前来相顾， 儿孙定出武官人。	尖 凶宅 宽 宽 尖	东西宽大两头尖， 岭上安坟不足看。 此地若无前后势， 家中男女众人嫌。
凶宅 林丘	艮地孤坟一墓安， 莫教百步内中间。 久后痴聋并喑哑， 令人有病治难痊。	水 吉宅 道 山	右边白虎北联山， 左有青龙绿水潆。 若居此地出公相， 不入文班入武班。
林 林 凶宅 林 林	林中不得去安居， 田宅莫把作丘坟。 田蚕岁岁多耗散， 宅内惊忧鬼成精。	河 丘 吉宅 河 丘坡	宅东南北有长河， 坤乾丘墓近大坡。 此地若居大富贵， 更兼后代子孙多。
凶宅 道	北有大道正冲怀， 多招盗贼破钱财。 男人有病常常害， 贫穷不和闹有乖。	道 道 吉宅	东西有道在门前， 莫把行人断遮栏。 宅内更有车马过， 子孙富贵的安然。
低 凶宅 低 下 下 高	两边低下后边高， 妇人守寡受勤劳。 多招接脚并义子， 年深犹自出贫消。	水 凶宅 林沟	乾地林木妇女淫， 沟河重见死佳人。 坤地水流妨老母， 子孙后代受孤贫。

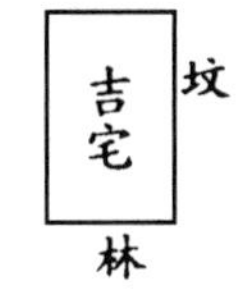 吉宅 坟林	庚辛壬癸有坟林， 可取千株郁郁林。 正对宅舍六十步， 儿孙换改旧家门。	 庙 丘 凶宅 寺	寺庙丘坟切要知， 不分南北共东西。 离宅未有一百步， 已后伤人杀子孙。

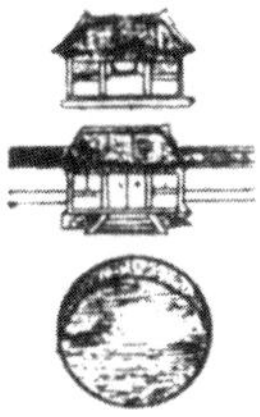

断曰：
此个明堂出寡娘，
少年眼疾堕胎亡。
痨瘵气疾人丁有，
流水儿孙实可伤。

断曰：
青龙若有二山随，
其家养女被人迷。
招郎义子其家破，
不出军时有匠贼。
逆水为吉，出入狡猾。
顺水为凶，换姓过活。

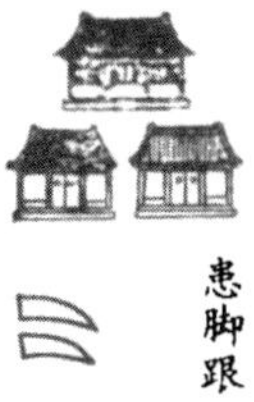

主脚跟

断曰：
白虎若见二山随，
定教妇女被人迷。
二姓之家来合活，
忤逆人家媳骂姑。

患脚跟

断曰：
若见明堂似廉贞，
断定眼疾少光明。
家生气疾虚劳死，
将来致死满门庭。

断曰：
明堂形似破军星，
不出军兮出匠真，
扛尸外死家退落，
孤寡临门二姓人。

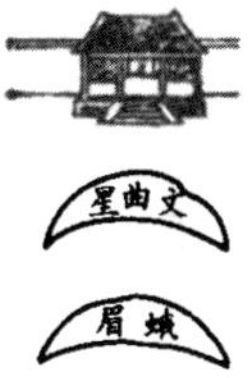

断曰：
文曲明堂在面前，
男女风声此处生，
男少女多真不吉，
招郎纳婿过浮生。

文曲星
峡眉

	断曰：门前若有玉带水，高官必定容易起。出入代代读书声，荣显富贵耀门间。		断曰：此树门前人不知，家招寡母哭声悲。二姓同居招女婿，血财捐尽又瘟迷。
水带玉	断曰：门前若有两等树，断定二姓同居住。大富之家招二妻，孤翁寡母泪沾衣。	火炒	断曰：面前凶沙若有此，左火炒来兄必死。右火冲身弟必亡，当面尖射中此是。
二塘 塘三	断曰：门前三塘及二塘，必啼孤子寡母娘。断出其家真祸福，小儿落水泪汪汪。	逆水谷将 退顺神水	断曰：逆水廉贞为谷将，顺水廉贞是退神。又名唤作讼诃笔，出入狡猾不堪云。
	断曰：明堂若见似芒捶，少年枉死此中是。吐血伤人凶恶死，少年寡母纷纷起。		断曰：若见鹅颈鸭颈前，淫乱风声处处传。孤寡少年不出屋，男瘸女跛不堪言。

	断曰：		断曰：
	明堂三尖并四尖， 断他致死祸淹淹。 定出气泪及患眼， 更兼脚疾甚难痊。		若见明堂三个角， 瞎眼儿孙因此哭。 单传人口多少亡， 气痛其家常不脱。
	断曰： 明堂返转似裙头， 家中淫乱不知羞。 孤寡少亡端的有， 瘟瘟麻痘染时流。	笠如峰孤 树 独	断曰： 独树孤峰如顶笠， 僧道尼姑从此出。 更出瘟疾眼无光， 忤逆争斗事不一。
	断曰： 面前退神插明堂， 代代儿孙主少亡。 顺水田园都卖尽， 家中纵好也徒然。		断曰： 面前一山如入舞， 家中定出风颠子。 时常妖怪入家门， 手足之灾定不虚。
	断曰： 此个山头在面前， 风瘫人出退田园。 献花淫欲多端事， 老子将来把火燃。		断曰： 若见明堂似禄存， 三年两度定遭瘟。 蛇伤牛斗风伤事， 曲背跎腰聋哑人。

	断曰：		断曰：
	若见明堂似牛轭， 定断其家会做贼。 瘟瘟疾病不离门， 少死人丁哭不绝。		拖尸之山如此样， 劝君仔细看形相。 缢颈之山白路行， 时师法术要消详。
	断曰： 若见明堂似蜒蚰， 黄肿随身出云游。 懒惰儿孙带脚疾， 儿孙产难尽遭尤。		断曰： 竹木倒垂在水边， 小儿落水不堪言。 栏栅添置犹防可， 更有瘟灾发酒颠。
	断曰： 独树两枝冲上天， 牵连官事惹忧煎。 断他年月无移改， 坐向官主细推言。		断曰： 独树生来无破相， 必定换妻孤寡真。 孤辰寡宿定分明， 无儿无女妙通神。
	断曰： 禄存重树在门前， 二房暗哑不能言。 又主出人瘸跛疾， 招瘟动火主忧煎。		断曰： 黄泉破军有藤树， 断定千连官事至。 攀扯相争入法场， 只为奸情盗贼赴。

塘	断曰： 黄泉破军若有塘， 必主小儿落水亡。 禄存有庙及空屋， 必主阴人自缢当。		断曰： 小屋孤峰三两交， 迭迭重重寡婆招。 堕胎瞎眼此中出， 说与时师仔细消。
	断曰： 停丧破屋在面前， 其家官事起连连。 常招怪物门庭入， 血财尽死又瘟缠。		断曰： 此树人家忤逆真， 其家兄弟打相论。 子骂父兮天道灭， 媳欺姑妈失人伦。
	断曰： 离乡之树头向外， 定知落水遭徒配。 曲背跎腰瞎眼人， 小鬼入家惊作害。		断曰： 鬼怪之树痈肿前， 盲聋暗哑痨病缠。 妇人惹怪常来宅， 偷鸡弄犬使人颠。
	断曰： 缢颈之树藤缠上， 要在禄存方上见。 妇人口舌搅亲邻， 遭瘟动火入黄泉。		断曰： 怪树肿头又肿腰， 奸邪淫乱小鬼妖。 猫鼠猪鸡并作怪， 疾病痨瘵不曾饶。

断曰：	断曰：
空心大树在门前， 妇人痨病叫皇天。 万般吃药皆无效， 除了之时祸断根。	妖怪之树人不识， 文曲之方真不吉。 男贪淫欲女贪花， 破坏风声情似蜜。
 断曰： 肿头之树人难辨， 破军方位不可见。 生离外死不思归， 寡母泪湿香腮面。	 或石墩 或土堆 断曰： 面前若见生土堆， 堕胎患眼也难开。 寡妇少亡不出屋， 盲聋喑哑又生灾。
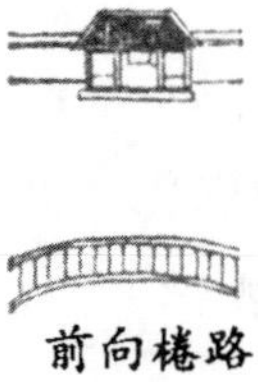 前向捲路 断曰： 门前水路卷向前， 家中淫乱不堪言。 孤寡少亡伤败事， 家中动火又瘟缠。	 砂尖 断曰： 门前若见此尖沙， 投军做贼夜行家。 出人眼疾忤逆有， 兄弟分居饿死爷。
 水字八 断曰： 门前水分八字图， 卖尽田园离乡土。 淫乱其家不用媒， 定出长小离房祖。	 断曰： 若有此塘当面前， 代代痨疾不堪言。 一塘便断一人丧， 何宠不与外人传。

	断曰： 明堂此塘在面前， 三四寡妇闹喧天。 时师不识其中病， 此杀名为丧祸源。		断曰： 大城左右不朝坟， 镰钩返生祥为凶。 孤寡徒流伤败事， 家中又见遭时瘟。
	断曰： 离乡迢迢是此路， 儿孙出外皆发富。 若然直去不回还， 定出离乡不归屋。		断曰： 门前有路川字行， 破财年年官事兴。 若然直射见明堂， 三箭三男死却身。
	断曰： 当面若行元字路， 其家财谷多无数。 面前恰似蚯蚓行， 定出痨瘵病多苦。		断曰： 若见此路在门前， 自缢吊颈事干连。 欲吊不吊是此路， 术者只要细推玩。
	断曰： 若见田塍如此样， 断定自缢吊高梁。 必然外死扛尸转， 孰知因此死他乡。		断曰： 门前若有此寒林， 年年瘟疾事相临。 又主怪物入门户， 断他年年细推论。

断曰： 前面水路及返飞， 定主退妾又离妻。 瘸跛孤儿随母嫁， 顺水淫乱主生离。	断曰： 门前有路是火字， 两边有塘年少死。 断就其家连泪哭， 岁杀加临灾祸至。
断曰： 前有塘兮后有塘， 儿孙代代少年亡。 后塘急用泥填起， 免得其后受祸殃。	断曰： 此屋门前有大堆， 住此房内主堕胎。 更兼眼疾年年有， 火杀加临更惹灾。
断曰： 此屋门前两口塘， 为人哭泣此明堂。 更主人家常疾病， 灾瘟动火事干连。	断曰： 此屋若有大路冲， 定主家中无老公。 残疾之人真是有， 名为暗箭射人凶。
断曰： 门前若见有小屋， 官事临门来得速。 便见何年凶祸生， 岁煞加临灾更毒。	断曰： 此屋若在大树下， 孤寡人丁断不差。 招郎乞子家中有， 瘟瘴怪物定交加。

断曰： 小石当门多磊落， 其家说鬼时时着。 小口惊吓不须言， 气绝聋哑人难觉。	断曰： 此个人家品字样， 读书作馆起家庄。 人财大旺添田地， 贵子声名达帝乡。

大石小后当门

论福元第二

福元者何，即福德宫是也。古人隐秘，此诀谓之伏位。盖厥初太极生两仪，两仪生四象，四象生八卦。故生人分东位、西位，乃两仪之说。分东四位、西四位，乃四象之说。分乾、坎、艮、震、巽、离、坤、兑，乃八卦之说。是皆天地大道、造化自然之理。若福元一错，则东四修西，西四修东，吉星反变为凶星。虽外形内形俱吉，皆无用矣。关系最大，故《论福元》第二。

福元说

天地间不过一阴阳五行，历法易数，互相表里者。历法以一百八十年为一大周天。第一甲子六十年为上元，第二甲子六十年为中元，第三甲子六十年为下元。此之谓三元。配以洛书九宫八卦，一年属一宫。洛书戴九履一，左三右七，二四为肩，六八为足，五独居中。配合流年，一岁属坎，二岁属坤，迤次震三，巽四，中五，乾六，兑七，艮八，离九。生人之年值何卦，此卦即为福德宫。而男中五则寄坤宫，女中五则寄艮宫，此之谓八卦。匪惟宅元起例在此，其婚元起例，茔元起例，皆不外此。八卦九宫是八卦之名实，在人生年福德，不在居宅。盖宅但可谓八方，不可谓八卦。若名八卦，止正南、正北、正东、正西。坎、离、震、兑四卦乃四隅。宅岂世所常有，而可名为乾、坤、艮、兑、宅哉。惟识生年福德为、卦，则震、巽、坎、离、福德为东四位。生人乾、坤、艮、兑；福德为西四位。生人东西

位则修震、巽、坎、离。西四位则修乾、坤、艮、兑。而祸福永无差谬矣。

福元入掌纹起例说

八卦并中，五惟九宫。掌纹支位，则有十二。故去亥、子、丑三位不用，止用从寅至戌九位。

野马跳涧诀

野马跳涧走，从寅数到狗，一年隔一位，不用亥子丑。

图掌涧跳马野

起男女上中下元诀

上元甲子一宫连，中元起巽下兑间。

上五中二下八女，男逆女顺起根源。

弘治十七年甲子以前下元。

弘治十七年甲子以后上元。

嘉靖四十三年以后中元。

男上元甲子起一位，即坎即寅。

中元甲子起巳位，即巽。

下元甲子起兑位即申。以上逆数，男五寄坤宫。

女上元甲子起五位，即午即中。

中元甲子起二位，即卯即坤。

下元甲子起八位，即酉即艮。以上顺数，女五寄艮宫。先分上、中、下元，以跳涧诀数至何宫，生人即于此宫。

起游年八卦，数至吉星得地处宜居住，开门凶星宜碾磨猪圈之类。

且如上元甲子，宅主甲寅年生，一宫寅上起甲子，逆数跳入离宫戌上起甲戌，艮宫酉上起甲申，兑宫申上起甲午，乾宫未上起甲辰，中宫午上起甲寅。是谓中宫生人。中宫寄坤，以坤宫生人。主之游年，起坤天延绝，生祸五六，福元门路。按图定之则吉。

且如上元甲子，宅母甲寅年生。五中宫午上起甲子，顺数乾宫未上起甲戌，兑宫申上起甲申，艮宫酉上起甲午，离宫戌上起甲辰，坎宫寅上起甲寅。是谓坎宫生人。主之游年，起坎，五天生，延绝祸六，福元门路，按图定之吉。

且如中元甲子，宅主乙丑年生。就从中元甲子起巽。逆数乙丑到震，是谓震宅生人。主之游年，起震延生祸，绝五天六，福元门路，按图定之则吉。

且如中元甲子，宅母丙寅年生。就从中元甲子起坤。顺数丙寅至巽，是谓巽宅生人。游年起巽天五六，祸生绝延，福元门路，按图定之则吉。

客有诘予者曰：子之以福元定东西四位宅图也。信以人之生年为主，不以宅向为主矣。若父年东四位生人，而子年则西四位；兄年西四位生人，而弟年又东四位，则父宅子何以居，而兄宅弟何以居乎？曰：此自有截路分房法在也。凡宅大门，但取游年一法，应以家长为主，然大门非能尽主一宅之兆。由大门人，凡有一墙一门隔蔽，皆当从所开门起。且如至仪门处，便当从仪门算起。仪门外一层房，已不在数内，况居各院，开各门，自是各随生年定居。此一宅分各院之法，即有一父四子八孙，亦惟各修其福德所宜。震巽坎离生人，则修东四位一院；乾坤艮兑生

人，则修西四位一院。各修各居，何相悖之有？客曰唯唯，足解世说之惑。

三元甲子福德宫定局

弘治十七年以后为上元

甲子男坎女中寄艮	乙丑男离女乾
丙寅男艮女兑	丁卯男兑女艮
戊辰男乾女离	己巳男中寄坤女坎
庚午男巽女坤	辛未男震女震
壬申男坤女巽	癸酉男坎女中寄艮
甲戌男离女乾	乙亥男艮女兑
丙子男兑女艮	丁丑男乾女离
戊寅男中寄坤女坎	己卯男巽女坤
庚辰男震女震	辛巳男坤女巽
壬午男坎女中寄艮	癸未男离女乾
甲申男艮女兑	乙酉男兑女艮
丙戌男乾女离	丁亥男中寄坤女坎
戊子男巽女坤	己丑男震女震
庚寅男坤女巽	辛卯男坎女中寄艮
壬辰男离女乾	癸巳男艮女兑
甲午男兑女艮	乙未男乾女离
丙申男中寄坤女坎	丁酉男巽女坤
戊戌男震女震	己亥男坤女巽
庚子男坎女中寄艮	辛丑男离女乾
壬寅男艮女兑	癸卯男兑女艮
甲辰男乾女离	乙巳男中寄坤女坎

丙午男巽女坤	丁未男震女震
戊申男坤女巽	己酉男坎女中寄艮
庚戌男离女乾	辛亥男艮女兑
壬子男兑女艮	癸丑男乾女离
甲寅男中寄坤女坎	乙卯男巽女坤
丙辰男震女震	丁巳男坤女巽
戊午男坎女中寄艮	己未男离女乾
庚申男艮女兑	辛酉男兑女艮
壬戌男乾女离	癸亥男中寄坤女坎

嘉靖四十三年以后为中元

甲子男巽女坤	乙丑男震女震
丙寅男坤女巽	丁卯男坎女中寄艮
戊辰男离女乾	己巳男艮女兑
庚午男兑女艮	辛未男乾女离
壬申男中寄坤女坎	癸酉男巽女坤
甲戌男震女震	乙亥男坤女巽
丙子男坎女中寄艮	丁丑男离女乾
戊寅男艮女兑	己卯男兑女艮
庚辰男乾女离	辛巳男中寄坤女坎
壬午男巽女坤	癸未男震女震
甲申男坤女巽	乙酉男坎女中寄艮
丙戌男离女乾	丁亥男艮女兑
戊子男兑女艮	己丑男乾女离

庚寅男中寄坤女坎	辛卯男巽女坤
壬辰男震女震	癸巳男坤女巽
甲午男坎女中寄艮	乙未男离女乾
丙申男艮女兑	丁酉男兑女艮
戊戌男乾女离	己亥男中寄坤女坎
庚子男巽女坤	辛丑男震女震
壬寅男坤女巽	癸卯男坎女中寄艮
甲辰男离女乾	乙巳男艮女兑
丙午男兑女艮	丁未男乾女离
戊申男中寄坤女坎	己酉男巽女坤
庚戌男震女震	辛亥男坤女巽
壬子男坎女中寄艮	癸丑男离女乾
甲寅男艮女兑	乙卯男兑女艮
丙辰男乾女离	丁巳男中寄坤女坎
戊午男巽女坤	己未男震女震
庚申男坤女巽	辛酉男坎女中寄艮
壬戌男离女乾	癸亥男艮女兑

万历五十二年以后为下元

甲子男兑女艮	乙丑男乾女离
丙寅男中寄坤女坎	丁卯男巽女坤
戊辰男震女震	己巳男坤女巽
庚午男坎女中寄艮	辛未男离女乾
壬申男艮女兑	癸酉男兑女艮
甲戌男乾女离	乙亥男中寄坤女坎

丙子男巽女坤	丁丑男震女震
戊寅男坤女巽	己卯男坎女中寄艮
庚辰男离女乾	辛巳男艮女兑
壬午男兑女艮	癸未男乾女离
甲申男中寄坤女坎	乙酉男巽女坤
丙戌男震女震	丁亥男坤女巽
戊子男坎女中寄艮	己丑男离女乾
庚寅男艮女兑	辛卯男兑女艮
壬辰男乾女离	癸巳男中寄坤女坎
甲午男巽女坤	乙未男震女震
丙申男坤女巽	丁酉男坎女中寄艮
戊戌男离女乾	己亥男艮女兑
庚子男兑女艮	辛丑男乾女离
壬寅男中寄坤女坎	癸卯男巽女坤
甲辰男震女震	乙巳男坤女巽
丙午男坎女中寄艮	丁未男离女乾
戊申男艮女兑	己酉男兑女艮
庚戌男乾女离	辛亥男中寄坤女坎
壬子男巽女坤	癸丑男震女震
甲寅男坤女巽	乙卯男坎女中寄艮
丙辰男离女乾	丁巳男艮女兑
戊午男兑女艮	己未男乾女离
庚申男中寄坤女坎	辛酉男巽女坤
壬戌男震女震	癸亥男坤女巽

以上三元甲子，一百八十年而周，周而复始，自此千百万世，宅元福德起例，皆仿此。婚元起例，载在今历书后，其诀云：上元男七女五宫，中元男一女二宫，下元男四女五宫，男逆女顺见真宗，五位男坤女艮宫。

东四位宅图说并东四位生人用例

福元在震、巽、坎、离宫，为东四位生人，其吉星俱在震、巽、坎、离之方。门所宜开，路所宜行，房楼所宜高大，主人所宜居，若误用乾、坤、艮、兑，俱属凶星。是谓东四修西多不吉。故著东四位宅图说。

假如夫东四位生命，而妻则西四位，非如父子兄弟，可分各院居也，其居法当何如？若住北房，则夫居中间，而妻居西间，或东间乾艮皆宜。若住南房，则夫居东间、中间，而妻居西间，坤其所宜。若住东房，则夫居南间、中间，而妻居北间，艮其所宜。大抵夫妇福德不同，则当以夫为主耳。

东四位坎宫相生人：坎宫为正福德宫，一切门房井灶等项，皆从坎起。法曰：坎五天生，延绝祸六。

一、定福元宜居南房东间，上上吉。东房南间，上吉。北房中间亦吉。

一、定宅宜住坐北向南宅，上上吉。坐南向北宅，上吉。坐西向东宅，亦吉。惟坐东向西宅不宜居。不便修盖。以乾兑坤俱，不宜开门故也。若用截路分房法，亦可居。

一、定门宜走东南巽方，巳字辰字生气门，上上吉。正北坎方福德门，上吉。正南离方延年门亦吉。

一、定宅中所行路，宜由东方，上吉。

一、定井宜在宅东南辰巳方长生位，大吉。

一、定厨灶宜在宅东北，甲寅字五鬼方，大吉。

一、定碾磨宜在宅东北五鬼方，正西祸害方，大吉。

一、定牛马栏宜在宅东南生气方，大吉。

一、定放水宜在甲乙巨门方，巨门水去来皆可。

东四位离宫相生人：离宫为正福德宫，一切门房井灶等项，皆从离起。法曰：离六五绝，延祸生天。

一、定福元宜居南房东间、东房南间，俱上上吉。北房中间亦吉。

一、定宅宜住坐北向南宅，上上吉。坐南向北宅上吉。坐西向东宅亦吉。惟坐东向西宅不宜居。

一、定门宜走东南巽方，己字天乙门，上上吉。正北坎方壬字延年门，亦上吉。东方甲卯乙字生气门，亦大吉。

一、定宅中所行路，宜由东方，上吉。

一、定井宜在正东卯字方，长生位，大吉。

一、定厨灶宜在宅东北，甲寅字祸害方，大吉。

一、定碾磨宜在宅正西五鬼方，东北祸害方，大吉。

一、定牛马栏宜在宅正东生气方，大吉。

一、定放水避忌阴水只宜在乾破军方。

东四位震宫相生人：震宫为正福德宫，一切门房井灶等项，皆从震起。法曰：震延生祸，绝五天六。

一、定福元宜住东房南间，南房东间、俱上吉。北房中间亦吉。

一、定宅宜住坐北向南巽方，巳字门宅，上上吉。坐南向北坎方壬字门宅吉。坐西向东巽方辰字门宅亦吉。惟坐东向西宅不宜居。

一、定门宜走东南巽方延年门，正北坎方天乙巨门，俱上吉。正南离门亦吉。

一、定宅中所行路，宜由东方，上吉。

一、定碾磨宜在宅西南祸害方，西北五鬼方，大吉。

一、定井宜在宅南丙字长生位，大吉。

一、定厨灶宜在西方庚字，上大吉。

一、定牛马栏宜在宅正南生气方，大吉。

一、定放水宜在西方辛字庚字，上大吉。

东四位巽宫相生人：巽宫为正福德宫，一切门房井灶等项，皆从巽起。法曰：巽天五六，祸生绝延。

一、定福元宜居东房南间，南房东间，俱上吉。北房中间亦吉。

一、定宅宜住坐北向南巽门宅，上上吉。坐南向北坎门宅上吉。坐西向东巽门宅亦吉。惟坐东向西宅不宜居。盖因开大门不便，若用截路分房法，亦可居。

一、定门宜走东南巽方，巳字辰字福德门，正北坎方生气门，俱上吉。正南离方天乙门亦吉。

一、定宅中所行路，宜由东方，上吉。

一、定碾磨宜在宅西南五鬼方，西北祸害方，大吉。

一、定井宜在正北方长生位，大吉。

一、定厨灶宜在西方庚字，上大吉。

一、定牛马栏宜在正北生气方，大吉。

一、定放水宜在西方辛字、庚字，俱上吉。南方丁字亦可。

吉无凶何必广览，邪书胡谭，而乖阴阳之正理也。

第一若得生炁卦，青龙入宅旺田庄。生财万倍兴人口，家家无事保安康。

注曰：生炁是贪狼星。若宅中大房坐此星，或合卦。得此星谓青龙入宅，或宅上有青龙，见者百事吉。

第二合成天乙卦，黄蛇入宅是吉祥。儿孙迁官并加禄，生财兴旺后人强。

此段不在装卦内用，装卦爻诀内无天乙巨门之吉。盖凡天乙卦，阳配阳，阴配阴也。

天乙是巨门星。但人家大房坐此星，或合得此卦。谓黄蛇入宅，或宅上有生此蛇者，百事大吉。

第三合成延年卦，刺猬入宅喜吉祥。不出三年家豪富，牛马成群进宝庄。

注曰：延年是武曲星。若人家大房坐此星，或合得。此卦谓刺猬入宅，或宅上生此物，亦是百事大吉。

第四配合五鬼神，骡马倒死损财珍。三岁三番贼遍至，火光官事口舌频。

注曰：五鬼是廉贞星，若人家大房坐此星，或合得。

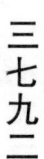

坐北向南离门宅

离。

四门正金属

第一层房六煞宜矮小

宜高大

小矮宜

第二房气高狼生层宜大

亦属金
裁路门分房

第一层六煞宜矮小

小矮宜

第二层又生狼延年高位之极或楼起大大宜宜

坐西向东震门宅

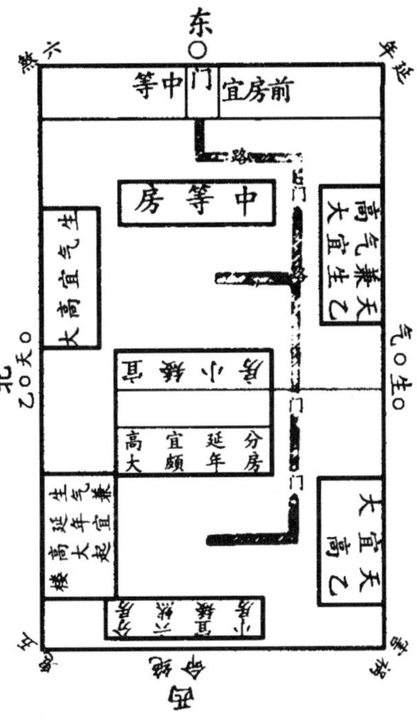

中门等
宜房前

中等房

兼气高生乙天宜大

高宜气气大生

小辅弼

延年分房宜高大

大宜高乙天

集气生延年宜大高起楼

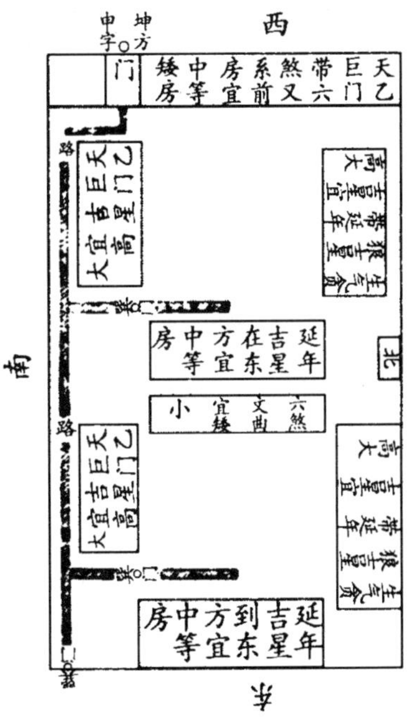

坐西向东巽门宅截路分房要系

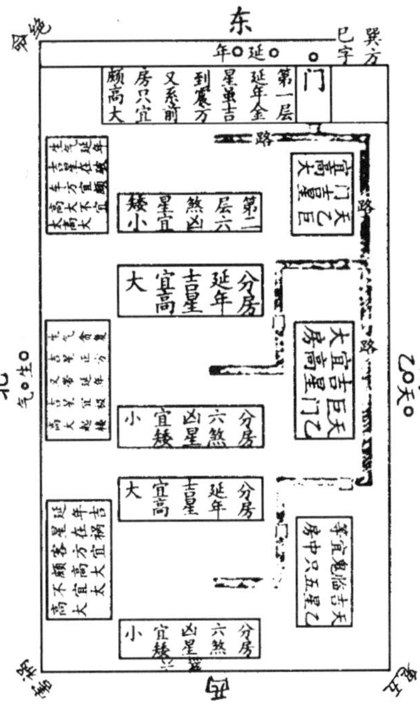

东

巽方
巳字

延年门第一层金又系到震吉星

房只宜高大

第二层星然凶矮小

延年分房宜高大

大宜巨门房高星乙

小宜矮星然六凶分房

大宜高尾星延年分房

小宜矮星然六凶分房

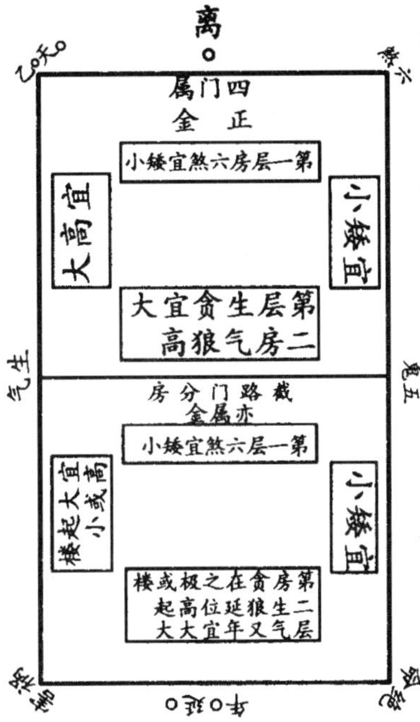

坐东向西宅东四位正大乾兑坤门
俱不宜本难修盖权宜造法如左

西

坤方
中字

中等房宜矮

系然带六又前房宜

天乙巨门

大宜高吉星乙

延年分房文曲小宜矮六煞

房中方等宜吉星延年

大宜高吉星巨门乙

房中方到东宜吉星延年

西四位宅图说并西四位生人用例

福元在乾、坤、艮、兑宫，为西四位生人。其吉星俱在乾坤、艮、兑之方。门所宜开，路所宜行，房楼所宜高大，主人所宜居。若误用震、巽、坎、离，俱属凶星。是谓西四修东必不祥。故著西四位宅图说。

假如夫西四位生命，而妻则东四位，其居法当何如？若住北房，则夫居两间，而妻居中间，坎其所宜。若住南房，则夫居西间，而妻居中间、东间，离巽皆宜。若住东房，则夫居北间，而妻居中间、南间，震巽皆宜。若住西房，则夫居中间，而妻居南间、北间，其安床大端，首向东南为可耳。

西四位乾宫相生人：乾宫为正福德宫，一切门房井灶等项，皆从乾起。法曰：乾六天五，祸绝延生。

一、定福元宜居西房西楼，上上吉。次居北房西间，福德吉。北房东间天乙吉。南房西间延年，亦可居。但房之中间未善耳。北房中一间，六煞文曲。南房中一间，绝命破军。

一、定宅宜住坐北向南坤门宅，坐南向北乾门宅，俱上吉。坐东向西乾门坤门兑门宅，俱上吉。坐南向北宅艮方丑字门，亦吉。坐西向东宅艮方寅字门，亦吉。

一、定门宜走西北乾方，亥字戌字福德门，西南坤方，未字申字延年门，上吉。正西辛字生气门，东北艮方寅字丑字门，亦吉。但不可正当艮字。别法谓之鬼门。

一、定宅中所行路，宜由西方，上吉。

一、定井宜在宅正西方长生位，大吉。

一、定厨灶宜在宅南方丙字，上大吉。

一、定碾磨宜在宅正东五鬼方，东南祸害方，大吉。

一、定牛马栏宜在宅正西生气方，上吉。

一、定放水宜在东方甲字乙字，北方壬字癸字，俱吉。

西四位坤宫相生人：坤宫为正福德宫，一切门房井灶等项，皆从坤起。法曰：坤天延绝，生祸五六。

一、定福元宜居西房西楼，南间北间，俱上上吉。北房西间、东间，南房西

间，亦吉。但房之中间未善耳。北房中一间，谓之绝命，南房中一间，谓之六煞。

一、定宅宜住坐北向南坤门宅，坐南向北乾门宅。俱上上吉。坐南向北艮方丑字门宅，坐东向西坤门兑门乾门宅，坐西向东艮方寅字门宅，亦上吉。

一、定门宜走西北乾方亥字戌字延年门，西南坤方未字申字福德门，上吉。东北艮方丑字寅字门，亦吉。但不宜正当艮字。别法谓之鬼门。

一、定宅中所行路，宜由西方，大吉。

一、定井宜在东北方长生位，大吉。

一、定厨灶宜在宅北方癸字，上大吉。

一、定碾磨宜在宅正东祸害方，东南五鬼方，大吉。

一、定牛马栏宜在东北生气方，大吉。

一、定放水宜在东方甲字乙字，北方壬字癸字，俱吉。

西四位艮宫相生人：艮宫为正福德宫，一切门房井灶等项，皆从艮起。法曰：艮六绝祸，生延天五。

一、定福元宜居西房西楼，俱上上吉。北房西间、东间，亦吉。南房西间亦可居。但房之中间未善耳。北房中一间谓之五鬼，南房中一间谓之六煞。

一、定宅宜住坐北向南坤门宅，坐南向北乾门宅，坐南向北艮方丑字门宅，坐东向西坤兑乾门宅，坐西向东艮方寅字门宅，亦上吉。

一、定门宜走西北乾方亥字戌字天乙门，西南坤方未字申字生气门，俱上吉。东北艮方丑字寅字福德门，亦吉。但不宜正当艮字。别法谓之鬼门。

一、定宅中所行路，宜由西方，大吉。

一、定井宜在西南长生位，大吉。

一、定厨灶宜在宅东方乙字，上大吉。

一、定碾磨宜在宅正南祸害方，正北五鬼方，大吉。

一、定牛马栏宜在宅西南生气方，大吉。

一、定放水宜在南方丙字丁字，俱上吉。

西四位兑宫相生人：兑宫为正福德宫。一切门房井灶等项，皆从兑起。法曰：兑生祸延，绝六五天。

一、定福元宜居西房西楼，上吉。次居北房西间，生气贪狼；南房西间，天乙巨门；北房东间，延年武曲，亦吉。但房之中间未善耳。北房中间祸害，南房中间五鬼。

一、定宅宜住坐北向南坤门宅，坐南向北乾门宅，俱上上吉。坐南向北艮方丑字门宅，坐东向西坤门乾门兑门宅，坐西向东艮方寅字门宅，亦上吉。

一、定门宜走西北乾方，亥字戌字生气门，西南坤方未字申字天乙门，上吉。次定宜走东北艮方，丑字寅字延年门，亦吉。但不宜正当艮字。别法谓之鬼门。

一、定宅中所行路，宜由西方，上吉。

一、定井宜在西北方长生位，大吉。

一、定厨灶宜在北方癸字，大吉。

一、定碾磨在正东方绝命破军，正南方五鬼廉贞，吉。

一、定牛马栏宜在西北方生气贪狼，大吉。

一、定放水宜在南方丙字丁字，上吉。

西四位宅图

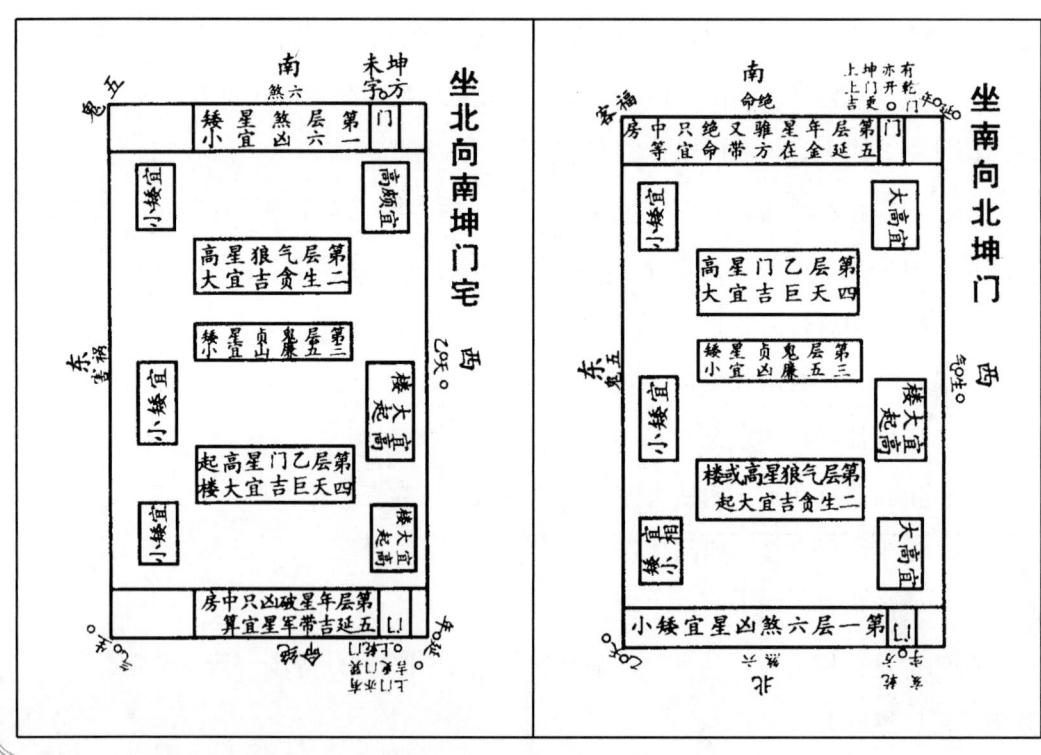

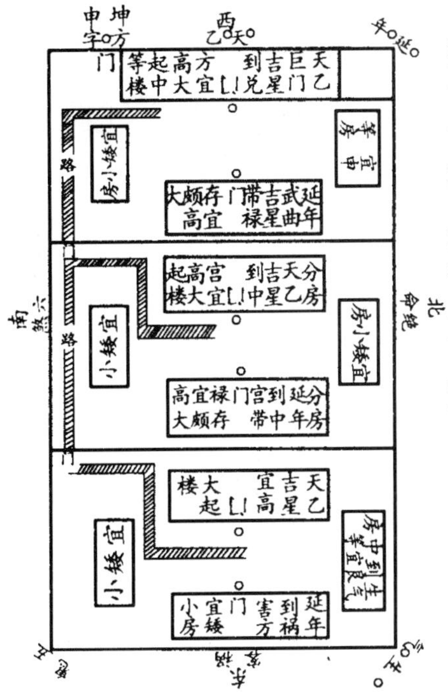

坐东向西乾门宅截路分房要紧

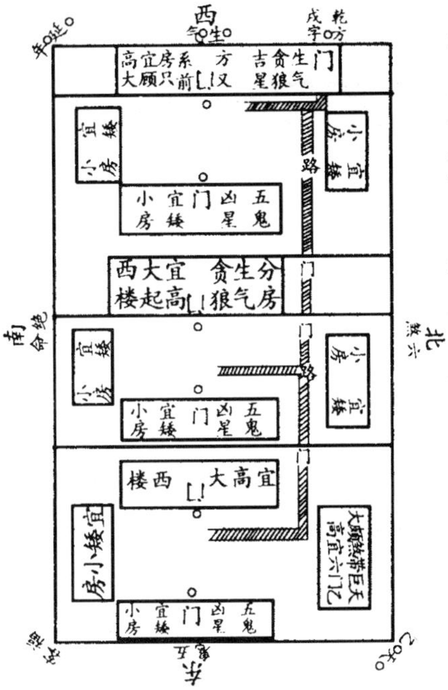

高宜房系方吉贪生门
大顾只前又星狼气

小宜楼

小宜门凶五
房矮星鬼

西大宜贪生分
楼起高狼气房

小宜
房矮

小宜门凶五
房矮星鬼

楼西大高宜
起门

大顾楼存巨天
高宜六门乙

小宜门凶五
房矮星鬼

坐东向西坤门宅截路分房要紧

门等起高方到吉巨天
楼中大宜门乙

房小楼宜

大顾存门带吉武延
高宜禄星曲年

起高宫到吉天分
楼大宜门中星乙房

房小楼宜

小楼宜

高宜禄门宫到延分
大顾存带中年房

楼大起门宜吉天
高星乙

房甲宜到生
星乙良房

小楼宜

小宜门害到延年
房矮方祸

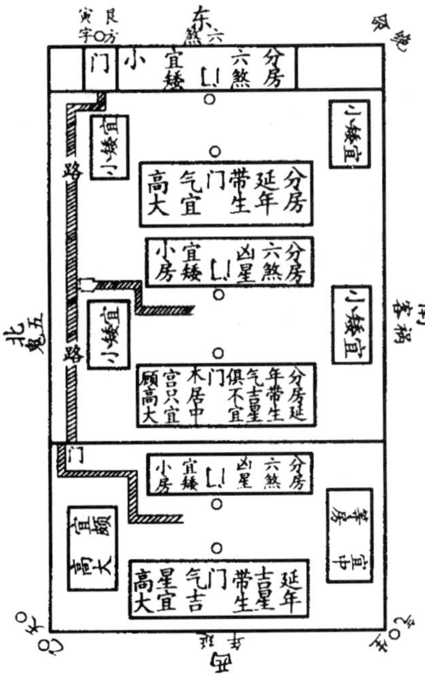

坐南向北艮门宅截路分房要紧

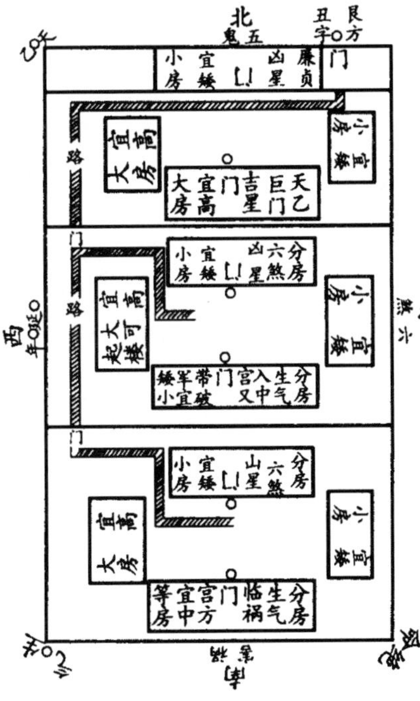

小宜门凶廉
房矮星贞

大宜高房

小宜楼

大宜门吉巨天
房高星门乙

小宜门凶六分房
房矮星然房

小宜楼

起宜高楼大可

等军带门宫入生分房
小宜破又中气

小宜门山六分房
房矮星然

小房

大宜高房

等宜宫门临生分
房中方祸气房

坐西向东艮门宅截路分房要紧

门小宜六分
楼矮然房

小楼宜

高宜门带延分
大气生房

小宜门凶六分房
房矮星然房

小楼宜

俱气门年带生
顾宫只吉星
高只宜木居年门分房
大中不宜

小宜门凶六分房
房矮星然房

辛房宜
中

门小宜六分
房矮然房

宜顾
高大

高星气门带延
大宜吉年星

三七九七

第二十六章　堪舆汇考二十六

《阳宅十书》二

论大游年第三

　　天上九星，为地下之九宫，司人间祸福，其应如响。然吉星惟三，凶星乃六。若吉星不得地处，亦皆反凶。益见求福之难，免祸之不易也。若不精术慎造，焉得乎吉。故论大游年第三。

乾六天五，祸绝延生。

坎五天生，延绝祸六。

艮六绝祸，生延天五。

震延生祸，绝五天六。

巽天五六，祸生绝延。

离六五绝，延祸生天。

坤天延绝，生祸五六。

兑生祸延，绝六五天。

吉星三

生者，生气星、贪狼星也。　　一木

延者，延年星、武曲星也。　　一金

天者，天乙星、巨门星也。　　一土

凶星五

祸者，祸害星、禄存星也。　二土

六者，六煞星、文曲星也。　一水

五者，五鬼星、廉贞星也。　一火

绝者，绝命星、破军星也。　二金

辅弼者、一名伏枏互重房也。二木

兴废年

生气辅弼亥卯未，延年绝命巳酉丑，天乙禄存四土宫，五鬼凶年寅午戌，六煞应在申子辰。

大游年方位十二宅

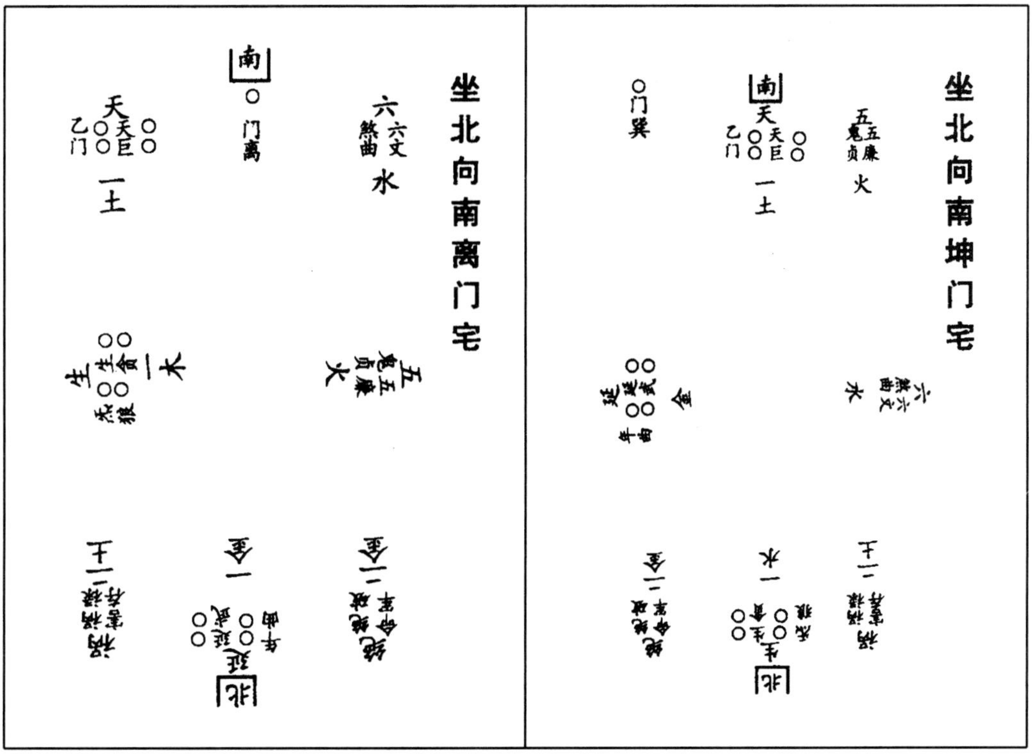

坐北向南坤门宅

南
○门巽

○○
天天巨
乙门
一土

五鬼廉贞火

六文煞文曲水

延○○○
年午申酉
金

水

○○○○
上甲癸子
十一

○○○
非未坤申
十二

坐北向南离门宅

南
○门离

○○
天天巨
乙门
一土

六文煞曲水

五鬼廉贞火

生○○○
生气贪狼
木

○○○
上壬亥
十一

○○○
非丑艮寅
十二

○○○
甲卯乙
十

坐南向北乾門宅

南

生气
生气貪狼　木

延年
延年武曲　一金

絕命
絕命破軍　二金

禍害
禍害祿存　二土

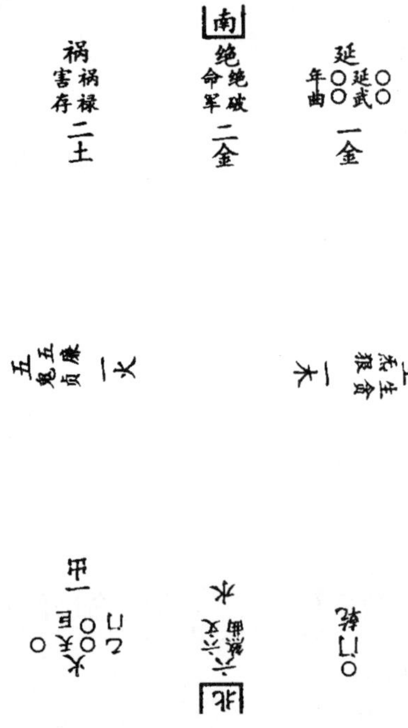

坐北向南坤門宅

南

門坤

六然曲　六文水

五鬼　五廉貞火

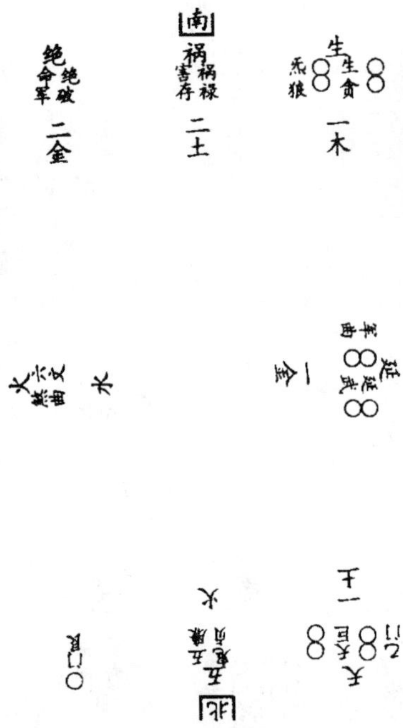

坐南向北坎門宅

南

絕命
絕命破軍　二金

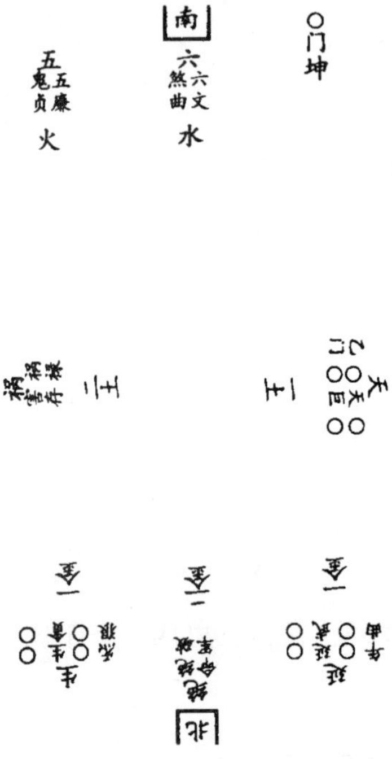

禍害
禍害祿存　一土

延年
延年武曲　年曲　一金

坐南向北艮門宅

南

生气
生气貪狼　一木

延年
延年武曲

絕命
絕命破軍　二金

禍害
禍害祿存　二土

生气貪狼　生貪　一水

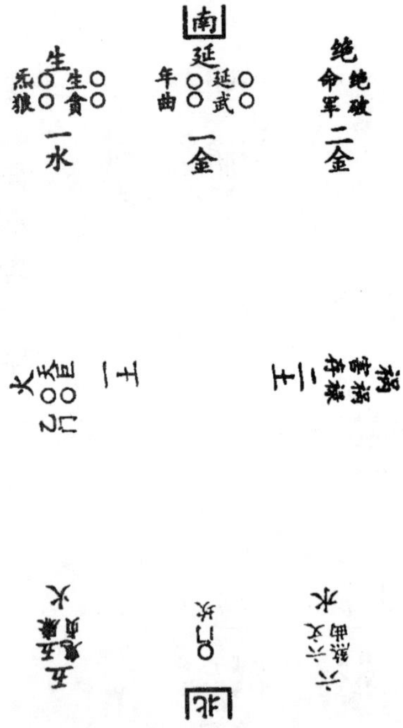

坐东向西兑门宅

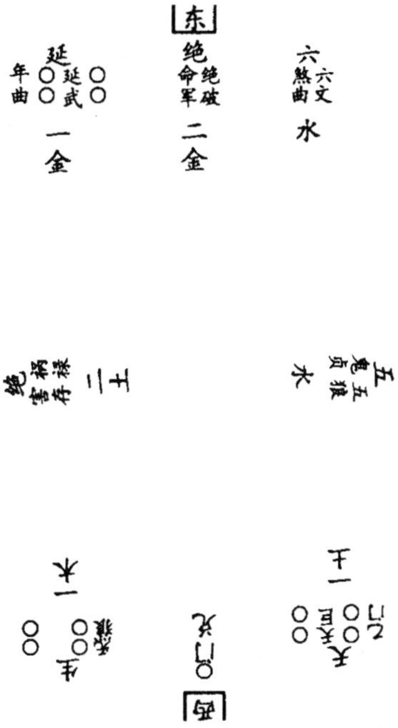

东 绝命军破 二金

延武 延武 一金

六文 熟 水

坐东向西坤门宅

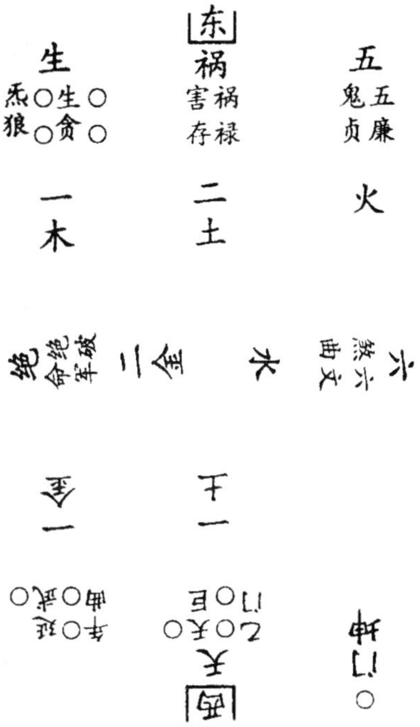

生 生贪 一木

东 祸 祸害 禄存 二土

五鬼 五廉贞 火

坐西向东震门宅

东 〇门艮

延武 延武 年曲 金

大六文 熟曲 水

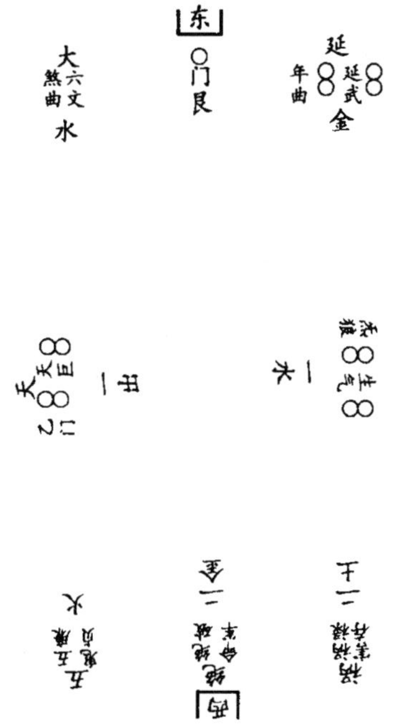

坐东向西乾门宅

西 五鬼 五廉贞 火

祸 祸害 禄存 二土

六文 熟曲 水

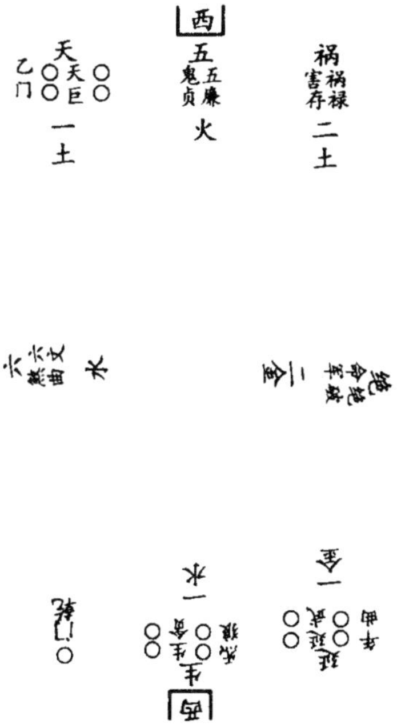

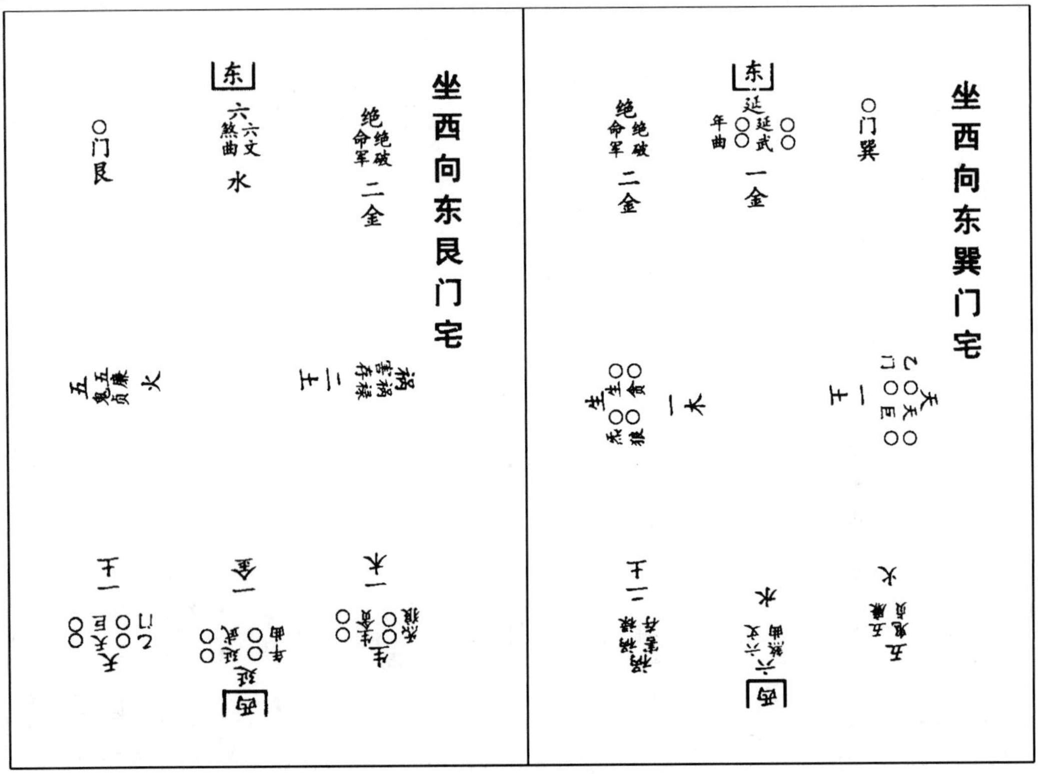

坐西向东巽门宅

东 延延武 年曲

绝绝破 命命军 二金

○○ 门巽

乙门巳 天天乙

坐西向东艮门宅

东 六煞曲 六文水

绝绝破 命命军 二金

○门艮

五鬼廉 五贞火

祸祸 害存禄

图　说

凡宅舍按大游年，以周围八方主之。如乾上开门，坎为六煞凶星。虽得其位，房不宜高大。艮为天乙吉星，此房若有高大房屋，星得其位，又生乾门，主大吉。震为五鬼凶星。火入木方，宫生其星，反助其凶，又克乾门，房若低小为妙。若高大，主大凶。巽为祸害凶星，乃宫克其星，房若低小无凶。离为破军凶星，金入离宫，宫又克星，房若低小无害。坤为延年吉星，乃宫生星，星生门，房屋高大，乃大吉利之宅。兑为生气吉星，星虽吉，宫克星，门又克星，房只宜中，主吉。西四位生人，须宜西方西楼，稍偏南偏北，俱可入宅。按图修造，吉星宜高，凶星低小，乃富贵绵远，子孙兴旺之宅。

九星祸福诀

伏位天乙无祸殃，生气延年见吉祥。

五鬼廉贞凶要见，定损人口见灾殃。

六煞文曲壬癸水，见伤六畜在宅中。

绝命定损人口苦，祸害见之定不祥。

此是九星定祸诀，后学广览细参详。

摇鞭断宅诀

入乾克震伤长子，火见天门损老公。

木来克土少男弱，巽入坤宫母离翁。

兑克震巽长男死，坤坎中男命不存。

离乾老公主不久，巽坤老母寿难丰。

坎艮小口多疾病，离艮阴人搅家逢。

艮震坠胎伤人命，艮巽风病主不长。

离兑火光伤少女，产痨咳嗽病重重。

贪狼不入乾兑宫，长子先亡损老公。

田蚕财宝无人管，寡妇堂前放哭声。

巨门不入震巽宫，先损家财后伤人。

巨门临到少男位，禄存受克损阴人。

文曲交入坤艮宫，主伤妇女有逃宗。

艮克文曲伤男子，坤克文曲损女人。

坎宫受克中男死，水宫土到入黄泉。

父母双全儿孙灭，寡妇房中受熬煎。

震宫受克武破军，长子先损后亡身。

儿孙辈辈先亡父，寡妇家财定无人。

武破临巽长妇亡，无妻寡妇守空房。

子孙辈辈先亡母，阳旺阴衰死婆娘。

离宫最忌文水凶，阴人先次产痨空。

水火相煎无财宝，败散妻子损人丁。

艮宫木克子孙稀，五男又险二人归。

肿病少亡无休歇，儿孙后代受孤恓。

乾宫受克火来侵，家长痨病去年尊。

老母堂前多带孝，儿孙去妇数年春。

廉贞不入坎水宫，奔井投河远乡人。

长子颠狂贼盗险，军兵苦死落他人。

坤宫老母木相逢，肿病肚胀又残聋。

子孙辈辈先亡母，损妻伤妇产痨凶。

兑为少女怕廉贞，产痨先次损阴人。

喘女咳嗽多痨病，火金相克不容情。

辅弼二木来乾兑，人口主灭家财退。

中宫木位最险凶，也须老母当家计。

五鬼制爻

鬼星入木爻相凶，口舌贼盗紧来通。

家中刁泼图喇汉，妻财老小不安宁。

小人口舌时时有，家中必定有灾迍。

鬼星入火是本宫，比合鬼星进宅中。

田宅财宝无人管，阴旺阳衰妇主门。

六畜生癫财不旺，家中长有寡居人。

鬼星在金不安康，官灾六畜有损伤。

少女阴人灾星至，火光盗贼紧连连。

宅上邪鬼入宅院，不久家中闹喧喧。

鬼星入水少年亡，水火相煎闹攘攘。

退财失火年年有，六畜倒死在栏房。

四季常逢人口闹，田宅口舌官灾连。

鬼星入木位相生，星中克土不安康。

猫狗不在逃走去，少年老母常病生。

瘫痪鬼冲病缠身，宅中必出瘫痪人。

坤离巽兑纯是阴，寡妇宅上闹峥嵘。

阴克阳时灾星至，阳旺阴衰妇女空。

六畜不旺田蚕见，夜梦颠倒一场空。

伏阴衰阳噎疾病，大小人口有灾迍。

儿孙辈辈克伤父，寡妇房中受熬煎。

亲人争的田土去，阴人受气泪连连。

痨嗽家长心害怕，不久时时见阎君。

乾坎艮震纯阳宫，先吉后凶在宅中。

阳旺阴衰落胎病，小口个个女人空。

六畜宅上频声叫，田蚕财宝不能兴。

三年九岁却还贫，伏阴还阴噎食病。

大小人口有灾迍，老公宅上正不见，

重聚阴人在宅中。

五鬼点头

一鬼逢金杀子孙，定损牛羊火光生。

逢阳伤阳阳不旺，逢阴伤阴阴不兴。

年年田蚕皆不吉，岁岁六畜损伤凶。

二鬼逢水病疾多，家中忤逆不安和。

年年上下熬煎苦，堪堪不久见阎罗。

三滞伤风到土间，家中阴人专主权。

孙子不和生奸狡，终成绝败苦难言。

金至火宫两熬煎，定生邪魔宅内缠。

老公离母胡生事，人财败散苦连连。

内克外爻贼不来，外克内爻伤主多。

金木凶死病颠狂，水火相交每岁煎。

木土定加伤脾胃，火金房蛊祸相缠。

相生富贵相通旺，相克祸败痛灾侵。

五鬼穿宫

廉贞入乾兑，小口定灾伤。

重重损五口，家中不安康。

廉贞入水乡，次子遭灾殃。

长子小口死，累累病多伤。

廉贞震艮间，每岁盗贼连。

家中财失散，每岁受熬煎。

廉贞到本宫，每岁二房荣。

长男权柄事，合家富贵亨

廉贞入巽坤，六畜损伤痛。

西南损五口，东北伤二人。

破军凶煞

破军不可见金官，

比合虽有不为荣。

子孙多病无安泰，

宗嗣绝时家亦倾。

破军见水阴人盛，

每岁蚕丝不见成。

辈辈儿孙多少死，

每岁熬煎定灾殃。

破军见木长男亡，

后来绝败坏家声。

生分忤逆抛家业，

连绵疾病不安康。

破军见火次女亡，

无妻寡汉坐空堂。

男儿辈辈先劫火，

岁岁家中有灾殃。

九星断宅

六煞阴人死，走狗火焚庄。

官事六畜损，阴人不久常。

相生贼火有，犯克也不祥。

天乙是福神，建宅三子生。

相克死二子，置田三段成。

善人家中有，念佛好看经。

花蛇入宅吉，百事称心情。

五鬼乱火贼，阴人少有伤。

家中小口命，是死五口人。

贼火伤五次，点点暗三场。

赤蛇号头公，家中见不祥。

祸害阴人死，见死有三人。

风病兼秃瞎，家中怪梦惊。

弟兄多不和，虫蛇入宅中。

相生祸事少，相克定见凶。

绝命生凶星，长房有灾迍。

明五暗六盗，三火九伤人。

红花蛇虫见，家内不安宁。

延年号武曲，小房多发积。

白蛇入宅中，刺猬多大吉。

生产必是男，遇克多受制。

其家渐渐兴，小口多灾病。

生气贪狼星，五子在宅中。

其家人口有，青蛇入宅中。

万事多大吉，生财渐渐兴。

相生多称意，相克半中平。

九星明断诀

贪狼清高富贵，身荣广置田庄。

妻贤子孝有余粮，子孙聪明俊爽。

儿孙及第状元郎，辈辈为官出相。

巨门美貌端正，妻贤敦厚文章。

田蚕万倍有余粮，文官良工巧匠。

也出高僧高道，牛羊骡马成行。

堪堪金榜选名扬，直至为官拜相。

禄存喑哑疯痴，头秃眼瞎残疾。

人丁离散走东西，家产钱财不聚。

遭刑自缢离祖，肿病腰腿难医。

舍居守寡受孤危，小房渐渐逃去。

文曲逃移疾病，事乱落水交杂。

田蚕败散绝根芽，不免妻儿守寡。

遭刑自缢离祖，钱财一似风砂。

生灾小口不荣华，累年渐渐消乏。

廉贞出贼颠疯，长房在外作凶。

投军不止更迁民，妇女离乡外聘。

吐血瘟瘴疾病，田宅破散无踪。

赌钱吃酒不顾身，累年渐渐逃奔。

武曲子孙大旺，辈辈文章聪明。

妻贤子孝敬双亲，男女个个端正。

小房荣华到老，为官渐渐高升。

破军少亡苦死，田宅却与别人。

长房小房受饥贫，疥癫疔疮残疾。

军寇盗贼不止，更迁别处为民。

义儿女婿拜坟茔，奔井投河缢刃。

辅弼二星作乱，阴人寡妇当家。

更兼盗贼定生涯，师婆端公邪法。

田宅祖业不守，父南子北离家。

外郡迁居乱如麻，祸福阴阳造化。

五行生克诀

金入木宫

金入震巽，金为星，震巽为宫。金在上，木在下，是星克官。身稍受克。金入震宫伤长男，金入巽宫伤长妇。金木凶死生，颠狂之疾，筋骨疼痛，腰腿生痛。金克震，多喘痨，男多凶死；金克巽，主咳嗽，妇人眼患。不论武曲破军。

金入水宫

金入坎，金为星，坎为宫。金在上，水在下，是星生宫。金能生水，主兴隆人口，平安福禄，增资财进，盛六畜，茂儿孙繁衍。此指武曲而言，若是破军，凶多吉少。

金入火宫

金入离金为星火为宫。金在上，火在下，是宫克星，发凶尤甚。根身受克，资财速退，家业空虚，子孙绝败。乾金入武曲，俱伤阳。兑金与破军，俱伤阴。主生痼疾、咳嗽、喘闷，妇人产痨、血崩，盖因火能炼金，家不从容，人多疾病。

金入土宫

金入坤艮，金为星，土为宫。金在上，土在下。是宫生星，土能生金，家业兴，人财两样永兴隆。生男有四，儿孙茂，后代兴旺百千春。土能生金，入阴土终必埋没，反无生意。

金入金宫

金入乾兑，武曲破军为星，乾兑为宫。武曲入乾兑，二宫是比肩。资财增盛，六畜繁衍，人口平安。武曲入乾兑，俱是阳，入阴宫，多生男。破军入乾兑，多主凶事，财帛退散，六畜损伤，田蚕虚耗，绝嗣覆宗，子孙败亡，寡妇当家多疾，女人重阴入阴哭声吟吟。男孤女寡子孙无踪。

木入金宫

乾兑为宫，贪狼木为星。木入于乾兑，是木在上，而金在下，乃宫克星。根身受克，木入乾宫伤阳，木入兑宫伤阴，贪狼虽吉不吉，不宜入乾兑内。先吉后凶，相克半中，平之谓也。三十年后人财退散，男女主生痛滞、咽喉病痛、心胸膨闷，或自缢。或吐血，寡妇峥嵘。筋骨疼痛，腰脚之灾。木被金克，瘦痨黄瘅之患。

木入木宫

震巽为宫，贪狼为星。木入木宫，是贪狼。其家兴旺，广进田庄，子孙繁衍，家道茂盛，人口平安，百事顺利。

木入水宫

坎为宫，贪狼为星。贪狼入于坎宫，木在上，水在下，是宫生星，木水养。根身茂盛，主生五个儿郎，钱财大旺，六畜兴旺，田蚕倍收，粟米盈仓，永膺吉庆。贪狼一木是福星。又逢坎，水必亨通。六畜资财生意广，儿孙茂盛益绳绳。

木入火宫

离为宫，木为星。木入离宫，是木在上，而火在下。乃星生宫，田蚕兴旺，人口平安，资财茂盛，六畜盈栏。木虽生火，又恐火旺，盖是木上火下，则必烧尽木根而绝嗣，此又不可不知。

木入土宫

坤艮为宫，贪狼为星。贪狼入于坤艮，宫是木在上，土在下，乃星克宫。身稍受克，其家财物渐渐消退，土被木克，脾胃相伤，噎转病症，人多瘦弱面黄，六畜不旺，田蚕不收，又主疥癞之疾。

水入金宫

乾兑为宫，文曲为星。文曲入于乾兑宫内，水在上，金在下，是宫生星。六煞主事，六煞虽凶，其宫相生，资财六畜，始顺利而终绝败。阴人主事，乱业胡为，官司口舌，阴症相随，妇人多病。

水入木宫

震巽为宫，文曲为星。文曲入于震巽宫，水在上，木在下，是星生宫。六煞虽凶，吉星相顺，六畜亦旺，资财亦兴，人口亦安，田蚕亦盛，厥后不免寡妇当家。

水入水宫

坎为宫，文曲为星。文曲入于坎宫，是水入水宫。壬癸太重，家业飘零，男早丧，子孙稀，水蛊疾病肚肠，肿面皮黄，子孙漂蓬，六畜倒死，田宅虚耗。

水入火宫

离为宫，文曲为星。文曲入于离宫，水在上，火在下，是星克宫。名为水火相煎。官司口舌，邪鬼为殃，贼盗火光，六畜倒死，家业空虚，人口灾害，先伤中男、中女，后死小儿。老母眼目昏。火遭水克，产痨病，肾水伤身，水来克火、多主肾冷，因火被水，克火。连心痛、血崩疮。水制火，伤吐浓血，咽喉暗哑、绝妻损子。

水入土宫

坤艮为宫，文曲为星。文曲交入坤艮宫中，水在上，土在下，是宫克星。根身受克，六畜倒死，钱财不旺，田蚕不收，官司贼盗，人离财散，百灾竞起。土克水，风狂灾，面色痿黄，或瘦痨、腹肿之患，或噎食水蛊之灾。人口逃移。交入坤宫，主伤妇女。交入艮宫，主伤男子。水入坤，从阴入阴，哭声吟吟。水入艮，从阴入阳，哭声忙忙。家业败，子逃亡。

火入金宫

乾兑为金宫，廉贞为火星。廉贞入于金宫，是火在上，金在下，乃星克宫。入于兑宫，先伤少女，五鬼势恶，主有心痛，咳嗽，血光，肺痨之患。面色黄干产痨死。入于乾宫，多伤家长，官司刑陷，血光横死，金被火伤，口舌是非，火金相克不从容。

火入木宫

震巽为木宫，廉贞入于震巽中。火在上，木在下，是宫生星，但廉贞势大，木

虽生火，不见吉祥。反招凶。主田宅退散，盗贼连连，忤逆凶徒，上下不顺，资财耗散，老幼不安。木能生火反不生，身稍受克，祸频频，官司口舌，年年见，吃酒行凶打死人。

火入水宫

坎为水宫，火入水宫。火在上，水在下，是宫克星，譬如一点飞雪入红炉，点到即化定无余。资财大散家业破，火光事去又复来。人口灾害官事叠，见火遭水克眼疾。病心痛、吐血、产难、禁下元冷。水制火，伤瘦痨、病吐脓，先亡中男、少男，次亡家长。水火交战灾竞起，重重寡妇闹峥嵘。

火入火宫

离为火宫，廉贞星入于离宫。火焰腾发凶尤速，六畜田蚕不旺，阴人寡妇当家，心痛吐血火烧家。疥癞疮疾难化，中女阴人多病家，长痨病交杂。此合鬼星管事，人人破财离家，寅午戌年绝根芽。此是鬼星造化。

火入土宫

坤艮为土宫，廉贞星入于坤艮宫中。火在上，土在下，是星生宫。但火为五鬼凶星，多凶少吉。火星入坤，老母先亡。火星入艮，少男辞世，瘫痪缠身，疮痢多移，庄田退散，六畜逃失，奴走难寻，家业凌替。

土入金宫

乾兑为金宫，巨禄为土星，入于乾兑宫甲，土在上，金在下，是星生宫。但土有不同，禄存为阴土，土虽生金，戊己多终必埋没。田蚕不旺，财帛不兴。祸害入兑阴人死，祸害入乾男子亡。若是巨门星入于乾兑宫中，资财大旺，六畜繁兴，田蚕茂盛，子孙振振。

土入木宫

震巽为木宫，土星入于木宫，土在上，木在下，是宫克星。根身受克，灾害必重。禄存受克伤阴人，巨门受克，伤男子。家业零替，牛羊倒死，田蚕不收，人口灾害。巨土受克肿蛊残噎，病盲聋，脸面黄，脾土不和，胃气冲心。禄存受克，风病难动履，耳聋兼秃瞎。

土入水宫

坎为水宫，土入坎宫。土在上，水在下，是星克宫。星宫不顺，身稍受克。家业飘零，子孙亡败，六畜倒死，田蚕虚耗。土来水宫，风病之灾，面色黄瘦，痨腹肿，病难当失言喑哑，噎食，病水蛊，病生黄肿，灾脚痛腿疼难医治，耳聋伤肾病难挨。

土入火宫

离为火宫，土入火宫。土在上，火在下，是宫生星。星宫相顺，富贵资财，钱财大旺，六畜茂兴。田蚕倍收，米谷盈仓。火能生土，福绵绵，牛羊孳畜遍山冈。人口平安常吉庆，后代儿孙广进田。此指巨门土，说若禄存土，凶多吉少。

土入土宫

坤艮为土宫，巨禄星到坤艮，是土入土宫。巨土到艮伤少男，到坤伤老母，禄存到坤艮俱伤。阴土生万物，号为财土入土宫。重土埋，资财耗散人多病，少年老母立见灾。土多必主噎转膨胀之灾，土虚必有残疾之病。天有九星，地有九宫，星宫相生，主富贵资财，人丁豪旺。星宫相克，主人口不利，资财不兴，主凶。

论穿宫九星第四

大游年既主方位，又主层数。方位虽吉，而层数之中，若宜高者下，宜下者

高，则凶者固凶，而吉亦变凶。此不可不为之亟论，故论穿宫九星第四。

附：截路分房说

近世术者，概以大门定宅吉凶，不知大门止是游年一节。宅中所居，祖孙、父子、兄弟、男女众多，其祸福岂一大门能定？此截路分房之法所关，最为切要。其法凡宅中有墙隔断，墙间开有门，其九星即当从此处起，与别院并无关涉。且如大门在巽，仪门在离，则游年与穿宫俱从离起，游年则数离六五绝、延祸生天，穿宫则离门四正属金，进门第一层房属六煞，第二层房属贪狼，与仪门外绝不相关，余仿此。故一宅之内，各分各院，各取吉凶，此宅法中第一紧要之诀。今穿宫图虽列于后，惟自其无墙无门隔断者，大略开载之耳。若凡有墙有门隔断，则更端别起，故截路分房法当与穿宫法变通应用，学者慎详。

若房层数中间，但有门墙隔断，即以截路分房论。

穿宫十二宅图

			南			
			坐南朝北开乾门图			
长生五鬼	巳	武曲延年	壬	长生天乙		
辰	宜武高曲	延金五年		申		
乙	宜巨高门	天土四乙		庚		
绝命五鬼	宜廉小贞	五火鬼三		兑祸生气		
甲	宜贪高狼	木生二气		辛		
祸害	宜文低曲	水六煞一		戌		
卯延年	丑	癸	坎壬 煞六	亥	乾 门	
			北			

图说

坐南向北开乾门者，若得第二层、四层、五层房屋高大，乃为吉庆。财禄大发。若得艮坤二方房屋高大，富贵久远，子孙茂盛。若头一层房朝内开门，宜就前图层数论。若头一层房俱朝外开门，当以二层起六煞，三层起贪狼，四层起五鬼，五层属天乙，六层属延年，后仿此。

坐南朝北开坎门图

南

宜高	武曲	延年	金	六
宜高	巨门	天乙	土	五
宜低	廉贞	五鬼	火	四
宜高	贪狼	生炁	木	三二
宜低	文曲	六煞	水	
宜中		金	一	
癸	坎门壬			

北

图　说

坐南向北开坎门者，乃水火不相射。因坐上含延年吉星。若得三层五层房高大，主世出魁元，子孙兴旺，富贵之宅。

此宅贪狼乃吉星。喜高大，但不宜贪狼木星在宅之中宫，有犯木入中宫反不吉也。须以截路分房，或向南多盖几层，活法处之。务令贪狼不属中宫，乃可耳。

坐西朝东开艮门图

西

宜低	交曲	六煞	木	六
宜高	武曲	延年	土	五
宜高	巨门	天乙	火	四
宜小	廉贞	五鬼	木	三
宜高	贪狼	生炁	水	二
宜低	文曲	六煞	金	一
辰	乙	震煞六	甲	寅门艮

图　说

坐西向东开艮门者，乃土金相生。主男女夫妇和合，为生合之妙。若得二四五层房屋高大，及乾兑方房高大，主富贵不可言。子孙茂盛，六畜牛羊大旺。但艮方为鬼门，只宜在丑寅字上开，不宜正当艮字。若头一层房朝里开门，就依前图层数，若头一层房俱朝外开门，当以二层为六煞，三层为贪狼，四层为五鬼，五层属天乙，六层属延年，后仿此。

坐西朝东开震门图

西

	申	庚	酉辛	戌	乾亥
坤未	宜高 武曲	木 延年	六		亥
未	宜高 巨门	土 天乙	五		壬
丁	宜低 廉贞	火 五鬼	四		坎乙
丙	宜高 贪狼	木 生炁	三		癸
巳	宜低 文曲	水 六煞	二		丑
巽辰延	宜中	金	一		艮寅
	辰	乙	震〇山辛	寅	

金

图　说

坐西向东开震门者，若得三层五层房高大，及离方房高大，主吉祥富贵之兆。此宅贪狼乃吉星，宜高大。若正居中宫，恐是木入中宫，宜详之。

坐北朝南开巽门图

南

	巽〇山巳	丁未	午	丙	
辰					申
乙					庚
震延					兑六煞
甲					辛
艮寅					戌
	丑	癸 坎生	壬	亥	乾

北

图　说

坐北向南开巽门者，水木相亲若修一二四层，及离坎二方房高，大发富贵，子孙万辈兴旺。

坐北朝南开离门图

图　说

坐北向南开离门者，水火既济，男女荣贵，夫妇和谐。若得三五六层，及坐上高大房屋者，吉不可言。再得坎巽二方房屋高大，极富贵之兆。

坐东朝西开兑门图

图　说

坐东向西开兑门者，若得一层、三层房屋高大，再得五层六层房屋高大，主大富贵。若坤方天乙巨门土星房高，兼艮方武曲延年金星房屋高大，俱大吉利之宅。

西
坐东朝西开坤门图

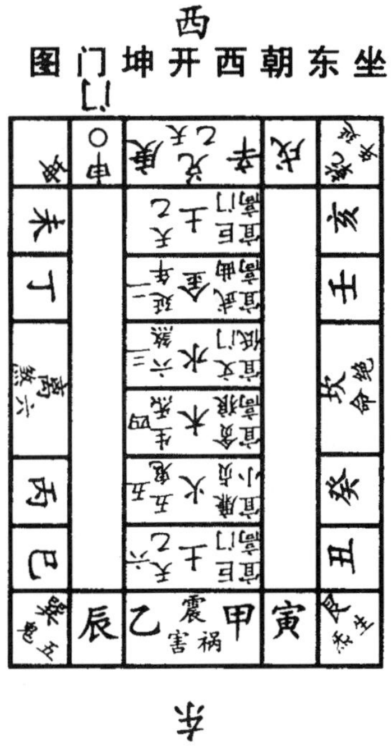

山

图说

坐东向西开坤门者，土木相亲。内含六煞五鬼凶星。若得一二层四层六层房屋高大，又兼乾兑二方高大，主富贵平安，财畜大旺，子孙茂盛。

南
坐北朝南开坤门图

北

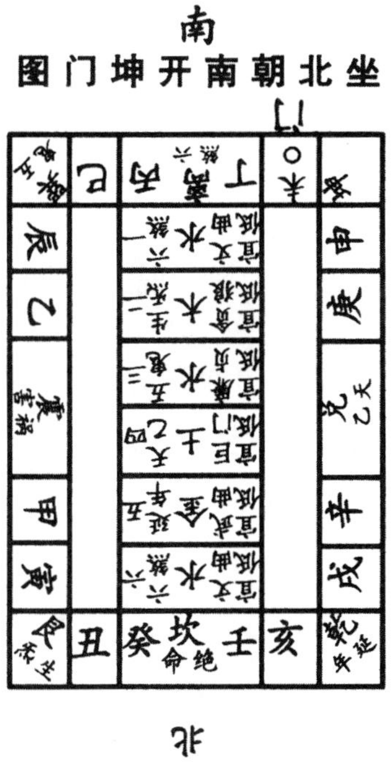

图说

坐北向南坤门者，若得二层四层五层高起，及乾兑方房屋高大，富贵福利之宅也。

南

坐南朝北开艮门图

辰 乙	宜廉贞低 五鬼火 六		申 庚
震 甲 寅	宜贪狼高 生气木		兑 辛 延年
艮 丑	宜文曲低 六煞水 四 宜武曲高 延年金 三 宜巨门高 天乙土 宜廉贞低 五鬼火	亥	戌 乾
坎门 癸 鬼五	壬		

北

西

坐东朝西开乾门图

未 丁 午 乾 丙 巳 辰 乙 卯 鬼五 甲 寅	申		亥 壬 子 熬六 癸 丑 艮

北

图　说

坐南向北开艮门者，火土相生。若得二层三层五层高大，及乾兑方高大，皆为福利之宅也。

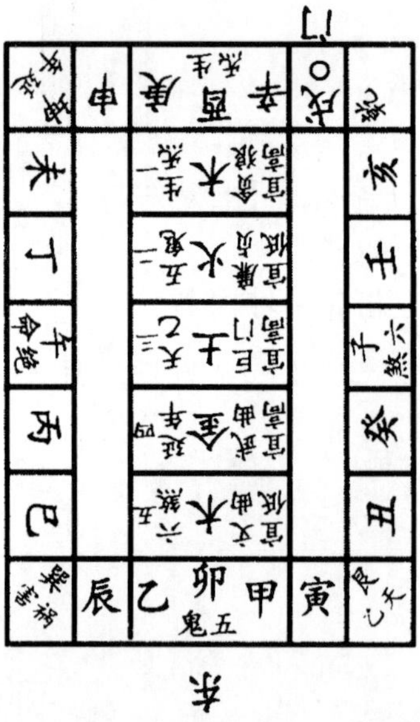

图　说

坐东向西开乾门者，宜三四五层起高房，及坤兑二方高起，皆为福庆之宅。

坐西朝东开巽门图

（西）

戌乾武曲六	申庚巨门五	坤未延年 金	亥壬
辛丁 宜高 武曲金 延年六			壬
乙艮 宜高 巨门土 天乙五			癸
丙巳 宜低 廉贞火 五鬼四			丑
	宜高 贪狼木 生气三		艮寅
	宜低 文曲水 六煞二		
	宜高 武曲金 延年一		
辰巽门	乙震甲延年	寅艮	

（半）

图 说

坐西朝东开巽门者，宜一层三层五六层高大，及离震坎方高大，皆为富贵之利宅。

但凡人家房屋有一进至十进者，必用穿宅之法。如头层水，二层木，三层火，四层土，五层金，五行相生，周而复始，层层生去。吉星宜高大，凶星宜低小，切不可凶星作高房，吉星作低房。若遇凶星房系急用住座，以截路分房活法盖之方可。若吉星在凶方亦不可高大。木在金方、土方及中宫，金在火方之类，是也。

论元空装卦诀第五

天地之理，惟最隐奥者，与最变通者，其主持祸福为最验。装卦爻诀，隐朕兆于无形，藏机缄于至变，乃天地之元机，深秘不可测者。

然其兆祸禳福，则如谷应声。故论装卦爻第五。

元空装卦诀

带去二爻呼，入宅为三相，气口返为初。

其法以乾、坎、艮、震、东北二方房为四阳，为奇；巽、离、坤、兑、西南二方房为四阴，为偶。凡修盖东房北房一口，则画一阳爻；修盖西房南房一口，则画一阴爻。自东方北方而搬，亦画一阳爻；自西方南方而搬，亦画一阴爻。移向东方

北方而住，亦画一阳爻；移向西方南方而住，亦画一阴爻。五爻画定，加门为初爻六画。二卦既成，须要阴卦配阳，阳卦配阴。不可二卦俱阳；是谓阳多必定伤妇女；不可二卦俱阴，是为阴多必定损儿郎。又不可合成凶卦，自有本经凶星，断例只要合成延年、生气吉星。所谓震阳一宅须巽配，坎宅须配离家乡，乾宅须配坤家主，艮宅须配兑家庄。等，若是也。此装卦法，全不用天乙、巨门吉星，盖乾至艮，坎至震等，虽合巨门，皆阳配阳，阴配阴，所以不可用也。任修盖房十座二十座，只以五座次序为上，五爻门为初爻，其余五座以前，俱除起不算，此所谓抽爻换象之法，或修旧，或创新，俱算一座。

黄石公竹节赋

黄公祖师说宅元，一论分房二卦全，三论来路真根本，四论五行生克篇，五论爻象装成卦。初起一爻见的端，先见一阳临阴二，一阴临二却是阳，先房返卦初爻定，初阳返阴阴返阳，次选门路四爻法，看成何卦细推详，西四装东多不吉，东四装西也不祥。

震阳一宅须巽配，坎宅须配离家乡。乾宅须配坤家主，艮宅须配兑家庄。

注曰：已上四句非作等闲看，全在巧番八卦，返复旋转，以定延年之吉，是谓修宅之要。

乾坤两见为延年，震巽两见为延年。

坎离两见为延年，艮兑两见为延年。

则四延年者，即人道之夫妇也。若修造越此配合之理，其种祸不浅，学者详之。

乾兑配成震巽卦，长男长女定遭殃。

注曰：乾兑金也，震巽木也。金能克木，况乾见震为五鬼廉贞星，见巽为祸害禄存星，二星俱凶。兑见震为绝命破军星，见巽为六煞文曲星，二星俱凶。震为长男，巽为长女，又被克制，又遇凶星，至会局之年月，必殃及长男女也。

震巽配成坤艮卦，少年老母在家丧。

注曰：震巽木也，坤艮土也。木能克土，震见坤为祸害禄存星，见艮为六煞文

曲星，俱凶。巽见坤为五鬼廉贞星，见艮为绝命破军星，俱凶。坤为老母，艮为少男，又遇克制，又遭凶星，至会局之年月，必殃及老母少男也。

坤艮装成坎三阳，中男灭绝不还乡。

注曰：坤艮土也，坎水也。土能克水，坤见坎为绝命破军星，艮见坎为五鬼廉贞星，俱凶。坎为中男，又遇克制，又逢凶星，于会局之年月，中男必灭绝也。

中男合就离家火，夫妇先吉后还伤。

注曰：坎为中男属水，离为中女属火，居卦中之夫妇也。坎离相见，虽是延年，终是火遭水克。故曰夫妇先吉，后还伤也。

中女合成天泽卦，老公少女在家丧。

注曰：离为中女属火，乾即天属金，泽即兑属金，火能克金，离见乾为绝命破军星，见兑为五鬼廉贞星，俱凶。乾为老公，兑为少女，又遇凶星，又遭克制，而于会局之年月，老公少女必受殃也。

见某年限并何月，乾兑申酉克木方。

注曰：或一宅修宅开门凶方，房立恶煞。卦体相伤，门房交克，其发凶知在何年月日也？若震巽之方遇凶星，受克于乾兑金，其发凶必在申酉年月。故曰乾兑申酉克木方也。

震巽旺相寅卯木，克了坤家少男亡。

注曰：震巽旺相，在于寅卯之方。夫坤艮受克于震巽之木，其发凶必在寅卯之年月日也。坤家土也，少子即艮土也，故曰克了坤家，少男亡也。

坤艮四季伤中子，坎若克火子亥当。

注曰：坤艮属土，土旺四季。夫四季，即辰戌丑未。中子即坎也，坤艮来克坎水者，其发凶必在辰戌丑未之年月日也。故曰坤艮四季伤中子。夫离火被坎水所克者，其发凶必在亥子之年月日也。故曰坎若克火子亥当。

离家巳午纯金怕，年限轮流见损伤。

注曰：离家火也。纯金，乾兑武破也。夫声火来破纯金，其发凶必在巳午之年月日。年限轮流，是金木水火土之交，克必在子丑寅卯辰巳午未申酉戌亥之年限轮流，见在损伤也。

阳多必定伤妇女，阴多必定损儿郎，阴阳配合家富贵，不须广览乱乖张。

注曰：凡相宅之法，阳房多必损阴人，阴房多必损阳人，装卦亦同。不过要均平而永远，富贵自然有。

此卦谓赤蛇入宅，或生此物者，亦是事事欠通。

第五合成六煞方，阴必先死后伤人，田蚕不旺遭官事，人口瘟瘅久占床。

注曰：六煞是文曲星，若人家大房坐此星，或合得此卦，凡事不利。

第六合成祸害中，一年半载损阴身，疾病连年多损害，又出疯瘫聋哑人。

注曰：祸害是禄存星，若人家大房坐此星，合得此卦，俱是不吉。

第七变成绝命卦，年年苦死小儿孙，瞎疯疾病常生发，田蚕买卖尽绝根。

注曰：绝命破军星，若人家大房坐此星，或合得此卦，宅上多生红蛇，应之不吉。

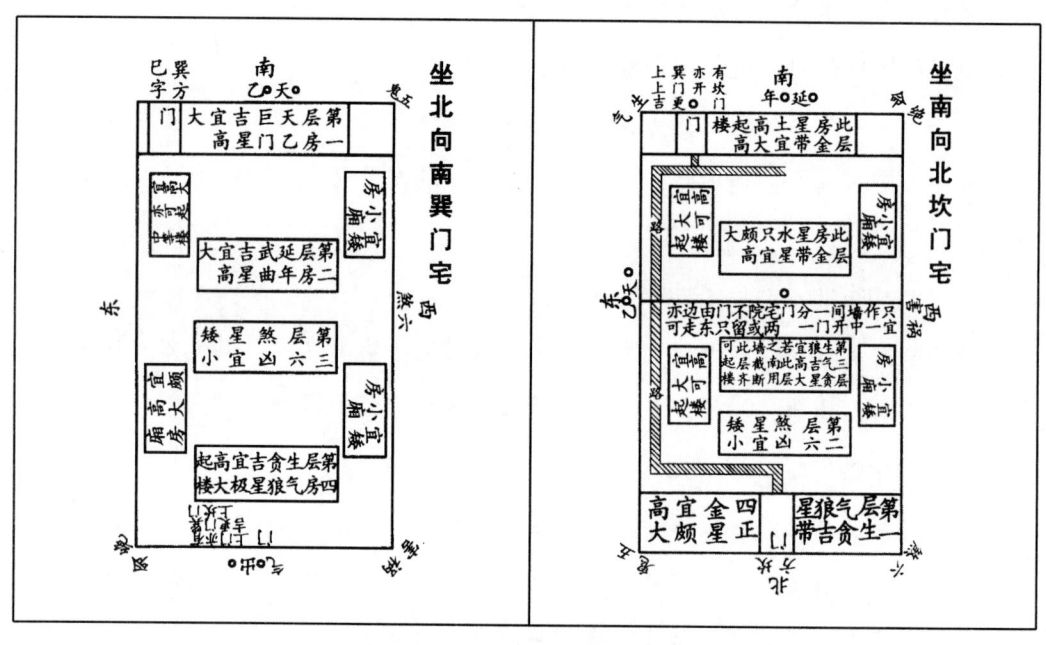

论开门修造门第六

夫人生于大块，此身全在气中。所谓分明，人在气中游者是也。惟是居房屋中，气因隔别。所以通气，只此门户耳。门户通气之处，和气则致祥，乖气而致

戾，乃造化一定之理。故古先圣贤制造门尺，立定吉方，慎选月日，以门之所关最大故耳。昔人云：宁与人家造十坟，不与人家修一门。故论开门修造门第六。

开门修造门，宜天德月德满，成开日合门光星，吉。修造安门，不宜犯天牢、黑道，天火、独火、九宫死气，大小耗，天贼地贼，天瘟受死，冰消瓦解、阴阳错，天地转杀，四耗四废。九丑九土，鬼离窠，四忌四穷。庚寅日，炙退三煞，六甲胎神，红嘴朱雀，九良星，丘公杀，大杀，自虎入中宫。债木星，雷霆白虎入中宫。按以上吉凶日详见选择部凡安门专主福元，旺合吉星，无不大发。须避直冲尖射、砂水斜割、悲崖险道、恶石山拗、崩破歪峰、枯木神庙之类，谓之乘杀入门。宜迎水迎山方吉。

春不作东门，夏不作南门，秋不作西门，冬不作北门。

庚寅日为大夫死日，不宜修造安门。

甲己日六甲胎神占门，不宜修造。

塞门吉日宜伏断闭日，忌丙寅巳巳庚午丁巳日。

修门杂忌

九良星：丁亥癸巳年占大门，壬寅庚申年占房门，丁巳年占前门，丁卯己卯年占后门。

丘公杀：甲己年九月占，乙庚年十一月占，丙辛年正月占，丁壬年三月占，戊癸年五月占。

大小耗：正、七月占。

胎神：三、九月占。

土公：春、夏占。

游龙：四、五、十一月占。

伏龙：三、四、十月占。

宅龙：四、五月占。

牛黄：五、七、十一月占。

牛胎：三、九月占。

猪胎：三、四月占。

债木星占门方：戊癸年占，坤甲己年占，辰乙庚年占，坎寅丙辛年占，午丁壬年占乾。

债木星占日：大月初三、十一、十九、廿七，小月初二、初十、十八、廿六，不宜作门、安门。

红嘴朱雀入离宫日：庚午、己卯、戊子、丁酉、丙午、乙卯，忌安大门。

门尺图

门尺前面上半

第一贪狼进横财
营求生意自然来
他人寄物何曾取
分明又得外人财
　　财木星

第二巨门多孝服
放荡游戏走他乡
疾病一身退田宅
淫乱招其男女殃
致令男女失家乡
　　病土星

第三禄存人多狼
离别他乡又不祥
夫妻分别不相遇
辈辈有名扬
　　离土星

第四文曲星
其家多富贵
世代近君王
　　义水星

门尺后面下半

第五武曲星
其家有文荣
官事退园林
五音田财进
世代有才名
　　官金星

第六廉贞星
劫财身孤寡
退财多破败
横祸不住逢
瘟病不离门
　　劫火星

第七破军星
其家出横人
家富有金银
五音田财进
世代最昌荣
　　害火星

第八辅弼星
世代最昌荣
　　吉金星

门尺前面上半

禄、枝、贵、权、忠、信、孝、义、仁

贵人星
进人贵　田财旺　俊敏慧　聪明报财

天灾星
失孝服　脓血　离高厄　横病死厄

天祸星
瘟病　死丧　横昌吕　贺昌凶

天财星
孝第美　清贵言　迎禄　天禄　财禄

门尺后面下半

吉庆、仁义人、进安稳、智慧、失孝服

官禄星
横艺招进　天财　宦争　教打招恶人　死夫益　自十事　暗花色害

孤独星
孤独　死夫益　生离

天贼星
生离　劫盗

宰相星
礼子乐孙　出富贵人

凡造门修门，安大小门户，开门基，并宜用门光星。

门光星起例诀

有水点是门光吉星，余是凶星。大月宜全用，小月除了"消"字。

添添消。昨夜雨淋漓，雨过长沙满洞庭，倒在江湖流不尽，得澄清处，是亦澄清。

门光星吉日定局

大月从下数上　　小月从上数下

○○●●●○○人人人○○○●●●○○○人人人○○●●●●○○○

白圈者吉　人字损人　黑圈损畜

门户歌

换象抽爻别有因，三人同陌不同行。

时师晓得移门法，便是杨公天地穷。

凡宅虽有二十四山，专以八山主之。

壬子癸方开门者属坎，

丑艮寅方开门者属艮。

甲卯乙方开门者属震，

辰巽巳方开门者属巽。

丙午丁方开门者属离，

未坤申方开门者属坤。

庚酉辛方开门者属兑，

戌乾亥方开门者属乾。

四正门俱属金。

用门尺法

以木为之，前面后面俱画，书如前式。

海内相传门尺数种，屡经验试。惟此尺为真。长短协度，凶吉无差。盖昔公输子班造，极木作之圣研，穷造化之微，故创是尺。后人名为鲁班尺，非止量门可

用。一切床房器物，俱当用此。一寸一分，灼有关系者，其尺前面八寸，以财、病、离、义、官、劫、害、吉为序。后面八寸，以贵人、天灾、天祸，天财、官禄、孤独、天贼、宰相为序。其实二面互为表里，吉凶相同。前面统言之，后面缕悉分数，又析言之耳。用法但顺字朝上正算，一切门窗通气之处，纵量横量，皆合吉星为妙。又细分之，则权禄、吉庆，官禄、天禄之类，可用于大门厅舍。子孙、横财，俊雅、安稳之类，可用于内院住房。智慧、聪明之类，可用于书屋。清贵、美味可用于厨灶。参裁验用，祸福自明。

第二十七章　堪舆汇考二十七

《阳宅十书》三

论放水第七

　　阳宅阴宅俱以水法取效。若宅内外之形虽佳，修造之法亦善，只凶方地支放水一差，则以前诸法俱坏。故论放水第七。

放水歌

　　　　若论门庭先论水，家道兴隆从此起。

　　　　中堂天井两分流，引得外人相窥视。

　　　　其次精详总出水，水要流行须吉位。

　　　　阳山宜放阳字水，阴山须放阴水去。

　　　　合得阴阳不驳杂，去来皆要星辰利。

　　　　假如坐亥向巳方，巽巳长生去有妨。

　　　　但得斜穿丙丁去，不然左穿出乙方。

　　　　折归巳巽横斜过，却穿丙丁去亦良。

　　　　仍忌午与坤申位，更有吉辰非去方。

　　　　举此凡例可类取，别有图说为君详。

　　又云：寻龙须向地中来，放水却从天上去。宜放天干之水，不宜放地支水是也。

　　右论《杨公九星放水法》。

九星水法吉凶断例

贪狼星

五行值长生，大吉。水来门则富贵兴旺，水去则人物零替。譬如人有口食，可从而入，不可从而出。入则六腑润泽，出则肢体羸瘦，大概宜来不宜去。

巨门星　辅弼

水来去皆吉。譬如人有左鼻，左张鼻佐之，譬如人有右鼻，右张鼻佐之，宜气息往来，故得出入而调和，不得出入而闭塞。大概去来俱宜也。此水与五行，水虽合，须择其宜而用之。

禄存星

五行值绝胎，水宜流去，大吉。来朝则不吉。

文曲星

五行值沐浴冠带，水流去则吉。来朝主淫欲，不吉。如人之有左耳也。大概宜去不宜来。

廉贞星

五行值病死，水宜放去，不宜收纳。忌流水明堂，主火灾官非病退财。譬如人之有右耳也。

武曲星

名为学堂水，五行值临官。帝旺水来朝，主出人聪俊。不宜流去。又号华盖水，主富贵多金谷。譬如人有目，为一身之精光，来之则观视愈明，去之则如物掩蔽。大概宜来朝，不宜流去。

破军星

五行值墓库，水来朝不吉。主配军，出不孝之人，瘟疫病颠狂，退尽田园绝人丁。譬如人之有背，得此水来，如气血凝聚而生壅滞。大概不宜来朝，去之则吉。

阴阳山水法

阳山阳水乾甲、坤乙、坎癸、申辰、离壬、寅午戌，俱阳也。

阴山阴水艮丙、巽辛、兑丁巳丑、震庚亥卯未，俱阴也。

阴阳山水歌

乾甲坤乙居何方，坎癸申辰一样装。

更有离壬寅午戌，合山合水一齐阳。

艮丙巽辛何处寻，兑丁巳丑亦同论。

更有震庚亥卯未，合山合水一齐阴。

大抵阳山宜纳阳水，阴山宜纳阴水。若阴阳驳杂，则凶。

若阳山欲得流阳水者，主富贵无比，如或阳杂阴流者，凶祸无休。阴山若得流阴水，主百子千孙富贵。或有阴水杂阳流者，主屯难多忧。

四路水法

四路黄泉水杀人凶。如辰戌丑未，有破军水是也。

四路黄泉水救人吉。如辰戌丑未，有巨门水是也。

四路水法歌

四路黄泉能杀人，辰戌丑未有破军。

四路黄泉能救人，辰戌丑未有巨门。

犯杀少丁人忤逆，家有长病祸连绵。

黄泉煞诀

庚丁坤上是黄泉，乙丙须防巽水先。

申癸向中忧先艮，辛壬水路怕当乾。

九星来朝

贪狼水来旺长房，水去长房败不强。

煞高长房多损伤，寡妇淫乱僧道常。

巨门水来发二房，水去二房败不强。

煞大富贵人丁旺，定出为官紫衣郎。

禄存水来主守寡，女子峥嵘善当家。

水去催官上马水，水来颠邪跛脚强。

文曲水来败中房，水去淫女得外粮。

头秃眼瞎因水去，煞高女子定淫娼。

廉贞水来出盗贼，水去做贼偷财粮。

煞大忤逆刁蹬汉，污名牢狱惹官防。

武曲水发发长房，水去小房败不强。

此者名为学堂水，煞来老公欺小娘。

破军水去宜大吉，水来其家必主凶。

煞高仓库朝宝印，插笏甲第出宫人。

左辅右弼犯此凶，男孤女寡守空房。

父南子北人少死，少爷无子受饥贫。

二十四山放水定局

此段是以山龙为主，故论山向，若脱龙就局，则不论阴阳，只放天干水为宜。脱龙就局者，其宅无真正龙，山，只以福元及门向为局耳。

壬山水宜放甲乙巨门方，天井宜宽深，吉。

子山水宜放甲乙巨门方，天井宜深宽，吉。

癸山水宜放甲乙巨门方，天井宜平坦，吉。

丑山水宜放丙丁禄存方，天井宜宽阔，吉。

艮山水宜放丙丁禄存方，天井宜坦平，吉。

寅山水宜放甲乙六煞方壬癸廉贞方，天井宜阔深聚，吉。

甲山水宜放壬癸巨门方，天井宜坦平，吉。

卯山水宜放庚辛破军方，天井宜聚水，吉。

乙山水宜放壬癸巨门方，天井宜平坦，吉。

辰山水宜放乾禄存方，天井宜深聚，吉。

巽山水宜放丙丁巨门方庚辛六煞方，天井宜阔深聚，吉。

巳山水宜放丙丁巨门方庚辛六煞方，天井宜阔深聚，吉。

丙山水宜放庚辛廉贞方，天井宜平坦，吉。

午山水宜放乾破军方，天井宜阔深，吉。

丁山水宜放庚辛廉贞方，天井宜平坦，吉。

未山水宜放丙丁六煞方庚辛巨门方，天井宜宽深聚，吉。

坤山水宜放甲乙祸害方壬癸破军方，天井宜平坦，吉。

申山水宜放甲乙祸害方壬癸破军方，天井宜宽深，吉。

庚山水宜放丙丁廉贞方，天井宜平坦，吉。

酉山水宜放丙丁廉贞方，天井宜深聚，吉。

辛山水宜放丙丁廉贞方，天井宜平坦，吉。

戌山水宜放甲乙廉贞方壬癸六煞方，天井宜宽深，吉。

乾山水宜放甲乙廉贞方壬癸六煞方，天井宜平坦，吉。

亥山水宜放丙丁破军方，天井宜深聚，吉。

以上水法拟八宅者，兼此论之，万无一失。

阴阳生命说

《发微通书》云：凡论六阳命，子寅辰午申戌生人是也。六阴命，丑卯巳未酉亥生人是也。

向方水山四十二

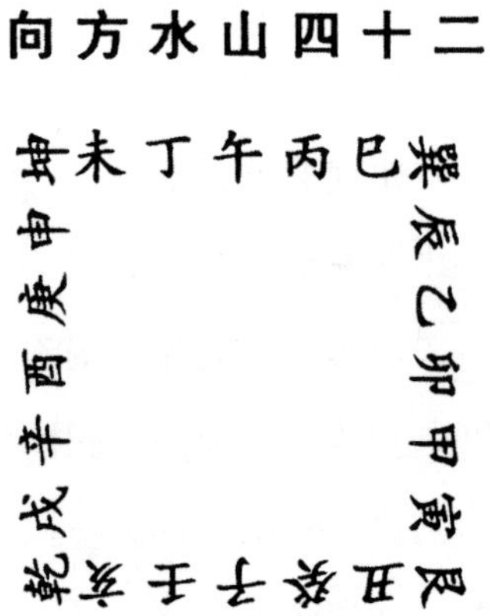

向 方 水 山 四 十 二

巽 辰 乙 卯 甲 寅 艮

巳 　 　 　 　 　 丑

丙 　 　 　 　 　 癸

午 　 　 　 　 　 子

丁 　 　 　 　 　 壬

未 　 　 　 　 　 亥

坤 申 庚 酉 辛 戌 乾

论宅内形第八

宅法多端，无一可略。宅内房屋如龟头、雁尾、披孝之类，一有所犯，辄应凶灾。至于推车，兆祸尤大。均之不可不慎者，故论宅内形第八。

内形篇

宅舍既明看屋法，莫将楼角头上插。后堂前堂仍可安，厅若欺堂大相压。更有廊屋可次安，龙凤昂头却是法。中堂莫将暗视装，暗视有病在衷肠。寿星不出人夭寿，梁枋要出笋为胜。小笋如菱方胜。扣小圆星为寿星，藏头不出，则主人短命，主小儿难养。枋压梁头亦不良，人不起头多夭死，妇人少壮守空房。天并不可作一字，一序带杀少神气。一丈必须五尺阔，长短折半随所至。砖高不过十五层，只取下阶平水例。其次十一是合数，过此双偶皆非利。假如堂屋作九间，分作三井方为

是。堂前门廊不可空，窗槅梁槤须分布。中堂不可架直屋，停丧之房多不利。堂柱用九厅用七，门户凡皆双数利。西胁开门最不宜，房屋双数方为利。十家八家同一聚，同出同门同一处。水路纵横两胁来，一切凶祸归中聚。两巷明为抽剑水，抽剑杀人出狂废。门路各家不为巷，水路空阔却不妨。两胁不可分两路，前横合一过一方。顺从一边行过去，此水得地乃无伤。合流须是一家水，折作之元随短长。更看方位有吉凶，如此门法多富贵。白虎头上莫开口，白虎口开人口伤。杀名吞啖难养人，产妇常常病在床。若还更有人行破，官祸在门不可当。更有碓磨居其上，家宅不宁发瘟瘟。门外不须更架屋，蔽却好山坏明堂。造屋从来有次第，先内及外起自堂。若还造门堂不造，屋未成时要分张。堂屋终须不结果，少年寡妇受恓惶。若还造厅堂不造，客胜主人招官防。中堂无主失中馈，钱财耗散有祸殃。先造两廊不造堂，儿孙争斗不可当。公婆父母禁不住，兄弟各路行别方。造得门成要龙虎，龙虎可从门上装。下水青龙要居外，上水青龙要内方。下水白虎要居外，上水白虎内方藏。莫道明堂外自有，不知门内是明堂。来龙在后碓居前，不可春撼有损伤。震动不宁龙亦病，家宅不安事无常。来龙在左碓居右，来龙在右碓左傍。碓头要向前头去，人从后踏无祸殃。若是碓头踏向里，人踏居前向宅堂。被人担碓打住居，家财冷落少人亡。碾磨必须居左腹，右腹搅动白虎肠。主生病疾绞肠痛，出人褊窄结肚胀。厨灶必须居左位，不宜安在白虎方。阳宅若还依此法，定须子孙炽吉昌。家资积聚兼福禄，灾害不起成安康。若问宫殿及衙宇，此必秘文难宣扬。

大凡人家建立新宅，莫要先筑墙，谓之困字。主人家不兴发。

凡人家起屋，屋后莫起小屋，谓之停丧。损人口，若人住此小屋，尤不吉。

凡宅起丁字，屋主无家，主绝人丁。

凡宅起屋，前低后高，主发财禄兴旺。

凡宅起披孝屋，即后接连披盖是也。主横死人丁退田产。

凡人家盖屋后，不许起仓屋，谓之龙顿宅。主家财不兴。

凡人住屋，拆去半边及中间，拆去者谓之破家。杀主人不旺。

凡宅住屋，莫要房角水射其门。门射来水，主聋哑之人。

凡人家宅起屋，莫要飞走一直。主忤逆、兄弟不和之人。

凡宅开门路及车门，不要直射，谓之穿心杀。主家长横死之患。

凡宅房后莫开车门，要被盗退财，如在侧边不妨，北方开门亦然。

凡宅开车门，不要见子午坤艮四方。子午为天地心，坤为白虎头，艮为鬼门，主疾病、损人口。

凡宅天井中，不可积屋水，主患疫痢。不可堆乱石，主患眼疾。

凡宅侧屋，不可冲大门，触秽门庭，主灾祸。

凡人家宅，门上不可起楼，必主家长不利，官衙亦然。古云：门上起高楼，家长遭狱囚。又云：白虎位上耸一楼，注定家长忧。

凡人家屋角，不可漫街，主招讼祸。

凡人家有食乳小儿，秽衣不可高晒并过夜，则主生病。

凡人家居住之屋，必须周密，勿令有细隙，致有风气入少。觉有风勿强忍之久坐，必须急急避之。

火庵说

火庵即是厨房。厨灶止宜在宅凶方，不宜在吉方。此两言尽之矣。今世术者不知的当，纷纷立说制度，迁就反复变更。或以新宅所建第一房为火庵，或以装卦第三爻为火庵，或以供祖先处祠堂香火为火庵，甚者以伏位福德为火庵，以宅吉方立火庵。殊不知窑烧九岭，火断八山。古人极言烟火之害，今人何乃误认火庵为吉地。兹载二诀古诗于后，参验自明。

火庵歌

乾丙艮乙立火庵，

乾宫福德人宜丙方，绝命立火庵。艮宫福德人宜乙方，六煞立火庵。

坤兑癸上是根源。

坤兑福德人宜癸方，绝命祸害立火庵。

震巽火庵庚上是，

震巽福德人宜庚方，绝命六煞立火庵。

坎离甲上不虚传。

坎离福德人宜东北甲字方，五鬼祸害立火庵。

火路吉凶歌

乾宅坐丙震宅庚，

兑宅癸位巽宅辛。

坎宅坐甲离修乙，

艮宅坐乙坤宅壬。

此歌与前互相发，但离修乙三字，不合乙方。是离宫福德人之生气，不宜立火庵。况是艮宫福德人所修火庵之方，不应重复，改传流之误耳。

阳宅内形吉凶图说

	断曰：
	二树生来在屋旁， 楼台屋宇起瘟瘟。 奸淫妇女招邪怪， 入屋敲门动几场。

	断曰：
	树庙门前怎奈何， 招瘟动火祸来磨。 都天太岁年来到， 少死官非事又多。

	断曰：
	青松郁郁竹漪漪， 气色光容好住基。 人丁大旺家豪富， 积玉堆金着紫衣。

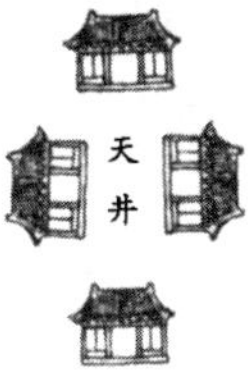

天井	断曰：
	此个人家大发财， 猪羊六畜自然来。 读书俊秀人丁显， 气恼纷纷眼疾催。

歌曰： 堂屋东头接小房， 宅中小口须遭殃。 三年两度应难免， 人口六畜有损伤。 解曰： 北房东头接小房者，名单耳房。主小口马牛有伤，不吉。拆之速宜镇之吉。	歌曰： 北房两头都有房， 宅中老少常病殃。 暗风血气并黄种， 咳嗽生风主瘟瘟。 解曰： 堂房两头各接小房，名为双耳房。主家人大小暗风、黄肿、咳嗽、血光之疾。急拆去。
歌曰： 北房西头接小房， 定主三年哭两场。 虽主家道多兴旺， 后惹官事有灾殃。 解曰： 堂房西头接小房，名为孤独房。主家败人亡，家事大凶，拆镇吉。	歌曰： 旧房远年雨露多， 东则见西号星堂。 官灾口舌频频有， 更有年年见火光。 解曰： 破屋大漏有窟者主有官灾横事，人口血财不旺，修补完备吉。

歌曰：

单侧双侧房，

必定见乖张，

全家频受苦，

禳厌可消殃。

解曰：

堂房东头靠山横盖房，名曰单侧耳。主有横灾是非，须拆镇之吉。

歌曰：

家中暗算房，

活计不荣昌。

频频贼盗显，

灾祸不可当。

解曰：

北房西头顾着又有西房，名曰暗算房。主招贼、破财、钱谷虚耗，大凶。拆镇之吉。

歌曰：

再插焦尾房，

家长必遭殃。

火光频颇有，

阴旺主伤阳。

解曰：

不论某房但多年，再前重接厦，名曰焦尾房。又是焦耳房。多主不祥之事。拆者吉。

歌曰：

若盖露骨房，

老者病着床。

数年频频苦，

不免卖田庄。

解曰：

盖房不截房檐木者，名为露骨房。主破财哭泣之事，截了平安吉。

晒尸房 歌曰： 莫盖晒尸房， 人口病着床。 服药全无效， 阴小必损伤。 解曰： 盖房经年不盖完，名为晒尸房。主人口病不快。择吉日苦盖了吉。	丁字房 歌曰： 屋头丁字房， 官灾口舌殃。 破财多怪异， 频频见火光。 解曰： 堂屋东间接连盖东房者，名曰丁字房。主官司、疾病、火光、镇补大吉。
青龙披头插尾 歌曰： 青龙插尾共披头， 一年六度长子愁。 钱财破散人疾病， 时时殃怪至门头。 解曰： 东房南头接小房，名曰青龙披头。北头接小房，名曰青龙插尾，损长男房大凶。将两头小房拆吉。	元武披头插尾 歌曰： 若盖披头房， 横死不可当。 丧事频频有， 家中必遭殃。 解曰： 堂房东头插小厦，名为元武披头。西头名为元武插尾。横事损入口，不吉。拆镇大吉。

歌曰： 白虎披头及畔哭， 阴入小口病先殂。 重重灾害每相至， 耗散钱财物皆无。 白虎披头及畔哭 解曰： 西房南头插小房，名曰 白虎披头。北头插小房 名白虎畔边哭主阴入小 口病，拆镇吉。	歌曰： 南房两头接小房， 阴入新妇病着床。 田蚕失散损小口， 官灾贼盗主火光。 南房朱雀披头插尾 解曰： 南房东头接小房，名为 朱雀披头。西头接小屋 者，名曰朱雀插尾。阴 入小口灾，拆镇吉。
歌曰： 只有一北房， 男旺女遭殃。 钱财主破散， 年年有不祥。 孤阳房 解曰： 只有一座房，名为孤阳 房。主阳旺女衰，小口 灾疾。再盖房添合，吉 爻平安。	歌曰： 凡有露肘房， 宅中定不昌。 阳人频频患， 长子亦卧床。 露肘房 解曰： 凡房四角整齐，名曰露 肘房。或上木料不盖合， 阳人有灾官司，解谢平 安吉。

房字水	歌曰： 莫盖水字房， 阴人有灾伤。 多服蛊毒死， 一年两度亡。 解曰： 堂房中宫有正房，两边有屋，名曰水字房。主终服药死。阴人有小灾，镇吉。合爻吉。	房字王	歌曰： 莫盖王字房， 家长必遭殃。 肿气并脚疾， 阴人必损伤。 解曰： 若盖东西屋中心盖顶者，名为王字房。主阴人小口灾，大凶。急拆了人平安。
房患瘫	歌曰： 拆屋一半瘫患房， 官事连连不可当。 阳屋必定灾男子， 阴屋必定女人殃。 解曰： 若拆屋一半，留一半，即名为瘫患房。主防官事、口舌、人口不利，凶。急宜镇之吉也。	房阳纯	歌曰： 阳盛阴衰不可当， 田蚕六畜主多伤。 男子从来个个旺， 女人恶死患风疮。 解曰： 只有一座北房共东房，再无别房，名为纯阳房。主阴人小口病，镇之速补爻吉。

歌曰：

阴盛阳衰最不强，

女人兴旺儿不长。

盗贼官事都无数，

绝了后代少儿郎。

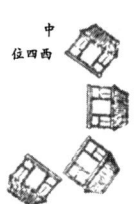

解曰：

凡宅中有南房合西房，

别无余房，名为重阴房。

主男人不旺，灾病生事，

凶。补镇合爻吉。

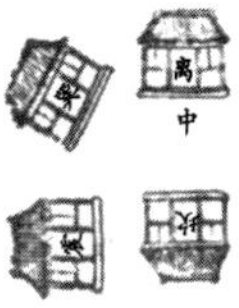

歌曰：

自南房入北房坎宅，

自北房入南房离宅，

自西房入东房震宅，

自西北入东南巽宅。

解曰：

震巽坎离是一家，乾坤

艮兑休犯他。东四宅生

人不许盖，西四宅高大，

为大吉。

歌曰：

自东房入西房名为兑宅，

自东南入西北名为乾宅，

自西南入东北名为艮宅，

自东北入西南名为坤宅。

解曰：

乾坤艮兑四宅生人不宜，

修坎离巽震，高大，犯

着则凶。

歌曰：

白虎畔边哭，妇人多

主孤。

太岁不合同，钱财耗

散无。

鬼魅交加有，妻病定

难除。

男女多寿短，家门日

见无。

解曰：

西房北头垂下厦，为白

虎畔边哭。女先故，必

有死事。

歌曰:

青龙举其头,

居家多有愁。

男女绝离散,

奴婢尽逃流。

哭声终不断,

五载并三秋。

不惟伤人口,

又损马共牛。

解曰:

青龙举其头者,乃是东房南头插小房。主年年虚耗,男女有损,大凶。牛马死伤,急拆镇之则吉。

歌曰:

玄武插其尾,

贼盗年年起。

居官失其财,

逃亡走奴婢。

女人多不孝,

不宜生家计。

灾祸时时至,

六畜自然死。

解曰:

玄武插其尾,乃是北房西头接小厦。主贼盗,六畜之事不吉,拆之吉。

歌曰:

朱雀垂其翅,家宅多不利。口舌纷纷有,破财及官事,奴婢尽逃亡,父子不相义。中女必定灾,火光频频至。

解曰:

南房两头垂有小房厦,是主人家不测之灾祸也。

歌曰:

螣蛇举其头,

居家多有忧。

六畜家财散,

疾病事不休。

解曰:

此房乃宅东北角有一小房也。主家财耗散,人口衰败。

房字小 歌曰： 莫盖小字房， 阳人有灾殃。 人口多有病， 一年两度亡。 解曰： 堂屋前中间有正房是也。 主常服药人灾，不吉利。	歌曰： 莫盖焦尾房， 人口必受殃。 阳屋伤男子， 阴屋女人伤。 房尾焦 解曰： 若盖旧房用新橡，接出前后厦，主人口损伤、血火之灾、官事口舌。
房字工 歌曰： 宅修工字房， 家长必灾殃。 脚肿并气疾， 女人亦克伤。 解曰： 若南北二房居中盖东西房，为工字房，主家中阴人小口，不利也。	断曰： 若见人家两直屋， 必主钱财多不足。 名为龙虎必齐直， 退田少亡无衣禄。 两堂直

房头过	断曰： 此屋名为过头屋， 前高后低二姓族。 住主多损少年郎， 招瘟动火连年哭。	房寨孤	断曰： 此屋名为孤寡屋， 主有寡妇二三人。 一纪十六年间有， 遭瘟动火败伶仃。
低后前高中	断曰： 此屋中高前后低， 主有孤寡在其居。 又主钱财多耗散， 名为四水不回归。	左无右有 名曰白虎头	断曰： 此屋名为白虎头， 必主小房衣食愁。 幼男孤寡必损败， 便见原因在里头。
右无左有 名曰青龙头	断曰： 此屋名为青龙头， 必主长房衣食愁。 在家孤寡主长败， 出去不回空倚楼。	干水临 头凶 支水吉	断曰： 干水临头百事凶， 孤儿寡女此中存。 克妻损长多祸事， 支与天干仔细穷。

	断曰：屋脊射长房，长子命先亡。屋脊射右房，幼子主离乡。若还齐来射，射得浪荡光。		断曰：冲天落地两头低，三年两度损男女。又主扛尸并外死，太岁当门无改移。
	断曰：苍苍翠竹绕身旁，堪羡其家好画堂。大出官僚小出贵，个个儿孙姓名香。		断曰：若得人家四屋夹，中门天井埋儿杀。当防产难及招瘟，眼疾纷纷气疾发。
	断曰：此屋一木又一木，孤寡临门来得速。更主同宗二姓人，气疾眼患有定数。		断曰：此屋中门有小房，人丁损死主哭泣。又名埋儿杀现身，主有寡妇二三姑。

　　外内形吉凶图，下断语歌解，率皆鄙俚不叶，然其兆应祸福无爽，必其作者亦有道之人。予弗敢以己意改饰为是，因仍旧言。昔仲尼慕古史阙文之义，今愿窃则仿焉。

论选择第九

论形势者，阳宅之体。论选择者，阳宅之用。总令内外之形俱佳，修造之法尽善。若诸神煞一有所犯，凶祸立见，尤不可不慎。故论选择第九。

凡选择，须先起命前五神。

五神

甲乙为青龙，丙丁为明喜，戊己为仓库，壬癸为盗贼，庚辛为白虎。

命前五神定局

子生人五神在巳，

丑生人五神在午，

寅生人五神在未，

卯生人五神在申，

辰生人五神在酉，

巳生人五神在戌，

午生人五神在亥，

未生人五神在子，

申生人五神在丑，

酉生人五神在寅，

戌生人五神在卯，

亥生人五神在辰。

且如太岁甲己年，五虎遁起丙寅。

如子生人，五神在巳。甲己年遁得己巳，即戊己为仓库神，宜修造。主粟麦盈仓。

如丑生人，五神在午。其年遁得庚午为白虎，主哭泣丧服。

太岁在庚年，五虎遁起戊寅，卯上是己卯。

如戌生人五神在卯，其年遁得己卯。即仓库神，主大利修造。

太岁丙辛年，五虎遁起庚寅。

如巳生人，命前五神在戌，其年遁得丙丁，为明喜神。主有大喜悦之兆，余仿此。

五虎遁诀

甲己之年丙作首，乙庚之岁戊为头。

丙辛之岁寻庚上，丁壬之位顺行流。

戊癸之岁何方起，甲寅之上好推求。

九宫建宅

九宫建宅，即起定生。宫依福元内三元起手。如上元甲子，宅主戊戌系震宅生人，即于坤上起退五宫，至兑宫为定生宫。如上元甲子，宅母丙午系坤宅生人，即于坎上起退五宫，至乾宫为定生宫，方论游年变宅。

游年变宅

游年变宅

<table>
<tr><td>巽</td><td>离</td><td>坤</td></tr>
<tr><td></td><td>男四十</td><td>女二十</td></tr>
<tr><td>震</td><td></td><td>兑</td></tr>
<tr><td>三男十女</td><td></td><td>一男十女</td></tr>
<tr><td>艮</td><td>坎</td><td>乾</td></tr>
<tr><td></td><td>女四十</td><td>男二十</td></tr>
</table>

其法男女俱于兑上起一十。男顺行至坎上二十，震上三十，离上四十，零年一年一宫。女逆行至离上二十，震上三十，坎上四十，零年一年一宫。数至本生几岁住，看本生命配定生宫，得某卦是也。

如男上元戊戌生人，至己丑行年五十二岁，就于兑上起一十，坎上二十，震上三十，离上四十，又兑上五十，乾上五十一，坎上五十二，戊戌男命定生宫在兑，即起兑生祸延绝六五天，五十二在坎，即祸害值年，不宜修造。如女上元丙午生人，至己丑行年四十四岁，就于兑上起一十，离上二十，震上三十，坎上四十，乾上四十一，兑上四十二，坤上四十三，离上四十四。丙午女命定生宫在乾，即起乾六天五祸绝延生，四十四在离，即绝命值年，不宜修造。若变得天乙，主一年内出学业食禄人。变得生气，主人口羊马富贵。变得延年，主二百八十日内有喜庆。变得伏位，主逃亡人复归。变得六煞，主死亡，一年后百事凶。变得五鬼，主二百日有哭泣事，大凶。变得绝命，主二年后伤中子，官灾死亡。变得祸害，主一年祸事，损畜伤财。本宫变本宫名伏位。经云，生气延年兼伏位，天乙四路好兴工。

行年建宅

其法即系小运例。男顺行女逆行论行年。逐一数到子为神后，寅为功曹，午为胜光，申为传送，乃大通年，大宜修造。数到亥上登明，丑上大吉，未上小吉，乃小通年，宜修造。数到卯上太冲，数到酉上从魁，巳上太乙，为小凶年。若数到辰上天罡，戌上河魁，大凶年。修造主大凶。天罡太乙，胜光小吉，传送从魁，河魁登明，神后大吉，功曹太冲，此其次序也。

起宅小运例法

子午寅申为大通，
小通丑未亥登明。
太乙卯酉不堪造，
辰戌天罡主大凶。

（男命）甲子旬中生人，一岁起丙寅，十一岁丙子。

甲戌旬中一岁起丙子，十一岁丙戌。

甲申旬中一岁起丙戌，十一岁丙申。

甲午旬中一岁起丙申，十一岁丙午。

甲辰旬中一岁起丙午，十一岁丙辰。

甲寅旬中一岁起丙辰，十一岁丙寅。

俱先逆数到旬头，却一岁一岁顺数至子午寅申为大通云云。

（女命）甲子旬中一岁起壬申，十一岁壬戌。

甲戌旬中一岁起壬戌，十一岁壬子。

甲申旬中一岁起壬子，十一岁壬寅。

甲午旬中一岁起壬寅，十一岁壬辰。

甲辰旬中一岁起壬辰，十一岁壬午。

甲寅旬中一岁起壬午，十一岁壬申。

俱先顺数到旬头，却一岁一岁逆数至子午寅申为大通云云。

以上命前五神，及定生宫、游年变宅，及行年建宅，皆以宅长宅母为主。若修正堂正厅，必须专依此法。倘修补小房，但有本家亲人年命，应修及凶神，不占方位，权宜修造房屋可也。凡选择竖造等日，宜详历法，通书神煞不占之方。吉神相临之位，兼有吉日吉时，一一俱要相合为妙。切忌宅主本命，对冲要紧。

起工动土

诸造作若暂时小，用壬子、癸丑、丙辰、丁巳、戊午、己未、庚申、辛酉、八偷修日亦可。

宜甲子、癸酉、戊寅、己卯、庚辰、辛巳、甲申、丙戌、甲午、丙申、戊戌、己亥、庚子、甲辰、癸丑、戊午、庚午，辛未、丙午、丙辰、丁未、丁巳、辛酉、黄道月空成开日。

造地基

宜甲子、乙丑，丁卯、戊辰、庚午、辛未、己卯、辛巳、甲申、己未、丁酉、己亥、丙午、丁未、壬子、癸丑、甲寅、乙卯、庚申、辛酉。忌元武黑道、天贼受死、天瘟、土瘟、土忌、土符、地破月破、地囊、九土鬼、正四废、天地正转杀、天转地转、月建转杀、土公占土痕，建破收日。

起工破木

己巳、辛未、甲戌、乙亥、戊寅、己卯、壬午、甲申、乙酉、戊子、庚寅、乙未、己亥、壬寅、癸卯、丙午、戊申、己酉、壬子、乙卯、己未、庚申、辛酉、黄道天成月，空天月二德，及合成开日。忌刀砧杀，木马杀、斧头杀、天贼受死、月破、破败独火、鲁般杀、建日九土鬼、正四废、四离四绝日。

定磉扇架

宜甲子、乙丑、丙寅、戊辰、己巳、庚午、辛未、甲戌、乙亥、戊寅，己卯、辛巳、壬午、癸未、甲申、丁亥、戊子、己丑、庚寅、癸巳、乙未、丁酉、戊戌、己亥、庚子、壬寅、癸卯、丙午、戊申、己酉、壬子、癸丑、甲寅、乙卯、丙辰、丁巳、己未、庚申、辛酉、黄道天月二德成定日。忌正四废、天贼、建日破日。

竖柱

宜己巳、辛丑、甲寅、乙亥、乙酉、己酉、壬子、乙巳、己未、庚申、戊子、乙来、己亥、己卯、甲申、己丑、庚寅、癸卯、戊申、壬戌，黄道天月二德、诸吉星成开日。

上梁

宜甲子、乙丑、丁卯、戊辰、己巳、庚午、辛未、壬申、甲戌、丙子、戊寅、

庚辰、壬午、甲申、丙戌、戊子、庚寅、甲午、丙申、丁酉、戊戌、己亥、庚子、辛丑、壬寅、癸卯、乙巳、丁未、己酉、辛亥、癸丑、乙卯、丁巳、巳未、辛酉、癸亥、黄道天月二德，诸吉星成开日。

以上二条忌朱雀黑道、天牢、黑道、独火、天火、月火、狼籍贼火、冰消瓦解、天瘟天贼、月破、大耗、天罡河魁、受死鲁般杀、刀砧杀、划削血刃杀、鲁般跌蹼杀、阳错阴错、伏断、九土鬼、正四废。五行忌月建转杀、火星天牢日。

盖屋

宜甲子、丁卯、戊辰、己巳、辛未、壬申、癸酉、丙子、丁丑、己卯、庚辰、癸未、甲申、己酉、丙戌、戊子、庚寅、丁酉、癸巳、乙未、己亥、辛丑、壬寅、癸卯、甲辰、乙巳、戊申、己酉、庚戌、辛亥、癸丑、乙卯、丙辰、庚申、辛酉、成定开日。

泥屋

宜甲子、乙丑、己巳、甲戌、丁丑、庚辰、辛巳、乙酉、丁亥、庚寅、辛卯、壬辰、癸巳、甲午、乙巳、丙午、戊申、庚戌、辛亥、丙辰、丁巳、戊午、庚申、平成日。

六十年生命禄马贵人定局起例

真禄、驿马、贵人，三大吉星，修造所关最大，以人生命随流年定之。

真禄

甲禄在寅，乙禄在卯，

丙戊禄在巳，丁己禄在午，

庚禄在申，辛禄在酉。

壬禄在亥，癸禄在子。

驿马

寅午戌马居申，亥卯未马居巳，申子辰马居寅，巳酉丑马居亥。

贵人

甲戊兼牛羊，乙己鼠猴乡，丙丁猪鸡位，壬癸兔蛇藏，庚辛逢马虎。

其法先以生年五虎起遁且，如甲子生人，则真禄在丙寅，驿马亦在丙寅。阳贵人在辛未，阴贵人在丁丑。若乙丑年修造，却以太岁加在中宫，从中宫数，用野马跳涧诀、九宫法顺数，中宫起乙丑未字，乾宫起丙寅、真禄在乾，驿马亦在乾。阳贵人辛未，数至卯字，坤宫阴贵人丁丑，数至酉字，艮宫其年乾坤艮上，修造俱大吉利，余仿此。

太岁月日同	六甲生命	六丙生命	六戊生命	六庚生命	六壬生命
	真申寅阴阳	真申寅阴阳	真申寅阴阳	真申寅阳阴	真申寅阳阴
	子午	子午	子午	子午	子午
	禄辰戌贵贵	禄辰戌贵贵	禄辰戌贵贵	禄辰戌贵贵	禄辰戌贵贵
	马　人	马　人	马　人	马　人	马　人
	丙丙壬辛丁	癸庚丙丁己	丁甲庚乙己	甲戊甲戊壬	辛壬戊癸乙
	寅寅申未丑	巳寅申酉亥	巳寅申丑未	申寅申寅午	亥寅申亥巳
甲子	兑兑巽震离	兑巽坎坤巽	巽坎兑乾乾	兑坎兑坎中	兑兑巽艮坎
乙丑	乾乾震坤艮	乾震离坎震	震离乾中中	乾离乾离巽	乾乾震兑离
丙寅	中中坤坎兑	中坤艮离坤	坤艮中坎巽	中艮中艮震	中中坤乾艮
丁卯	坎坎坎离乾	巽坎兑艮坎	坎兑巽离震	巽兑巽兑坤	巽巽坎中兑
戊辰	离离离艮中	震离乾兑寅	离乾震艮坤	震乾震乾坎	震震离巽乾
己巳	艮艮艮兑巽	坤艮中乾艮	艮中坤兑坎	坤中坤中离	坤坤艮震中
庚午	兑兑兑乾震	坎兑巽中兑	兑巽坎乾离	坎巽坎巽艮	坎坎兑坤巽

辛未	乾乾乾中坤	离乾震巽乾	乾震离中艮	离震离震兑	离离乾坎震
壬申	中中中坎坎	艮中坤震中	中坤艮巽兑	艮乾艮坤乾	艮艮中离坤
癸酉	巽巽坎离离	兑巽坎坤巽	巽坎兑震乾	兑坎兑坎中	兑兑巽艮坎
甲戌	震震离艮艮	乾震离坎震	震离乾坤中	乾离乾离巽	乾乾震兑离
乙亥	坤坤艮兑兑	中坤艮离坤	坤艮中坎巽	中艮中艮震	中中坤艮艮
丙子	坎坎兑乾乾	巽坎兑艮坎	坎兑巽离震	巽兑巽兑坤	巽巽坎中兑
丁丑	离离乾中中	震离乾兑离	离乾震艮坤	震乾震乾坎	震震离巽乾
戊寅	艮艮中巽坎	坤艮中乾艮	艮中坤兑坎	坤中坤中离	坤坤艮震中
己卯	兑兑巽震离	坎兑巽中兑	兑巽坎乾离	坎坎坎坎艮	坎坎兑坤巽
庚辰	乾乾震坤艮	离乾震巽乾	乾震离中艮	离离离离兑	离离乾坎震
辛巳	中中坤坎兑	艮中坤震中	中坤艮巽兑	艮艮艮艮乾	艮艮中离坤
壬午	巽巽坎离乾	兑巽坎坤巽	巽坎兑震乾	兑兑兑兑中	兑兑巽艮坎
癸未	震震离艮中	乾震离坎震	震离乾坤中	乾乾乾乾坎	乾乾震兑离
甲申	坤坤艮兑巽	中坤艮离坤	坤艮中坎巽	中中中中离	中中坤乾艮
乙酉	坎坎兑乾震	巽坎兑艮坎	坎兑巽离震	坎巽坎巽艮	巽巽坎中兑
丙戌	离离乾中坤	震离乾兑离	离乾震艮坤	离震离震兑	震震离巽乾
丁亥	艮艮中巽坎	坤艮中乾艮	艮中坤兑坎	艮坤艮坤乾	坤坤艮震中
戊子	兑兑巽震离	坎兑巽中兑	兑巽坎乾离	兑坎兑坎中	坎坎兑坤巽
己丑	乾乾震坤艮	离乾震巽乾	乾震离中艮	乾离乾离巽	离离乾坎震
庚寅	中中坤坎兑	艮中坤震中	中坤艮巽兑	中艮中艮震	艮艮中离坤
辛卯	巽巽坎离乾	兑坎坎坤巽	巽坎兑震乾	巽兑巽兑坤	兑兑巽艮坎
壬辰	震震离艮中	乾离离坎震	震离乾坤中	震乾震乾坎	乾乾震兑离
癸巳	坤坤艮兑巽	中艮艮离坤	坤艮艮坎巽	坤中坤中离	中中坤乾艮
甲午	坎坎兑乾震	巽兑兑艮坎	坎兑巽离震	坎巽坎巽艮	巽巽坎中兑
乙未	离离乾中坤	震乾乾兑离	离乾震艮坤	离震离震兑	震震离巽乾

丙申	艮艮中巽坎	坤中中乾艮	艮中坤兑坎	艮坤艮坤乾	坤坤艮震中
丁酉	兑兑巽震离	坎巽坎中兑	兑巽坎乾离	兑坎兑坎中	坎坎兑坤巽
戊戌	乾乾震坤艮	离震离巽乾	乾震离中艮	乾离乾乾巽	离离乾坎震
己亥	中中坤坎兑	艮坤艮离中	中坤艮巽兑	中艮中艮震	艮艮中离坤
庚子	巽巽坎离乾	兑坎兑艮坎	巽坎兑震乾	巽兑巽兑坤	兑兑巽艮坎
辛丑	震震离艮中	乾离乾兑离	震离乾坤中	震乾震乾坎	乾乾震兑离
壬寅	坤坤艮兑巽	中艮中乾艮	坤艮中坎巽	坤中坤中离	中中坤乾艮
癸卯	坎坎兑乾震	坎兑巽中兑	坎兑巽离震	坎巽坎巽艮	巽坎坎中兑
甲辰	离离乾中坤	离乾震巽乾	离乾震艮坤	离震离震兑	震离离坎乾
乙巳	艮艮中巽坎	艮中坤震中	艮中坤兑坎	艮坤艮坤乾	坤艮艮离中
丙午	兑兑巽震离	兑巽坎坤巽	兑巽坎乾离	兑坎兑坎中	兑兑巽艮坎
丁未	乾乾震坤艮	乾震离坎震	乾震离中艮	乾离乾离巽	离乾乾兑离
戊申	中中坤坎兑	中坤艮离坤	中坤艮巽兑	中艮中艮震	艮中中乾艮
己酉	巽巽坎离乾	巽坎兑艮坎	巽坎兑震乾	巽兑巽兑坤	兑兑巽坎中
庚戌	震震离艮中	震离乾兑离	震离乾坤中	震乾震乾坎	乾震离巽乾
辛亥	坤坤艮兑巽	坤艮中乾艮	坤艮中坎巽	坤中坤中离	中坤艮震中
壬子	坎坎兑乾震	坎兑巽中兑	坎兑巽离震	坎巽坎巽艮	坎坎兑坤巽
癸丑	离离乾中坤	离乾震巽乾	离乾震艮坤	离震离震兑	离离乾坎震
甲寅	艮艮中巽坎	艮中坤震震	艮中坤兑坎	艮坤艮坤乾	艮艮中离坤
乙卯	兑兑巽震离	兑巽坎坤巽	兑坎坎乾离	兑坎兑坎中	兑兑巽艮坎
丙辰	乾乾震坤艮	乾震离坎震	乾离离中艮	乾离乾离巽	乾乾震兑离
丁巳	中中坤坎兑	中坤艮离坤	中艮艮巽兑	中艮中艮震	中中坤乾艮
戊午	巽巽坎离乾	巽坎兑艮坎	巽兑兑震乾	巽兑巽兑坤	巽巽坎中兑
己未	震震离艮中	震离乾兑离	震乾乾坤中	震乾震乾坎	震震离巽乾
庚申	坤坤艮兑巽	坤艮中乾艮	坤中中坎坎	坤中坤中离	坤坤艮震中

辛酉	坎坎兑乾震	坎兑巽中兑	坎巽坎离离	坎巽坎巽艮	坎坎兑坤巽
壬戌	离离乾中坤	离乾震巽乾	离震离艮艮	离震离震兑	离离乾坎震
癸亥	艮艮中巽坎	艮中坤震中	艮坤艮兑兑	艮坤艮坤乾	艮艮中离坤

太岁月日同	六乙生命	六丁生命	六己生命	六辛生命	六癸生命
	真巳亥阴阳	真亥巳阳阴	真亥巳阴阳	真亥巳阳阴	真亥巳阴阳
	酉卯	卯酉	卯酉	卯酉	卯酉
	禄丑未贵贵	禄未丑贵贵	禄未丑贵贵	禄未丑贵贵	禄未丑贵贵
	马　人	马　人	马　人	马　人	马　人
	己丁辛甲戊	丙乙辛辛己	庚己乙丙壬	丁癸己庚甲	甲丁癸丁乙
	卯亥巳申子	午巳亥亥酉	午巳亥子申	酉巳女寅午	子巳亥巳卯
甲子	坤坎巽兑坤	坤坎兑兑中	坤坎兑艮巽	坤兑巽巽艮	中巽坎巽坤
乙丑	坎离震乾坎	坎离乾乾巽	坎离乾兑震	坎乾震震兑	坎震离震坎
丙寅	离艮坤中离	离艮中中震	离艮中乾坤	离中坤坤乾	离坤艮坤离
丁卯	艮兑坎巽艮	艮兑巽巽坤	艮兑巽中坎	艮巽坎坎中	艮坎兑坎艮
戊辰	兑乾离震兑	兑乾震震坎	兑乾震巽离	兑震离离巽	兑离乾离兑
己巳	乾中艮坤乾	乾中坤坤离	乾中坤震艮	乾坤艮艮震	乾艮中艮乾
庚午	中巽兑坎中	中巽坎坎艮	中坎坎坤兑	中坎兑兑坤	中兑巽兑中
辛未	巽震乾离巽	巽震离离兑	坎离离坎乾	巽离乾乾坎	巽乾震乾巽
壬申	震坤中艮震	震坤艮艮乾	离艮艮离中	震艮中中离	震中坤中震
癸酉	坤坎巽兑坤	坤坎兑兑中	艮巽兑艮坎	坤兑巽巽艮	坤巽坎巽坤
甲戌	坎离震乾坎	坎离乾乾巽	兑乾乾兑离	坎乾巽震兑	坎震离震坎
乙亥	离艮坤中离	离艮中中震	乾中中乾艮	离中坤坤乾	离坤艮坤离
丙子	艮兑坎巽艮	艮兑巽巽坤	中巽坎中兑	艮巽坎坎中	艮坎兑坎艮
丁丑	兑乾离震兑	兑乾震震坎	巽震离坎乾	兑震离离巽	兑离乾离兑
戊寅	乾中艮坤乾	乾中坤坤离	震坤艮离中	乾坤艮艮震	乾艮中艮乾

己卯	中巽兑坎中	中巽坎坎艮	坤坎兑艮巽	中坎兑兑坤	中兑巽兑中
庚辰	坎震乾离巽	巽震离离兑	坎离乾兑震	巽离乾乾坎	巽乾震乾巽
辛巳	离坤中艮震	震坤艮艮乾	离艮中乾坤	震艮中中离	震中坤中震
壬午	艮坎坎兑坤	坤坎兑兑中	艮兑巽中坎	坤兑巽巽艮	坤巽坎巽坤
癸未	兑离离乾坎	坎离乾乾巽	兑乾震巽离	坎乾震震兑	坎震离震坎
甲申	乾艮艮中离	离艮中中震	乾中坤震艮	离中坤坤乾	离坤艮坤离
乙酉	中兑兑坎艮	艮兑巽巽坤	中巽坎坤兑	艮巽坎坎中	艮坎兑坎艮
丙戌	巽乾乾离兑	兑乾震震坎	巽震离坎乾	兑震离离巽	兑离乾离兑
丁亥	震中中艮乾	乾中坤坤离	震坤艮离中	乾坤艮艮震	乾艮中艮乾
戊子	坤坎巽兑中	中巽坎坎艮	坤坎兑艮巽	中坎兑兑坤	中兑巽兑中
己丑	坎离震乾坎	巽震离离兑	坎离乾兑震	巽离乾乾坎	巽乾震乾巽
庚寅	离艮坤中离	震坤艮艮乾	离艮中乾坤	震艮中中离	震中坤中震
辛卯	艮兑坎巽艮	坤坎兑兑中	艮兑巽中坎	坤兑巽巽坎	坤巽坎巽坤
壬辰	兑乾离震兑	坎离乾乾巽	兑乾震巽离	坎乾震震离	坎震坎震坎
癸巳	乾中艮坤乾	离艮中中震	乾中坤震艮	离中坤坤乾	离坤艮坤离
甲午	中巽兑坎中	艮兑巽巽坤	中巽坎坤兑	艮坎坎坎中	艮坎兑坎艮
乙未	巽震乾离巽	兑乾震震坎	巽震离坎乾	兑离离离坎	兑离乾离兑
丙申	震坤中艮震	乾中坤坤离	震坤艮离中	乾艮艮艮离	乾艮中艮乾
丁酉	坤坎巽兑坤	中巽坎坎艮	坤坎兑艮巽	中兑兑兑艮	中兑巽兑中
戊戌	坎离震乾坎	巽震离离兑	坎离乾兑震	坎乾乾乾兑	巽乾震乾巽
己亥	离艮坤中离	震坤艮艮乾	离艮中乾坤	离中中中乾	震中坤中震
庚子	艮兑坎巽艮	坤坎兑兑中	艮兑巽中坎	艮巽坎坎中	坤巽坎巽坤
辛丑	兑乾离震兑	坎离乾乾巽	兑乾震巽离	兑震离离巽	坎震离震坎
壬寅	乾中艮坤乾	离艮中中震	乾中坤震艮	乾坤艮艮震	离坤艮坤离
癸卯	兑巽兑坎中	艮兑巽巽坤	离巽坎坤兑	中坎兑兑坤	艮坎兑坎艮

甲辰	巽震乾离巽	兑乾震震坎	巽震离坎乾	巽离乾乾坎	兑离乾离兑
乙巳	震坤中艮震	乾中坤坤离	震坤艮离中	震艮中中离	乾艮中艮乾
丙午	坤坎巽兑坤	中坎坎坎艮	坤坎兑艮巽	坤兑巽巽艮	中兑巽兑中
丁未	坎离震乾坎	坎离离离兑	坎离乾兑震	坎乾震震兑	巽乾震乾巽
戊申	离艮坤中离	离艮艮艮乾	离艮中乾坤	离中坤坤乾	震中坤中震
己酉	艮兑坎巽艮	艮兑兑兑中	艮兑巽中坎	艮巽坎坎离	坤巽坎巽坤
庚戌	兑乾离震兑	兑乾乾坎坤	兑乾震巽离	兑震离离巽	坎震离震坎
辛亥	乾中艮坤乾	乾中中中离	乾中坤震艮	乾坤艮艮震	离坤艮坤寅
壬子	中巽兑坎中	中巽坎坎艮	中巽坎坤兑	中坎兑兑坤	艮坎艮坎艮
癸丑	巽震乾离巽	巽震离离兑	巽震离坎乾	巽离乾乾坎	兑离乾离艮
甲寅	震坤中艮震	震坤艮艮乾	震坤艮离中	震艮中中离	乾艮中艮乾
乙卯	坤坎巽兑坤	坤坎兑兑中	坤坎兑艮巽	坤兑巽巽艮	中兑巽兑中
丙辰	坎离震乾坎	坎离乾乾巽	坎离乾兑震	坎乾巽巽兑	巽乾震乾坎
丁巳	离艮坤中离	离艮中中震	离艮中乾坤	离中坤坤乾	震中坤中离
戊午	艮兑坎巽艮	艮兑巽巽坤	艮兑巽中坎	艮巽坎坎中	坤坎坎坎艮
己未	兑乾离震兑	兑乾震震坎	兑乾震巽离	兑震离离巽	坎离离离兑
庚申	乾中艮坤乾	乾中坤坤离	乾中坤震艮	乾坤艮艮震	离艮艮艮乾
辛酉	中巽兑坎中	中巽坎坎艮	中巽坎坤兑	中坎兑兑坤	艮兑兑兑中
壬戌	巽震乾离巽	震震离离兑	巽震离坎乾	巽离乾乾坎	兑乾乾乾巽
癸亥	震坤中艮震	震坤艮艮乾	震坤艮离中	震艮中中离	乾中中中震

太岁六十年禄马贵人定局

　　此是六十年太岁禄马贵人。假如甲子年以甲禄在寅，五虎遁起丙，寅为真禄，申子辰年驿马亦在丙寅。若寅午戌年驿马则在己巳，以甲戊兼牛羊为贵人。阳贵人在辛未，阴贵人在丁丑。若二月修造，则将二月丁卯加在中宫，顺数。丙寅在坎为

禄，亦为马。丁丑在乾为阴贵人，辛未在离为阳贵人。余仿此。本合太岁，禄马贵人为极吉之神，如修造房屋到山到向到方，为催官、发财，进禄至速。如官员上任，禄马随临，贵人集至，大为吉利。阳贵人冬至后用事尤吉，阴贵人夏至后用事尤吉。

		月	正	二	三	四	五	六	七	八	九	十	十一	十二
六甲流年	真禄	丙寅	中	坎	离	艮	兑	乾	中	巽	震	坤	坎	离
	申子辰马	丙寅	中	坎	离	艮	兑	乾	中	巽	震	坤	坎	离
	寅午戌马	壬申	坤	坎	离	艮	兑	乾	中	坎	离	艮	兑	乾
	阳贵人	辛未	坎	离	艮	兑	乾	中	坎	离	艮	兑	乾	中
六乙流年	阴贵人	丁丑	兑	坎	中	巽	震	坤	坎	离	艮	兑	乾	中
	真禄	己卯	乾	中	坎	离	艮	兑	乾	中	巽	震	坤	坎
	亥卯未年驿马	辛巳	艮	兑	乾	中	坎	离	艮	兑	乾	中	巽	震
	己酉丑年驿马	丁亥	中	巽	震	坤	坎	离	艮	兑	乾	中	巽	震
	阳贵人	甲申	坤	坎	离	艮	兑	乾	中	坎	离	艮	兑	乾
六丙流年	阴贵人	戊子	乾	中	巽	震	坤	坎	中	艮	兑	乾	中	坎
	真禄	癸巳	艮	兑	乾	中	坎	离	艮	兑	乾	中	巽	震
	申子辰年驿马	庚寅	中	坎	离	艮	兑	乾	中	巽	震	坤	坎	离
	寅午戌年驿马	丙申	坤	坎	离	艮	兑	乾	中	坎	离	艮	兑	乾
	阳贵人	丁酉	震	坤	坎	离	艮	兑	乾	中	坎	离	艮	兑
六丁流年	阴贵人	己亥	中	巽	震	坤	坎	离	艮	兑	乾	中	坎	离
	真禄	丙午	离	艮	兑	乾	中	坎	离	艮	兑	乾	中	巽
	亥卯未年驿马	乙巳	艮	兑	乾	中	坎	离	艮	兑	乾	中	巽	震
	己酉丑年驿马	辛亥	中	巽	震	坤	坎	离	艮	兑	乾	中	坎	离
	阳贵人	辛亥	中	巽	震	坤	坎	离	艮	兑	乾	中	坎	离

六戊流年	阴贵人	己酉	震	坤	坎	离	艮	兑	乾	中	坎	离	艮	兑
	真禄	丁巳	艮	兑	乾	中	坎	离	艮	兑	乾	中	巽	震
	寅午戌年驿马	庚申	坤	坎	离	艮	兑	乾	中	坎	离	艮	兑	乾
	申子辰年驿马	甲寅	中	坎	离	艮	兑	乾	中	巽	震	坤	离	艮
	阴贵人	乙丑	兑	乾	中	巽	震	坤	坎	离	艮	兑	乾	中
六己流年	阳贵人	己未	坎	离	艮	兑	乾	中	坎	离	艮	兑	乾	中
	真禄	庚午	离	艮	兑	乾	中	坎	离	艮	兑	乾	中	巽
	己酉丑年驿马	乙亥	中	巽	震	坤	坎	离	艮	兑	乾	中	坎	离
	亥卯未年驿马	己巳	艮	兑	乾	中	巽	震	坤	坎	离	艮	兑	乾
	阳贵人	丙子	乾	中	巽	震	坤	坎	离	艮	兑	乾	中	坎
	阴贵人	壬申	坤	坎	离	艮	兑	乾	中	坎	离	艮	兑	乾
六庚流年	真禄	甲申	坤	坎	离	艮	兑	乾	中	坎	离	艮	兑	乾
	寅午戌年驿马	甲申	坤	坎	离	艮	兑	乾	中	坎	离	艮	兑	乾
	申子辰年驿马	戊寅	中	坎	离	艮	兑	乾	中	巽	震	坤	坎	离
	阳贵人 阴贵人	戊寅 壬午	中	坎	离	艮	兑	乾	中	巽	震	坤	坎	离
	一云 阳贵人 阴贵人	癸未 丁丑	离	艮	兑	乾	中	坎	离	艮	兑	乾	中	巽
六辛流年	真禄	丁酉	震	坤	坎	离	艮	兑	乾	中	坎	离	艮	兑
	亥卯未年驿马	癸巳	艮	兑	乾	中	坎	离	艮	兑	乾	中	巽	震
	己酉丑年驿马	己亥	中	巽	震	坤	坎	离	艮	兑	乾	中	坎	离
	阳贵人	甲午	中	坎	离	艮	兑	乾	中	巽	震	坤	坎	离
	阴贵人	庚寅	离	艮	兑	乾	中	坎	离	艮	兑	乾	中	巽

流年	名	值												
六壬流年	真禄	辛亥	中	巽	震	坤	坎	离	艮	兑	乾	中	坎	离
	申子辰年驿马	壬寅	中	坎	离	艮	兑	乾	中	巽	震	坤	坎	离
	寅午戌年驿马	戊申	坤	坎	离	艮	兑	乾	中	坎	离	艮	兑	乾
	阳贵人	癸卯	乾	中	坎	离	艮	兑	乾	中	巽	震	坤	坎
	阴贵人	乙巳	艮	兑	乾	中	坎	离	艮	兑	乾	中	巽	震
六癸流年	真禄	甲子	乾	中	巽	震	坤	坎	离	艮	兑	乾	中	坎
	亥卯未年驿马	丁巳	艮	兑	乾	中	坎	离	艮	兑	乾	中	巽	震
	己酉丑年驿马	癸亥	中	巽	震	坤	坎	离	艮	兑	乾	中	坎	离
	阳贵人	丁巳	艮	兑	乾	中	坎	离	艮	兑	乾	中	巽	震
	阴贵人	乙卯	乾	中	坎	离	艮	兑	乾	中	巽	震	坤	坎

逐日太阴过宫定局

太阴乃百神之主，修造逢之，诸杀不敢为恶。

月	正	二	三	四	五	六	七	八	九	十	十一	十二	
逐日 初一	卯时过亥	在亥	辰时过戌	辰时过酉	辰时过申	巳时过未	巳时过午	未时过巳	未时过辰	未时过卯	未时过寅	未时过丑	午时过子
太阴 初二		在亥	在戌	在酉	在申	在未	在午	在巳	在辰	在卯	在寅	在丑	在子
过宫 初三		在亥	戌时过酉	戌时过申	亥时过未	亥时过午	亥时过巳	在巳	在辰	在卯	在寅	在丑	在子
定局 初四		在戌	在酉	在申	在未	在午	在巳	丑时过辰	巳时过卯	丑时过寅	丑时过丑	丑时过子	寅时过亥
初五		在戌	在酉	在申	在未	在午	在巳	在辰	在卯	在寅	在丑	在子	在亥
初六		辰时过酉	辰时过申	巳时过未	巳时过午	巳时过巳	未时过辰	未时过卯	未时过寅	未时过丑	未时过子	申时过亥	酉时过戌
初七		在酉	在申	在未	在午	在巳	在辰	在卯	在寅	在丑	在子	在亥	在戌
初八		戌时过申	子时过未	子时过午	戌时过巳	在巳	在辰	在卯	在寅	在丑	在子	在亥	在戌

日													
初九		在申	在未	在午	在巳	丑时过辰	丑时过卯	丑时过寅	丑时过丑	丑时过子	寅时过亥	卯时过戌	卯时过酉
初十		在申	在未	在午	在巳	在辰	在卯	在寅	在丑	在子	在亥	在戌	在酉
十一		巳时过未	巳时过午	巳时过巳	未时过辰	未时过卯	未时过寅	未时过丑	未时过子	申时过亥	酉时过戌	酉时过酉	酉时过申
十二		在未	在午	在巳	在辰	在卯	在寅	在丑	在子	在亥	在戌	在酉	在申
十三		亥时过午	亥时过巳	在巳	在辰	在卯	丑时过丑	在丑	在子	在亥	在戌	在酉	在申
十四		在午	在巳	丑时过辰	丑时过卯	丑时过寅	在丑	丑时过子	卯时过亥	卯时过戌	卯时过酉	卯时过申	辰时过未
十五		在午	在巳	在辰	在卯	在寅	在丑	在子	在亥	在戌	在酉	在申	在未
十六		巳时过巳	未时过辰	未时过卯	未时过寅	未时过丑	申时过子	酉时过亥	酉时过戌	酉时过酉	戌时过申	戌时过未	戌时过午
十七		在巳	在辰	在卯	在寅	在丑	在子	在亥	在戌	在酉	在申	在未	在午
十八		戌时过辰	在辰	在卯	在寅	在丑	在子	在亥	在戌	在酉	在申	在未	在午
十九		在辰	丑时过卯	丑时过寅	丑时过丑	寅时过子	丑时过亥	丑时过戌	卯时过酉	辰时过申	辰时过未	辰时过午	辰时过巳
二十		在辰	在卯	在寅	在丑	在子	在亥	在戌	在酉	在申	在未	在午	在巳
二十一		未时过卯	未时过寅	未时过丑	申时过子	申时过亥	酉时过戌	酉时过酉	酉时过申	戌时过未	在未	未时过巳	在巳
二十二		在卯	在寅	在丑	在子	在亥	在戌	在酉	在申	在未	戌时过午	在巳	子时过辰
二十三		丑时过寅	在寅	在丑	在子	在亥	在戌	在酉	在申	在未	在午	在巳	在辰
二十四		在寅	子时过丑	丑时过子	寅时过亥	卯时过戌	卯时过酉	卯时过申	午时过未	辰时过午	辰时过巳	午时过辰	午时过卯
二十五		在寅	在丑	在子	在亥	在戌	在酉	在申	在未	在午	在巳	在辰	在卯
二十六		未时过丑	未时过子	申时过亥	酉时过戌	酉时过酉	酉时过申	戌时过未	寅时过午	寅时过巳	在巳	在辰	在卯
二十七		在丑	在子	在亥	在戌	在酉	在申	在未	在午	在巳	子时过辰	子时过卯	子时过寅
二十八		在丑	在子	在亥	在戌	在酉	在申	在未	在午	在巳	在辰	在卯	在寅
二十九		丑时过子	寅时过亥	寅时过戌	卯时过酉	卯时过申	辰时过未	辰时过午	卯时过巳	午时过辰	午时过卯	午时过寅	午时过丑

钦定古今图书集成 精华本

堪舆篇

| 三十 | | 在子 | 在亥 | 在戌 | 在酉 | 在申 | 在未 | 在午 | 在巳 | 在辰 | 在卯 | 在寅 | 在丑 |

逐月太阳过宫定局

正月	立春后在子，雨水后过亥	二月	惊蛰后尚在亥，春分后始过戌
三月	清明后尚在戌，谷雨后始过酉	四月	立夏后尚在酉，小满后始过申
五月	芒种后尚在申，夏至后始过未	六月	小暑后尚在未，大暑后始过午
七月	立秋后尚在午，处暑后始过巳	八月	白露后尚在巳，秋分后始过辰
九月	寒露后尚在辰，霜降后始过卯	十月	立冬后尚在卯，小雪后始过寅
十一月	大雪后尚在寅，冬至后始过丑	十二月	小寒后尚在丑，大寒后始过子

逐月节气迟早，每年时历可考。

第二十八章　堪舆汇考二十八

《阳宅十书》四

论符镇第十

修宅造门，非甚有力之家，难以卒办。纵有力者，非迟延岁月，亦难遽成。若宅兆既凶，又岁月难待，惟符镇一法，可保平安。

黄石公安宅护救符镇法

黄公术传于世，普济生民，或有修造，误犯恶杀凶神，致使人财伤损，疾病连绵，多有力不能复改者。乃有黄公神符以镇之，则可以免祸，符箓俱载于后。

五岳镇宅符

凡人家宅不安，或凶神邪鬼作怪，此符镇之大吉。或夜行身带比符，诸邪不敢近。

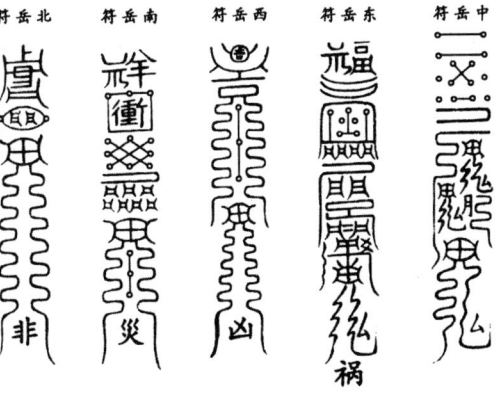

镇宅十二年土府神杀

凡修造误犯土凶神，主伤人。用桃板书符于犯处。

符年巳　符年辰　符年卯　符年寅　符年丑　符年子

符年亥　符年戌　符年酉　符年申　符年未　符年午

诸符用桃板一尺二寸，朱书。用僧道祭犯处，吉。

镇四方土禁并退方神符

凡误犯三杀凶神，主伤人。用桃板朱书，符于犯处。

符年戌酉申　　符年未午巳　　符年辰卯寅　　符年丑子亥

镇命元建宅有犯凶神

兑为生气 生气方以 游年为主 如乾宅以	若犯庚辛为孝服之年，主人口灾病，六畜损伤，镇用白杨木，刻人形，两个于本宅生气。方头南脚北埋三尺深，以本人沐浴水泼埋处，更书此符带之。
门上贴之吉	若误犯壬癸者，为盗贼惊恐，或为官事败财。镇用牢中土一斗，自死鼠一个，埋在本宅五鬼方门下。深一尺二寸，如乾宅以震为五鬼方，余七宅俱仿此推。

镇行年建宅神符

 此符带吉	凡建宅犯卯、酉、巳，为小凶之年，主小口灾破财。用桃皮二片，朱书敕字烧灰，乳香一两，并艾煎水浴身，吉。	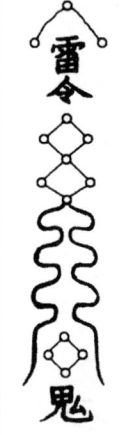	凡建宅犯辰戌，为大凶之年，主人家有死亡之事。镇用古墓中砖四块，填卧床脚下，吉。又书朱符带之。	若犯五鬼之年，主人家破财，口舌不绝。镇用市铺土十字街中土，又用破墓土各三升和泥，泥在门上，泥处贴符吉。

若犯祸害之年，主六畜损伤，官非口舌，用古城墙土一斗，古井水七升和泥，作泥人七个，埋入大门，左右深一尺。若犯绝命之年，主小口多灾，用本人游年四吉位上，将古城墙土、古井水洒于上，又以车辐埋之吉。

三教救宅神符

若有人家人口多灾，祸害不止，此是建宅凶星高大之故。宜修改之力不能改，宜急取三教救宅神符八道，用桃木八片，朱书，分八方钉之，不数月祸害即止。

镇多年老宅祸患不止

　　凡老宅旺气已尽，人财损伤，用本命福德方土五升，天月二德土五升，东流水和泥，泥本宅太岁金神处，朱书神符镇之。如乾宅四十年，坤宅五十年，气尽宜改别宅，如不能改者，此法镇之吉。

镇八位卦爻反逆

　　凡宅爻神错乱者，凶。用柏板八片，长一尺二寸，朱书金刚符八方钉之，取本命福德方土，并桃杏仁各四十九，桃杏根各七根，取三家水在宅长命元五鬼位上，令祝人喷之。

刚金神大	刚金贤紫	刚金水为白	刚金青辟	刚金青	刚金贤定	刚金赤	刚金黄

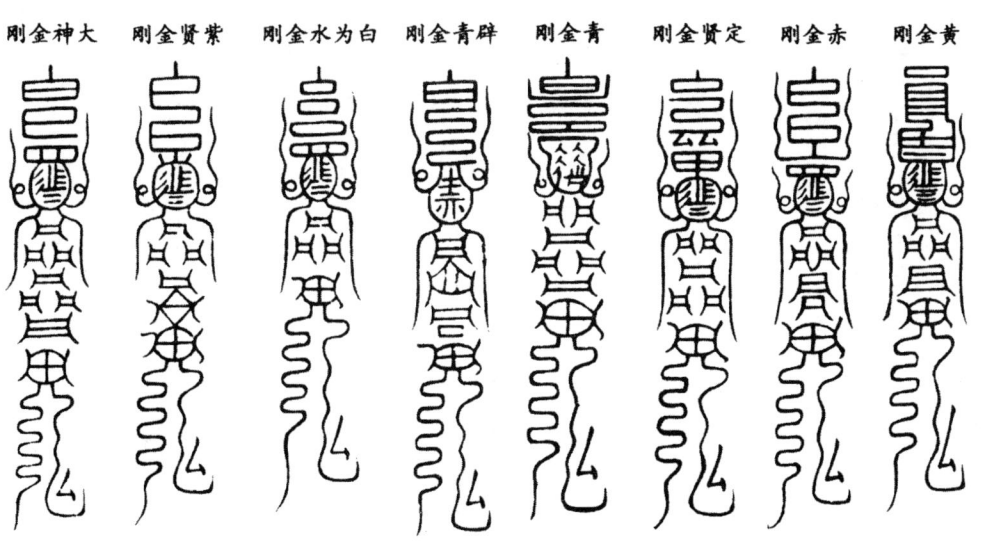

镇年月日时相克

凡建宅年月日时，相生比和，吉。如癸宅丙午日修造，凶。用黄石三十斤埋中宫，吉。月犯绝胎养，用狗头骨烧灰，及岁德方土和泥泥灶。桃板朱书符吉。

镇分房相克

分房年月不利，用住宅四角草四把，化灰送入他人井中，吉。如分宿克宅，用克宿石一块，埋房门下，吉。又造宅犯二十八宿，或穿临克宅者，凶。用克宿石二块五十斤书符，埋入本宅伏位下，吉，如乾宅穿临尾宿属火，用黑石二块，书符埋西北，吉。又如震宅见武曲，用红石二块五十斤书符，埋东方，吉。

镇元空装卦未顺

敕令张光钉在生气上，敕令主文钉在天乙上，敕令主角钉在五鬼上，敕令明宗祖钉在堂门房门口，以门向定、符论天乙伏位，中宫用车辐一根上书六甲护宅符挂之。

六甲符咒

天心天目天耳天光之心，克地之灵光，日月为光，急急如律令五帝敕，一气念七遍，吹在符上镇之。

修造预镇神符

凡欲修造先用牲酒，纸马，桃木板书符，各方镇之，虽犯诸杀不凶。

符方卯　符方寅　符方丑　符方子　符央中　符方北　符方南　符方西　符方东

符方亥　符方戌　符方酉　符方申　符方未　符方午　符方巳　符方辰

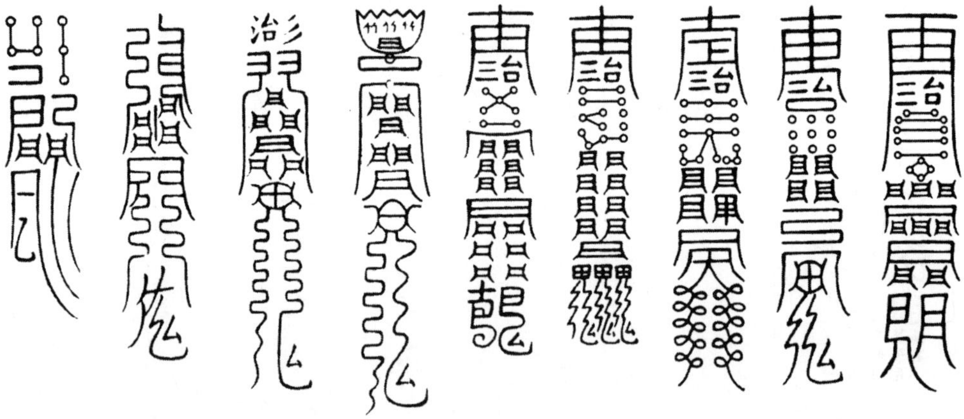

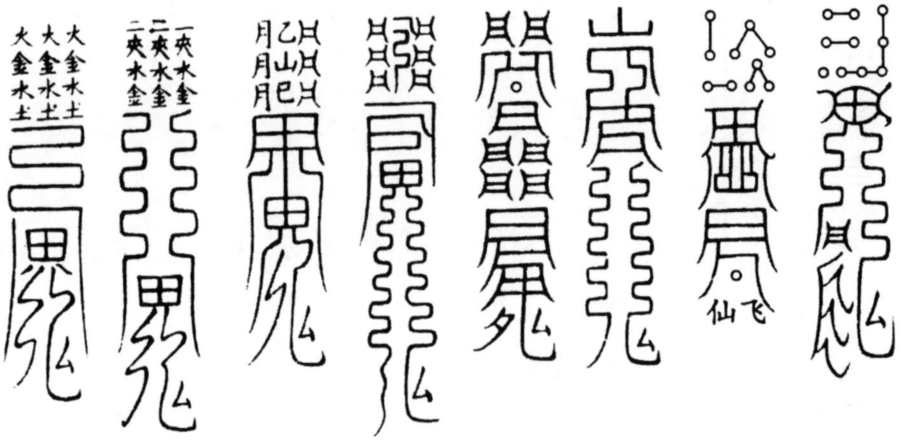

镇火庵远近布爻不成

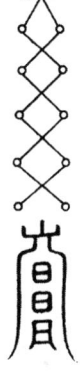

　　凡八宅，火庵远者三五十步，近者十、一十五步，用阴数最妙。须以四宅分房布卦为上，若颠倒者，大凶，宜拆改之。如不可改者，用青石一块，重一百斤，书神符，若重阴界北埋之，若重阳界南埋之，大吉。若内外布成五鬼六煞，祸害绝命，依各位镇之。假令乾宅布成震卦，为五鬼于卯上镇之，用佛座上土一斗，与酒醋和泥，泥在本屋上，吉。余依前符石镇之。

镇八宅不成卦爻拆改

　　凡人宅舍，四吉星宜高，四凶星宜低。若误盖凶星高，宜拆改之。用朱书神符于拆改处镇之，吉。

镇宅内移徙出火修造方道

　　凡人移尼出火，急速造宅，暂移住处，须宅主年命吉方住，吉。如三十六岁，兑上是生气，兑上却无房可移，卯上有房，却犯五鬼之乡，就于卯上居住，取四吉方水土，和泥，于卯上香火处壁上泥之，吉。朱书神符镇之。四吉即生气。福德延年，巨门是也。

　　凡移徙犯四凶位者，主人口多灾，用旧住宅四角土共一斗，泥灶上，吉。四凶即破军，廉贞，禄存，六煞是也。

　　凡徙居犯没灭者，用福德宫土一升，作泥人四个，埋住宅四角，即止。又法，埋入大门下，吉。凡移居出火，不合大利，年月日时，与年命相冲，大凶。用柏木四片，书除灾金刚马鞍勒四片，朱书大勒鬼车辐四条书，祸去福来。明镜一个，书天尊佛像。福德土五升作土坯一个，上书二土字，用柏板八片，书前三教八方符，随处书名，埋一尺二寸深。书八宅神名，乾名刘子卿，坎名刘子伯侠，艮名任子辛，震名明子辛天，巽名张元孙，离名马伯叔，坤名黄天禽。兑名刘子孟。

移徙预镇神符

　　凡人移宅，或出火修造，年月不利，福德方位不利，预书五方神符于五方，并六甲灵符于宅中，诸凶不忌。若犯文曲星，用铁人五个，锡人三个，背书定印匠人姓名。禄存用铁人三个，白杨木三个，背书定印匠人姓名，黄绢裹之。廉贞用赤土一斗，木炭三百斤，白杨木人五个，背书定印匠人姓名，红绢裹之。破军星用桐木人五个，背书定印匠人姓名，白绢裹之。取东流水以罐盛之，香七炷，埋各位上，吉。五方符用枣木，朱书，钉各位上，吉。定印匠人姓名，即前项铸造铁锡木人匠

人是也。

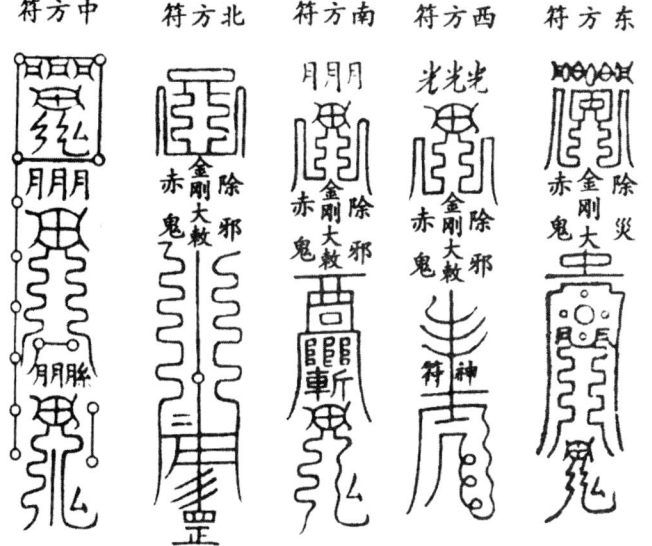

符方中　符方北　符方南　符方西　符方东

镇宅内误犯二十四位凶神

若犯太岁者，主伤家长，用马蹄二个，虎骨一两，猪羊血各一斤，桃木板一尺二寸，朱书六甲符埋犯处。太岁名蔡子明。

若犯大将军者，伤六畜官事，用白杨木七片，长一尺二寸，白杨木人三个，酒和泥，埋犯处，吉。大将军名姜无相。

若犯金神者，用白羊骨一斤，猪血一斤，生铁四两，杨柳木板三尺二寸，朱书六甲符，埋犯处。金神名商名和。

若犯大小耗者，用蛇皮古井水，安犯处并屋上，吉。大小耗名仓吉小何。

若犯岁破，用白杨木人三个，手执刀，埋犯处，吉。岁破名牛斫毒。

若犯丧门，主人口死亡。用雷惊木人二个，埋犯处，吉。

若犯蚕官，蚕室用鼠土七升，收蚕人家节箸双锻钉一个，蜜四两，甘草三两，酒泥，神位下，吉。

若犯黄幡豹尾，用大豆三升，北方水三升，桃柳二木，羊二个，埋犯处，黄幡名狩独解。

若犯病符吊客，用赤土赤石，共藏赤瓮内，安犯处。若犯太阴等神，用屋角桑皮、月德土同埋犯处，神名贾文。

若犯灾杀、岁杀、官符、大杀等神，用灶内赤土、葡萄根、柏木板，朱书神名安犯处，神名齐白羊。

若犯伏兵、大祸、劫杀，用艮位土和泥，泥于福德位门上。又用黑石压瓮安犯处，吉。伏兵名赵，劫杀名表，大祸名载荆艾。

若犯岁刑死符，用灶中土作泥人九个放瓮内安棘针于人上，柏木板朱书神名安犯处神名乙追午。

若犯天水地火日，主伤中子。用狗头骨、猪头骨各三斤，槌碎和泥，作土坯四个，阳宅甲字上，阴宅庚字上镇之。

若犯大小月建，用土牛一个，岁德土五升，井华水合泥，泥于福德位上。

若犯灭门、大祸，用蚕沙三升，柳木人一个安犯处。

若犯年月，天坑神，主伤人。用车辐一条，小函七个，小案七个，柏木板三片，上书元亨利贞埋犯处，吉。神名庚子名。

若犯天地、土季、用梨木人三个，季方上安之，吉。

若犯八电、七鸟、九鬼、六蛇、用杏李木朱书神名，埋日辰方，吉。

神名即八电等神。

若犯归忌，主破财。用泥龟一个，埋日辰方，吉。

若犯月破，主灾厄。柏人一个，埋日辰方，吉。书神名于人上，神名晁谊。

镇外形冲射

凡人宅舍有神庙、寺观相冲射者，大凶。用大石一块，朱书玉清二字对之，吉。

凡有木箭冲射者，凶。用铸斧凿锯柏木板一尺二寸，朱书鲁班作用四字吊中堂，吉。

凡宅有探头山，主出贼盗之事。用大石一块，朱书玉帝二字，安四吉方镇之。

凡宅在寺前庙后，主人淫乱，用大石一块，朱书天蓬圣后于宅中，吉。

凡鬼箭冲宅者，凶。用石一块，朱书雷杀二字镇之。

凡庙宇房脊冲宅者，凶。用石一块，朱书摄气二字镇之。

凡道路冲宅，用大石一块，书泰山石敢当，吉。

凡邻屋脊射宅者，用大石一块，书乾元二字，吉。

凡门户碓磨相冲，用大石一块，朱书乾罡戊己四字，吉。

凡房两头接屋者，用大石一块，朱书天通二字，吉。

凡人误用神庙木料者，主邪。用朱书金刚二字于上。

凡人家修造，犯太岁穿宅，用赤石一百斤埋犯处。用天德土一升，太岁土一升，作泥人一个，送入庙中，吉。假如甲子以己为太岁穿宅，将甲子五虎起遁，起甲寅至巳，上逢丁巳，即不与甲子命同旬不忌，己巳为正太岁穿宅，大凶。余仿此。

镇四邻起土修造误犯我家土府凶神

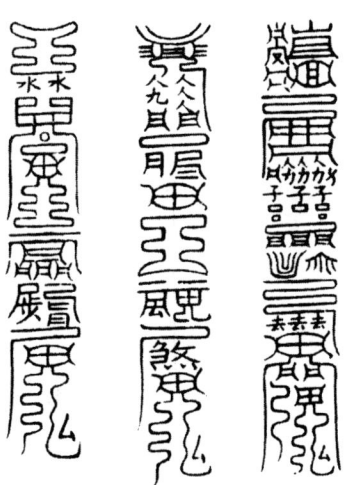

凡邻家动土，冒犯土府者，用雷惊木三尺六寸，或一尺二寸，朱书神符三道，本宅中心钉之，诸恶不能为凶。

镇四季误犯土王杀

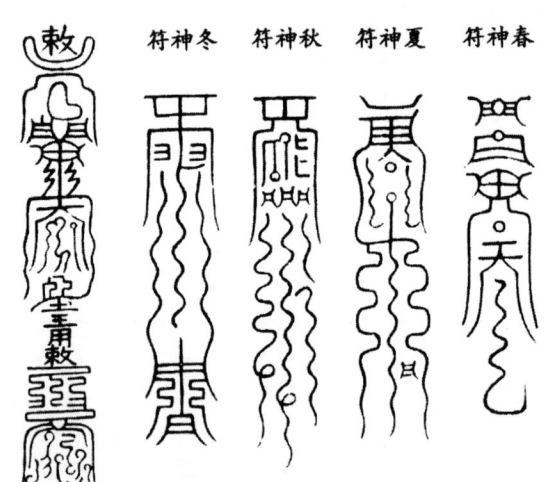

符神冬　符神秋　符神夏　符神春

凡土王用事犯者，凶。柏板一尺二寸，朱书符于犯处，吉。

镇穿井不在利方

凡穿井与福德不利，主凶。用柏木二片，长一尺二寸，朱书五方神符二道。石一块，五谷一升，投入井，符钉于上。咒曰：五方井神，各安本宫，符到奉行，用水喷符，井上诵七遍。

镇宅中邪气妖鬼作怪

凡宅中气如烟火人鬼形，朱书酆都大帝位，用柏板一尺二寸，书符于宅中镇之，吉。

凡人家房屋自响者，凶。用白芷白矾青石一块，重六十斤，朱砂一钱，雄黄一钱五分，草心七根，天月德方水土各一升，泥响处，书此符贴泥上即止。

镇宅内被人暗埋压镇

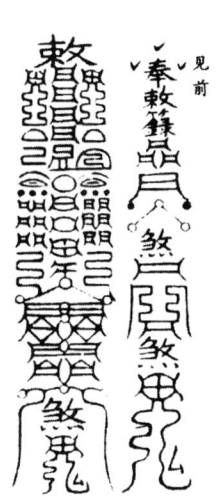

凡人家被人暗埋镇物，所害者必伤人。用枣木板二片，书符二道，柏木板一片，书天师符安宅中，吉。

镇府州县衙门不利

　　凡天下衙门，但官员到任未久，多生疾患，甚有被百姓诬告者，及本职不升者，有小口损伤者，多是远年冤枉之魂作怪故也。镇用三郡三门下土三斗，公座下土一斗，以酒和泥，泥后堂壁上，一半撒于后宅中。又用大青石一百斤，解四角，埋四方。又用虎骨、官桂各一两，远志二两，埋公座下。又用丁香、黄香、乳香、水石各一钱，荞麦、稿烧灰淋水调洒，用柏木板书符，镇于后宅中堂，吉。

镇儒学不利

　　凡天下儒学发高科，乃一县风水合三吉六秀故也。亦或有神庙、寺观冲犯，街渠土箭居于吉方，多有不利者。用桥上土七升，红枣五升，瓷瓶一个，盛之埋入圣人面前二尺，深土盖之。又用大石五块，各重一百二十斤，染为五色，各依方位埋之。其黄色石埋入梓潼帝君面前，盖土于上。书灵符以五彩币，用文星日祭之，当年多中。

镇寺观不存僧道

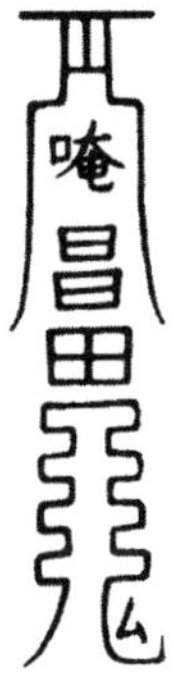

凡寺观不存僧道，乃地势不堪，或建殿年月不吉故也。镇之用石一块，重八十斤，面书灵符，埋入三门下。又用福德方水土和泥，泥在卧房中，则僧道自然不去也。或以柏木人一个，将头颠倒埋床下，用老石榴木人一个，各房埋入床下，吉。

武帝应用灵符

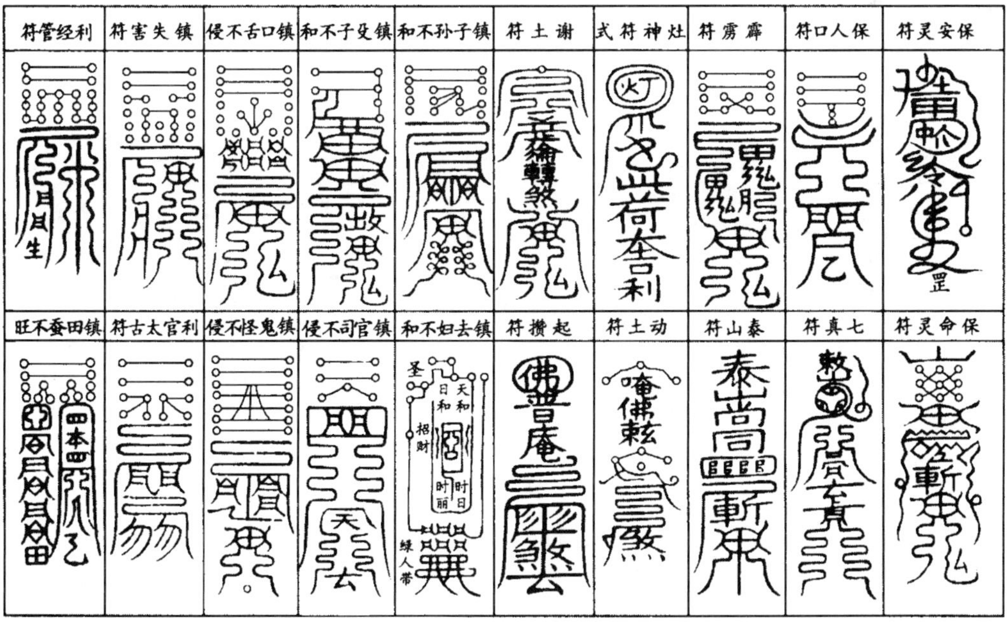

符管经利	符害失镇	侵不舌口镇	和不子受镇	和不孙子镇	符土谢	式符神灶	符房霹	符口人保	符灵安保

旺不蚕田镇	符古太官利	侵不怪鬼镇	侵不司官镇	和不妇去镇	符攒起	符土动	符山泰	符真七	符灵命保

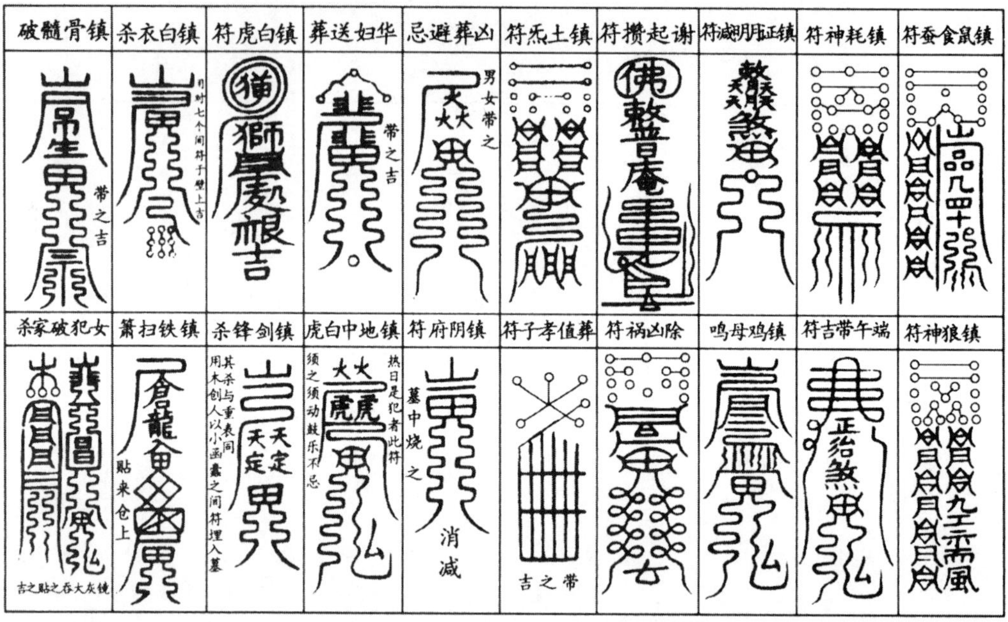

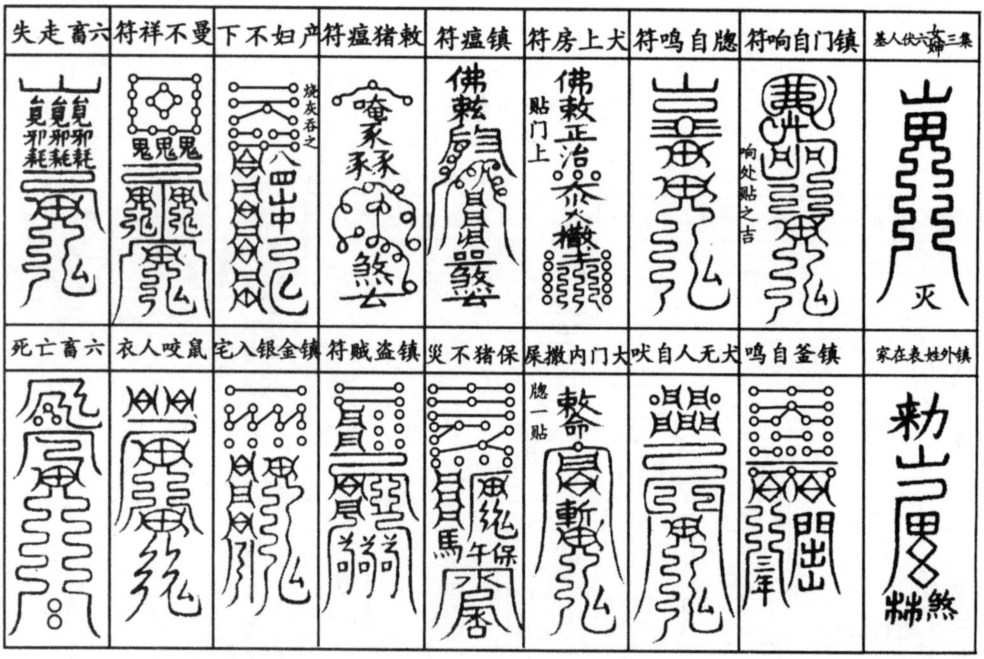

王子既辑《阳宅十书》成，客有质者曰：亦有宅法吉，而灾咎未尽除者乎？

曰：必其人之命运方迍，时过则吉集矣。曰：亦有宅法不善，而吉庆犹安享者乎？

曰：必其人之命运方亨，时过则灾至矣。盖地终不能有加于天，地利仅足以挽回天时之半。矧命根于前，而宅修于后，法自有当变通论者。然或有人修德既至，则能反灾为祥；亦或有人积恶溢满，则皆变吉为凶。此又天人感应之机，不可执定。宅术而论吁究竟至此，而宅法殆无遗义矣。

第二十九章　堪舆总论

《论衡》

四讳篇

　　俗有大讳四。一曰讳西益宅。西益宅谓之不祥。不祥必有死亡。相惧以此，故世莫敢西益宅，防禁所从来者远矣。《传》曰：鲁哀公欲西益宅，史争以为不祥。哀公作色而怒，左右数谏而弗听，以问其傅宰质雎曰：吾欲西益宅，史以为不祥，何如？宰质雎曰：天下有三不祥，西益宅不与焉。哀公大说。有顷，复问曰：何谓三不祥？对曰：不行礼义，一不祥也。嗜欲无止，二不祥也。不听规谏，三不祥也。哀公缪然深惟，慨然自反，遂不益宅。令史与宰质雎止其益宅，徒为烦扰，则西益宅祥与不祥未可知也。令史、质雎以为西益宅审不祥，则史与质雎与今俗人等也。夫宅之四面皆地也，三面不谓之凶，益西面独谓不祥，何哉？西益宅何伤于地体，何害于宅神？西益不祥，损之能善乎？西益不祥，东益能吉乎？夫不祥必有祥者，犹不吉必有吉矣。宅有形体，神有吉凶，动德致福，犯刑起祸。今言西益宅谓之不祥，何益而祥者？且恶人西益宅者，谁也？如地恶之，益东家之西，损西家之东，何伤于地？如以宅神不欲西益，神犹人也，人之处宅欲得广大，何故恶之？而以宅神恶烦扰，则四面益宅，皆当不祥。诸工伎之家，说吉凶之占，皆有事状。宅家言治宅犯凶神，移徙言忌岁月，祭祀言触血忌，丧葬言犯刚柔，皆有鬼神凶恶之禁，人不忌避，有病死之祸。至于西益宅，何害而谓之不祥？不祥之祸，何以为败？实说其义，不祥者义理之禁，非吉凶之忌也。夫西方，长老之地，尊者之位也。尊长在西，卑幼在东。尊长，主也。卑幼，助也。主少而助多，尊无二上，卑有百下也。西益主益，主不增助，二上不百下也。于义不善，故谓不祥。不祥者，不宜也，于义不宜未有凶也。何以明之？夫墓，死人所藏。田，人听饮食。宅，人

所居处，三者于人，吉凶宜等。西益宅不祥，西益墓与田不言不祥。夫墓，死人所居，因忽不慎。田，非人所处，不设尊卑。宅者，长幼所共，加慎致意者，何可不之讳？义祥于宅，略于墓与田也。

难岁篇

俗人险心，好信禁忌，知者亦疑，莫能实定。是以儒雅服从，工伎得胜。吉凶之书，伐经典之义，工伎之说，凌儒雅之论。今略实论，令亲览总核是非，使世一悟。移徙法曰："徙抵太岁凶，负太岁亦凶。抵"太岁名曰岁下，负太岁名曰岁破，故皆凶也。假令太岁在甲子，天下之人皆不得南北徙，起宅嫁娶亦皆避之；其移东西，若徙四维，相之如者皆吉。何者？不与太岁相触，亦不抵太岁之冲也。实问：避太岁者何意也？令太岁恶人徙乎，则徙者皆有祸。令太岁不禁人徙，恶人抵触之乎？则道上之人南北行者皆有殃。太岁之意犹长吏之心也。长吏在涂，人行触车马，于其吏从，长吏怒之，岂能抱器载物、去宅徙居触犯之者而乃责之哉！昔文帝出，过霸陵桥，有一人行逢车驾，逃于桥下，以为文帝之车已过，疾走而出，惊乘舆马。文帝怒，以属廷尉张释之，释之当论。使太岁之神行若文帝出乎，则人犯之者，必有如桥下走出之人矣。方今行道路者，暴溺仆死，何以知非触遇太岁之出也。为移徙者又不能处，不能处则犯与不犯未可知，未可知则其行与不行未可审也。且太岁之神审行乎，则宜有曲折，不宜直南北也。长吏出舍，行有曲折。如天神直道不曲折乎，则从东西四维徙者，犹干之也。若长吏之南北行，人从东如西，四维相之如，犹抵触之。如不正南北，南北之徙又何犯。如太岁不动行乎，则宜有宫室营堡，不与人相见，人安得而触之？如太岁无体，与长吏异，若烟云虹蜺直经天地，极子午南北陈乎？则东西徙。若四维徙者，亦干之。譬若今时人行，触繁雾蜮气，无从横负乡皆中伤焉。如审如气，人当见之。虽不移徙，亦皆中伤。且太岁，天别神也，与青龙无异。龙之体不过数千丈。如今神者宜长大，饶之数万丈，令体掩北方，当言太岁在北方，不当言在子。其东有丑，其西有亥，明不专掩北方，极东西之广，明矣。令正言在子位触土之中，直子午者，不得南北徙耳。东边直丑巳之地，西边直亥未之民，何为不得南北徙？丑与亥地之民，使太岁左右通得南北徙及东西徙，可则丑在子东，亥在子西，丑亥之民东西徙，触岁之位；巳未之民东西徙，忌岁所破。儒者论天下九州，以为东西南北尽地广长。九州之内五千里，竟三河土中。周公卜宅，经曰："王来绍上帝，自服于土中。"雒则土之中也。

邹衍论之，以为九州之内五千里，竟合为一州，在东东位，名曰赤县神州。自有九州者九焉，九九八十一，凡八十一州。此言殆虚，地形难审。假令有之，亦一难也。使天下九州如儒者之议，直雒邑以南，对三河以北，豫州、荆州、冀州之部有太岁耳，雍、梁之间，青、兖、徐扬之地，安得有太岁？使如邹衍之论，则天下九州在东南位，不直子午，安得有太岁？如太岁不在天地极，分散在民间，则一家之宅，辄有太岁。虽不南北徙，犹抵触之。假令从东里徙西里，西里有太岁，从东宅徙西宅，西宅有太岁，或在人之东西，或在人之南北，犹行途上，东西南北皆逢触人。太岁位数千万亿，天下之民，徙者皆凶，谓移徙者何以审之？如审立于天地之际，犹王者之位在土中也。东方之民，张弓西射，人不谓之射王者，以不能至王者之都，自止射其处也。今徙岂能北至太岁位哉！自止徙百步之内，何为谓之伤太岁乎！且移徙之家禁南北徙者，以为岁在子位，子者破午，南北徙者抵触其冲，攻谓之凶。夫破者，须有以椎破之也。如审有所用，则不徙之民皆被破害；如无所用，何能破之？夫雷，天气也。盛夏击折，折木破山，时暴杀人。使太岁所破若迅雷也，则声音宜疾，死者宜暴，如不若雷，亦无能破。如谓冲抵为破，冲抵安能相破？东西相与为冲，而南北相与为抵。如必以冲抵为凶，则东西常凶，而南北常恶也。如以太岁神其冲独凶，神莫过于天地，天地相与为冲，则天地之间无生人也。或上十二神登明，从魁之辈，工伎家谓之皆天神也。常立子丑之位，俱有冲抵之气，神虽不若太岁，宜有微败。移徙者虽避太岁之凶，犹触十二神之害。为移徙时者何以不禁？冬气寒，水也，水位在北方。夏气热，火也，火位在南方。案秋冬寒，春夏热者，天下普然，非独南北之方水火冲也。今太岁位在子耳，天下皆为太岁，非独子午冲也。审以所立者为主，则午可为大夏，子可为大冬。冬夏南北徙者，可复凶乎？立春，艮王震相，巽胎离没，坤死兑囚，乾废坎休。王之冲死，相之冲囚，王相冲位，有死囚之气。乾坤六子，天下正道。伏羲、文王象以治世，文为经所载，道为圣所信，明审于太岁矣。人或以立春东北徙，抵艮之下，不被凶害，太岁立于子，彼东北徙，坤卦近于午，犹艮以坤，徙触子位，何故独凶？正月建于寅，破于申，从寅申徙，相之如者无有凶害。太岁不指午，而空曰岁破，午实无凶祸，而虚禁南北，岂不妄哉！十二月为一岁，四时节竟，阴阳气终，竟复为一岁，日月积聚之名耳。何故有神而谓之立于子位乎？积分为日，累日为月，连月为时，纪时为岁。岁则日月时类也。岁而有神，日月时亦复有神乎？千五百三十九为一统，四千六百一十七岁为一元。岁犹统元也，岁有神，统元复有神乎？论之以为

无。假令有之，何故害人？神莫过于天地，天地不害人。人谓百神，百神不害人。太岁之气，天地之气也。何憎于人，触而为害？且文曰："甲子不徙。"言甲与子殊位，太岁立子不居甲，为移徙者运之，而复居甲，为之而复居甲，为移徙时者，亦宜复禁东西徙。甲与子钧，其凶宜同。不禁甲而独忌子，为移徙时者，竟妄不可用也。人居不能不移徙，移徙不能不触岁，不触岁不能不得时死。工伎之人，见今人之死，则归祸于往时之徙。俗心险危，死者不绝，故太岁之言，传世不灭。

诘术篇

图宅术曰："宅有八术，以六甲之名数而第之，第定名立，宫商殊别。宅有五音，姓有五声，宅不宜其姓，姓与宅相贼，则疾病死亡，犯罪遇祸。"诘曰：夫人之在天地之间，万物之贵者耳。其有宅也，犹鸟之有巢，兽之有穴也。谓宅有甲乙，巢穴复有甲乙乎？甲乙之神独在民家，不在鸟兽何？夫人之有宅，犹有田也。以田饮食，以宅居处，人民所重，莫食最急，先田后宅，田重于宅也。田间阡陌，可以制八术，比土为田，不可以数甲乙，甲乙之术独施于宅，不设于田。何也？府廷之内，吏舍比属，吏舍之形制，何殊于宅？吏之居处，何异于民？不以甲乙第舍，独以甲乙数宅，何也？民间之宅，与乡亭比屋相属，接界相连，不并数乡亭，独第民家，甲乙之神，何以独立于民家也？数宅之术行市亭，数巷街以第甲乙。入市门曲折，亦有巷街。人昼夜居家，朝夕坐市，其实一也。市肆户何以不第甲乙？州郡列居，县邑杂处，与街巷民家何以异？州郡县邑何以不数甲乙也。天地开辟有甲乙邪？后王乃有甲乙。如天地开辟，本有甲乙，则上古之时，巢居穴处，无屋宅之居、街巷之制，甲乙之神皆何在？数宅既以甲乙，五行之家数日亦当以甲乙。甲乙有支干，支于有加时。支干加时，专比者吉，相贼者凶。当其不举也，未必加干忧支辱也。事理有曲直，罪法有轻重，上官平心原其狱状，未有支干吉凶之验，而有事理曲直之效，为支干者何以对此？武王以甲子日战胜纣，以甲子日战负，二家俱期，两军相当，旗帜相望，俱用一日，或存或亡。且甲与子专比，昧爽时加寅，寅与甲乙不相贼，武王终以破纣，何也？日，火也。在天为日，在地为火。何以验之，阳燧乡日，火从天来。由此言之，火，日气也。日有甲乙，火无甲乙，何日十而辰十二？日辰相配，故甲与子连，所谓日十者，何等也？端端之日有十邪？而将一有十名也？如端端之日有十，甲乙是其名，何以不从言甲乙，必言子丑？何日廷图甲乙有位，子丑亦有处，各有部署，列布五方，若王者营卫，常居不动；今端端

之日中行，且出东方，夕入西方，行而不已，与日廷异，何谓甲乙为日之名乎？术家更说日甲乙者，自天地神也。日更用事，自用甲乙胜负为吉凶，非端端之日名也。夫如是，于五行之象，徒当用甲乙决吉凶而已，何为言加时乎？案加时者，端端之日也。端端之日安得胜负？五音之家，用口调姓名及字，用姓定其名，用名正其字。口有张歙，声有外内，以定五音宫商之实。夫人之有姓者，用禀于天，天得五行之气为姓邪？以口张歙声外内为姓也。如以本所禀于天者为姓，若五谷万物禀气矣，何故用口张歙、声内外定正之乎？古者因生以赐姓，因其所生赐之姓也。若夏吞薏苡而生，则姓苡氏，商吞燕子而生，则姓为子氏，周履大人迹，则姬氏。其立名也，以信、以义、以像、以假、以类。以生名为信，若鲁公子友生，文在其手曰"友"也。以德名为义，若文王为昌，武王为发也。以类名为像，若孔子名丘也、取于物为假，若宋公名杵臼也。取于父为类，有似类于父也。其立字也，展名取同义，名赐字子贡，名予字子我。其立姓则以本所生，置名则以信、义、像、假、类，字则展名取同义，不用口张歙、外内。调宫商之义为五音术，何据见而用？古者有本姓，有氏姓。陶氏、田氏，事之氏姓也；上官氏、司马氏，吏之氏姓也；孟氏、仲氏，王父字之氏姓也。氏姓有三：事乎，吏乎，王父字乎？以本姓则用所生，以氏姓则用事吏；王父字，用口张歙调姓之义何居？北裔之俗，有名无姓字，无与相调谐，自以寿命终，祸福何在？礼，买妾不知姓则卜之，不知者，不知本姓也。夫妾必有父母家姓，然而必卜之者，父母姓转易失实，礼重取同姓，故必卜之。姓徒用口调谐姓族，则礼买妾何故卜之！

图宅术曰："商家门不宜南向，徵家门不宜北向。"则商金，南方火也；徵火，北方水也。水胜火，火贼金，五行之气不相得，故五姓之宅门有宜向。向得其宜，富贵吉昌，向失其宜，贫贱衰耗。夫门之与堂何以异？五姓之门，各有五姓之堂，所向无宜何？门之掩地，不如堂庑，朝夕所处，于堂不于门。图吉凶者，宜皆以堂。如门，人所出入，则户亦宜然。孔子曰："谁能出不由户？"言户不言门。五祀之祭，门与户均。如当以门正所向，则户何以不当与门相应乎？且今府廷之内，吏舍连属，门向有南北；长吏传舍，闾居有东西。长吏之姓必有宫商，诸吏之舍必有徵羽。安官迁徙，未必角姓门南向也，失位贬黜，未必商姓门北出也，或安官迁徙，或失位贬黜何？姓有五音，人之质性亦有五行。五音之家，商家不宜南向门，则人禀金之性者，可复不宜南向坐、南行步乎？一曰五音之门，有五行之人，假令商姓口食五人，五人中各有五色，木人青，火人赤，水人黑，金人白，土人黄。五

色之人，俱出南向之门，或凶或吉，寿命或短或长，凶而短者未必色白，吉而长者未必色黄。五行之家何以为决？南向之门，贼商姓家，其实如何？南方火也，使火气之祸，若火延燔，径从南方来乎，则虽为北向门犹之凶也。火气之祸，若夏日之热，四方洽浃乎，则天地之间皆得其气，南向门家何以独凶？南方火者，火位南，乃一曰其气布在四方，非必南方独有火，四方无有也。犹水位在北方，四方犹有水也。火满天下，水辨四方。火或在人之南，或在人之北。谓火常在南方，是则东方可无金，西方可无水乎？

第三十章　堪舆名流列传

秦

樗里子

　　按《史记·樗里子传》：樗里子名疾，秦惠王之弟也。滑稽多智。秦人号曰智囊。及武王之立以为相。樗里子疾室在于昭王庙西，渭南阴乡樗里，故俗谓之樗里子。昭王七年卒。葬渭南章台之东。曰：后百岁当有天子之宫夹我墓。至汉兴，长乐宫在其东，未央宫在其西，武库正直其墓。秦人谚曰：力则任鄙，智则樗里。

　　按《地理正宗》：秦樗里子。

朱仙桃

　　按《地理正宗》：朱仙桃作《搜山记》。

汉

青乌先生

　　按《地理正宗》：青乌先生作《葬经》。

晋

郭璞

按《地理正宗》：郭璞字景纯，著《葬书》《锦囊经》。

陶侃

按《地理正宗》：陶侃字仕衡，作《捉脉赋》。

韩友

按《江南通志》：友字景先，舒人也。为书生，受《易》于会稽伍振，能图宅相冢。

隋

萧吉

按《隋书·萧吉传》：吉字文休，梁武帝兄，长沙宣武王懿之孙也。博学多通，尤精阴阳算术。江陵陷，遂归于周，为仪同。宣帝时，吉以朝政日乱，上书切谏，帝不纳。及隋受禅，进上仪同。以本官太常考定古今阴阳书。及献皇后崩，上令吉卜择葬所。吉历筮山原，至一处云：卜年二千，卜世二百，具图而奏之。上曰：吉凶由人，不在于地。高纬父葬，岂不卜乎？国寻灭亡，正如我家墓田。若云不吉，朕不当为天子；若云不凶，我弟不当战没。然竟从吉言。吉表曰：去月十六日，皇后山陵西北。鸡未鸣，前有黑云，方圆五六百步，从地属天，东南又有旌旗、车马、帐幕、布满七八里，并有人往来，检校部伍甚整。日出乃灭。同见者十余人。谨按葬书云：气王与姓相生，大吉。今黑气当冬，王与姓相生，是大吉利。子孙无疆之候也。上大悦。其后上将亲临发殡，吉复奏上曰：至尊本命辛酉，今岁斗魁及天冈临卯酉，谨按阳阳书，不得临丧。上不纳。退而告族人萧平仲曰：皇太子遣宇文左率深谢余云：公前称我当为太子，竟有其验，终不忘也。今卜山陵，务令我早

立。我立之后，当以富贵相报。吾记之曰。后四载太子御天下，今山陵气应，上又临丧，兆益见矣。且太子得政，隋其亡乎。当有真人出治之矣。吾前给云卜年二千者，是三十字也。卜世二百者，取三十二运也。吾言信矣。汝其志之。及炀帝嗣位，拜太府少卿，加位开府。尝行经华阴，见杨素冢上有白气属天密，言于帝。帝问其故，吉曰；其候素冢当有兵祸灭门之象，改葬者庶可免乎。帝后从容谓杨元感曰：公家宜早改葬，元感亦微知其故，以为吉祥。托以辽东未灭，不遑私门之事。未几而元感以反族灭。帝弥信之。后岁余卒官著《金海》三十卷。《相经要录》一卷。《宅经》八卷。《葬经》六卷。《乐谱》十二卷。及《帝王养生方》二卷。《相手版要决》一卷。《太乙立成》一卷。并行于世时有杨伯丑、临孝恭、刘祐、俱以阴阳术数知名。

舒绰

按《浙江通志》：舒绰，东阳人。宰相杨恭仁欲迁葬，会阴阳家五六辈，皆海内知名。恭仁未之决，遣人驰往取葬地四隅土各一斗，方面形势，悉书于历，密缄之。恭仁出土示众言：人人殊独，绰定一土，泚笔识之。与恭仁所书之历，无毫发差。绰曰：此土五尺外有五谷，得其一即是福地，世为公侯。恭仁延绰至其处，掘地七尺，得一穴如五石瓮，贮粟七八斗。是地昔为粟田，蚁啄之入穴，故然。时以绰为圣。

唐

李淳风

按《地理正宗》：李淳风作《阴阳正要》。

张燕公

按《地理正宗》：张燕公注《葬书》。

一行禅师

按《地理正宗》：一行禅师。

司马头陀

按《地理正宗》：司马头陀作水法。

按《江西通志》：司马头陀习堪舆家言，历览洪都诸山，铃地一百七十余处，讫今犹验。一日至奉新参，百丈曰：近于湖南得一山，乃一千五百善知识所居。百丈曰：老僧可住否？曰：不可。和尚骨相彼骨山也。时华林觉为首座，询之不许。一见典坐，灵佑曰：此为山主人也。后往住山，连帅李景让率众建梵宇，请于朝，赐号同庆寺。天下禅学，辐辏焉。竟如其言。

刘白头

按《地理正宗》：刘白头作《海底眼》。

浮屠泓

按《地理正宗》：泓师，答明皇风水之问者。

按《湖广通志》：浮屠泓，黄州人。武后时尝为张说市宅，戒无穿东北隅地。他日见曰：宅气索然云何？与说共视东北隅，有三坎。泓惊曰：公富贵一世而已。诸子将不终。说惧，将修之。泓曰：容土无气，与地脉不连。譬身疮痏，补他肉无益也。后说子皆污贼斥死云。

陈亚和

按《地理正宗》：陈亚和作《拨沙经》。

杨筠松

按《地理正宗》：杨筠松字叔茂，窦州人。寓江西，号救贫先生。作《疑龙经》《撼龙经》《立锥赋》《黑囊经》《三十六龙》等书。

按《江西通志》：筠松，窦州人，僖宗朝国师，官至金紫光禄大夫。掌灵台地理事。黄巢破京城，乃断发人昆仑山步龙。一过虔州，以地理术行于世，称救贫仙人是也。卒于虔。葬雩中药口。

曾文遄

按《地理正宗》：曾文遄，宁都人，杨公高弟，作《阴阳问答》《寻龙记》。

范越凤

按《地理正宗》：范越凤，字可仪，号洞微山人，缙云人杨公高弟，作《寻龙入式歌》。

厉伯绍

按《地理正宗》：厉伯绍，宁都人，杨公高弟。

刘淼

按《地理正宗》：刘淼字子先，杨公高弟。传《倒杖法》。

叶七

按《地理正宗》：叶七，杨公带行人。

邵庭监

按《地理正宗》：邵庭监，杨公高弟。

赖文俊

按《地理正宗》：赖文俊，宁都人，曾文遄婿。世称布衣。

曾十七

按《地理正宗》：曾十七，师曾文遄。

苏粹明

按《地理正宗》：苏粹明，号灵一，师范越凤。

丘延翰

按《地理正宗》：丘延翰师范越凤。

按《山西通志》：丘延翰，闻喜人。永徽时有文名。游太山于行室中，遇神人授玉经。即海角经也。洞晓阴阳，依法扦择。罔有不吉。开元中为县人卜葬地，理气交见。太史奏曰：河东闻喜有天子气，朝廷忌之。使断所扦山，诏捕之，大索弗获。诏原其罪，诣阙，陈阴阳之说，以天机等书进呈，秘以金函玉篆，号八字天机。拜亚大夫之官，祀三仙祠。

方十九

按《地理正宗》：方十九，师范越凤。

张五郎

按《地理正宗》：张五郎，师范越凤。

丁珏

按《地理正宗》：丁珏。

濮都监

按《地理正宗》：濮都监名应天，字则巍，号昆仑子。世居赣，荐太史不就。为黄冠师作雪心赋。

刘雍

按《地理正宗》：刘雍，宁都人，师赖文俊。

廖禹

按《地理正宗》：廖禹字尧纯，或云字万邦，宁都人。隐金精山。世称金精山人。作穴法及鳌极金精。

孙世南

按《地理正宗》：孙世南，宁都人。廖禹婿。

李五牙

按《地理正宗》：李五牙，廖禹负笈人。

王应元

按《地理正宗》：王应元，师廖禹。

赖白须

按《地理正宗》：赖白须，宁都人。

李鸦鹊

按《地理正宗》：李鸦鹊，宁都人。

锺可朝

按《地理正宗》：锺可朝，宁都人。

曾道立

按《地理正宗》：曾道立，南丰人。师孙世南。

李普照

按《地理正宗》：李普照，师刘雍。

谢玠

按《地理正宗》：谢玠师王应元，或云濮都监弟子。

宋

唐九仙

按《地理正宗》：唐九仙，会昌人。

陈希夷

按《地理正宗》：陈希夷名抟，号图南。

胡矮仙

按《地理正宗》：胡矮仙，作《三十六穴图》《至宝经》。

张子微

按《地理正宗》：张子微作《玉髓经》。

谢子逸

按《地理正宗》：谢子逸作《三宝经》。

蔡神与

按《地理正宗》：蔡神与，号牧堂。著《发微论》。

刘七碗

按《地理正宗》：刘七碗，会昌人，号江东。

郑彦渊

按《地理正宗》：郑彦渊，金华人。

刘子猷

按《地理正宗》：刘猷子，赣县人。

丁应之

按《地理正宗》：丁应之，宁都人，师胡矮仙。

丘公亮

按《地理正宗》：丘公亮字明之。南丰人，师胡矮仙。

刘景清

按《地理正宗》：刘景清，兴国人。

刘应宝

按《地理正宗》：刘应宝，兴国人。

茆子骧

按《地理正宗》：茆子骧，师刘七碗。

王禄道

按《地理正宗》：王禄道。师刘七碗。

建心仙翁

按《地理正宗》：建心仙翁，师刘七碗。

刘元正

按《地理正宗》：刘元正，云都人。

刘景明

按《地理正宗》：刘景明，兴国人。

刘谦

按《地理正宗》：刘谦字唐卿，作《囊金最宝经》，上牢人。

刘种桃

按《地理正宗》：刘种桃，云都人，师刘元正。

刘见道

按《地理正宗》：刘见道，名渊则，字叔云。云都人，作《乘生秘宝经》。

谢和卿

按《地理正宗》：谢和卿字珏斋，号玉元子。与刘见道同时，作神宝、天宝二经。

刘云山

按《地理正宗》：刘云山，上牢人。

刘云峰

按《地理正宗》：刘云峰，云山弟。

刘二郎

按《地理正宗》：刘二郎，师王禄道。

刘子仙

按《地理正宗》：刘子仙，云都人。师王禄道。

吴景鸾

按《地理正宗》：吴景鸾，师王禄道。

按《江西通志》：吴景鸾字仲祥，德兴人。汉长沙王芮裔孙。祖法旺志天文地理之学，闻华山陈抟洞彻秘奥，遣子克诚往师事之。得其肯綮。一日，抟命之归，曰汝子仙才能绍业。尽以《青囊书》授克诚。克诚子即景鸾也。聪慧过人，得其书，精究有验。庆历辛巳，诏选阴阳者。郡学举景鸾至京，入对称旨，授司天监正。未几，因论牛头山山陵章奏过直，有坤风侧射，厄当国母。离宫坎水直流，祸应至尊下殿之语。上不悦，下狱。寻以帝晏驾遇赦。后徽钦二圣北狩，卒如其言。又进中余图不报，知时不可。遂佯狂髡发，修真于天门西岸，白云山洞。常往来饶信二州，数处同日皆有景鸾迹。治平初，一日忽以遗书付其女，沐浴更衣，端坐而逝。所著有《理气心印》《吴公解义》。

宋花师

按《地理正宗》：宋花师，师王禄道。

刘勾力

按《地理正宗》：刘勾力，师王禄道。

萧才清

按《地理正宗》：萧才清，云都人，师刘谦。

廖信甫

按《地理正宗》：廖信甫，吉州人，师刘种桃。

李蓬洲

按《地理正宗》：李蓬洲，师谢和卿。

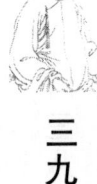

刘云岫

按《地理正宗》：刘云岫。

孙伯刚

按《地理正宗》：孙伯刚名毅臣，号讷斋，兼得诸刘之秘，官院判，宁都人。

刘潜

按《江西通志》：潜，南康籍，哲宗时人。上世为司马头陀，著有《地理诸说》行世。永乐二年，得其书于佛像中，见《地理纂要》。

傅伯通

按《江西通志》：伯通，德兴人，与邹仲容同师廖金精。金精之学，得之吴景鸾。宋南迁，伯通拜诏，往相临安。表略曰：顾此三吴之会，实为百粤之冲。钱氏以之开数世之基，郭璞占之有兴王之运。天目双峰，屹立乎斗牛之上，海门一点，横当乎翼轸之间。又云：文曲多山，俗尚虚浮而诈。少微积水，土无实行而贪。虽云自昔称雄，实乃形局两弱，只宜为一方之巨镇，不可作百祀之京畿。驻跸仅足偏安，建都难奄九有。表上，乃升杭州为临安府，而称行在。宋室竟以偏安。

邹宽

按《江西通志》：宽，字仲容，与傅伯通同师廖金精。得其肯綮。为汪伯彦卜地葬亲，乃借堪舆家论贻书以动之。末云：方今幽燕未归版籍，朝廷有意恢弘，倘值此时扬师振旅，当勿计名位高卑，昌言于朝，奋力请进，必立希世功名。若参之他见，微有更改妄触，一机百关俱废。汪是其言而不能用，丁未拜相，邹术果奇，而书中之议，竟托空言。

徐仁旺

按《广信府志》：仁旺，本府白云山人。尝表奏与丁晋公，议迁定陵寝事。仁

旺欲用牛头山前地，晋公定用山后地，争之不可。仁旺乞禁，系大理，以俟三岁之
验，卒不能回。仁旺表有言：山后地之害，云坤水长流灾在丙午岁内，丁风直射，
祸当丁未年中。闻者初未以为然，至金人犯边，果在丙午年，而丁未以后诸郡焚如
之祸，相仍不绝。东南州郡，半为盗区，其言无不验者。

王伋

按《处州府志》：伋，字肇卿，一字孔彰，其先汴人。祖讷，因议王朴金鸡历
有差，众排之，贬居江西赣州。伋幼务举业，再举不利。因弃家浪游江湖，爱龙泉
山水，遂家于松源。明管郭地理之学，纳交于何管鲍张诸家，为之卜葬。随有何太
宰、管枢密、鲍制置、张谏议者出。卒后门人叶叔亮传其所著心经，及问答语录。
范公纯仁跋之，略曰：先生通经博物，无愧古人，异乎太史，公所谓阴阳家者矣。

胡舜申

按《苏州府志》：舜申，绍兴间自绩溪徙于吴。通风土阴阳之术，世所传江西
地理新法，出于舜申。尝以术行四郭而相之，以为蛇门不当塞。作《吴门忠告》
一篇。

孙晤

按《闻奇录》：孙晤，家于七里濑，善于葬法，得青乌子之术，尤妙相坟。即
知其家贵贱贫富，官禄人口数，亦知穴中男女老少因某病而卒。兼精于三命，时杨
集统师收复睦州，至一岩下寨，军次，忽一大石盘陟下，杨占之曰：“此岩上有二
十五人。”点兵收之，获居民二十人还。杨曰：“合有二十五人，何欠五人也?”问
于民，曰：某等初闻大将军至，遂与二十五人回避于斯内，一人孙晤善卜，到时立
草舍毕，有双雉飞下关。孙云：军至此也，宜往别处，不然遭擒掠。某等不顺其
言。有诚信者四人，相随去矣。杨令人捕之不获，意甚不快。曰：得此人可师事
之，新定平后，复在彼渔。

达僧

按《吉安府志》：达僧姓刘氏，居安福下村水南院。师司马头陀，善地理之术，

所著有《撼龙经》《天元一炁》诸书。世有传之者。

铎长老

按《江西通志》：长老，宋元间以形家术周流郡中，谈祸福若符契，常为南昌刘长者相地葬其夫。妇观者殊易之。久之，长者孕，日繁昌，衣冠济济。又为丰城湖茫李姓卜兆，初启土时，铎辄辞去，且戒之曰："吾返寺，鸣钟始可窆棺。"未至，偶他寺鸣钟，遂窆棺，则铎震死于途矣。李之族自后始大。明初，则南昌刘子南，新建赵子方，丰城何野云，亦其亚也。

元

梁饶

按《江西通志》：饶，德兴人，元季时精堪舆术。一日过乐平大汾潭遇雪，时岁暮，渡者李翁止宿，饮至酣，大呼曰："世上何人能识我！今日时师，后代仙翁。"为恳求吉地，梁即指示穴处，嘱曰：贵从武功来。祸后福始。应葬数年。李以罪戍定远产黔，宁王英明，太祖育之军中，赐以国姓，复赐姓沐，追封其三代，皆为王。

明

张宗

按《池州府志》：张宗，汉天师张道陵之后也。精《青囊》之术。明初，避陈友谅乱，改名隐于青阳。洪武己未应召观行。师山川形势，贵池葬地经。卜其宅者，多留谶焉。

幕讲僧

按《浙江通志》：幕讲僧，不知何许人。明初来鄞。善堪舆术，无不奇验。邑中大家宦族先世坟墓，未有不出其手。以故久而益神，所著书绝无刊本。厥后行堪

舆者，托言幕讲僧秘传，遂足炫动一世。不知其实已不传矣。卒以流寓死于鄞。

按《宁波府志》：目讲僧，不知何许人。隐其姓字，或云元进士，晦迹于僧。或云尝为陈友谅参谋，兵败逃为僧。明初来鄞，善堪舆术。为人卜葬，无不奇验。尝曰吾当以目讲天下，故皆称为目讲云。卒死于鄞。凡邑中大家官族其先世坟墓，未有不出其手。以故久而益神，其所著书绝无刊本，多为后人伪托，世鲜有得其传者。

非幻和尚

按《衢州府志》：非幻和尚，宝陀庵住僧。谙儒书，精地理。尝应召相地天寿山，锡以金紫。永乐十八年，遣使者祭其墓，赠五官灵台郎僧录司右阐教。

周仲高

按《苏州府志》：明周仲高精天文地理之学，足迹半天下。善征休咎。时方承平，自钱塘来昆山，曰：天下兵且起，吾卜地莫如娄江善。遂居焉。已而钱塘毁于兵，昆果无恙。洪武初，郡邑建署，及神宇宅相方，定位卜日选辰，皆出其手。县令呼文瞻，为画像赞之。

刘用寅

按《金谿县志》：用寅，麻沙人，祖翱以阴骘闻，后入明朝。永乐为刻阴骘书。族多显人，在宋谥忠者五，谥文四。按朱晦庵叙氏族称用寅以进士，令金谿，修祖翱之德，多惠政而善相地脉。金谿有晁氏九经堂遗址，庞秀可居，用寅欲留家焉。会病笃，命子买居之，寻卒，其子遂以用寅葬其右。初，用寅语子曰：卜居此址，将来福泽绵长。但异日倘有令索此址，宜亟还之，而邑东北鸂鸪山下曰戴坊巷者，其地没于官，亦旺地。可易而居也。后王衡仲令金谿，果欲迁学宫于晁氏九经堂址，用寅墓相去百步，以故令不得徙。用寅子即还址于官，而请所为戴坊巷者，衡仲许而易之，刘氏世家焉。今用寅十七世孙启元登进士任刑部员外，十八世孙先春登进士，由翰林升太常寺卿，若子明允铨翼泰廷实章彝，俱领乡荐，先后贡举者五人，他途入仕者十余人，为金谿著姓，皆用寅惠政之报云。

渠仲宁

按《兖州府志》：仲宁，明滕县人，遇异人授相地术，多奇中。成祖幸南京，驻跸于滕，召见试之，用量天尺度地之物。指一处言下若干尺，有石如虎之状，发之果然。

杨宗敏

按《绍兴府志》：宗敏，新昌人，永乐间有异僧扣门，父馆谷之，因授宗敏堪舆术。已，遂得神解，登山隔十里许即知作穴作向，及倒杖不爽毫厘，人称为杨地仙。

廖均卿

按《江西通志》：均卿，瑀之裔，成祖卜寿陵，久不得吉壤。永乐七年，仁孝皇后未葬，礼部尚书赵羾引均卿至昌平县，得县东黄土山最吉，车驾即日临视，定议封为天寿山，命武义伯王通等董役，授均卿官。

游朝宗

按《江南通志》：朝宗，婺源人。地理独精。永乐卜建天寿山，朝宗尤见褒赏。

许国泰

按《江南通志》：国泰字亨之，巢县人，精堪舆，兼饶谋略。四川土官杨应龙反，泰从六安总兵王芬征之，为参谋，屡有奇捷。后归里研精诗学，到处题咏，晚游楚，不知所终。

裴士杰

按《江南通志》：士杰通儒书，习阴阳之术。永乐初，征天下硕儒纂修古今大典，阴阳家预焉，士杰应召。

徐拱

按《衢州府志》：拱精于地理，与卜金陵，授钦天监博士。寻升监正。

卜梦龙

按《湖广通志》：梦龙，芷水人，善地理，人家迁移坟墓，必请之，不受谢。

杨院使者

按《金谿县志》：杨院使者，开谿术士也。精堪舆，谿形肖凤，犯者必灾。使者曰："苟为谿奠万世之基，吾何惜焉。"其徒十人于经，始日分遣往南北俱不获免，遂并祀于谿，世崇不朽云。

吴仲宽

按《池州府志》：仲宽，江西人，治形家，言以宣正时来游贵池，为人卜壤，留谶如神。

骆用卿

按《浙江通志》：用卿，余姚人。正德三年进士，历官兵部员外郎。致仕。嘉靖中建初陵，大学士张孚敬，尚书汪铉荐用卿精于相地理，上命择地，具图说以进，即永陵是也。然用卿尝叹曰：天生骆某，乃以地师终也。

按《绍兴府志》：用卿，余姚人。积学不第，以经术授徒他郡。族故有戍籍在关中，适征檄至，应代者不欲往，侦用卿，解馆归未至，家贿来卒，仓猝以用卿行。至彼，以卫学生中陕西乡试，正德三年进士，历官兵部员外郎。致仕。侨居通州，精堪舆术，嘉靖中建初陵，大学士张孚敬与尚书汪铉交荐之择地，于十八道具图说以进，遂用之，即永陵是也。用卿卒于通州。

曾易明

按《金谿县志》：曾易明，金谿人。景泰中遇异僧，授以堪舆家术。为人卜地，

衰旺兴废，辄先处其年月日时，言多奇中。易明亦自重其术，或以贵势招之，辄拂衣不顾，不娶妻，无子，渐能辟谷，不知所终。

谷宗纲

按《温州府志》：宗纲，永嘉人，字以张，精青乌家言以及天文谶纬诸学，考验精晰，耻以术鸣，托情诗酒，终身守缝掖不弃，有诗文若干卷。时论称之。

陈后

按《图绘宝鉴》：后，字启先，号寓斋，复弟也。尤精堪舆之学。用荐任钦天监博士。子汉继其业焉。

徐善继

按《江西通志》：善继，德兴人。初补邑庠生，以亲丧未厝，遂与弟善述究心堪舆之学，因得国师吴景鸾遗书于天门白云洞，遂深明其奥旨，示阴阳休咎辄应，驰声于闽越间。迁县治，易学基，士大夫莫不钦其慧识焉，所著有《人子须知》，徐贞公序其书以惠世。

汪朝邦

按《婺源县志》：朝邦字用宾，段莘人。有笃行，业儒不售，弃而攻医，尤精形家言，得龙尾岭吉穴葬亲，自谓扦后当有显者。越一纪，孙尚谊生。曰：此子异日应三品秩，但惜算促耳，后谊成进士，累官至大观察，方向用以卒其言，果应。

江仲京

按《婺源县志》：仲京字林泉，旃源人。得异授堪舆之学，卜地葬祖，先嘱佣者曰：下当有灵物，见时即止锄。忽倦极思睡。锄果及水，有双金鱼飞去，亟醒京。京踏罡持剑诀招之，金鱼复飞入，遂封圹。后孙一桂举孝廉，建立奇绩，女嫁余文庄公，亦贵极一时。皆地脉所锺也。与兄抱日，东白，时称为婺东三仙。

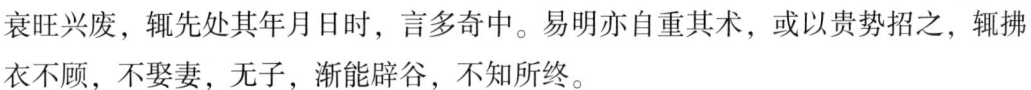

江本立

按《婺源县志》：本立字道生，婺源人。能世堪舆之学，孙江凤字羽皇，亦精其业。

奚月川

按《太平府志》：月川，望仙人。善堪舆，本乡及桂城诸里阴阳二宅，皆其所定。迄今族大人稠，科第蝉联。人推为吴宽、张宗道之亚。

周诏

按《广信府志》：诏字天章，上饶人。为人俊雅，出尘轻财好义。尝于江湖中遇异人，授以地理指掌图，尽得山川源委脉络之详，以是邃于地理。四方诸名公卜宅者，率倚任之。蔡虚斋先生称其谈论符经，义脱世味，有近道之资，欲论荐之未果，因为作赞序以见意。

李邦祥

按《婺源县志》：邦祥字和征，李坑人，天资颖悟，博贯青囊星学，尤得阳宅真传，卜筑应验如响，士大夫多信服宾敬之。

李景溪

按《婺源县志》。景溪，李坑人，赋性灵异，精通易学、阳宅、星日诸家，凡修造选择捷应，人咸以神奇称焉。有《阳宅秘诀》《雷霆心法》行于世。

洪善祖

按《歙县志》：善祖字伯达，桂林人。生不能言，忽遘方士，出飘砂饲之，归遂能言，家人相庆。嗣是精青乌术，博极群书，得吉地自营，兆域逾二十年将殁先。一日召诸昆弟谓明发将有所之，至期逝。初方士遘祖时，期二十年当再遘，果如期至，若与偕去，人以为仙云。

徐懋荣

按《苏州府志》：懋荣，字野云，武功伯有贞四世孙，性颖悟，总角即能文，因相具五偏，人鄙其貌，遂弃举子业，发先世所遗青乌家书读之，未甚省。家有真武像，相传为马远笔，虔事有年。一夕梦神挥剑，去懋荣头而更易之。既觉，揽镜自鉴，则头容已正。一时惊为异事。适遇黄冠，桑既白，自江右至，一见如旧识，因所读书相与剖析疑义，遂精堪舆。为张凤翼、周天球、文彭、文嘉辈所推重，晚年与诸君倡酬为乐，万历乙巳年七十一卒。子太衍传其术，季子永镇，克世其业，著《堪舆汇纂》八卷，卒年七十一。

毕宗义

按《河南府志》：宗义，中丞亨少子，尝留心术数之学，缘省父遇新营葬者，周回视之，叹曰："此地甚凶，虑葬后祸缠绵矣。"主人闻而追留之，且召原地师与相质。地师曰："此地卧牛形，来山去水，无不合局，公何云凶?"曰："地形诚如所言，但牡牛无如其性好觚触何?"问："以何为验?"曰："去穴若干尺，向下三尺许，应有异物，去此则无事矣。"如其言挖之，果得二石卵，皆大如升，众始叹服。

第三十一章　堪舆艺文

难宅无吉凶摄生论

（晋）嵇　康

　　夫神祇遐远，吉凶难明，虽中人自竭，莫得其端，而易以惑道。故夫子寝答于来问终，慎神怪而不言。是以古人显仁于物，藏用于身，知其不可，众所共非，故隐之。彼非所明也。吾无意于庶几，而足下师心陋见，断然不疑，系决如此，足以独断。思省来论，旨多不通。谨因来言以生此难。方推金木，未知所在，莫有食治，世无自理之道，法无独善之术。苟非其人，道不虚行。礼乐政刑，经常外事，犹有所疏，况乎幽微者耶？纵欲辨明神微，祛惑起滞，立端以明所由，断以检其要；乃为微，若但撮提群愚，蚕种，忿而弃之，因谓无阴阳吉凶之理，得无似噎而怨粒稼，溺而责舟楫者耶？论曰："百年之宫，不能令殇子寿，孤逆魁冈，不能令彭祖夭。"又曰：许负之相条侯，英布之黥而后王，皆性命也。应曰："此为命有所定，寿有所在，祸不可以智逃，福不可以力致。英布畏痛，卒罹刀锯，亚夫忌馂，终有饿患。万物万事，凡所遭遇，无非相命也。"然唐虞之世，命何同延？长平之卒，命何同短？此吾之所疑也。即如所论，虽慎若曾颜，不得免祸，恶若桀跖，故当昌炽。吉凶素定，不可推移。则古人何言"积善之家，必有余庆"。"履信思顺，自天祐之"，必积善而后福应，信著而后祐来，犹罪之招罚，功之致赏也。苟先积而后受报，事理所得、不为阍自遇之也。若皆谓之是相，此为决相命于行事，定吉凶于智力，恐非本论之意，此又吾之所疑也。又云："多食不消，必须黄丸。"苟命自当生，多食何畏而服良药？若谓服药是相之所一，宅岂非是一耶？若谓虽命犹当须药自济，何知相不须宅以自辅乎？若谓药可论，而宅不可说，恐天下或有说之者矣。既曰"寿夭不可求，甚于贵贱"，而复曰"善求寿强者必先知灾疾之所自来，然后可防也"。然则寿夭果可求耶？不可求也？既曰"彭祖七百殇子之夭，皆性命

自然"。而复曰"不知防疾，致寿去夭，求实于虚，故性命不遂"。此为寿夭之来，生于用身，性命之遂，得于善求。然则夭短者，何得不谓之愚？寿延者，何得不谓之智？苟寿夭成于愚智，则自然之命不可求之论，奚所措之？凡此数者，亦雅论之矛盾矣。论曰："专气致柔，少私寡欲，直行情性之所宜，而合养生之正度，求之于怀抱之内而得之矣。"又曰："善养生者，和为尽矣！"诚哉斯言。匪谓不然。但谓全生不尽此耳。夫危邦不入，所以避乱政之害；重门击柝，所以避狂暴之灾；居必爽塏，所以远风毒之患，凡事之在外能为害者，此未足以尽其数也。安在守一和而可以为尽乎？夫专静寡欲，莫若单豹，行年七十而有童孺之色，可谓柔和之用矣！而一旦为虎所食，岂非恃内而忽外耶！若谓豹相正当给虎，虽智不免，则寡欲何益，而云养生可得？若单豹以未尽善而致灾，则辅生之道不止于一和。苟和未足保生，则外物之为患者，吾未知其所齐矣。论曰："师占成居则有验，使造新则无征。"请问占成居而有验者，为但占墙屋耶！占居者之吉凶也。若占居者而知盛衰，此自占人，非占成居也。占成居而知吉凶，此为宅自有善恶，而居者从之，则当吉之人受灾于凶宅，妖逆无道获福于吉居。尔为吉凶之致，惟宅而已，更令由人也，新便无征耶？若吉凶故当由人，则虽成居何得而云有验耶？若此果可占耶？不可占耶？果有宅耶？其无宅也？论曰："宅犹卜筮，可以知吉凶而不能为吉凶也。"应曰：此相似而不同。卜者，吉凶无豫，待物而应将来之地也。相宅不问居者之贤愚，惟观已然有传者已成之形也。犹睹龙颜而知当贵，见纵理而知饿死。然各有由，不为阃中也。今见其同于得吉凶，因谓相宅与卜不异，此犹见琴而谓之筝筑，非但不知琴也。纵如论，宅与卜同，但能知而不能为，则吉凶已成，虽知何益？卜与不卜，了无所在。而古人将有为，必曰问之龟筮吉以定所由差。此岂徒也哉！此复吾之所疑也。武王营周，则云："考卜惟王，宅是镐京。"周公迁邑，乃卜涧瀍，终惟洛食。又曰："卜其宅兆而安厝之。"古人修之于昔如彼，足下非之于今如此，不知谁定可从。论曰："为三公宅，而愚民必不为三公可知也。"或曰："愚民必不得久居公侯宅，然则果无宅也。"应曰："不谓吉宅能独成福，但谓君子，既有贤才，又卜其居，复顺积德，乃亨元吉。犹夫良农，既怀善艺，又择沃土，复加耘耔，乃有盈仓之报耳。今见愚民不能得福于吉居，便谓宅无善恶，何异睹种田之无十千，而谓田无壤瘠耶？良田虽美，而稼不独茂，卜宅虽吉，而功不独成，相须之理诚然，则宅之吉凶未可惑也。今信征祥则弃人理之所宜守，卜相则绝阴阳之吉凶，持智力则忘天道之所存，此何异识时雨之生物，因垂拱而望嘉谷乎？是故疑怪

之论生，偏是之议兴。所托不一，乌能相通？若夫兼而善之者，得无半非冢宅耶？"论曰："时日谴祟，古盛王无之，季王之所好听。"此言善矣。顾其不尽然。汤祷桑林，周公秉圭，不知是谴祟非也？"吉日惟戊，既伯既祷"，不知是时日非也？此皆足下家事，先师所立，而一朝背之，必若汤周未为盛王。幸更详之。又当知二贤何如足下耶？论曰：贼方至，以疾走为务。食不消，以黄丸为。先子徒知此，为贤于安须，更与求乞胡，而不知制贼病于无形，事功幽而无跌也。夫救火以水，虽自多于抱薪，而不知曲突之先物矣。况乎天下微事，言所不能及，数所不能分，是以古人存而不论。神而明之，遂知来物。故能独观于万化之前，收功于大顺之后。百姓谓之自然，而不知其所以然。若此岂常理之所逮耶？今形象著明，有数者犹尚滞之，天地广远，品物多方，智之所知，未若所不知者众也。今执辟谷之术，谓养生已备，至理已尽，驰心极观，齐此而还。意所不及，皆谓无之，欲据所见，以定古人之所难言，得无似螳蚑之议冰耶？欲以所识，而缺三字之所弃，得无似戎人问布于中国，睹麻种而不事耶？吾怯于专断，进不敢定祸福于卜相，退不敢谓家无吉凶也。

答释难宅无吉凶摄生论

前　人

夫先王垂训，开端为中人，言之所树，贤愚不违；事之所由，古今不忒，所以致教也。若元机神妙，不言之化，自非至精，孰能与之？故善求者观物干微，触类而长，不以己为度也。按如所论。"甚有则愚，甚无则诞"，今使小有，便得不愚耶？了无乃得离之也？若小有财不愚，吾未知小有其限所止也。若了无乃得离之，则甚无者无为谓之诞也。又曰："私神立则公神废，"然则恶夫私之害公，邪之伤正，不为无神也。向墨子立公神之情，状不甚有之说；使董生托正忌之涂，执不甚无之言，二贤雅趣，可得合而一，两无不失耶？今之所辨欲求实，有实无以明自然不诡，持论有工拙，议教有精粗也。寻雅论之指，谓河洛不诚，借助鬼神，故为之宗庙，以神其本；不答子贡，以求其，然则足下得不为托心无鬼，缺齐契于董生耶？而复显古人之言，惧无鬼之弊，貌与情乖，乃立从公废私之论，欲弥缝两端，使不愚不诞，两讥董墨，谓其中央可得而居。恐辞辨虽巧，难可俱通，又非所望于核论也。故吾谓古人合德天地，动应自然，经世所立，莫不有征。岂匿设宗庙以期

后嗣，空借鬼神以望将来耶？足下将谓吾与墨不殊，今不辞同有鬼，但不偏守一区，明所当然，使人鬼同谋，幽明并济，亦所以求衷，所以为异耳。论曰：钧疾页祷不同，故于臣弟则周公请命，亲其身则尼父不祷，所谓礼为情貌者也。难曰：若于臣子则宜修情貌，未闻舜禹有请君父也。若于身则否，未闻武王阏祷之命也。汤祷桑林，复为君父耶？推此而言，宜以祷为益，则汤周用之。祷无所行，则孔子不请。此其殊涂同归，随时之义也。又曰：时日，先王所以诫不怠而劝从事，足下前论云“时日非盛王所有”，故吾问惟戊之事。今不答惟戊果是非，而曰所诫劝，此复两许之言也。纵令惟戊尽于诫劝，寻论按名，当言有日耶？无日耶？又曰："俗之时日，顺妖忌而逆事理。"按此言以恶夫妖逆故去之，未为盛王了无日也。夫时日用于盛世，而来代袭以妖惑，犹先王制雅乐，而季世继以淫哇也。今愤妖忌，因欲去日，何异恶郑卫而灭韶武耶？不思其本，见其所弊，辄疾而欲除，得不谓遇噎溺而迁怒耶？足下既已善卜矣，乾坤有六子，支干有刚柔，统以阴阳，错以五行，故吉凶可得，而时日是其所由，故古人顺之焉。有善其流而恶其源者，吾未知其可也。至于河洛宗庙，则谓匿而不信；类祸祈祷，则谓伪而无实；时日刚柔，则谓假以为劝。此圣人专造虚诈以欺天下？匹夫之谅，且犹耻之，今议古人，得无不可乃尔也。凡此数事，犹陷于诬妄，冢宅之见伐，不亦宜乎！前论曰："若许负之相条侯、英布之黥而后王。"一栏之羊，宾至而有死者，性命之自然也。今论曰："隆准龙颜，公民之相，不可假求，此为相命自有一定，相所当成，人不能坏。相所当败，智不能救。陷常生于众险，虽可惧而无患；抑当贵于厮养，虽辱贱而必贵。薄姬之困而后昌，皆不可为，不可求，而阉自遇之。全相之论，必当若此。乃一途得通，本论不滞耳。吾适以信顺为难，则便曰信顺者，成命之理。必若所言，命以信顺成，亦以不信顺败矣。若命之成败，取足于信顺，故是吾前难寿夭成于愚智耳，安得有性命自然也。若信顺果成相命，请问亚夫由几恶而得饿，英布修何德以致王？生羊积几善以获存？死者负何罪以逢灾耶？既持相命，复惜信顺，欲饰二论，使得并通，恐似矛盾无俱立之势，非辨言所能两济也。"论曰："论相命，当辨有无，无疑众寡。苟一人有命，则长平皆一矣。"又曰："知命者，不立岩墙之下。"吾谓知命者，当无所不顺，乃畏岩墙，知命有在，立之何惧？若岩墙果能为害，不择命之长短，则知与不知，立之有祸，避之无患也。则何知白起非长平之岩墙，而云千万皆命，无疑众寡耶？若谓长平虽同于岩墙，故是相命宜值之，则命所当至，期于必然，不立之诫，何所施耶？若此果有相耶？此复吾之所疑也。又曰：长平不

得系于命，将系宅耶？则唐虞之世，宅何同吉？本疑前论，无非相命，故借长平之异同，以难相命之必然。广求异端，以明事理，岂必吉宅以质之耶？又前论已明吉宅之不独行，今空抑此言，欲以谁难？又曰，长平之卒，宅何同凶，苟大同足，嫌足下愚于吾也。适至守相，便言千万皆一，校以至理，负情之对，于是乎见。既虚立吉宅，缺而无获，欲救相命，而情以难显。故云：如此可谓善战矣！论曰：卜之尽，盖理所以成相命者也。此复吾所疑矣。前论以相命为主，而寻益以信顺此一离娄。今复以卜成之，成命之具三，而犹不知相命竟须几个为足也！若惟信顺，于理尚少，何以谓成命之理耶？若是相济，则卜何所补，于卜复曰成命耶？请问卜之成命，使单豹行卜，知将有虎灾，则隐居深宫，严备自卫，若虎犹及之，为卜无所益也。何云成相耶。若谓豹卜而得脱，本无厄虎相也，卜为妄语矣。若谓凡有命，皆当由卜乃成，则世有终身不卜者，皆失相夭命耶？若谓卜亦相也，然则卜是相中一物也，安得云以成相耶？若此不知卜筮故当与相命通相成为，不当各自行也。论曰：无故而居可占，犹龙颜可相。设为吉宅而后居，以幸福报，无异假颜准而望公侯也。然则人实征宅，非宅制人也。按如所言"无故而居可占者"，必谓当吉人之瞑目而前，推遇任命，以阉营宅，自然遇吉也。然则岂独吉人，凡有命者，皆可以阉动而自得正，是前论命自然不可增减者也。骤以可为之信顺，卜筮，成不可增减之命矣。奚独禁可为之宅，不尽相命，惟有阉作乃是真宅耶？若瞑目可以得相，开目亦无所加也。智者愈当识之。周公营居，何故踌躇于涧瀍，问龟筮而食洛耶？若龟筮果有助于为宅，则知阉作可有不尽善之理矣。苟阉作有不尽，则不阉岂非求之术耶？若必谓龟筮不能尽相于阉往，想亦不失相于考卜也。则卜于不卜，为与不为，皆期于自得。自得苟全，则善占者所遇当识，何得无故则能知，有故则不知也？然贞宅之异假颜，贵夫无故识之，贞宅之与设为，其形不同以功成，俱是吉宅也。但无故为贞宅，授吉于阉遇设为，减福于用知尔。然则吉凶之形，果自有理，可以为故而得。故前论有占成之验也。然则占成之形，何以言之？必遂远近得宜，堂帘有制，坦然殊观，可得而别。利人以福，故谓之吉，害人以祸，故谓之凶。但公侯之相，阎与吉会尔。然则宅与性命，虽各一物，犹农夫良田，合而成功也。设公侯迁后，方乐其吉而往居之，吉宅岂选能而后纳，择善而后福哉。苟宅无情于择贤，不惜吉于设为，则屋不辞人，田不让耕，其所以为吉凶薄厚，何得不均？前吉者不求而遇，后闻吉而往，同于居吉宅，而有求与不求矣！何言诞而不可为也？田是言之，非从人而征宅，亦成人明。矣若挟颜状，则英布鲸相，不减其贵，隆准见

剿，不减公侯之标，是知颜准是公侯之标识，非所以为公侯质也。故标识者，非公侯质也。吉名宅宇，与吉者宅实也。无吉征而自宅，以征假见难可也，若以非质之标识，难有征之吉宅，此吾所不敢许也。子阳无质而镂其掌，即知当字长耳巨君篡宅而运其魁，即偏恃之祸，非所以为难也。至公侯之命，禀之自然，不可陶易。宅是外物，方圆由人，有可为之理，犹西施之洁不可为，而西施之服可为也。黼黻芳华所以助缺，吉宅缺家所以成相，故世无人方而有卜宅，是以知人宅不可相喻也。安得以不可作之人，绝可作之宅耶？至刑德皆同，此一家非本论占成居而得吉凶者也。且先了此，乃议其余。论曰：猎夫从林，所遇或禽或虎，虎凶禽吉，卜者筮而知之，非能为。安知所言地之善恶，犹禽吉虎凶。猎夫先筮，故择而从禽，如择居，故避凶而从吉。吉地虽不可为而可择处，犹禽虎虽不可变而可择从。苟卜筮所以成相，虎可卜而地可择，何为半信而半不信耶？又云：地之吉凶，有若禽虎，不得宫姓则无害，商则为灾也。案此为怪所不解，而以为难，似未察宫商之理也。虽此理之吉，而或长于养宫，短于毓商，犹良田虽美，而稼有所宜。何以言之？人姓有五音，五行有相生，故同姓不婚，恶不殖也。人诚有之，地亦宜然。故古人仰准阴阳，俯协刚柔，中识性理，使三才相善，同会于大通，所以穷理而尽物宜也夫同声相应同气相求自然之分也。音不和则比弦不动，声同则虽远相应。此事虽著而犹莫或识，苟有五音各有宜，土气有相生，则人宅犹禽虎之类，岂可见宫商之不同，而谓地无吉凶也。论曰：天下或有能说之者，子而不言，谁与能之。难曰：足下前论以云"有能占成居者"，此即能说之矣！故吾曰天下当有能者，今不求之于前论，而复责吾难之于能言，亦当知冢宅有吉凶也。又曰：药之已病为一也，实。而宅之吉凶为一也，诬。既曰成居可占，而复曰诬耶？药之已病，其验又见，故君子信之。宅之吉凶，其报赊遥，故君子疑之。今若以交赊为虚，则恐所以求物之地鲜矣。吾见沟浍，不疑江海之大。睹丘陵则知有泰山之高也。若守药则弃宅，见交则非赊，是海人所以终身无山，山客曰无大鱼也。论曰：智之所知，未若所不知，不可妄论也。难曰：智所不知，相必亦未知也。今暗许，便多于所知者，何耶？必生于本，谓之无，而强以验有也。强有之验，将不盈于数矣。而并所成验者谓之多于所知耳。苟知，然果有未还之理，不因见求隐，寻论究绪，由缺二字而得卯未。夫寻端之理，犹猎师以得禽也，纵使寻迹，时有无获，然得禽，曷尝不由之哉。今吉凶不先定，则谓不可求，何异得兽不期则，不敢讯，举气缺足坐守无根也。由此而言，探赜索隐，何谓为妄？

五行禄命葬书论

（唐）吕　才

叙《宅经》曰：《易》称"上古穴居而野处，后代圣人易之以宫室。盖取诸大壮。"逮乎殷周之际，乃有卜宅之文。故《诗》称相其阴阳。《书》云卜惟洛食。此则卜宅吉凶，其来尚矣。至于近代师巫，更加五姓之说。言五姓者，谓宫、商、角、徵、羽等。天下万物，悉配属之。行事吉凶，依此为法。至于张王等为商，武庾等为羽，欲以同韵相求，及其以柳姓为宫商，复有复姓数字，徵羽不别。验于经典，本无斯说。诸阴阳书，亦无此语。直是野俗口传，竟无所出之处。惟按堪舆经云：黄帝对于天老，乃有五姓之言，且黄帝之时，不过姬数姓。暨于后代，赐族者多。至于管、蔡、郕、霍、鲁、卫、毛、聃、郜、雍、曹、滕、毕、原、酆、郇，并是姬姓；子，孔、殷、宋、华、向、萧、亳、皇甫，并是子姓。苗裔自余，诸国准例皆然。因邑因官，乃分枝叶，未知此等诸姓，是谁配属宫商。又检春秋以陈卫，及秦并同水姓，齐陈及宋皆为火姓，或承所出之祖，或系于所属之星，或取所居之地，亦非宫、商、角、徵、羽共相管摄，此则事不稽古，义理乖僻者也。

叙《葬书》曰：《易》曰："古者之葬，厚衣之以薪，不封不树，丧期无数。后代圣人易之以棺椁，盖取诸大过。"《礼》云："葬者，藏也。欲使人不得见之。"然《孝经》云："卜其宅兆而安厝之。"以其复土事毕，长为感慕之所，窀穸礼终，永作鬼神之宅。朝市迁变，岂得先测于将来；泉石交侵，不可逆知于地下，是以谋之龟筮，庶无后艰，斯乃备于慎终之礼，曾无吉凶之理义。暨近代以来，加之阴阳葬法。或选年月便近，或量墓田远近，一事失所，祸及死生。巫者利其货贿，莫不擅加防害，遂使《葬书》一术，乃有百二十家，各说吉凶，拘而多忌。且天覆地载，乾坤之理备焉。一刚一柔，消息之义详矣。或成于昼夜之道，感于男女之化，三光运于上，四时通于下，斯乃阴阳之大经，不可失之于斯须也。至于丧葬之吉凶，乃附此为妖妄。《传》曰：王者七日而殡，七月而葬；诸侯五日而殡，五月而葬；大夫经时而葬，士乃逾月而已。此则贵贱不同，礼亦异数。欲使同盟同轨，赴吊有期，量事制宜，遂为常式。法既一定，不得违之。故先期而葬，谓之不怀，后期而不葬，谓之殆礼，此则葬有定期，不择年月，其义一也。《春秋》云："丁巳葬定公。雨，不克葬。"至于戊午襄事，《礼经》善之。《礼记》云"卜葬先远日"

者，盖选月终之日。所以避不怀也。今检《葬书》，以己亥之日，用葬最凶。谨按：春秋之际，此日葬者，凡有二十余件，此则葬不择日，其义二也。《礼记》又云：周尚赤，大事用日出；殷尚白，大事用日中；夏尚黑，大事用日昏。时郑元注云：大事者何，谓丧葬也。此则直取当代所尚，不择时之早晚。《春秋》又云："郑卿子产及子太叔葬郑简公，于时司墓，大夫室当葬路。若坏其室，即日出而崩；不坏其室，即日中而崩。子产不欲坏室，欲待日中。子太叔云：若至日中而崩，恐久劳诸侯大夫来会葬者。"然子产既云博物君，子太叔乃为诸侯之选，国之大事，无过丧葬，必是义有吉凶，斯等岂得不用。今乃不问时之得失，唯论人事可否。曾子问云："葬逢日蚀，舍于路左，待明而行，所以备非常也。"若依《葬书》，多用乾艮，二时并是近夜半，此则交与礼违。今检《礼传》，葬不择时，其义三也。《葬书》云："富贵官品，皆由安葬所致。年寿延促，亦由坟陇所招。"今按《孝经》云："立身扬名于后世，以显父母。"《易》曰："圣人之大宝曰位，何以守位曰仁。"是以日慎一日，则泽及无穷。苟德不建，而人无据，此则非论安葬吉凶，而论福祚延促矣。夫臧孙有后于鲁，不关葬得吉日；若敖绝嗣于荆，不由迁厝失所。此则安葬吉凶不可信用，其义四也。今之丧葬吉凶，皆由五姓便利。古之葬者，并在国都之北，兆域既有常所，何取姓墓之义。赵氏之葬，并在九原，汉之山陵，散在诸处。上利下利，蔑尔不论，大墓小墓，其义安在？及其子孙，富贵不绝。或与三代同风，或分六国而王，此则五姓之义，大无稽古吉凶之理。何从而生其义五也？且人臣名位，进退何常。亦有初贱而后贵，亦有始泰而终否。是以子文三已令尹，展禽三黜士师，安葬一定，更不回改。冢墓既成，曾不革易。则何因名位无时暂安。故知官爵弘之在人，不由安葬所致。其义六也。野俗无识，皆信葬书。巫者诳其吉凶，愚人因而侥幸。遂使擗踊之际，择葬地而希官品；荼毒之秋，选葬时以规财禄。或云辰日不宜哭泣，遂莞尔而受吊问；或云同属忌于临圹，乃吉服而不送其亲。圣人设教，岂其然也。《葬书》败俗，一至于斯，其义七也。

葬书问对

（元）赵　汸

或问葬地之说，理有是乎？对曰："有之。"

"然则其说孰胜？"

对曰："《葬书》至矣。"

问曰："《葬书》真郭氏之言乎？抑古有其传也？"

对曰："不可考。《周官》：冢人掌公墓，墓大夫掌凡邦墓，皆辨其尊卑度数而葬。以其族大，司徒以本俗六安，万民次二曰族坟墓。则葬不择地明矣。岂有无事而著其法者哉！《汉书·艺文志》叙形法家，大举九州之势，以立城郭室舍，形人及六畜骨法之度数，器物之形容，以求其声气、贵贱，吉凶，而宫宅地形与相人之书，并列葬地之法。其肇派于斯乎？予尝读张平子《冢赋》，见其自述上下冈陇之状，大略如今《葬书》。寻龙捉脉之为者，岂东汉之末，其说已行于士大夫间。至景纯最好方伎，世见其葬母暨阳，卒远水患，符其所征，而遂以《葬书》传诸郭氏，然无所考矣。"

问曰："《葬书》世所有，然自齐梁至唐，君子不道，至宋司马温公，乃欲焚其书，禁绝其术，何也？"

对曰："其言有大悖于理者，书固可焚，术固当绝也。夫盛衰消长之变，一定而不可推移者。虽圣智巧力无能为。盖天之所命，而神功之不可测者也。后世诸子百氏，好为异端奇论者众矣。未有敢易此以为言者。而《葬书》独曰：神功可夺，天命可改。嘻，其欺天罔神，谤造化而诬生民也甚矣！世俗溺于其说，以为天道一定之分，犹有术以易之。则凡人事之是非，黑白物我得失之细，固可颠倒错乱，伏藏擒制于方寸之隐发，以遂吾私而无难，而世道人心，遂有不可回者。岂非《葬书》之有以误之与？禁而绝之，固善。"

问者曰："夫其谬戾固已如此，而又以为葬地之理在焉，何也？"

对曰："术数之书，其言不纯，往往类此。夫创物之智，难以言传，固不可以为言者之失，而蔽其善也。"

曰："敢问其言之善者何谓也？"

对曰："所谓乘生气者是也。班孟坚曰'形与气相首尾'，此精微之独异，而数之自然，最为得形法之要，盖与《葬书》之言相表里。夫山川之起止，合散其神交气感，备百物之情，故地形之书，与观宫宅人物者同出一原。而后世杨廖之徒，遂精其能而极其变。然后坤灵生息之机，得乘以葬而后无失焉。盖非殊资异识，足以尽山川百物之情。逆来顺往，旁见侧出，皆得其自然之数者，不足以语此。则事虽鄙而理亦微矣。故其书愈多，其法愈密，而此三言者，足以尽蔽其义。盖古先遗语之尚见于其书者乎？"

又问曰："星，天象也。术家以名山，岂《葬书》之旨耶？"

对曰："五行，阴阳天地之化育，在天成象，在地成形，声色貌象，各以其类。盖无物不然，无微不著，而况山阜有形之最大者哉。苟至理所存，不必其说之皆出于古也。"

曰："直者，吾知其为木；锐者，吾知其为火；转动者，吾知其为水；而圆之为金，方之为土，何也？"

对曰："《易》象乾为天、为金、为圆，因其从革，以观其在，熔则知之矣。四方形而土居其中，盖体坤而得地之象也。"

问者曰："然则或谓人间万事皆顺，惟金丹与地理为逆者，何也？"

对曰："人有五脏，外应天地，流精布气，以养形也。阳施阴受，以传代也。非逆不足以握神机，而成变化。天有五气，行乎地中，流润滋生，草木荣也。氤氲上腾，发光景也，非逆不足以配灵爽而贯幽明。知金丹之为逆者，则生气得所乘之机矣。夫岂一物对待之名哉！"

又问曰："今闽巫方位之说，亦得《葬书》之旨乎？"

对曰："论五行衰旺生克，此是阴阳家事，非所以求形法。葬书言方在势与形之次，而近世临川吴公刊定其书，置是语于《杂篇》之首，盖尝与人言方位时日，无关于地理，可谓得其本矣。譬诸方伎家，起死回生，必精乎色脉之度数，长生久视，不出乎内外之法象。盖形气之冶，神机合变，不系于方，其本如此。"

问者曰："然则欲知葬地之理者，将即形法而求之备乎！抑合阴阳家而论之也？对曰：是固当辨。譬之人事形法。其言相也。阴阳，其推命也。有不相待者矣。然言相者，因百物之异形，而各极其情状，以察造化之微，而知吉凶。必不以相人者相六畜也。推命者以生年、月、日、时论祸福吉凶，犹或失之者。由其为术之本，不足以范围大化也。移之以推六畜，辄大谬者。六畜之生，不同于人也。夫方位之说，本非所以求地理，况乎随意所择，不得形法之真，而概以其说加之，则亦何异以虚中子平之术，而推六畜，以论牛马者而论人耶？"

又问曰："然则其说何自而始，术家多谈之者，又何耶？"

对曰："不知其所自起也。赣人相传，以为闽士有求葬法于江西者，不遇其人，遂泛观诸郡名迹，以罗镜测之，各识其方，以相参合，而傅会其说，如此盖瞽者扣盘扪烛以求日之比，而后出之书，益加巧密，故遂行于闽中，理或然也。夫势与形，理显而事难，以管窥豹者，每见一斑；按图索骥者，多失于骊黄牝牡。苟非其

人神定识超，未必能造其微也。方位者，理晦而事易，画师喜模鬼神，惮作狗马。况羁旅求合之巫，恶肯改其所难，以艰其衣食之途哉？此可为智者道尔。"

问者又曰："理既如是，则葬书所谓反气纳骨，以荫所生者，固在其术中矣。何乃于夺神功，改天命之说，而斥绝之若是耶？"

对曰："本骸得气、遗体受荫者，气机自然之应也。然吉地不易求，而求全吉者尤未易。葬师尝鲜遇，而遇真术者为尤鲜。是其术之明晦用舍，地之是非得失，且悬于天而不可必。今其言曰：君子以是夺神功改天命，何其不思之甚耶？孔子曰：'不知命无以为君子。'岂《葬书》之谓君子者乎？"

又曰："然则今之名卿大家，其先世葬地多验，如执券取物。至其盛时，竭力以求，辄无所得，或反倍谬，取祸岂亦分定者不可推迁邪？"

对曰："不但如是而已。夫家之将兴，必先世多潜德阴善，厚施而不食。其报若是者，虽不择而葬，其吉土之遇，与子孙之昌，固已潜符默契，盖天畀之也。后世见其先之兴盛，而不知其所自来，于是妙贪巧取，牢笼刻削，以为不知何人之计。则其急于择地者，亦植私窥利之一端尔。其设心如是，则获罪于天，而自促其数者多矣。择而无得，与得而倍谬，岂非人理之显著者哉？"

问曰："然则大儒朱子亦有取焉，何也？"

对曰："大贤君子之事，不可以常人类论。古者三月而葬，凡附于棺者，必诚必信，地风、水泉、蝼蚁之为患至深，善腐速朽之藏，如委弃于壑。盖时有定制，民无得而遗焉。皆昔人知之，而无可奈何者。伊川程子谓死者安则生人安，乃自后世择地而言。其自然之应尔。朱子之葬必择地，亦曰为所得为以自尽。夫必诚必信之道，而不失程子之意云尔。然而君子之泽，未尝有加于报施之常，则其托斯事于季通氏者，又岂有所歆羡，期必也哉！固非可与常人类论也。"

问者又曰："死葬者，生人之所必有，而大儒君子所为，乃后世二标准也。故世之论葬地者，必以朱子为口实，则仁人孝子之葬其亲地，不可无择也明矣。今物理之难明者既如彼，而得失之悬于天者又如此，则所谓为其得为以尽，其必诚必信之道者，将何自而可邪？"

对曰："死葬以礼祭之，以礼敛手足，形还之葬，与葬以天下一也。故丧具称家之有无，夫吉地之难得，岂特丧具之费而已哉！先王制礼，致严于庙，以尽人鬼之情。而藏魄于幽，以顺反原之变。其处此固有道矣。积善有余庆，积不善有余殃。秦不及期，周过其历，祈天永命，归于有德，而心术之坏，气数随之，此必然

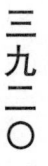

之理也。圣贤岂欺我哉。学士大夫秉礼以葬亲，本仁以厚德，明理以择术，得失之际，观乎时义而无所容心，则庶乎不悖于性命之常，而无憾于慎终之教矣。岂非先哲之志，而君子之道哉！"

又问曰："然则孝经所谓卜其宅兆，而安厝之者，果为何事？而前辈为中原土厚水深地可不择，江南水土浅薄，不择之患，不可胜道，则将奈何？"

对曰："圣人之心，吉凶与民同患也。而不以独智先群物，故建元龟泰筮，以为生民立命，而窀穸之事，亦得用焉。岂以偏方地气之不齐，而强人以所难知者哉！且江南之林林总总、生生化化者，无有穷时。而地之可葬者，有时而尽也。又安得人传景纯之说，而家有杨廖之师哉？夫道不足以公天下，法不足以关后世，而垂训者未之闻也。虽然有一于此，《葬书》所谓势来形止，地之全气者，诚未易言。若夫童断过独，空缺旷折，水泉砂砾，凶宅之速灭亡者，固有可避之道也。大山、长谷、回溪、复岭之中，岂无高平深厚之地，可规以为族葬者？虽鬼福之应无，及于人而盛衰之常，得以尽其天分。辟如有病不治，常得中医，其视委之庸巫，听其贪戾妄作，冥暗颠覆于一杯之壤，而不自知者，则大有径庭矣。"

昔人谓误解《本草》为生人之祸，今《葬术》岂轻于《本草》？然药饵得失，见于目前。而葬地吉凶，每存身后。故未有能稽终知弊者也。事有关于送终之大节，儒先君子有所不废，而流俗因仍，未能极其表里精粗之蕴，与夫得失之由，故作《葬书问对》。

《风水选择》序

前　人

叙曰：风水选择，术数也。读书而为术数之学，诚以养生送死之事，皆人所不能无者。顾其论如此而后为善也。今之君子，多拒而不信，或视为末节而不为。一旦而有大故，则思奉祖考以安开创，以居子孙，则思无穷之泽，皆不敢苟且耳。而托之术士，术士又多浅见薄识之人，得陶书者为陶，得郭书者为郭，得杨曾之书者为杨曾。其书真伪纯驳，皆未之辨，是以淫巫瞽史遍天下，而仓卒急遽竞不暇于择焉。而托之其不贻害于先，流祸于后也几希。是以无怪寿夭、贤愚、贫富、贵贱，先后之不伦也。予为论说，正以定诸家之真伪纯驳耳。要之风水之说，必求山水之相向，以生地中之气，气之聚散，初未易以形迹指陈，所谓精光时露一分者也。辟

中华传世藏书

钦定古今图书集成

精华本

古今图书

堪舆篇

三九二二

则修养之法，积善生液，炼液生气，以长生者矣。盖气液犹山水也，积之炼之，而七返九还，以成丹者，疑即相向以生地中之气也。此理岂术士之可贵乎！若乃年月日时之择，又贵乎五行之生克制化，皆合其法则顺布迭行，地平天成，万物化生矣。一或少差，则五行汩陈，吉地亦焉用哉。譬烧炼之家，养砂养汞，得火候者为宝，否则为嚣。风水，犹砂与汞，而年月日时，疑其火候之说与？故曰：山川有小节之疵，不减真龙之厚福，年月有一端之失，反为吉穴之深殃。凡此皆阴阳家之大者，同归而殊途也。徐子平命法，其旺行官，运衰遇印乡者，疑亦年月日时之泄强补弱也。伏羲圣人之画卦，所谓阳卦多阴，阴卦多阳，与其揲蓍之法，取二奇一偶为阴爻，二偶一奇为阳爻者，疑又风水之阳来阴受，阴来阳作也。至于风水以气为主，是以多坐虚而向实，则犹礼宗子法，必以适长为正体，支子虽贵且长，亦不敢以统其族而承乎祖考也。选择之干轻于支，月重于年与日时者，亦犹是焉。是以善于风水者，宁脱脉而就气，不脱气而就脉。其巧于选择者，亦专力于五行之生克制化，而神煞之纷纭舛错，驾御使为我用，正如鼓琴之散其七弦，而后合乎一弦之六、二弦之七、三弦之八、四弦之九、五弦之十，使相和焉。至于五音之宫浊，而商少清，羽清而徵少浊，与角之清浊相半者，初非有优劣也。是即风水之金圆而清，土言而浊，火尖而锐，木直而耸，水曲而柔。与选择之水成润下，火成炎上，木成曲直，金成从革，土成稼穑者，皆未可以优劣分焉。是阴阳之统领乎百家也。予为阴阳定论矣。别为地理问答，倒杖秘诀，周氏选择集要，善其术而为之谋。然风水之美恶，年月日时之吉凶，虽有术之善与不善，其幸而遇其善，与不幸而遇其不善者，则固有使之者，不能强之以力也。古人有见于此，行法俟命，又必决于卜筮，卜法不传久矣。爰述揲别为河洛占法，三者相参而成也。

《风水问答》序

（明）胡　翰

朱君彦修，故文懿先生之高弟子也。少读书，从先生游最久，尝有志当世充赋，有司不合，退而业医，犹幸其濡沫及人也。著书数万言，曰《格致论》，人多传之。而君之医，遂名海右。又以阴阳家多忌讳，不知稽诸古也，复著书数千言曰风水问答。书成示余双溪之上，推其用心可谓至矣。《易》曰：仰以观于天文，俯以察于地理，天确然在上，其文著矣。地隤然在下，其理微矣。著者观之，微者察

之，知乎此者，知乎幽明之故。非圣人孰与焉。而汉魏以来言地理者，往往溺于形法之末，则既失矣。至其为书，若宅经、葬经之属，又多秘而亡逸不传，则失之愈远矣。朱君力辨之，以为人之生也，合宗族以居，为宫室以处，审曲面势，得则吉，不得则凶。其理较然，及其死也，祖宗之神，上参于天；举而葬者，枯骨耳。积岁之久，并已朽矣，安知祸福于人，贵贱于人，寿夭于人哉。故葬不择地，而居必度室，据往事以明方今，出入诗书之间，固儒者之言也。昔者先王辨方正位，体国经野，土宜之法，用之以相民宅，土圭之法，用之以求地中。皆为都邑宫室设也。而冢人墓大夫之职，公墓以昭穆，邦墓以族葬，借欲择之其兆域，禁令孰得而犯之，以是知君之言为得也。惜其书不见于二百年之前。绍兴山陵改卜之议，晦庵朱子以忠贾祸，夫以一世豪杰之才，千古圣贤之学，萃乎其人，观于天下之义理多矣。而笃惟蔡元定之说是信者，果何也哉？吾邦自胡文定公得朱子之学于勉斋，四传而为文懿君受业先生之门，计其平日之所讨论，亦尝有及于斯乎。不然则是书成于先生未易箦之日，必能正其说，传信于人，而顾使翰得而读之，岂知言哉。且翰先人之葬，今十年矣，襄事之初，匍匐将命而不暇择，尝惕然于先儒土厚水深之言，于是得君之书，欣然如获拱璧。昔里有余祯者，以是术游江河间，邵安虞公深敬信之，其著书曰地理十准，虞公称其有得于管辂王吉之传，力诋曾杨之非，而不悟指蒙，非辂所作，则与翰同一惑也。书之于篇，朱君幸其终有以教之。

辨惑论

罗虞臣

或问："风水之说何如？"曰："邪术惑世以愚民也。""今缙绅之士，尚崇信而不变，何也？""其贪鄙固于求利之为尔。"博士吕才曰："葬者，藏也。欲使人不见也。然复土事毕，长为感慕之所。窀穸礼终，永作魂神之宅。朝市迁变，岂得先测于将来。泉石交侵，不可见知于地下。是以谋及龟筮，庶无后难，斯乃备于慎终之礼，曾无吉凶之义。"暨于近代以来，乃有阴阳葬法，或选年月便利，或量墓田远近，筮者贪其货贿，擅兴利害，遂令葬书之术，百有余家，各说吉凶，拘而多忌。夫天地备乾坤之理，刚柔详消息之义，成于昼夜之道，感于男女之化，斯乃阴阳大经之说也。至丧葬吉凶，乃附此为妖，妄传曰诸侯之葬五月，大夫经时，士则逾月，盖其贵贱不同，礼亦异数。故先期而葬谓之不怀，后期不葬讥之殆礼，此则

葬之不择年月日可考也。春秋书丁巳葬定公。雨不克葬。戊午襄事，孔子善之。今检葬书以己亥之日用葬最凶。谨按春秋之际，此日葬者凡一十余人。此则葬不择日可考也。《记》曰："周大事用平旦，殷用日中，夏用昏时。"郑元曰：大事者，丧葬也。斯但直取当时所尚耳。郑子产葬简公于时，司墓，大夫室当葬路。坏其室，平明而崩。不坏，则日中而崩。子产不欲坏室。子太叔曰："若待日中，恐久劳诸侯来会葬者。"国之大事，无过丧葬，乃不问时之早晚，唯论人事可否，此则葬不择时可考也。人之禄位隆炽，多缘厚德；贫贱夭绝，必有恶积。是知获庆在人，丘陇无与。诞者不然，闻有富贵之人于此，则归福茔冢，曰某形某徵；闻有贫贱之人于此，则曰此葬之罪，信如斯言。多财力足，可以肆为不善，及其死也，求善地以能免子孙于祸可矣。古之葬者，同一兆域，靡拘垄脉。故赵氏之葬亚布九原，汉之山陵，散列诸处，上利下利，蔑尔不论。乃其子孙富贵，或与三代同风，或分六国而王。五姓之义，大无稽古吉凶之理。从何而生，且人臣名位，进退无常，有初贱而后贵，或始泰而终否，子文三已令尹，展禽三黜士师，何知卜筮一定便不回改。冢墓既成，曾不革易，野俗无识，皆信《葬书》。巫者诳其吉凶，愚人因而侥幸。遂使擗踊之际，择葬地而希官品。荼毒之秋，选葬时以窥财禄。或云辰日不宜哭，泣遂莞尔而受吊；或云同属忌于临圹，乃吉服不送其亲。而圣人设教范俗之本义亡矣。盛衰消长之变，虽圣智无能推移，故富贵可遇而不可求，盖人道秘而神功不可测者也。诸氏百子，未敢易此，而葬书独曰神功可夺，天命可改，世俗溺其言，将谓术能胜天，则凡人事是非得失之细，倒置伏制，以遂其私，鬼蜮人心，浸淫胶固，殆难言矣。善乎。范史之言曰：吴雄葬母，丧事趣办，不问时日。营人所不封土，人云当族灭。而雄不顾，乃能致位。司徒庆延孙子三世廷尉，为法名家；而陈伯敬持身唯谨，行路闻凶，解驾留止，还触归忌，则寄宿乡亭，终不免于坐法诛死。儒者称为格论，自有乘气受荫之说，遂祸以福本于枯骨，坏土夺权于造化，故舍人事信鬼神，求福利，而暴亲丧泥于分房，骨肉化为寇雠。既葬而迁徙，魂灵忍于摇动，盖将启天下以灭伦之祸甚哉！邪说之毒，人也过于猛兽。夫君子之葬其亲也，得其地无童断，无独缺，无旷折，无污湿砂砾之凶，以安体魄，犹生而得居室之美，以乐其志，斯其义之大者。乃欲缘之窥利，岂非惑乎。余悲宗人未葬，远者至二世，近者或十余年，此非其子孙贪鄙心胜，乃拘于阴阳忌讳之说哉，故采于此篇，谓其文辞颇有所讥刺也，并论次其卒之年月，庶乎览者有所感怆云尔。

风水辨

项 乔

或问："葬地风水之说，子信之乎？"

予应之曰："葬送终大事也。人子之事亲，舍是无以用其力矣。故卜宅安厝，自天子达于庶人，古今共之，必亲之体魄安，庶人子之心安。予非尽人之子欤，而独不信之乎？但所谓风者，取其山势之藏，纳土色之坚厚，不冲冒四面之风，与无所谓地风者也。所谓水者，取其地势之高燥，无使水近夫亲肤而已。若水势曲屈而环向之，又其第二义也。程子所谓务令其后不为城郭，不为道路，不为沟池，不为耕犁所及，不为贵豪所夺，其义已明且尽矣。予安得不信之乎？"

曰："然则风水荫应之说，子亦信之乎？"

曰："吾闻之矣。死生有命，富贵在天。仁人者，正其谊不谋其利，明其道不计其功。人子之葬其亲，求亲之体魄得安足矣。借使有荫应之说，亦非孝子仁人之所图也。况万万无此理乎！今夫子于父母，生欲美其宫室，死欲安其宅兆，其孝思之心一也。父母之于子，生欲其福利，死而有灵，其冥庇默护之心亦一也。但气聚则生，气散则死，形既朽灭，神亦飘散，复将何物以为子孙荫乎？试以生前论之，重门密室，上笇下簟，人子所以安其亲者至矣。其亲于此而假寐焉，形神尚如故也。厥子孙或近出闾里之间，或远游千里之外，或蒙人笑骂，或被人搆害，其亲亦熟于鼾睡，而不知顾矣，况朽灭之形，飘散之神，而能荫应子孙于数百年之后乎？"

曰："信斯言也。《易》重卜筮，先圣王何以使人敬鬼神，定吉凶也？且斋明盛服，以承祭祀而洋洋如在，又何物使之乎？"

曰："此皆圣人以神道设教耳。其欲天下有报本反始之心，故赫其灵于祭享，而归之实理。若或使之者要其感应，则如木实之相传，实以子孙神气，而会合祖宗之神气，故如或见之，如参前倚衡之说耳。非祖宗真有形象在于其上。在于其左右也。其教人卜筮者，则因理以定数，托蓍龟之神明，使人顺性命之理耳。非谓福可幸求，祸可幸免也。故曰：《易》为君子谋，非为小人谋。若必求荫应之说，则《易》所谓鬼神者，是乃奸宄之囊橐也。有是理乎？"

曰："荫应之说在形体，亦有然者。不曰坚土之人刚，息土之人美乎？"

曰："土气之能荫人，犹地道之敏树也。人与树皆天地生气之所在，故在地

之生气能荫之，即栽者培之之谓。若朽骨已在倾覆之数，虽天地生生之大德，不能复生之矣。不能复生，而谓其能乘生气以反荫生人，有是理乎？借使有是理也，骨肉朽毙而魂气无不之也，其灵亦不过与其生前等耳。生前虽尧舜之神明，不能庇朱均之子，而谓其死后，反能荫应之乎？是生不如死，人不如鬼，率天下而崇鬼道也。不亦左乎？然则荫应之说，古无有也。有之自郭璞始。璞也《葬书》之设，果自为乎？抑为人乎？如曰自为，则荫应未及其子，而刑戮已及其身矣。岂有拙于自为，而巧子为人乎？然其《书》曰：'葬者，乘生气也。'此人子不忍死其亲之意，吾无容议也。其曰'铜山西崩，灵锺东应'，则本东方朔滑稽之说。当时孰有亲见其事而耳闻之者？朔尝谓蟠桃三千年一开花，三千年一结子，朔已得三偷焉。亦将谓朔之言为足信乎？又谓：'木华于春，栗芽于室，如人受体于父母，本骸得气，遗体受荫似也。'然华于春者，生木也；芽于室者，生栗也。使朽木在山而腐，栗在室亦安，能乘春气而复华复芽？此亡骸之不足以荫遗体，彰彰明矣。借使足以荫焉，则一父或生数子，皆遗体也，而或荫或不荫，又何说以通之？"

或又曰："子不见磁石之能翕铁，暴骨之能渗血，一气有感通之理乎？"

曰："气感通，如磁石于针固也，然石之于针，能翕之而已，果能化小为大，化轻为重，如所谓鬼福之能及人乎？"

或曰："吾见某家葬地，善其子孙，见当昌盛。某家不善其子孙，见当衰微。如影响之应形声多矣。子独不信之乎？"

曰："盛衰有相寻之理，天地亦有终穷之时，此适逢其会焉耳。非葬地之故也。有违礼而火化、水化，其祖宗无葬地，亦或有昌达者矣。则何居昔之善择形胜以建都，比崩遂葬于是者，莫如尧、舜、禹、汤、文、武之为盛。然尧都平阳，舜都蒲坂，禹都安邑，汤都亳，文武都镐京，都洛，当其都会之初，人固以为山川之灵应矣。至今山川尚无恙也，其子孙不复见有禹、汤、尧、舜、文、武，之再出，又将谁诿乎？"

或曰："此则天地之大数也。姑舍是而以小者论之。宽闲之野，多村落焉。或风气环抱，则烟火相望，或山川散逸，则四顾寂寥，历历可指数也。而子不信之乎？"

曰："此生地能荫生人，予前已言之矣。然又有说焉，村落虽有美恶，其初原未尝有人也。及人见村落环抱，乃相率而居之，而成村落。或遂村落能荫人也？子

何疑于是乎？大抵山川各有旺气，随方随时而迁转，不可执著者也。当其气之方会，虽海上无人之境，亦足以生人，不必青龙、白虎、朱雀、元武之相凑合也。及气之衰，虽名山大川，通都巨镇之形胜，而或变为荒莽无用之区矣。人之贫贱、富贵、死生、寿夭，要皆关于气运之隆替，此理之常，无足怪者。若谓由土荫焉，是上天之命反制于一抔之土，谓有地理而无天理可乎？故谓某地时乘生气则可，谓某地必龙虎凑合而后能乘生气则不可。谓某地时乘生气而以安亲之体魄则可，谓某地能乘生气活白骨以荫子孙则不可。然此龙虎之说，施诸东南，犹有山川之可据，若北方一望坦然，虽公侯伯之祖垄，同一土馒头也。孰藏风，孰止水，孰为龙，孰为虎，孰为朱雀、元武哉？或者又以土之稍高者为山，下者为水，是求其说而不得，又从而为之辞也。"

或曰："子之言详矣。则吾既得闻命矣。胡程子大儒也。谓培其根而枝自茂。朱子大儒也，兆二亲于百里之远，而再迁不已。子以程朱为不足法乎？"

曰："程朱，信大儒也。然以其事其言论之，则亦何能无疑。其曰：地之善者，则其神灵安，子孙盛。若培其根，而枝叶自茂。不知所谓根者，果有生气者乎？抑既朽者乎？如曰既朽之根，而培之以求枝叶之茂，不可得矣。兆二亲于百里之远，而再迁不已，谓朱子纯孝之心，惟恐一置其亲于不善之地可矣。若谓缘此求荫，恐非圣贤正谊明道之本心也。况生则同室，死则同穴，终古以来，未之有改也。使二亲而有灵，夫岂安于百里之睽离，而不抱长夜之恨乎。其所以屡迁者，或亦借以求荫焉耳。呜呼其求之也力矣。何后世子孙受荫不过世袭五经博士而已。岂若孔子合葬于防，崇封四尺，未尝有意荫应之求，而至今子孙世世为衍圣公耶？是故荫应之说，本不难辨，奈何聪明智巧者，既授程朱以为口实，其冥顽者，又附和而雷同焉。宜其说之炽行于后世也。自生民以来，未有盛于孔子事亲，如孔子足以立人极矣。不师孔子而必师程朱可乎？虽然程朱实善学孔子者，其嘉言善行，足以佑启后世者多矣。此特贤者之过，偶一之失耳。率其素履，而略其一节，又岂非善学程朱者乎？"

或曰："程朱不忍以朽骨视其亲，故示人培植而极力以迁移之，子无乃忍死其亲而不得为孝乎？"

曰："事亲不可不孝，论理不可不详，不以便安其亲，而动求利其子孙，或贪地而暴柩，或争地以破家，或兄弟感于某山某枝之说，而反为仇雠，至有终身累世不葬，遂失尸柩，不知其处者。吾惧天下后世之无孝子也。故忧之深，而言之切，

虑之远而说之详耳。"

　　或又曰："如子之论，皆粗迹，皆常理也。荫应之理，不疾而速，不行而至。莫知其然之谓神，是岂可以粗迹求常理定乎？"

　　曰："道器不相离，中庸不可逾。君子言近而指远者，正谓理之常求，窈冥茫昧不可测度之说。以骇人听闻，眩人心志，在王法之所必诛，圣贤之所不赦，而可以为天下法乎？圣而不可知之之谓神，曰不疾而速，不行而至者，正谓由此常理而行之，以至于熟，则有莫知其然而然者耳。若舍常理而别求其神，是即所谓怪也。怪孔子所不语奇中焉，人皆信之矣。不如此，即子产所谓是亦多言，岂不或信者也。安可执一以御万乎？虽然舍常理以谈神怪，固非所以率人修常理以光祖宗，独不足以求荫乎？《易》曰：'积善之家，必有余庆。'言祖宗有正荫也。《诗》曰：'无念尔祖，聿修厥德。永言配命，自求多福。'言自修当获正荫也。此则程朱各有注疏，吾辈不可一日不讲求者。乃圣贤之信之乎？然术家语涉怪诞，而或正传，古今之定理，不假葬地而响应者也。近世有识者，又谓风水可遇而不可求，其意盖谓风水荫应，借使有之，亦惟孝子仁人能承受之，而非可以力求者，此纳约自牖之说，以意逆志，是为得之。"问者曰："噭唯。"

第三十二章　堪舆纪事

《后汉书·郭镇传》：顺帝时，廷尉河南吴雄季高，以明法律，断狱平，起自孤宦，致位司徒，雄少时家贫丧母，营人所不封土者，择葬其中，丧事趋办，不问时日，医巫皆言当族灭，而雄不顾，及子诉孙恭，三世廷尉，为法名家。初肃宗时，司隶校尉下邳赵兴亦不恤讳忌，每入官舍，辄更缮修馆宇，移穿改筑，故犯妖禁，而家人爵禄益用丰炽，官至颍川太守。子峻太傅，以才器称，孙安世鲁相三叶，皆为司隶，时称其盛。桓帝时，汝南有陈伯敬者，行必矩步，坐必端膝，呵叱狗马，终不言死。目有所见，不食其肉，行路闻凶，便解驾留止，还触归忌，则寄宿乡亭，年老寝滞，不过举孝廉，后坐女婿亡吏，太守邵夔怒而杀之。时人罔忌禁者，多谈为证焉。

《袁安传》：初，安父没，母使安访求葬地。道逢三书生，问安何之。安为言其故，生乃指一处云："葬此地当世为上公。"须臾不见。安异之，于是遂葬其所占之地，故累世隆盛焉。

《魏志·管辂传》：辂随军西行，过毋丘俭墓下，倚树哀吟，精神不乐，人问其故，辂曰："林木虽茂，无形可久。碑诔虽美，无后可守。元武藏头，苍龙无足，白虎衔尸，朱雀悲哭。四危以备，法当灭族。"不过二载，其应至矣，卒如其言。

《晋书·徐邈传》：邈达于从政，论精议密，当时多咨禀之。触类辨释，问则有对。旧疑岁辰在卯，此宅之左，则彼宅之右，何得俱忌于东。邈以为太岁之属，自是游神，譬如日出之时向东，皆逆非为藏体地中也。

《郭璞传》：璞以母忧，去职卜葬地于暨阳，去水百步许，人以近水为言，璞曰：当即为陆矣。其后沙涨去墓，数十里皆为桑田。

璞尝为人葬，帝微眼往观之。因问主人何以葬龙角，此法当灭族。主人曰："郭璞云：此葬龙耳。不出三年，当致天子也。"帝曰："出天子耶？"答曰："能致天子问耳。"帝甚异之。

《周访传》：初，陶侃微时，丁艰。将葬，家中忽失牛，而不知所在。过一老

父，谓曰："前冈见一牛，眠山污中，其地若葬位，极人臣矣。"又指一山云："此亦其次，当世出二千石。"言讫不见。侃寻牛得之，因葬其处，以所指别山与访，访父死葬焉。果为刺史，著称宁。益自访以下三世，为益州四十一年，如其所言云。

《羊祜传》：有善相墓者，言祜祖墓所有帝王气，若凿之则无。后祜遂凿之，相者见曰：犹出折臂三公，而祜竟堕马折臂，位至三公而无子。

《陈书·吴明彻传》：明彻字通昭，秦郡人也。祖景安，齐南谯太守，父树梁，右军将军。明彻幼孤，性至孝。年十四，感坟茔未备，家贫，无以取给，乃勤力耕种。时天下亢旱，苗稼焦枯，明彻哀愤，每之田中号泣，仰天自诉。居数日，有自田还者云，苗已更生。明彻疑之，谓为绐己。及往田所，竟如其言。秋而大获，足充葬用。时有伊氏者善占墓，谓其兄曰："君葬之日，必有乘白马逐鹿者，来经坟所，此是最小孝子大贵之征。"至时，果有此应。明彻即树之最小子也。起家梁东宫，直封安吴县侯，进爵南平郡公。

《唐书·温大雅传》：大雅转礼部，封黎国公。改葬其祖，卜人占其地曰："弟则吉，不利于君，若何？"大雅曰："如子言，我含笑入地矣。"岁余卒。

《刘从谏传》：从谏从子稹，从谏以为嗣。从谏死，大将郭谊与王协议图稹，使董可武诱稹至北第，置酒饮酣，即斩首，悉取从谏子在襁褓者二十余，并从子稹匡周等杀之。诛张谷、张沿、陈扬庭、李仲京、王渥、王羽、韩茂章、茂宣、贾库、郭台、甄戈十一族，夷之军中，素不附者皆杀。函稹首送王宰，献京师，告庙社，帝御兴安门受之。刘公直亦降于宰。石雄以兵守境，军大掠，谊移书责之。雄衔怒稹之死谊，斥从谏妻，伏夹室收其资私于己，建大厩，日望旌节。宰相德裕建言，稹庸下乱由谊始，及军穷蹙，乃图稹邀荣，不诛无以惩奸臣。及兵在境，宜悉取逆党送京师论如法，先是有狂人呼于潞市，曰石雄七千人至矣。从谏捕诛之。乃请诏雄率兵如数以入，雄至潞，缚谊及王协、刘公直、安全庆、李道德、李佐尧、刘武德、董可武等送京师并殊死杖。崔士康杀之。白唯信者，潞骁将，数与雄战，惧不敢降，自武乡杀都将康良佺，欲降卢钧，雄遣人召降，惟信杀之，卒降钧。有诏从谏且死，乃署稹军事，宜剖棺暴尸于市。三日雄发，视面如生，一目尚开。雄三斩之，仇人剔其骨几尽。谊者，兖州人。兄岌，事悟为牙将。常乐滏山秀峻曰：我死必葬此望气者。言其地当三世为都头异姓。河北谓都头异姓，至贵称也。然窆过二丈，不利谊。以岌假刺史，穿三丈，得石蛇并三卵，工破之，皆流血，至是谊及岌

三子同诛。

严善思传。善思迁给事中。后崩，将合葬乾陵。善思建言，尊者先葬，卑者不得入。今启乾陵，是以卑动尊，术家所忌。且元阙石门，冶金锢隙，非攻凿不能开。神道幽静，多所惊黩，若别攻隧以入其中，即往昔葬时，神位前定，更且有害。曩营乾陵，国有大难，易姓建国，二十余年。今又营之，难且复生。合葬，非古也。况事有不安，岂足循据。汉世皇后，别起陵墓。魏晋始合葬，汉积祚四百，魏晋祚率不长，亦其验也。今若更择吉地附近乾陵，取从葬之，义使神有知，无所不通。若其无知，合亦何益。山川精气，上为列星，葬得其所，则神安而后嗣昌。失其宜则神危而后嗣损，愿割私爱，使社稷长久，中宗不纳。

《酉阳杂俎》：莱州即墨县，有百姓王丰兄弟三人。丰不信方位所忌，常于太岁上掘坑，见一肉块大如斗，蠕蠕而动，遂填其肉，随填而出。丰惧，弃之，经宿长塞于庭。丰兄弟奴婢数日内悉暴卒，唯一女存焉。

工部员外郎张周封言：旧庄城东，狗脊嘴西，尝筑墙于太岁上，一夕尽崩。且意其基虚功不至，乃率庄客，指挥筑之。高未数尺，炊者惊叫曰怪作矣。遽视之，饭数斗，悉跃出，蔽地著墙，匀若蚕子，无一粒重者，蠹墙之半如界焉。因诣巫，酬地谢之，亦无他焉。

《挥麈后录续》：《皇王宝运录》一书，载黄巢王气一事。中和三年夏，太白先生自号太白山人，不拘礼则。又云：姓王，竟不知何许人也。金州耆宿云：每三年见入州市一度，自见此先生卖药，已近三四十年，颜貌不改不老。其年夏六月三日，太白山人修谒金州刺史、检校尚书、左仆射、兼御史大夫崔尧封云：本州直北有牛山，傍有黄巢谷，金桶水且大，寇之帅黄巢陵劫州县，盗据上京，近已六年，又伪国大齐，年号金统，必虑王气在北牛山。伏请闻奏蜀京，掘破牛山，则此贼自败。尧封听之大喜，且具茶果与之言话。移时，太白山人礼揖而去。尧封遂与州官商量点诸县义丁男，日使万工掘牛山一月余，其山后崖崩。十丈以来，有一石桶，桶深三尺，径三尺，桶中有一头黄腰兽，桶上有一剑，长三尺，黄腰见之，乃呦然数声，自扑而死。尧封遂封剑，及画所掘地图，所见石桶事件闻奏，僖宗大悦，寻加尧封检校司徒，封博陵侯。黄巢至秋果衰。是岁，中原克平。如昭洗王涯等七家之诏，亦见是书。

《北梦琐言》：古有宅墓之书，世人多尚其事，识者犹或非之。杜公正伦与京兆宗派不同，常蒙轻远，公衔之，洎公宦达，后因事堑断杜陵山脉，由是诸杜数代

不振。

鲜于仲通兄弟，阆州新井县人，崛起俱登将坛。望气者以其祖先坟上有异气，降勒堑断之。裔孙有鲜于岳者，幼年寝处，席底有一蛇，盖新出卵者，家人见之以为奇事。此后及壮，常有自负之色，历官终于普州安岳县令，不免风尘，其徒戏之曰鲜于蛇也。

《幕府燕闲录》：唐末，钱尚父谬始兼有吴越，将广牙城。以大公府有术者告曰：王若改旧为新，有国止及百年。如填筑西湖以为之，当十倍于此。王其图之。谬谓术者曰：岂有千年而天下无真主乎？有国百年，吾所愿也。即于治所增广之。及忠懿归朝，钱氏霸吴越凡九十八年。

《宋史·张煦传》：煦历西上阁门，使知磁州，煦明术数，善相宅，时称其妙。

《茅亭客话》：冯山人名怀古，字德淳，遂宁人也。有人伦之鉴，善辨山水地理。太平兴国中，于青城山三蹊路牛心山前，看花山后，因卜居，立三间大阁，偃息于中，居常所论，皆丹石之旨，以吐纳导引为事，博采方诀，歌颂、图记、丹经、道书，无不研考。每通往来者，有服饵者，有入室求仙者，有得杂艺者，有能制服诸丹石者，复有夸诞自誉寿过数百岁者，有常与神仙往还者，欲传之者，以方书为要，授之者以金帛为情，尽皆亲近承事之。虽技艺无取，皆以礼接之。咸平中，成都一豪家葬父，遍访能地理者，选山卜穴，凡数岁方得之。

因令冯看之。冯曰：陵回阜转，山高陇长，水出分明，甚奇绝也。主人云：自葬之后，家财耗散，人口沦亡，何奇绝地如是也。山人曰：颇要言之，凡万物中，人最为灵，受命于天，与物且异，而有贵贱，各得其位，如鸟有巢栖，兽有穴处，故无互相夺也。此山是葬公侯之地，岂常人可处。所以亡者不得安，存者不得宁。易曰负且乘致寇至，小人而乘，君子之器，其是之谓乎。

《闻见后录》：嘉祐中，将修东华门，太史言太岁在东不可犯。仁皇帝批其奏曰：东家之西，乃西家之东，西家之东，乃东家之西，太岁果何在，其兴工勿忌。

《春渚纪闻》：余拂君厚，雪川人也。其居在汉铜官庙后，溪山环合。有相宅者言，此地当出大魁。君厚之父朝奉君云，与其善之于一家，不若推之于一郡。即迁其居于后。以其前地为乌程县学，不二三年，君厚为南宫，魁而莫俦，贾安宅，继魁天下，则相宅之言为不妄。然君厚之家不十年而朝奉君殁，君厚兄弟亦继徂谢，今无主祀者，则上天报施之理，又未易知也。

先友提学张公大亨字嘉甫雪川人，先墓在弁山之麓，相墓者云公家遇丑年有赴

举者必登高第，初未之信。熙宁癸丑嘉甫之父通直公著登第元丰乙丑嘉甫登乙科大观己丑嘉甫之兄大成中甲科重和辛丑嘉甫之弟大受复中乙科此亦人事地理相符之异也。

《可谈》：熙宁癸丑，先公登第，天子擢居第一，为权臣所轧，故居第二。大父颇不平。湖州道场山有老僧，为大父言，此非人事。道场山在州南离方，文笔山也低于他州，故未有魁天下者。僧乃丐，缘即山背建浮屠，望之如卓一笔。既成，语州人曰，三十年出状元，后大观贾安宅，政和莫俦，相继为廷试魁，此吾家事非诞也。常州诸胡、余外氏，自武平使枢密，宗愈继执政，宗回、宗师、宗炎、奕修皆两制，宗质四子，同时作监司，家资又高，东南号富贵胡家。相传祖茔三女山尤美，甚利子婿，余母氏乃尊行如渭阳，诸婿钱昂、黄辅国、李诗、蒋廷俊、张巨、陈举、蒋存诚皆为显官，余无不出常调。李吉甫太尉自言其家不利女婿，碌碌无用，如长倩余中成婚二十余年，元祐初，上疏乞诛李吉甫谢天下，后竟离婚，亦祖茔三女山相刑也。

《春渚纪闻》：张鬼灵，三衢人，其父使从里人学相墓术，忽自有悟，见因以鬼灵为名，建中靖国初至钱塘，请者踵至。钱塘尉黄正一为余言县令。周君者，括苍人，亦留心地理。具饭延款请鬼灵，曰："凡相墓或不身至，而止视图画可言克应否？"鬼灵曰："若方位山势不差合葬时年月，亦可言其粗也。"因指壁间一图问之，鬼灵熟视久之曰："据此图墓前午上一潭，水甚佳，然其家子弟若有乘马坠此潭，几至不救者，即是吉地，而发祥自此始矣。"令曰："有之。"鬼灵曰："是年此坠马人必被荐，次年登第也。"令不觉起握其手曰："吾不知青乌子郭景纯何如人也。今子殆其伦比耳。是年春祀而某乘马从之，马至潭侧忽大惊跃，衔勒不制，即与某俱坠渊底，逮出气息而已。是秋发荐，次年叨忝者某是也。"蔡安世先墓在富春白升岭，其兄宏延鬼灵至墓下，视之谓宏，此墓当出贵人，然必待君家麦瓮中飞出鹌鹑为可贺也。宏曰："前日某家卧房米瓮中忽有此异，方有野鸟入室之忧。"鬼灵曰："此为克应也。君家兄弟有被魁荐者，即是贵人也。"是秋安世果为国学魁选。鬼灵常语人曰："我亦患数促，非久居世者，但恨无人可授吾术矣。"后二岁果殁，时年二十五矣。

先君尝见蔡元度，言其父死，委术者王寿昌于余杭寻视葬地，数日不至。蔡因梦至一官府，有紫衣人据案而坐，望蔡之入，遥语谓曰："汝寻葬地已得之否？野驼饮水形是也。"觉而异之，适寿昌至，问其所得，云有一地，在临平，山势耸远，

于某术中佳城也。但恐观者未识吾言耳。元度云："姑言山形可也。"王云："一大山巍然，下临浙江，即野驼饮水形也。"元度曰："无复他求，神先告我矣。"即用之。

《挥麈后录》：范择善同，宣和中登第，得江西教官，自当涂奉双亲之官，其父至上饶而殂。寓于道旁之萧寺中，进退彷徨，主僧怜之，云寺后山半适有一穴，不若就葬之，不但免搬挈之劳，而老僧平日留心风水，此地朝揖绝胜，诚为吉壤，择善从之，即其地而殡之。其后择善骤贵登政府，乃谋归祔于其祖兆，请朝假以往改卜时，老僧尚在，力劝不从。才徙之后，择善以飞语得罪于秦桧，未还阙，言者希指攻之，云同以迁葬为名，谒告于外，骚扰州县，迁谪而死。

《老学庵笔记》：蔡太师父准葬临平山，山为驼形，术家谓驼负重则行，故作塔于驼峰，而其墓以钱塘江为水，越之秦望山为案，可谓雄矣。然富贵既极一旦，丧败几于覆族，至今不能振俗，师之不可信如此。

《玉照新志》：黄进者，本舒州村人，为富室苍头奴，随其主翁为父择葬地于郊外山间。与葬师偕行，得一穴最胜，师指示其主云：葬此，他日须出名将。在傍默识之。是夕，乃挈其父之遗骸瘗于其所。主初不知为何人也，已而逃去为盗，坐法黥流。又数年天下乱，进鸠集党类，改涅其面为两旗，自号旗儿军。寇攘淮甸间，人颇识之，朝廷遣兵捕之，遂以众降，后累立功至防御使。

《过庭录》：祖妣甲戌冬殁于真国军。先子避地，仓惶中不复问术昔，以意卜葬。郡之水南未几有建昌黄生者，过墓下爱之，问先子所居，以刺投谒先子，昧其人托以它出，生力请曰："非有所觊，特欲言少事尔。"先子出见。生问曰："水南新坟，知公所葬，术者为谁也？"先子曰："乱离中归土是急，以意自卜尔。"生曰："几于暗合孙吴，此坟以术征之，不以久远论，来春当有天书及公，公赴无疑。"先子曰："哀苦偷生，安有是理。"笑而谢之。生曰："愿公漫记此言。"一揖而去。己酉二月，当路有荐先子者，果有御营参谋之除。

《挥麈三录》：绍兴庚申岁，明清侍亲居山阴，方总角，有学名张尧叟、唐老自九江来，从先人。适闻岳侯父子伏诛，尧叟云："仆去岁在羌庐，正睹岳侯葬母，仪卫甚盛，观者填塞山间如市。解后一僧为仆言，岳葬地虽佳，但与王枢密之先茔坐向既同，龙虎无异，掩圹之后，子孙须有非命者。然经数十年再当昌盛。子其识之。"今乃果然，未知后如何耳。王枢密乃襄敏本江州人，葬其母于乡里，有十子。辅道既罹横逆，而有名字者，为开封幕，过桥坠马死；名端者，待漏禁门，檐瓴冰

柱折坠，穿顶而没；后数十年，辅道之子炎弼，彦融以勋德之裔，朝廷录用以官，把麾持节，升直内阁，炎弼二子万全、万枢，令皆正郎，而诸位登进士第者接踵。岳自非辜之后，凡三十年，满洗冤诬，诸子若孙，骤从缧绁，进蹑清华，昔日之言，犹在耳也。

《委巷丛谈》：考亭朱文公得友人蔡元定，而后大明天地之数，精诣锺律之学，又纬之以阴阳风水之书，乃信用蔡说。上书建议乞以武林山为孝宗皇堂，且谓会稽之穴，浅楠而不利。愿博访草泽，以决大议，其后言者毁考亭阴援元定，元定亦因是得谪云。

《齐东野语》：杨和王居殿岩日，建第清湖洪福桥，规制甚广。自居其中，旁列诸子四舍，皆极宏丽。落成之日，纵外人游观。一僧善相宅，云："此龟形也，得水则吉，失水凶。"时和王方被殊，眷从容闻奏，欲引湖水以环其居，思陵首肯，曰："朕无不可，第恐外庭有语，宜密，速为之。"退即督濠寨兵数百，且多募民夫，夜以继昼，入自五房院，出自惠利井，蜿蜒萦绕，凡数百丈，三昼夜即竣。事未几，台臣果有疏言，擅灌湖水入私第，以拟宫禁者。上晓之，曰："朕南渡之初，金人退而群盗起，遂用议者羁縻之策，刻印尽封之。所有者止淮、浙、数郡耳，会诸将尽平群盗，朕因自誓除土地外，凡府库金帛，俱属不问，故诸将有余力以给泉池、园圃之费，若以平盗之功言之，虽尽以西湖赐之，曾不为过。况此役已成，唯卿容之。"言者遂止。既而复建杰阁，藏思陵御札且揭，上赐"风云庆会"四大字于上。盖取大龟昂首，下视西湖之象，以成僧说。自此百余年间，无复火灾，人皆神之。至辛巳岁，其家舍阁于佑圣观，识者谓龟失其首，疑为不祥。次年五月竟毁，延燎数百楹，不数刻而尽，益验毁阁之祸云。

《挥麈余话》：永昌陵卜吉，命司天监苗昌裔往相地，西洛既覆土，昌裔引董役内侍王继恩登山巅，周览形势，谓继恩云："太祖之后，当再有天下。"继恩默识之。太宗大渐，继恩与参。知政事李昌龄，枢密赵镕，知制诰胡旦，布衣潘阆谋立太祖之孙唯吉，适泄其机，吕正惠时为上宰，锁继恩而迎真宗，于南衙即帝位。继恩等寻悉诛窜，前人已尝记之。熙宁中，昌龄之孙逢登进士第，以能赋擅名一时，吴伯固编三元衡鉴，祭九河合为一者是也。逢素闻其家语，与方士李士宁，医官刘育荧惑宗室世居，共谋不轨，旋皆败死。详见国史。靖康末，赵子崧守陈州，子崧先在邸中剽窃此说，至是适天下大乱，二圣北狩，与门人傅亮等歃血为盟，以幸非常，传檄有云：艺祖造邦千龄，而符景运，皇天佑宋，六叶而生，眇躬继知，高宗

已济大河，皇惧归命，遣其妻弟陈良翰奉表劝进，高宗罗致元帅幕中，兴后亟欲用，会与大将辛道宗争功，道宗得其文缴进之，沼置狱京口，究治得情，高宗震怒，然不欲暴其事，以它罪窜子崧于岭外，此与夏贺良赤精子之言，刘歆易名以应符谶，何以异哉？岂知接千秋之统，帝王自有真邪。

《括异志》：上舍伯祖巽旧葬惹山后，忽卜兆于丁村，遂迁葬焉。其中紫藤蟠固棺上，或云穴有紫藤，此吉征也。遂斫藤迁之，自后其家浸衰。

《癸辛杂识》：赵节斋之父国公祖墓在括苍青田，以地本一蜀人所定，约三年复来，已而见者皆言其中有水，当谋改厝。启之未毕，而前人至，见之曰："水自有之，无害也。"既启穴，水绿色，以盏勺饮，极甘。挠之数四，一金鱼跃出，击杀之。又挠之，有二鱼，复击其尾，纵之，曰："当出三天子，今只作一半。"遂复掩之，后乃生景献太子。

王伋云：阴阳家无它，唯"忌乐"二字而已。乐唯乐其纯阳纯阴，忌唯忌其生旺库墓，此水法也。谓如子午向，午水甲水皆可向，即纯阳艮震山，庚辛水流纯阴。

孔应得云：朱晦庵之葬用悬棺法，术家云斯文不坠，可谓好奇。越上有香炉峰，唐德宗时有告于庙者，言此山有天子气，于是遣使凿其山。理宗、高祖、周元肃王向祇，抵于河南死焉，其子楚王遂挟父母遗骨以归越，葬于香炉峰下，于是前说验焉。又杭之仁和县有桐柏山，宣和中蔡京尝葬其父于临平，及京败或谓此为骆驼饮海势，遂行下本路，遣匠者凿破之，有金鸡自石中飞出，竞渡浙江。其地至今有开凿之径，知地理者谓犹出带血天子，而后济王实生其地。

《辍耕录》：江阴州宋季时，兵马司在州治东南里许平地上，司之后置土牢，归附后有善地理者，以为宜帝王居之。人问其故，曰：君山龙脉，正结于此，是以知其然也。皆弗之信，越数年，就其上起盖三皇庙，亦奇术哉。君山州之主山也。

《幽怪录》：董表仪家住沙河塘，欲撒屋掘土，术者言太岁方不可兴工。不信，既而掘深三尺，得一肉块漫漫然。人言即太岁也。董甚悔恶，投诸河，后亦无祸。

王文禄《龙兴寺记》：泗州有杨家墩，墩下窝，熙祖尝卧其中。有二道士过指卧处曰："若葬此，出天子。"其徒曰："何也？"曰："此地气暖，试以枯枝栽之，十日必生叶。"熙祖起，曰："汝闻吾言乎？"熙祖佯聋，乃以枯枝插之去。熙祖候之十日，果生叶，熙祖拔之，另以枯枝插之。二道士复来，其徒曰："叶何不生也？"曰："此必人拔去矣。"熙祖不能隐。道士曰："但泄气，非长支传矣。"谓

曰："汝有福，殁当葬此，出天子矣。"熙祖语仁祖，后果得葬，葬后土自壅。其后陈后孕太祖，皆言此墩有天子气，仁祖徙凤阳，生于盱眙县灵迹乡，方圆丈许，至今不生草木。仁祖崩，太祖异至，中途风雨大作，索断，土自壅为坟，人言葬九龙头上。系曰：嘉靖戊戌春，遇松江徐长谷献忠言，与予幼闻合，且言曾至熙祖陵，龙脉发自中条，王气攸萃前，渚水成湖作内明堂，淮河、黄河合襟作外明堂，淮上九峰插天为远案，黄河西绕，元末东开，会通河绕之，而圣祖生矣。天时地理不符也。又言：诞时二郎神庙徙去路东数十步，移浴于河，忽水中浮起红罗一方，取为褓，今名红罗障云。

第三十三章　堪舆杂录

《论衡·异虚篇》：且从祖已之言，雉来吉也。雉伏于草野之中，草覆野，鸟之形，若人民处草庐之中，可谓其人吉而庐凶乎。

《诇时篇》：太岁在子，子宅直符，午宅为破，不须兴工起事，空居无为犹被其害。今岁所食，待子宅有为，巳酉乃凶。太岁，岁月之神，用罚为害，动静殊致，非天从岁月神意之道也。

《隋书·经籍志》：《宅吉凶论》三卷，《相宅图》八卷，《五姓墓图》一卷。《梁有冢书》《黄帝葬山图》各四卷。《五音相墓书》五卷。《五音图墓书》九十一卷。《五姓图山龙》及《科墓葬》不传，各一卷。《杂相墓书》四十五卷。

《宋史·艺文志》：《地理观风水歌》一卷。《阴阳相山要略》二卷。《二宅赋》一卷。《行年起造九星图》一卷。《宅心鉴式》一卷。《相宅经》一卷。《宅体经》一卷。《九星修造吉凶歌》一卷。《阴阳宅歌》一卷。《二宅相占》一卷。《山冈机要赋》一卷。《山冈气象杂占赋》一卷。《五音地理诗》三卷。《五音地理经诀》十卷。《阴阳葬经》三卷。《葬疏》三卷。《堪舆经》一卷。《太史堪舆》一卷。《商绍太史堪舆历》一卷。《黄帝四序堪舆经》一卷。《五音三元宅经》一卷。《阴阳宅经》一卷。《阴阳宅经图》一卷。王澄《二宅心鉴》三卷，又《二宅歌》一卷。《阴阳二宅图经》一卷。《黄帝八宅经》一卷。《淮南王见机八宅经》一卷。《一行库楼经》一卷。《上象阴阳星图》一卷。《金图地鉴》一卷。《地鉴书》三卷。《孙李邕葬范》五卷。《地理六壬六甲八山经》八卷。《地理三宝经》九卷。《五音山冈诀》一卷。《地理经》五卷。《地理正经》十卷。朱仙桃《地理赞》一卷。又《元堂范》一卷。《地理口诀》一卷。僧一行《地理经》十二卷。《黄石公八宅》二卷。《李淳风一行禅师葬律秘密经》十卷。《吕才杨乌子改坟枯骨经》一卷。《曾杨一青囊经歌》二卷。《杨救贫正龙子经》一卷。《王希逸地理秘妙歌诀》一卷。《地理名山异形歌》一卷。《孙膑葬白骨历苏粹明地理指南》三卷。《司空班范越凤寻龙入式歌》一卷。王洙《地理新书》三十卷。刘次庄《青囊本旨论》二十八篇一卷。

胡翊《地理脉要》三卷。魏文卿《拨沙经》一卷。李戒《营造法式》三十四卷。《元女墓龙冢山年月》一卷。《元女星罗宝图诀》一卷。《白鹤望山经》一卷。《八山二十四龙经》一卷。《天仙八卦真妙诀》一卷。《黄泉败水吉凶法》三卷。《踏地赋》一卷。《分龙真杀五音吉凶进退法》一卷。《地理澄心秘诀》一卷。《八山穿珠歌》一卷。《山头步水经》一卷。《山头放水经》一卷。《大卦杀人男女法》一卷。《地理搜破穴诀》一卷。《临山宝镜断风诀》一卷。《丛金诀》一卷。《锦囊经》一卷。《玉囊经》一卷。《黄囊大卦诀》一卷。《地理秘要集》一卷。《通元论》一卷。《地理八卦图》一卷。《驻马经》一卷。《活曜修造吉凶法》一卷。《天中宝经知吉凶星位法》一卷。《修造九星法历代史相》一卷。《李仙师五音地理诀》一卷。《赤松子碎金地理经》二卷。《地理珠玉经》一卷。《地理妙诀》三卷。《石函经》十卷。《铜函经》三卷。《周易八龙山水论地理》一卷。《老子地鉴诀秘术》一卷。《五姓合诸家风水地理》一卷。《昭幽记》一卷。《鬼灵经》并《枯骨经》二卷。《唐删定阴阳葬经》二卷。《唐书地理经》十卷。《青乌子歌诀》二卷。

《搜采异闻录》：今世俗营建宅舍，或小遭疾厄，皆云犯土，故道家有谢土司章醮之文。按《后汉书·来历传》所载：安帝时，皇太子惊，病不安寝，幸乳母野王君主圣舍，太子厨监邴吉以为圣舍新缮修，犯土禁，不可久御。然则古有其说矣。

《王氏谈录》：公言昔观孔子墓，视其地之形势，大与今俗深相符。今之术系昔人之所遗耶。

公言昔有一士人病其家数世未葬，亟出钱买地一方。稍近爽垲者，自祖考及缌麻小功之亲，悉以昭穆之次葬之。都无岁、月、日、时、阴阳忌讳与茔穴之法。人且识其易而谓祸福未可知。岁中辄迁官秩，后其家益盛，以此观之，真达者也。今之人稽留葬礼，动且逾纪，邀求不信之福于祖先遗骸，真罪人也。暇日记。李诚明仲言堂屋前要不背三阳。今人家作宁廊，非也。

《丑庄日记》：浮屠泓师与张说市宅，戒无穿东北隅。他日怪宅气索然，视东北隅，已穿二坎丈余。惊曰：公富贵一世而已。诸子将不终。说将平之。泓师曰：客土无气，与地脉不连，譬身疮痏，补他肉无益也。今之俗师妄言风水者，一遇方隅坎陷，则令补筑增镁，便谓藏风聚气，岂不谬哉！君子无惑焉可也。

《葬度》：古云五害不侵。高山忌石巉岩。平原忌水冲射。土脉膏润，草木畅荣，来龙迢遥，结穴端正，水环沙护，即吉地也。近泥天星卦例方向，不顾龙穴沙水，多斜侧反背为之，主家微福。不悟也。且亲存享爽垲华居，殁葬形胜吉地，亲

体安，子心安矣。若专徼福，则唐宋岂乏吉地耶。何变更也。当不违天甚，毋徇地理。

《五色线神仙图墓记》：葬遇沈冈至二十年，绝世无后。葬遇浮冈，无他灾厄。葬遇飞冈，奕世富贵。

《乐郊私语》：括苍刘伯温多才艺，能诗文，尤善形家言。尝以儒学提举得相见于钱塘，后十年余，刘已解官，复见于海盐之横山把臂道，故至于信宿。谓余曰：中国地脉俱从昆仑来，北龙、中龙，人皆知之。唯南龙一支，从峨嵋并江而东，竟不知其结局处。顷从通州泛海至此，乃知海盐诸山，是南龙尽处。余问何以知之，刘曰：天目虽为浙右镇山，然势犹未止，蜿蜒而来右，束黔浙左，带苕雪直至此州长墙秦驻之间而止，于是以平松诸山为龙，左抱以长江淮泗之水，以庆绍诸山为虎，右绕以浙江曹娥之水，率皆朝拱于此州。而后乘潮东出，前后以朝鲜日本为案，此南龙一最大地也。余问此何人足以当之？曰，非周孔其人不可。然而无有乎尔。吾恐山川亦不忍自为寂寂若此也。

《见闻录》：吾松有谣云：潮到泖出阁老时。徐文贞入相，而泖有潮矣。太仓之潮至仪亭而味斋，顾公以状元相，又潮至娄门；而瑶泉申公，荆石王公大拜矣。吴人至今能道之。乃地师论江南平洋，专取落水为主，以世间之水无不东流耳。然予尝至浦上观董戴二坟，皆赖布衣所定。坟前但有浦潮，而并无西水一滴到堂。盖西水但能从浦入海，而必不能分灌于沿浦沟港者，势也。然则江南葬地竟当重来潮，而不当重去水，此皆玉尺所不载。其取潮之法，则玉尺所谓"因水立向"，四字尽之矣。

分宜在位日，集天下堪舆家，遍邑中访求吉壤。一人独指一地曰：葬此，子孙尚有拜相者。分宜如某言而启之，有古墓在焉，验其碑，乃严氏远祖也。

《书蕉》：闽越黄拨沙善视墓，画地为图，即知休咎，因号黄拨沙。婺人有世患左目者，问之，曰："祖坟木根伤葬者左目。"发墓果然，出之即愈。

唐顺之《地理论》曰：叩巫卜星相，堪舆之家而问焉。曰吉乎，未必然也。而闻者骤然喜。叩巫卜星相，堪舆常操吉人、凶人、悲人、喜人之权，以奔走乎其人，而其人之吉、凶、悲、喜，一系于巫卜星相堪舆之口，而听焉若是。何也？人情常喜希觊乎其所不可必，而常揣摩乎其所不可知。而术家冯鬼神以自神，故多言而或信，巧发而奇中。操希觊之心，与摩揣之见，而叩之冯鬼神之人，而投之巧发奇中之说。宜其人之深也。诸家之中，其尤炽者曰堪舆，其指画天地，支离五行八卦，

奇中之说，尤多而人尤尊之。堪舆家，吾不知其所始。吾意其初本以候土验气，测量水脉，以宁死者。而赞慈孝如是而已。盖未始有鬼荫之说也。自兹说之行，至使子孙露其先人不葬，以待吉地与吉日，致其久而不免于水火者有矣。或取土中数十年之陈骴，非有山崩水啮而好数徙之。甚者，豫章饶歙之间，盗地以葬，往往至于杀人而不止。然则堪舆家之说，吾惧其不为祥而为孽也。夫儒者之论殃，庆归之积善，与恶其说至精，犹或半验半不验，则天道之远也。而谓既朽之骨，丛祸丛福，若呼谷而响答，其亦未必然欤！

钦定古今图书集成

[清] 陈梦雷 蒋廷锡⊙原著

刘宇庚⊙主编

相术篇

第四部

线装书局

导 读

　　相术又称相人术，古代汉族术数的一种，以人的面貌、五官、骨骼、气色、体态、手纹等推测吉凶祸福、贵贱夭寿的相面之术。相学又称人相学，俗传通过观察分析人的形体外貌、精神气质、举止情态等方面的特征来测定，评判人的禀性和命运的汉族传统学问，认为相是命运的一种显现形式，人相必然体现着命运。相学在中国有着悠久的历史，最早约可追溯到公元前七世纪的春秋之际，此时看相之术虽已流行，但主要作为一种参政手段被人注意，职业相士和严格意义上的相学理论尚未出现。两汉时期，相学得到迅速发展，仅刘邦一家看相的事迹，《史记》就有种种详细的记载。两汉以后，迨至李唐，看相成为重要的社会职业，相书多达三十余种，一百三十多卷。此后宋、明两朝，看相风气发展到巅峰，许多相士成为显贵，不少知识分子、上层名流以浓厚的兴趣研究相学理论，大量相书充斥书肆。明以后，相术逐渐流向民间，成为江湖术士敛财养家的手段。自此，无论相学理论还是看相技艺都少有新的发展。相术篇具体包括相术汇考、相术总论、相术名流列传、相术艺文、相术纪事和相术杂录等，如《相儿经》《人相篇》《神相全编》《照胆经》《荀子》《论衡》和《潜夫论》等。其实，命运是不可预知且时刻存在变数，人的命运掌握在自己手中，只有努力上进，正确判断人生的选择才可把握命运，假使真有上天，其也只是自然（道）的实体代表，依自然（道）根据不同人的人生予以不同的考验，正所谓：谋事在人，成事在天，其只可用于趋利避凶，故而切勿迷信相术。

第一章　相术汇考一

《相儿经》

论相

儿初生，叫声连延相属者寿。

声绝而复扬急者不寿。

啼声散者不成人。

啼声深者不成人。

脐中无血者好。

脐小者不寿。

通身软弱如无骨者不寿。

鲜白长大者寿。

自开目者不成人。

目视不正数动者，大非佳。

汗血者多厄，不寿。

汗不流，不成人。

小便凝如脂膏，不成人。

头四破，不成人。

常摇手足者，不成人。

早坐早行早齿早语，皆恶性，非佳人。

头毛不周匝者，不成人。

发稀少者，不成人。

额上有旋毛者早贵，妨父母。

儿生枕骨不成者，能言语而死。

尻骨不成者，能倨而死。

掌骨不成者，能匍匐而死。

踵骨不成者，能行而死。

膑骨不成者，能立而死。

身不收者死。

鱼口者死。

股间无生肉者死。

颐下破者死。

阴不起者死。

阴囊下白者死，赤者死。

卵缝通达黑者寿。

儿小时识悟通敏过人者，多天。

小儿骨法，成就威仪、回转迟舒、稍精神雕琢者寿。小儿预知人意，回旋敏速者夭。

《人相篇》

总论

成和子答陈希夷问。曰：形貌清古，举动恭勤，气清性善，言根至理，常有山林之趣，此自修行中来。形貌古怪，举止阴毒，言涉邪淫，常有杀伐之心，此自精灵中来。形貌潇洒，举动风雅，性慧气和，常存修炼之志，此自神仙中来。形貌秀丽，举动严肃，性明心灵，能涉造化，常有虹霓之志，此自星辰中来。形貌奇异，举动急速，性慧气刚，言涉威福，常有祭祀之心，此自神祇中来。未尝有毫发之差矣。切以世人，以五行而取形，或以飞走而取形，未知孰是，可得闻乎？曰：人禀五行以生，顺天地之和，食天地之禄，未尝不由乎五行之所取，须辨五行之形，须识五行之性。若以飞走取形，须议得理。如《易》取象，天地风雷水火山泽八物，以象八卦，其取类也。而有鸾凤龙虎狮象牛马蛇雀鹅鸭鸡猪猿猴鼠狗之类，各有相似。龙相：岩峻而长，眼圆睛露，五岳高起。凤相：身细眼长，清秀额高。虎形：

头大颏阔，鼻丰口方，行步重缓。龟形：头尖眼圆，背伏身大。犀形：天庭骨耸，印堂广阔，鼻仰，行步面仰急速。鹤形：项长胸短，长身细瘦。象形：眼小鼻大，身肥步重。猿形：面小眼圆，耳尖手长。牛则行而缓，马则骤而急。其大略如此。人有五行之说。人之有生，不离乎金木水火土之相，而合其性。金形主方，得其五方，气色不杂，精神不乱，动止规模，坐久而重也。木形主长，得其五长，气色不杂，精神不乱，动止温柔，步久而清也。水形主圆，得其五圆，气色不杂，精神不乱，动止宽容，行久而轻也。火形主明，得其五露，气色不杂，精神不乱，动止敦厚，卧久而安也。得此五行无破者，主为大富大贵之人。嗟夫！气有阴阳之殊，神有寒暑之政，杂乎芒忽之间，变而有气神者，夜则藏伏于心，日则见之于眼，目犹不可昏浊矣。然而寂然不动、视之有威谓之古，澄然莹彻、视而可爱谓之秀，朗然沉静、视若无神谓之藏，焕然光彩、视而烁目谓之媚。人得此相，未有不为公卿，未有不为贵人也。呜呼！似醉不醉，似困不困，谓之失精失灵，必为贫夭。且如人有一分神，一分衣禄；十分神，十分衣禄。无神者何足相也。又有薄相之说。酒薄易酸，人薄易亡。大凡作事轻躁，言语虚诞，强为不实，举止轻狂，难事言易，人语先截，所厚者薄，所薄者厚，不睦九族，亲者反疏，疏者反亲，如此真小人也。且夫贵人之相，立如松，坐如弓，食如虎，卧如龙。立欲挺直而能久，身不动摇，转立转直者，贵人也。凡坐，如山之稳，寂然不动，心广体胖，如坐山之虎。《经》曰："坐如磐石，起似浮云。"凡食为性命之本，以资血肉。举箸欲徐而有序，嚼物欲宽而有容。凡食中不言语不喜怒者入相。啜而不响、舌而不鸣、食如狼虎者，贵人也。卧者，休息之期。卧欲安静，如龙蟠、如狗睡、如龟息者，善相。少睡易醒，贵人也。睡中自言语、口不合出气、如马喷槽者，多睡唤不醒、卧沉气粗如吼、身仰如尸及伏卧者，皆下贱之相。经曰：少睡者贵，多睡者废。故睡多则神困也。如一惊就觉，一醒就精，皆聪俊之人也。又有言谈之说。贵人之言不妄发，发必有中矣；言不妄陈，陈必有序矣。所以明达者言顺，刚正者言厉，简静者言真，谦恭者言微，执中者言僻，虚诳者言繁，躁进者言妄，鲁莽者言粗，愚顽者言钝，阴毒者言而含笑。言之所至，以此验之。其言泛泛，终无所成；其言便便，终不困滞。凡人之言，保乎气，贵乎神和也。神和则言而有志。与人之言，贵乎有信，贵乎有理。谗言勿入耳，邪言勿出口；听言以事，察则言之，所以为贵也。

《神相全编》一

相说

大凡观人之相貌，先观骨格，次看五行。量三停之长短，察面部之盈亏，观眉目之清秀，看神气之荣枯，取手足之厚薄，观须发之疏浊，量身材之长短，取五官之有成，看六府之有就，取五岳之归朝，看仓库之丰满，观阴阳之盛衰，看威仪之有无，辨形容之敦厚，观气色之喜滞，看体肤之细腻，观头之方圆，顶之平塌，骨之贵贱，骨肉之粗疏，气之短促，声之响亮，心田之好歹。俱依部位流年而推，骨格形局而断。不可顺时趋奉，有玷家传。但于星宿，富贵贫贱，寿夭穷通，荣枯得失，流年休咎，备皆周密。所相于人，万无一失。学者亦宜参详推求真妙，不可忽诸。

十观

一取威仪。如虎下山，百兽自惊；如鹰升腾，狐兔自战，不怒而威。不但在眼，亦观颧骨神气取之。

二看敦重及精神。身如万斛之舟，驾于巨浪之中，摇而不动，引之不来。坐卧起居，神气清灵，久坐不昧，愈加精彩。如日东升，刺人眼目，如秋月悬镜，光辉皎洁。面神眼神俱如日月之明，辉辉皎皎，自然可爱，明明洁洁，久看不昏。如此相者，不大贵亦当小贵，富亦可许，不可妄谈定。

三取清浊。但人体厚者，自然富贵。清者纵瘦，神长必以贵推之。浊者有神谓之厚，厚者多富。浊而无神谓之软，软者必孤，不孤则夭。

四看头圆顶额高。盖人头为一身之主，四肢之元。头方者，顶高则为居尊天子。额方者，顶起则为辅佐良臣。头圆者，富而有寿。额阔者，贵亦堪夸。顶平者，福寿绵远。头扁者，早岁迍遭。额塌者，少年虚耗。额低者，刑克愚顽。额门杀重者，早年困苦。部位倾陷、发际参差者，照依刑克兼观，不可一例而言，有误相诀。

五看五岳及三停。左颧为东岳，俱要中正，不可粗露倾塌。额为南岳，亦喜方正，不宜撇竹低塌。右颧为西岳，亦与左颧相同。地阁为北岳，喜在方圆隆满，不

可尖削歪斜，卷窍兜上。土星为中岳，亦宜方正耸上印堂，五岳成也。书云：五岳俱朝，贵压朝班，亦且钱财自旺。三停者，额门、准头、地角，此面部三停也。又为三才，又为三主，又名三表，俱要平等。上停长，少年忙；中停长，福禄昌；下停长，老吉祥。三停平等，一生衣禄无亏。若三停尖削、歪斜、粗露，俱不利也。可照流年部位气色而推，不可一体而断。

六取五官六府。眉为保寿官，喜清高疏秀弯长，亦宜高目一寸，尾拂天仓，主聪明富贵，机巧福寿，此保寿官成也。若粗浓黄淡，散乱低压，乃刑伤破败，此保寿官不成也。

眼为监察官，黑白分明。或凤眼、象眼、牛眼、龙虎眼、鹤眼、猴眼、孔雀鸳鸯眼、狮眼、喜鹊眼，神藏不露，黑如漆，白如玉，波长射耳，自然清秀有威。此监察官成也。若蛇蜂羊鼠、鸡猪鱼马、火轮四白等，眼赤白纹侵，睛圆黑白混杂，兼神光太露，昏昧不清，此监察官不成也，又且愚顽凶败。

耳为采听官，不论大小，只要轮廓分明，喜白过面。水耳、土耳、金耳、牛耳、圆棋耳、贴脑耳、对面不见耳，高眉一寸，轮厚廓坚，红润姿色，内有长毫孔小不大，此采听官成也。或鼠耳、木耳、火耳、箭羽耳、猪耳、轮飞廓反不好之耳，或低小软弱，此采听官不成也，不利少年，损六亲。

鼻为审辨官，亦宜丰隆耸直有肉。伏犀龙虎鼻，狮牛胡羊鼻，截筒盛囊悬胆鼻，端正，不歪，不偏，不粗，不小，此审辨官成也。若狗鼻鲫鱼，鹰嘴剑锋，反吟复吟，三曲三弯，露孔仰灶，扁弱露脊，露骨太大，孤峰况又凶恶，贫苦无成，刑恶奸贪，此审辨官不成也。

口为出纳官。唇红齿白，两唇齐丰，人中深长，仰月弯弓，四字口方，牛龙虎口，两唇不反不昂、不掀不尖，此出纳官成也。或猪狗羊口覆船，鲇鱼鲫鱼，鼠食羊餐，唇短齿露，唇黑唇皱，上唇薄下唇反，须黄焦枯粗浊，此出纳官不成也。书云：但一官成者，掌十年之贵禄富丰；不成者，必主十年困苦。

六府者，天庭日月二角为天府，宜方圆明净，不宜露骨，天府成也。或欹削低塌偏尖，天府不成也，主初年运蹇。

两颧为人府，宜方正插鬓，不粗不露，齐揖方拱，此人府成也。若粗露高低，尖圆绷鼓，此人府不成也，主中年运否。

地角边腮为末景地府，喜辅地阁悬壁，不昏不惨，不尖不歪，不粗不大，地府成也。若高低粗露尖削，耳后见重腮，地府不成也。书云：一府就，掌十年之富盛；相反者，主十年之凶败。

七取腰圆背厚，胸坦腹坠，三甲三壬，体肤细嫩可也。背厚阔腰硬腰圆。最嫌背脊成坑，背薄肩垂，肩昂颈削。腰宜圆宜硬，宜大宜平，不可细小软弱，崎弯无屁股，臀薄尖削露。臀宜平厚不宜大窍。胸宜平满，骨莫粗露，项下双绦，心窝不陷。腹宜有橐如葫芦，脐下肉横生，不宜尖削，或如鹊肚、鸡胸、狗肚，此不堪也。《书》云："腰圆背厚，方保玉带朝衣。"骤然不豫，慷慨过人，必主发达富盛。胸平腹橐，故宜紫袍挂体，虽不出前，不入凡流，必须发达。背如三甲，项后肉厚，两肩绷肉厚，腹如三壬，脐下肉长，两腿边肉长。《书》云："背负三山如护甲，脐深纳李腹垂箕。如此之相必大贵，不贵之时富可夸。"但头大无角，腹大无橐，不是农夫，必是屠博，不是粗人，定是木作。若尖削陷软，狗肚鸡胸，纵富必无结果。《书》云："男子腰小，准主家财，亦且夭折。凸胸露臀，当成穷酸，男子为仆，女子为婢。"相中最宜推详，不可忽略。

八取手足，宜细嫩隆厚。掌有八卦，纹路鲜明，或如噀血，尖起三峰，奇纹异纹，节如鸡弹，指尖相称，指大相停。掌平如镜，或软如绵，龙虎相吞，掌厚背厚。腕扁肘圆，足背有肉，足底有纹有痣。掌略带弯，手背不宜粗露筋骨，指节不宜漏缝。书云：肿节漏缝，神昏神懒；浮筋露骨，身乐心忧；掌红噀血，富贵绵绵；手软如绵，闲且有钱；尖起三峰，福生晚景；掌平如镜，白手兴家；纹露粗率，晚年衣禄平常。但相掌诀法有载于后，宜与前后兼观。

九取声音与心田。《书》云："要知心里事，但看眼神清。"眼乃心之门户，观其眼之善恶，必知心事之好歹。其心正则眸子瞭焉，心不正则眸子眊焉。眼视上，其心必高；眼视下，心有感思。眼转动而不言，心有疑虑；眼视斜而口是心非，益己害人，言不可听；眼正视，其人中正，无党无偏。眼恶心必恶，眼善心必慈。有阴骘者，或救人难厄，或救人危险，济人贫穷，救人性命，不淫不乱，财宽量大容物人，俱有紫黄容，红气色，发见于眼下卧蚕之宫，印堂福堂之位。纵相貌不如其心田好，终有富贵。若相貌堂堂，心事奸险，纵然富贵，不日贫穷。《书》云：未观相貌，先看心田。有相无心，相从心灭；有心无相，相从心生。昔裴度还带，宋祁渡蚁，廉颇扶危，救人过渡，各千金不受，本是不贵之相，后反大贵，而阴骘扶之。声音宜响亮，出自丹田。声响如雷灌耳，或如铜钟玉韵，或如瓮中之声，或如铜锣铜鼓，或如金声，或声长尾大，如鼓之响，俱要清润。纵相貌不如，亦主富贵。或人小声大，人大声雄，俱要深远，丹田所出，此富贵绵远之相也。夭折贫贱之人，声轻声噎，声浮声散，声低声小，或如破锣破鼓，语音焦枯，声大尾焦，声雄不圆。《书》云：富贵之声出于丹田，夭贱之人声出舌端。或有余韵，纵焦枯烈，

早年虚耗，晚主发达矣。

诀曰：言未举而色先变，话未尽而气先绝，俱天贱之人。观声音知为相之根本，观阴骘知为相之元神。形貌莫外乎声音，阴骘部位不好，有此相者，竟许富贵。但声音响亮者，虽贫终能发达，不必狐疑。

十观形局与五行。形局者，乃人一身之大关也。或如龙形、虎形、鹤形、狮形、孔雀形、鹳形、牛形、猴形、豹形、象形、凤形、鸳鸯、鹭鸶、骆驼、黄鹏、练雀等形，此富贵形相。或猪形、狗形、羊形、马形、鹿形、鸦形、鼠形、狐狸形，此凶暴贫薄夭折之相也。五行者，金木水火土也。《书》云："金得金，刚毅深；木得木，资财足；水得水，文章贵；火得火，见机果；土得土，厚丰库。"金形白色喜白，木形瘦喜青，水喜肥黑，火不嫌尖宜赤色，土喜厚兮色宜黄。此五行正局也。合此者富贵福寿，反此者贫贱夭折。但学者凭五行兼骨格推断。相法多端，理居总断。

五法

择交在眼，眼恶者情多薄，交之有害。然露者无心，不可不详审也。问贵在眼，未有眼无神而贵且寿者。问富在鼻，鼻为土生金，厚而丰隆者必富。问寿在神，未有神不足而寿且贵者，纵贵亦夭也。求全在声。士农工商，声亮必成，不亮无终。上相不出此五法，拘于口耳眉额手足腹背之间者，凡庸相士也。

切相歌

入眼方知诀，还观主起中。语迟终富显，步紧必贫穷。犬眼休为伴，鸡睛莫与逢。项偏多蹇滞，头小定飘蓬。骨露财难聚，筋浮病必攻。唇掀知命夭，腹坠禄须丰。腰肥知有福，额广寿如松。脚长兼耳薄，辛苦道途中。

论形俗

蜀人相眼，闽人相骨，浙人相清，淮人相重，宋人相口，江西人相色，鲁人相轩昂，胡人相鼻，太原人相重厚。

论气色

天道周岁有二十四节气，人面一年气色亦二十四变。以五行配之，无不验者。

但色最难审，当于清明昧爽之时观之，又须隔绝不醉不近色，乃可决耳。慎之，慎之！

气色半月一换，交一节气，子时即变矣。

气色在皮内肉外隐隐可掬者，方是真气色。

气色现而安静者，应之迟；若点点焰动不定者，应之速。春要青，夏要红，秋要白，冬要黑，四季月要黄，此天时气色也。

木形人要青，火形人要红，金形人要白，水形人要黑，土形人要黄，此人身之气色也。

木形色青要带黑，忌白；火形色红要带青，忌黑；金形色白要带黄，忌红；水形色黑要带白，忌黄；土形色黄要带红，忌青。此五彩生克之气色也。

青如晴天日未出之色而有润泽，为正为吉。如打伤痕而干焦，则为邪为凶。

红如隙中日影之色而有润泽，为正为吉。如打伤痕而焦枯，为邪为凶。

白如玉而有润泽，为正为吉。如粉如雪而起栗，则为邪为凶。

黑如漆而有润泽，为正为吉。如烟煤而暗，则为邪为凶。

黄如鹅雏毛润泽，为正为吉。如败叶色而焦枯，则为邪凶。

邪色，白主服；红主讼及疮疡破财，如火珠焰发者主火灾；青主惊恐疾病；黑主大病死亡；黄主疾病失脱。气色虽现，亦要看神。色正而神脱，色亦空耳；色邪而神旺，色终莫能为大害也。

纯阳相法入门第一

阅人先欲辨五形，

陈图南云：金形方正色洁白，肉不盈兮骨不薄；木形瘦直骨节坚，色带青兮人卓荦；水形圆厚重而黑，腹垂背耸真气魄；火形丰锐赤焦躁，反露气枯无常好；土形敦厚色黄光，臀背露兮性乐静。吕尚云：木瘦金方乃常谈，水圆土厚何须宽。《麟凤记》云：相克于中塞难多，金木水火由不和。

《秘诀》云：五形凶：金形带木，斫削方成，初主塞滞，末主超群；木形多金，一生剥落，父母早刑，妻子不成；水形遇土，忽破家财，疾苦连年，终身迍遭；火形水性，两不相并，克破妻儿钱财无剩；土逢重木，做事无成，若非夭折，家道伶仃。五形吉：金逢厚土，足宝足珍，诸事营谋，遂意称心；木水相资，富而且贵，文学英华，出尘之器；水得金生，利名双成，知圆行方，明达果毅；火局遇木，茑

肩腾上，三十为卿，功名盖世；土添离火，戊己丙丁，愈暖愈佳，其道生成。

次察阴阳精气神。

《贫女金镜》云：骨阳肉阴两平和，一生终是无灾害。阳胜于阴多孤克，阴胜于阳多夭折。《鬼眼经》云：大道凝成有三般，精能养血冠众体。王朔云：气所以养形而化成者也。《易》云：神者，妙万物而为言者也。

《秘诀》云：一阴一阳不偏胜，此道由来天赋定。精气相资体之充，神摄万灵为主帅。

三停八卦求相称，

《玉笈》云：身上三停头足腰，看他长短欲匀调。上停长者人多贵，长短无差福不饶。《冥度经》云：凡天中至印堂曰上停，山根至准头曰中停，人中至地阁曰下停。陈图南云：五形不正，相君终始薄寒；八卦丰隆，须是多招财禄。

《秘诀》云：身面三停俱匀调，掌面八卦悉丰盈，不踹玉阶地，定处金谷园。

五岳四渎定高深。

《通仙录》云：五岳两颧额鼻颏，高隆开阔非凡胎。《混仪经》云：四水莫教浅，五六主凶亡。

《秘诀》云：五山朝拱，四水流通，德行须全，福自天然。

语默动静身须识，

郭林宗云：言语不妄口，德也；缄默自持心，德也。易云：寂然不动，感而遂通。

《秘诀》云：语成爻，默成象，动与天俱，静与天游，非身具至，德孰如斯？

吉凶悔吝色当明。

《易》云："得则吉，失则凶。"吉凶相对，而悔吝局其中。悔自凶而趋吉，吝自吉面向凶也。

《秘诀》云：前节论身之德，此节论色之变。识其德，察其变，相焉庚哉！

行年为主运限决，

《麻衣》云：骨格为一世之荣枯，气色定行年之休咎。《风鉴》云：运限并冲明暗九，更逢破败属幽冥。倘若得时部位好，顺流气色见光晶。

《秘诀》云：行年为主运限扶，转于此处定荣枯。石中美玉何由辨，一点神光照太初。

相逐心生相术真。

陈图南云：有心无相，相逐心生；有相无心，相逐心灭。神机云：心在形先，

形居心后。此之谓也。

《秘诀》云：裴晋公的主饿死，有香山还带之功；宋状元未必元魁，由造蚁桥之力。一念之善格天，终身福履绥之。心之关系，岂渺渺云乎哉！

鬼谷子相辨微芒第二

大道无形无执著，

成和子云：夫人肖形，天地其本来面目。无中生有，或得之而成飞禽之像，或得之而成走兽之像。色色种种别，何者为吉人？何者为匪人？嗟夫！执形而论相，管中窥豹也。不离形，不拘法，视于无形，听于无声，其相之善之善者也。《风鉴》云：上相之士，不相身面。其意亦同。

《秘诀》云：以貌观人，失之子羽；以言语观人，失之宰予。宣尼犹然，矧庸术乎？盖道能生形，形不能生道。知此道即知此形。形乎形乎，视听冥冥，斯其至矣。

揣摩简练出其下。

太冲子云：今得意于忘言之天，尽是弃糟粕已后。陈图南云：揣其形，摩其骨，什分之间不失一，超于什一揣摩中，便是神仙下寰世。

《秘诀》云：春秋伯乐善相马，秦穆公谓伯乐之后无人已。伯乐举九方皋，穆公乃使九方皋遍求马于域中。数月而报得良马，牝牡毛色毕呈。马至，则与前报者戾。穆公不悦，曰："牝牡毛色不分，又何马之能知？"伯乐曰："若皋之所观，天机也，得其精而忘其粗，在其内而忘其外。"验之，果良马。夫君子之相何异良马？学者得九方皋之术，化矣。

有时或在方寸间，

《圣凡论》云：心为身主，五形之先。《麻衣》云：未观形貌，先相心田。此二者，方寸之说也。

《秘诀》云：心者身之帅。心帅以正，则形孰不正？形有不正者无论矣。即如伏羲，人首蛇身，神农，人身牛首，为三代之圣君。方寸之论，彰彰明矣。

有时或在郭廓外。

《灵台经》云：骨肉丰标为外郭，且于真实用工夫。《肘后经》云：吾人性上无一物，形生惟有外皮肤。《贫女心镜》云：尧眉八彩，舜目重瞳，内秉圣德，外见神姿。以此推之，内德外形之征也。

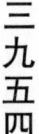

《秘诀》云：相有隐有显，显者易观，隐者难见，在学者目力心思何如耳。假如有德者，必有形，又有有形者而无德。汤躯九尺，而曹交类之；孔子河目，而阳虎类之。一圣一狂，天渊之悬。是不可不辨。

空空洞洞本来真，

《心经》云：色即是空，空即是色。《通仙录》云：洞洞不知天地隘，性灵还是太虚真。白阁道者云：不论肉，不论骨，骨肉皮囊壳漏子。空空洞洞有乾坤，即是太虚元化体。

《秘诀》云：血肉由气化为生，性灵具于气化之前。是以知本真则知众体。此论可与高明者道，难与庸俗者言也。

仿仿佛佛难测度。

《神机》云：有形中之形，有形外之形。形中之形，由中生色，睟然见于面，盎于背，是也。形外之形，色厉内荏，似忠非忠，似信非信，是也。此二者，特践形不践形之间耳。

《秘诀》云：昔有人毁陈平于汉祖曰："陈平美如冠玉，未必中之有也。"诚哉斯言乎，观人之难也。

消息只此个中存，

太冲子云：个中得此闲消息，了我优游物外身。

《秘诀》云：邵子诗曰：因探月窟方知物，为蹑天根始识人。此与上文辞异而意同。不造其妙，则何以知人？又何以知己也？

东周叔服岂欺我。

柳庄云：繄相人之有术兮，肇东周之叔服。监昭晰之幽隐兮，亶休咎之是卜。

《秘诀》云：叔服擅名于周，子卿唐举继之，孰谓子卿唐举之后，又岂无人哉？欺我之言不诬矣！

林宗相五德配五行第三

五行水火木金土，

陈图南曰：天一生水，在人为肾，肾之窍为耳，又主骨齿。地二生火，在人为心，心之窍为舌，又主血气毛发。天三生木，在人为肝，肝之窍为眼，又主筋膜爪甲。地四生金，在人为肺，肺之窍为鼻，又主皮肤喘息。天五生土，在人为脾，脾之窍为唇，又主肉色。

宋齐丘云：凡在五行俱有禄，只宜丰厚不宜偏。

《秘诀》云：人身具此五行，惟水火乃五行之最。水属坎，居肾，肾水旺，能养巽之肝木。木得水济而生离之心火，火得木助而生艮之脾土，土得火益而生兑之肺金。此生生不息之机，乃水之化源无端也。

中藏五德通脏腑。

《元神录》云：甲木主仁位居东，庚金为义向西从。礼依丙火南方地，智于壬癸北方中。惟有戊土无方位，信立阴阳理则同。五者本非泛然物，隐于脏腑妙无穷。

《秘诀》云：水火木金土，肝肺心肾脾。五德配五行，仁义礼智信。发而为四端，信则居其一。生相若无信，虚负躯壳体。吾见世间人，致饰于外矣。不知无文中，含有真实理。真实即为信，四时不愆期。相中全在信，福禄寿须弥。四端岂假借，各具其一理。信寄四端中，有用无方体。

水圆本是智之神，

《风鉴》云：眉粗并眼大，城郭更团圆。此相名真水，平生福自然。成和子云：水形主圆，得其五圆，气色不杂，精神不乱，动止宽容，行久而轻也。语云：智者乐水。又云：智者动。

《秘诀》云：水，先天之气耳，贯通于六合，化机不息，亘古如常，圆融似智。得其形并得其性，是为真水，主聪明敏达，定贤愚也。经云：似水得水文学贵。

火有文武礼之附。

《风鉴》云：欲识火形貌，下阔上头尖。举止全无定，颐边更少髯。成和子云：火形主明，得其五露，气色不杂，精神不乱，动止敦厚，卧久而安也。

《秘诀》云：以火为神水作精，精全而后神方生。神全而后气方备，气备而后色方成。火之在人为礼，得其形并得其性，是为真火，主威势勇烈，定刚柔也。经云：似火得火见机果。

木居东位仁发生，

《风鉴》云：棱棱形瘦骨，凛凛更修长。秀气生眉眼，须知晚景光。

成和子云：木形主长，得其五长，气色不杂，精神不乱，动止温柔，涉久而清也。

《秘诀》云：木之枝干发于甲，木位天地长生之府。配于五德居其首，在人为仁。得其形并得其性，是为真木，主精华茂秀，定贵贱也。经云：似木得木资财足。

金方断制义自然。

《风鉴》云：部位要中正，三停又带方。金形人入格，自是有名扬。

成和子云：金形主方，得其五方，气色不杂，精神不乱，动止规模，坐久而重也。

《秘诀》云：金之位于乾兑，含西方肃杀之气，秉坚刚之体。在人为义，得其形并得其性，是为真金，主刑诛厄难，定寿夭也。经云：似金得金刚毅深。

土定不移信常足，

《风鉴》云：端厚仍深重，安详若泰山。心谋难测度，信义动人间。成和子云：土形主厚，得其五厚，气色不杂，精神不乱，动止敦庞，处久而静也。

《秘诀》云：土浮游于四季，旺在辰戌丑未，寄在丙丁一季，主事十八日。其德能生万物，在人为信。得其形并得其性，是为真土，主载育有容，定贫富也。经云：似土得土厚柜库。

此为五德配五行。

《风鉴》云：木要瘦，金要方，水肥土厚火尖长。形体相生便为吉，忽然相克定为殃。

《秘诀》云：苍松翠柏，岁寒不凋，可以观仁；精金美玉，百炼琢磨，可以观义；火风烹饪，鼎养圣贤，可以观礼；长江大河，天机流动，可以观智；名山大川，载重不泄，可以观信。人与天地并立，天地一人也，人一天地也。知此五德配五行之说，其迨庶几乎！

唐举相神气第四

赋形天地超万灵，

《无形歌》云：道为貌，天为形，默受阴阳禀性情。阴阳之气天地造，化出尘凡几样人。《灵枢经》云：人禀天地之气，肖清浊之形，为万物至灵也。王元君云：大道无形而生有形，舒之弥六合，卷之不盈握，包络天地，禀受群生者也。故云赋形天地超万灵。

《秘诀》云：人生之道真精，融合二五凝成，赋其形即赋其理。虽万物皆具生成之道，蠢然而已，未有如人最灵也。

气似油兮神似灯。

《清鉴》云：大都神气赋于人，有若油兮又似灯。神平却自精之实，油清然后

灯方明。柳庄云：古者方伎之妙，有闻人之謦咳而知其必贵者，得之于神也；有察人之喜怒而知其必贵者，得之于气也。陈图南云：形以养血，血以养气，气以养神。故形全则气全，气全则神全。又云：神完则气宽，神安则气静。得失不足以暴其气，喜怒不足以惊其神，其为君子乎！福禄永其终矣。

《秘诀》云：今人论神，必曰眼有精神，殊不知神之元。天一生水为精，地二生火为神，精合者，然后神从之。内有充足之精，则外有澄彻之神。如行不动色，坐不随语，睡易醒觉，作事始终，皆精神也。论气必曰神气固是，殊不知气有三焉：有自然之气，有所养之气，有暴戾之气。自然之气，乃胎元一呼一吸，定生人之贵贱也。所养之气，乃浩然塞乎两间，定人之贤愚也。暴戾之气，乃悻悻自好，定人之善恶也。要之，神，气之子；气，神之母。神能留气，气不能留神。定诀曰：妙相之法在何方？观其神气在学堂，气者有之最是良。若人认得神与气，富贵贫贱足审量。

油若竭兮灯焰熄，

《神解》云：将全其形，先须其理。精实气固则神安，血枯气散则神亡。《风鉴》云：气壮血和则安固，血枯气散神失奔。谢灵运云：夭寿之人神离睫，泛而不救无所守也。图南云：气冷形衰寿岂宜？又云：气短精神慢，那得有长年！

《秘诀》云：神气乃相须者也。气既丧，神安得独存？经云：神散气聚，少孤破家；气聚神散，作事不定；神与气合，深远主寿，清秀主贵。

灯若明兮油润之。

《风鉴》云：神居形内不可见，气以养神为命根。又云：英标清秀心神爽，气血调和神不昏。白阁道者云：神者，百阅之秀气也。如阳气舒而山川秀发，日月现而天地清明。

《秘诀》云：形能养神，托气而安，气不多则神暴而不安。欲安其神，先养其气。故孟子不顾万钟之禄，能养其气者也。

落落失常无宅守，

《肘后经》云：神衰血败气将凋，失志落落不支持。鬼箭云：荒唐失志神无宅，不到中途则夭亡。来和子云：绥绥失志，失志改常，神已去矣。

《秘诀》云：神气欲散，福禄将艾，虽处得意之时，无异窘迫之际。此乃神已去舍。观之《何知歌》曰：何知为官多灾难？坐时眉攒口常叹。何知其人必死亡？尘埃面色言失常。正无守宅谓也。

澄澄绝俗有根株。

陈图南云：精神澄彻，如止水之渊，惊之不惧，折之不回，君子之人也。《神解》云：虚化神，神化气，气为骨之苗裔，骨为神之根株矣。《肘后经》云：骨肉相滋不相返，清神湛粹寿康宁。

《秘诀》云：峨峨怪石迷闲云，昆山片玉已琢出。此至精之宝，发于外而蕴于内，非天地之钟毓，道德之涵养，而能有此？

纵然形肉充盈实，

来和子云：形亦厚，肉亦充，无神无气怨天公。陈图南云：有肉而无气，犹如蠹木，内已空虚，虽外有皮肤，暴风迅雨，鲜有不摧者也。

《秘诀》云：有神气无形肉者，有根蒂而无枝叶，非时不茂。昔人有相诸葛孔明者，曰："外禀松柏枯槁之姿，内有文理根蒂之实，风雨不摧折，一日华秀，名满天下。"

气散神枯虚壳子。

无形云：神也无，气也无，空空遗下这皮肤。壳子若值风霜殒，合神先已向秋枯。

《秘诀》云：气以血养而助神，气散则神枯，由心不能生血故也。心何为而不生血？由思虑劳伤，揣摩计较，斫丧心之虚录，所以损耗神气元神，元神耗则神气亡。神气亡幻，躯能久乎？

许负相德器第五

阴阳陶铸几般人，

陈图南云：夫人之生为万物之贵，怀天地五常之性，抱阴阳二气之灵，虽秉彝之本同，肖容貌之非一。《通元赋》云：阳生阴育，天尊地卑。《烛誉经》云：人禀阴阳之正气，形似天地以相同。中圣有全德，造化无全功。

《秘诀》云：阴阳二气之化生也，阳先而阴后，阳施而阴受。阳者，乾道；阴者，坤道。乾道成男，坤道成女。禀其气之清者，为圣为贤；禀其气之浊者，为愚为不肖。所以禀气则同，清浊有异而人品殊矣。

器识缘何分浅深。

裴行俭云：士先器识而后文艺。李靖云：浅浅器识庸人耳，福薄难与成功名。《风鉴》云：形者入之材也，德者人之器也。有材矣，而付之以德，犹如雕琢而成器也。器遇拙工而弃之，是为不材之材也。

《秘诀》云：德在形先，形在德后。即如项羽，目有重瞳，形则善矣，然而咸阳三月火，骸骨乱如麻，哭声惨怛天地，非羽残暴之器致之乎？竟而舣舟不渡，刎首乌江，形何足恃哉！

也有汪洋居台阁，

《风鉴》云：刚毅汪洋谁可识？吕尚云：器宇汪洋有容纳，志气深远有机谋，动作使令不可料，时通亦为公与侯。鬼箭云：器宇轩昂好丰标，必居台阁佐明朝。

《秘诀》云：形体美恶，本自生成。器识卑琐，学问可以充拓。昔柴羔貌恶。未学，性至愚卤。一见孔子之后，启蛰不杀，方长不折，不径不窦，居丧泣血，三年未尝见齿，卒成大贤。学问之变化如此。

也有轻盈处庙廷。

《风鉴》云：几辈堂堂相貌清，几人相貌太轻盈。神机云：骨格精神志气盈，早年佩玉立朝廷。春花必定春时发，过却春时花谢倾。

《秘诀》云：德器者，苍海之波澜，注之不见泛，挹之不见涸，虚而能受，动而愈出，此其所以异于轻盈者乎！

轻盈薄识非遐福，

裴行俭云：十有文才而浮急浅露，岂享富贵之人耶？管辂云：处崇宦而自视巍巍然，非遐福之器也。

《秘诀》云：大舜微时，耕稼陶渔艰苦，无不履历。及身为天子，玉食万国，自视不以为歆，无异耕稼陶渔之时。禄位名寿，兼而有之，福流子孙，真遐福之器哉！

汪洋大度可延龄。

白阁道者云：腹内能容三万斛，龄如一缕亦须延。陆贾云：汉高豁达大度。

《秘诀》云：书曰：有容德乃大。夫德者，天爵也。孟子云：修其天爵，而人爵从之。即宋郊以竹渡蚁，遇胡僧相之曰："公神彩不凡，曾活数万性命，后日当魁天下。"夫以数万蚁命，尤获报之速，使活天下苍生之命，又当何如耶？延龄之说，诚非迂也！

子舆巉岩师百世，

《风鉴》云：巉岩器宇旋旋生。《通仙录》云：巉岩器宇旋旋露，有类古玉埋千秋。清鉴云：孟子岩岩泰山气象，能贱齐宣之禄万钟。

《秘诀》云：夫有德者，其器宇恢廓，轻万钟一节未足以窥其微，使务名者亦能之。毕竟于平时见义无难色，方得之。古人谓观其所忽，是也。

夷吾卑狭佐姜齐。

孔子曰：管仲之器小哉！朱子注云：局量褊浅，规模卑狭，谓其得君行道，而以伯终也。

《秘诀》云：或谓孔子论管仲之器小，朱子释曰，局量褊浅，规模卑狭。此论事功，未论其德容。葆和子曰：不然，器者吾身之德，发而为容，有其德便有其器，有其器便有其容，事功即德器之见于行也，故古人见其礼而知其政，闻其乐而知其德。袁柳庄曰：闻人之声，而知其素。其意与此同。

此特公私毫发间，

《元谈》云：丰姿异，骨格奇，再观才器设施为。才济变，意有私，小人君子不同归。朱文达曰：公道私情，此事间不容发。

《秘诀》云：夷吾葵丘之会，名尊周室，实伯齐桓，公私之不同。宣尼知之，所以器不能王齐而伯终也。假如既有此才器，有奇形，且大公无我，不惟福庇于一身一家，大君赤子亦蒙其福矣。人之德器，顾不大乎？

出其下者无足评。

《风鉴》云：上贵之人方入相，中下之人岂可评？成和子云：南北路头多少人，上士吾方与论评。

《秘诀》云：《麻衣》曰：形骸局促，作事猥猿；器宇轩昂，一生快顺。夫轩昂者抱致远之资，局促者显卑琐之态。人品已定，贵贱已殊，无足评论固宜。

福若水兮德若器，

《玉管》诀云：虽然论相而论福，尤必观器而知德。《度冥经》云：人有一分德器，必有一分衣禄；十分德器，必有十分衣禄。

《秘诀》云：福水德器之喻，极善比方者也。吾尝读史，见古人作敧器者，中则正，满则覆，限于其器也。始知得福少者，亦犹敧器之有限也。

器若浅兮水盈溢。

《鬼箭》云：相寒福薄是前缘，器浅分明由怨天。胡僧云：小人形貌相有方，不见墦间乞祭郎。施施状，骄妻房，易盈易溢最乖张。昏夜乞哀曾婢膝，白昼矜人更济锵。器浅志盈无远识，直饶富贵也寻常。

《秘诀》云：尝闻孔子脐深七李，董卓亦脐深七李。经云：脐乃五脏之外表，惟喜深宽怕窄小。居上为智居下愚。七李能容，仲尼是亘古一圣，赋此异质，董卓亦当如仲尼之圣为是，何乃骄于卢植曰："吾与公同位方岳，公何尚居中郎？"植曰："明公与我皆鸿鹄，不意明公变为凤凰。"卓喜。夫卓使有孔子之德，又有其

形，是亦孔子也，何乃戮身燃脐？德不称形故也。

得志峥嵘泯德色，

《风鉴》云：红紫黄光起福堂，峥嵘得志喜非常。谢灵运云：得志之人，轻可识辨，取峥嵘及德色。

《秘诀》云：富贵得志之气三光五泽，此正本来之色也。人若处此富贵之时，未尝不以富贵骄人，其傲慢之气有不及检点，于处己待人之时，圭角发露，此德色也。学力到，涵养纯，则无矣。

失时落魄绝狐媚。

《风鉴》云：失志落落坐立欹。来和子云：落魄贫寒无媚态，相中唯有此人稀。

《秘诀》云：世间惟有贫贱至易移人。饥寒迫于身，壮气消磨，雄心顿挫，鲜不奴颜拽裾于王公。程子诗：富贵不淫贫贱乐，男儿到此是豪雄。此相之谓也。

任是不飏难录取，

胡僧云：休嫌貌不飏，白璧璞中藏。裴中立云：尔声不扬，尔貌不飏。一点灵台，丹青莫状。

《秘诀》云：人形甚美，必有甚恶；人形甚恶，必有甚美。诚能知美中有恶，恶中有美，相术不减于姑布子卿矣。

心生相貌立镃基。

《人伦赋》云：借使修德于心，吉凶可易。陈图南云：心发善端诸福集。《麻衣》云：未观形貌，先相心田。

《秘诀》云：心生相貌，以理言也。夫人心雕琢太甚，生理尽矣，具有美形未见有减，惟福自减耳。培养方寸，生理全矣，虽有恶形未尝有改，惟福自增耳。学术者，此不可不知。

右五条相法，精无不该，粗无不载，囊括诸相法中之相。泛视之，其辞简约；深玩之，其理无穷。

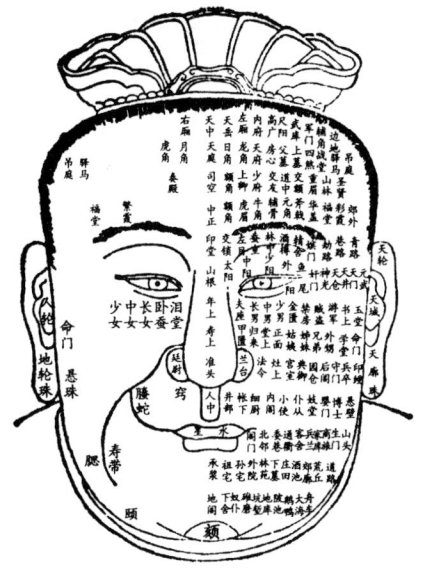

十三部位总歌

天中

第一天中对天岳，左厢内府相随续。
高广尺阳武库同，军门辅角边地足。

天庭

第二天庭连日角，龙角天府房心墓。
上墓四杀战堂连，驿马吊庭分善恶。

司空

第三司空额角前，上卿少府更相连。
交友道中交额好，眉重山林看圣贤。

中正

第四中正额角头，虎眉牛角辅骨游。

元角斧戟及华盖，福堂彩霞郊外求。

印堂

第五印堂交锁里，左目蚕室林中起。
酒樽精舍对嫔门，劫路巷路青路尾。

山根

第六山根对太阳，中阳少阳及外阳。
鱼尾奸门神光接，仓井天门元武藏。

年上

第七年上夫座参，长男中男及少男。
金匮禁房并贼盗，游军书上玉堂庵。

寿上

第八寿上甲匮依，归来堂上正面时。
姑姨姊妹好兄弟，外甥命门学堂基。

准头

第九准头兰台正，法令灶上宫室盛。
典御园仓后阁连，守门兵卒记印绶。

人中

第十人中对井部，帐下细厨内阁附。
小使仆从妓堂前，婴门博士悬壁路。

水星

十一水星阁门对，北邻委巷通衢至。

客舍兵兰及家库，商旅生门山头寄。

承浆

十二承浆祖宅安，孙宅外院林苑看。
下墓庄田酒池上，郊廓荒丘道路傍。

地阁

十三地阁下舍随，奴仆碓磨坑堑危。
地库陂池及鹅鸭，大海舟车无忧疑。

图之气运年流

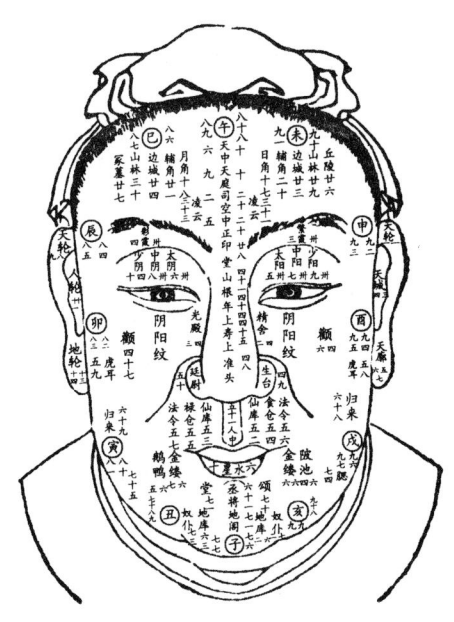

流年运气部位歌

欲识流年运气行，男左女右各分形。天轮一二初年运，三四周流至天城。天廓垂珠五六七，八九天轮之上停。人轮十岁及十一，轮飞廓反必相刑。十二三并十四，地轮朝口寿康宁。十五火星居正额，十六天中骨法成。十七十八日月角，运逢十九应天庭。辅角二十二十一，二十二岁至司空。二十三四边城地，二十五岁逢中

正。二十六上主丘陵，二十七年看冢墓。二十八遇印堂平，二十九三十山林部，三十一岁凌云程。人命若逢三十二，额右黄光紫气生。三十三行繁霞上，三十四有彩霞明。三十五岁太阳位，三十六上会太阴。中阳正当三十七，中阴三十八主亨。少阳年当三十九，少阴四十少弟兄。山根路远四十一，四十二造精舍宫。四十三岁登光殿，四旬有四年上增。寿上又逢四十五，四十六七两颧宫。准头喜居四十八，四十九入兰台中。廷尉相逢正五十，人中五十一人惊。五十二三居仙库，五旬有四食仓盈。五五得请禄仓米，五十六七法令明。五十八九遇虎耳，耳顺之年遇水星。承浆正居六十一，地库六十二三逢。六十四居陂池内，六十五处鹅鸭鸣。六十六七穿金缕，归来六十八九程，逾矩之年逢颂公。地阁频添七十一，七十二三多奴仆，腮骨七十四五同。七旬六七寻子位，七十八九丑牛耕。太公之年添一岁，更临寅虎相偏灵。八十二三卯兔宫，八十四五辰龙行。八旬六七巳蛇中，八十八九午马轻。九旬九一未羊明，九十二三猴结果，九十四五听鸡声。九十六七犬吠月，九十八九买猪吞。若问人生过百岁，颐数朝上保长生。周而复始轮于面，纹痣缺陷祸非轻。限运并冲明暗九，更逢破败属幽冥。又兼气色相刑克，骨肉破败自伶仃。倘若运逢部位好，顺时气色见光晶。五岳四渎相朝拱，扶摇万里任飞腾。谁识神仙真妙诀，相逢谈笑世人惊。

运气口诀

水形一数金三岁，土厚惟将四岁推。

火赴五年求顺逆，木形二岁复何疑。

金水兼之从上下，若云水火反求之。

土自准头初主限，周而复始定安危。

识限歌

八岁十八二十八，下至山根上至发。

有无活计两头消，三十印堂莫带杀。

三二四二五十二，山根上下准头止。

禾仓禄马要相当，不识之人莫乱指。

五三六三七十三，人面排来地阁间。

逐一推详看祸福，火星百岁印堂添。

上下两截分贵贱，仓库平分定有无。

此是神仙真妙诀，莫将胡乱教庸夫。

<h3>图之官五宫二十</h3>

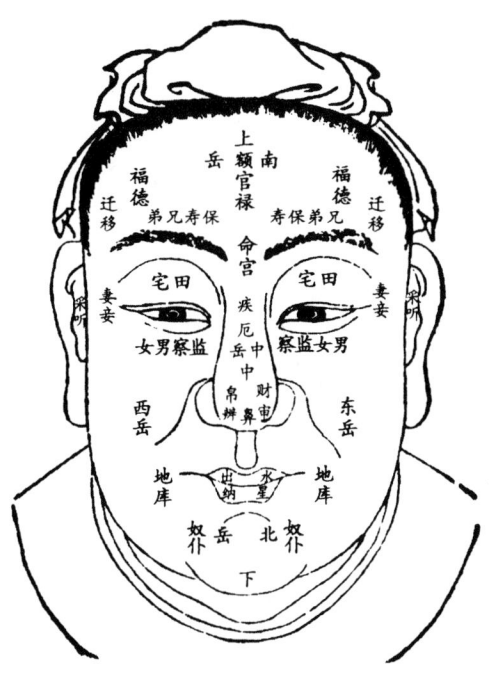

南
上额官禄
上岳
福德 弟兄寿保 寿保弟兄 福德
迁移 命宫 迁移
妻妾 宅田 疾厄 宅田 妻妾 探听
探听 岳中 中岳
女男察监 财窖 察监女男
西岳 财帛 东岳
地库 出纳 水星 地库
奴仆 岳 奴仆
北
下

<h1>十二宫诀</h1>

一命宫。命宫者，居两眉之间，山根之上。光明如镜，学问皆通；山根平满，乃主福寿。土星耸直，扶拱财星，眼若分明，财帛丰盈。额如川字，命逢驿马，官星果若如斯，必保双全富贵。凹沉必定贫寒。眉接交相成下贱。乱理离乡又克妻。额窄眉枯，破财迍邅。诗曰：眉眼中央是命宫，光明莹净学须通，若还纹理多迍滞，破尽家财及祖宗。

命宫论曰：印堂要明润，主寿长久。眉交者身命早倾。悬针主破，克妻害子。山岳不宜昏暗，有川字纹者为将相。平正明润身常吉，得贵人之力。气色青黄虚惊，赤主刑伤，白主丧服哭悲，黑主身亡，红黄主寿安，终身吉兆。

二财帛。鼻乃财星，位居上宿。截筒悬胆，千仓万箱，耸直丰隆，一生财旺。富富中正不偏，须知永远。滔滔鹰嘴尖峰，破财贫寒。莫教孔仰，主无隔宿之粮；

厨灶若空，必是家无所积。

诗曰：鼻主财星莹若隆，两边厨灶莫教空。仰露家无财与粟，地阁相朝甲柜丰。

财帛宫论曰：天仓、地库、金甲柜、井灶，总曰财帛宫。须要丰满明润，财帛有余。忽然枯削，财帛消乏。有天无地，先富后贫；天薄地丰，始贫终富；天高地厚，富贵满足，荫及子孙。额尖窄狭，一生贫寒；井灶破露，厨无宿食；金甲柜丰，富贵不穷。气色昏黑，主破失财禄；红黄色现，主进财禄；青黄贯鼻，主得横财。二柜丰厚，明润清和，居官而受赏赐。赤主口舌。

三兄弟。兄弟位居两眉，属罗计。眉长过目，三四兄弟无刑。眉秀而疏，枝干自然端正。有如新月，和同永远超群。若是短粗，同气连枝见别。眉环塞眼，雁行必疏。两样眉毛，定须异母。交连黄薄，自丧他乡。旋结回毛，兄弟蛇鼠。

诗曰：眉为兄弟软径长，兄弟生成四五强。两角不齐须异母，交连黄薄送他乡。

兄弟宫论曰：兄弟罗计须要丰蔚，不宜亏陷。长秀则兄弟和睦，短促不足则有分离孤独。眉有旋毛，兄弟众多，狠性不常。眉毛散者，钱财不聚。眉毛逆生，仇兄贼弟，互相妒害，或是异姓同居。眉清有彩，孤腾清高之士。眉毛过目，兄弟和睦。眉毛中断，兄弟分散。浓淡丰盈，义友弟兄。气色青，主兄弟斗争口舌。黑白，兄弟伤亡。红黄之气，荣贵喜庆。

四田宅。田宅者，位居两眼。最怕赤脉侵睛，初年破尽家园，到老无粮作薬。眼如点漆，终身产业荣荣；凤目高眉，置税三州五县。阴阳枯骨，莫保田园；火眼冰轮，家财倾尽。

诗曰：眼为田宅主其宫，清秀分明一样同。若是阴阳枯更露，父母家财总是空。

田宅宫论曰：土星为田宅，主地阁要朝。天庭丰满明润，主田宅进益。

低塌昏暗倾欹，主破田宅。若飞走不朝，田宅俱无。气色青，主官非，田宅无成。黑，主杖责。白，主丁忧。红，主成田宅，喜重重。黄明，吉昌，谋无不遂，君子加官，即日得升，小人得宠，利见贵人，武职或领兵马，杀气旺者即行师，主管财赋或入运司等处。五品至三品，三品至二品，如是详看。六品以下者，另作区处。

五男女。男女者，位居两眼下，各曰泪堂。三阳平满，儿孙福禄荣昌；隐隐卧蚕，子息还须清贵。泪堂深陷，定为男女无缘；黑痣斜纹，到老儿孙有克。口如吹

火，独坐兰房。若是平满人中，难得儿孙送老。

诗曰：男女三阳起卧蚕，莹然光彩好儿郎。悬针理乱来侵位，宿债平生不可当。

男女宫论曰：三阴三阳，位虽丰厚，不宜枯陷。左三阳枯克损男，右三阴枯克损女。左眼下有卧蚕纹，生贵子。凡男女眼下无肉者，妨害男女。卧蚕陷者阴鸷少，当绝嗣也。乱纹侵者，主假子及招义女。鱼尾及龙宫黄色环绕，主为阴鸷纹见，曾怀阴德济于人，必有果报。又云：精寒血竭不华色，男不旺，女不育。若阴阳调和，精血敷畅，男女交合，故生成之道不绝。宜推于形象外，当以理言，元妙自见也。气色青主产厄，黑白主男女悲哀，红黄主喜。至三阳位，红生儿，三阴位青生女。

六奴仆。奴仆者，位居地阁，重接水星。颏圆丰满，侍立成群；辅弼星朝，一呼百诺。口如四字，主呼聚喝散之权；地阁尖斜，受恩深而反成怨恨。绞纹败陷，奴仆不周；墙壁低倾，恩成仇隙。

诗曰：奴仆还须地阁丰，水星两角不相容。若言三处都无应，倾陷纹痕总不同。

奴仆宫论曰：悬壁无亏，奴仆不少；如是枯陷，仆马俱无。气色青，主奴马损伤。白黑，主仆马坠堕，不宜远行。赤，主仆马口舌，损马失财。黄色胜牛马奴仆自旺，左门右户，排立成行。

七妻妾。妻妾者，位居鱼尾，号曰奸门。光润无纹，必保妻全四德。丰隆平满，娶妻财帛盈箱。颧星侵天，因妻得禄。奸门深陷，常作新郎。鱼尾纹多，妻防恶死。奸门黯黪，自号生离。黑痣斜纹，外情好而心多淫欲。

诗曰：奸门光泽保妻宫，财帛盈箱见始终。若是奸门生黯黪，斜纹黑痣荡淫奔。

妻妾宫论曰：鱼尾须要平满，不宜克陷。丰满则夫贵妻荣，奴仆成行。妇女鱼尾奸门明润，得贵人为夫。女人鼻如悬胆，则主富贵，缺陷则主妨夫，淫乱败家，放荡不旺夫。妇人面如满月，下颏丰满，至国母之贵。气色青，则主妻妾忧愁思虑。赤主夫妻口舌。黑白主夫妻男女之悲。红黄色见，主夫妻男女和谐之喜。如有暗昧，主夫妻分离，不然隔角少情。

八疾厄。疾厄者，印堂之下位，居山根。隆如丰满，福禄无穷。连接伏犀，定主文章莹然光彩，五福俱全。年寿高平，和鸣相守。纹痕低陷，连年速疾，沉疴枯骨。尖斜未免终身受苦。气如烟雾，灾厄缠身。

中华传世藏书

钦定古今图书集成

精华本

古今图书

相术篇

三九六九

诗曰：山根疾厄起平平，一世无灾祸不生。若值纹痕并枯骨，平生辛苦却难成。

疾厄宫论曰：年寿明润康泰，昏暗疾病至。气色青，主忧惊。赤，防重灾。白，主妻子之悲。黑，主身死。红黄紫，主喜气之兆也。

九迁移。迁移者，位居眉角，号曰天仓。丰盈隆满，华彩无忧。鱼尾位平，到老得人钦羡，腾腾驿马须贵，游宦四方。额角低陷，到老住场难觅。眉连交接，此人破祖离家。天地偏斜，十居九变。生相如此不在移门必当改墓。

诗曰：迁移宫分在天仓，低陷平生少住场。鱼尾末年不相应，定因游宦却寻常。

迁移宫论曰：边地驿马，山林发际，乃为出入之所，宜明润洁净，利远行。若昏暗缺陷及有黑子，不宜出入，被虎狼惊。气色青，远行主惊失财。白，主马仆有失。黑，主道路身亡。红黄紫，宜获财喜。

十官禄。官禄者，位居中正，上合离宫。伏犀贯顶，一生不到讼庭。驿马朝归，官司退扰。光明莹净，显达超群。额角堂堂，犯著官司贵解。宫痕理破，常招横事。眼如赤鲤，实死徒刑。

诗曰：官禄荣宫仔细详，山根仓库要相当。忽然莹净无痕点，定主官荣贵久长。

官禄宫论曰：两眼神光如曙星，龙目凤睛主贵。印堂明润，两耳色白过面，声闻天下，福禄荣显。如陷缺飞走而无名誉。气色青，主忧疑。赤，主口舌是非。白，主孝服至。红黄上下，有诏书加官进职之喜。

十一福德。福德者，位居天仓，牵连地阁。五星朝拱，平生福禄滔滔。天地相朝，德行须全五福。颏圆额窄，须知苦在初年；额阔颐尖，迍否还从晚景。眉高目耸，尤且平平；眉压耳掀，休言福德。

诗曰：福德天仓地阁圆，五星光照福绵绵。若还缺陷并尖破，衣食平平更不全。

福德宫论曰：天仓地库为福德宫，须要丰满明润相朝揖，重重祖荫，福禄永崇。若陷缺，不利。浅窄昏暗，灾厄常见，人亡家破。盖因心术损了阴骘，终是勉强神情。气色青，主忧疑。赤，主酒肉忌口舌。白，灾疾。红黄，吉兆。

十二相貌。相貌者，先观五岳，次辨三停。盈满，此人富贵多荣。三停俱等，永保平生显达。五岳朝耸，官禄荣迁，行坐威严，为人尊重。额主初运，鼻管中年，地阁水星，是为末主。若有克陷，断为凶恶。

诗曰：相貌须教上下停，三停平等更相生。若还一处无均等，好恶中间有

改更。

相貌宫论曰：骨法精神，骨肉相称。气相和，精神清秀，如桂林一枝，昆山片玉，如珠藏渊，如玉隐石，贵显名流，翰苑吉士。暗惨而薄者，凶气色。满面红黄明润，大吉之兆。

十二宫总诀

父母宫论曰：日月角，须要高。明净则父母长寿康宁，低塌则幼失双亲，暗昧主父母有疾。左角偏妨父，右角偏妨母。或同父异母，或随母嫁父，出祖成家，重重灾注。只宜假养，方免刑伤。又云：重罗叠计，父母重拜，或父乱母淫，与外奸通，又主妨父害母。头侧额窄，多是庶出，或因奸而得。又云：左眉高，右眉低，父在母先归。左眉上，右眉下，父亡母再嫁。额削眉交者，主父母早抛，是为隔角，反面无情。两角入顶，父母双荣，更受祖萌，父母闻名。气色青，主父母忧疑，又有口舌相伤。黑白，主父母丧亡。红黄，主双亲喜庆。

相容贵贱

夫人者，以头为主，以眼为权。头则身体之首，眼则形容之光。观头之方圆，视眼之黑白。头圆而必贵，目善而必慈。眼竖而性刚，睛露而性毒。斜视而怀妒忌，近觑而神睛藏。性刚强而心必曲，气温柔而貌必和。满面青蓝，多逢迍否；红黄不改，必遇荣昌。黑白色侵忧，横疾病纷纷。色紫，见福禄以犹迟。赤色纵横，信官灾而将至。要知克子害儿，必是眼下无肉。卧蚕平起，后嗣相从。眉中若旋，兄弟必全。眉横一字，足义爱人。要知奸诈孤贫，看他鼻头尖薄。官高位显，准头圆似截筒；衰困中年，定是风门牙露。露齿结喉，相中大忌。男子如此，骨肉分离；妇人如此，妨夫绝子。口小唇薄，此人多是多非；印上杂纹，决定难逃刑法。口角两垂向下，因知奸诈便宜。欲知富贵聪明，须得眼如点漆。口如四字，唇似朱红，两角朝于天仓，定是公侯之位。眉高耳耸，官禄荣迁。看部位，相学堂，须要六处不陷，在僧道则出八千人之上，在仕途位至三公之际。初年水厄之忧，但有眉间黑子痣生眼尾，中年必遭水厄。身肥项促，命不久长。要知贵贱吉凶，须有此本《风鉴》。

人身通论

额广耳珠，头圆足厚，莹然美貌，光辉宽舒。丰厚形气类相随，皆是五行分

定，丰衣足食两相宜。智慧者眉清目秀，声价少年知，肘龙并虎臂。山根明朗，地阁丰肥，更鼻垂悬胆，项有余皮，赋性高名磊落，面方背厚宛如龟，真个好安全五岳，寿数介齐眉。

四学堂论

一曰眼为官学堂。

眼要长而清，主官职之位。

二曰额为禄学堂。

额阔而长，主官寿。

三曰当门两齿为内学堂。

要周正而密，主忠信孝敬。

疏缺而小，主多狂妄。

四曰耳门之前为外学堂。

要耳前丰满光润，主聪明。

若昏沉，愚卤之人也。

图之堂学八堂学四

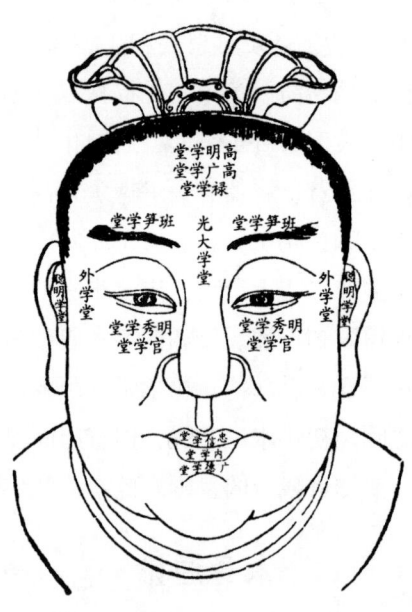

八学堂论

第一高明部学堂，头圆或有异骨昂。

第二高广部学堂，额勇明润骨起方。

第三光大部学堂，印堂平明无痕伤。

第四明秀部学堂，眼光黑多入隐藏。

第五聪明部学堂，耳有轮廓红白黄。

第六忠信部学堂，齿齐周密白如霜。

第七广德部学堂，舌长至准红纹长。

第八班笋部学堂，横纹中节停合双。

八位学堂如有此，人生富贵多吉祥。

学堂诗

背负琴书不得名，学堂无位陷三停。

人中一位若无应，空将年月在朝臣。

欲说无官少禄人，盗门青气有罗纹。

使于鼻上多红气，可惜虚劳枉苦辛。

月孛尖儿又损财，初年流落更多灾。

官方口舌无人说，只有先贤相出来。

面三停

面之三停者，自发际下至眉间为上停，自眉间下至鼻为中停，自准下人中至颏为下停。夫三停者，以象三才也。上停象天，中停象人，下停象地。故上停长而丰隆，方而广阔者，主贵也。中停隆而直、峻而静者，主寿也。下停平而满、端而厚者，主富也。若上停尖狭缺陷者，主多刑厄之灾，妨克父母，卑贱之相也。中停短促褊塌者，主不仁不义，智识短少，不得兄弟妻子之力，有主中年破损也。下停长而狭尖薄者，主无田宅、生贫苦、老而艰辛也。三停皆称，乃为上相之人矣。

论形有余

形之有余者，头顶圆厚，腹背丰隆，额阔四方，唇红齿白，耳圆成轮，鼻直如

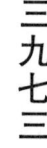

胆，眼分黑白，眉秀疏长，肩膊脐厚，胸前平阔，腹圆垂下，行坐端正，五岳朝起，三停相称，肉腻骨细，手长足方，望之巍巍然而来，视之怡怡然而去，此皆谓形有余也。形有余者，令人长寿无病，富贵之荣矣。

论神有余

神之有余者，眼光清莹，顾盼不斜，眉秀而长，精神耸动，容色澄彻，举止汪洋。恢然远视，若秋日之照霜天；巍然近瞩，似和风之动春花。临事刚毅，如猛兽之步深山，出众迢遥，似丹凤而翔云路。其坐也如界石不动，其卧也如栖鸦不摇，其行也洋洋然如平水之流，其立也昂昂然如孤峰之耸。言不妄发，性不妄躁，喜怒不动其心，荣辱不易其操，万态纷错于前而心常一，则可谓神有余也。神有余者，皆为上贵之人。凶灾难入其身，天禄永其终矣。

论形不足

形不足者，头顶尖薄，肩膊狭窄，腰肋疏细，肘节短促，掌薄指疏，唇蹇额塌，鼻仰耳反，腰低胸陷，一眉曲一眉直，一眼仰一眼低，一睛大一睛小，一颧高一颧低，一手有纹一手无纹，睡中眼开，言作女声，齿黄而露，口臭而尖，秃顶无众发，眼深不见睛，行步欹侧，颜色痿怯，头小而身大，上短而下长，此之谓形不足也。形不足者，多疾而短命，福薄而贫贱矣。

论神不足

神不足者，似醉不醉，常如病酒，不愁似愁，常如忧戚，不睡似睡，才睡便觉，不哭似哭，常如惊怖，不嗔似嗔，不喜似喜，不惊似惊，不痴似痴，不畏似畏，容止昏乱，色浊似染癫痫，神色凄怆，常如有失，恍惚张惶，常如恐怖，言语瑟缩，似羞隐藏，貌色低摧，如遭凌辱，色初鲜而后暗，语初快而后讷，此皆谓神不足也。神不足者，多招牢狱之厄，官亦主失位矣。

论骨肉

相人之身，以骨为主，以肉为佐；以骨为形，以肉为容；以骨为君，以肉为臣。然君不能制臣，反为之逆理。若形好容恶，至老不作；容好形恶，乍苦乍乐。

假使形容俱好，若有纹痣黑子，亦不为佳。夫纹欲得深而正，黑子欲得大而明。凡相面见颧骨肉薄而开方者，主有权衡。若肉大骨藏，则无权衡。其人纵有官职，但常调而已。凡有相之人，忽居贫贱，如凤在地，不久必翔；无相之人，忽居富贵，如草非时，而生非地而出矣，必愈疾也。

相骨

骨节相金石，欲峻不欲横，欲圆不欲粗。瘦者不欲露骨，肥者不欲露肉。骨与肉相称，气与血相应。骨寒而缩者，不贫则夭。日角之左，月角之右，有骨直起，为金城骨，位至三公。印堂有骨，上至天庭，名天柱骨。从天庭贯顶，名伏犀骨。并位至三公。面上有骨卓起，名为颧骨，主权势。颧骨相连入耳，名王梁骨，主寿考。自臂至肘为龙骨，象君，欲长而大。自肘至腕名虎骨，象臣，欲短而细。骨欲峻而舒，圆而坚，直而应节，紧而不粗，皆坚实之象。颧骨入鬓，名驿马骨。左目上曰日角骨，右目上曰月角骨。骨齐耳，为将军骨。两沟外曰巨鳌骨。额中正两边为龙角骨。

诗曰：骨不耸兮且不露，又要圆清兼秀气。骨为阳兮肉为阴，阴不多兮阳不附。若得阴阳骨肉均，少年不贵终身富。

骨耸者夭，骨露者无立，骨软弱者寿而不乐，骨横者凶，骨轻者贫贱，骨俗者愚浊，骨寒者穷薄，骨圆者有福，骨孤者无亲。又云：木骨瘦而青黑色，两头粗大主多穷厄。水骨两头尖，富贵不可言。火骨两头粗，无德贱如奴。土骨大而皮粗厚，子多而又富。肉骨坚硬，寿而不乐。或有旋生头角骨者，则享晚年福禄。或旋生颐额者，则晚年至富也。

诗曰：贵人骨节细圆长，骨上无筋肉又香，君骨与臣相应辅，不愁无位食天仓。骨粗岂得丰衣食，部位应无且莫求，龙虎不需相克陷，筋缠骨上贱堪忧。

相肉

肉所以生血而藏骨，其象犹土生万物而成万物者也。丰不欲有余，瘦不欲不足。有余则阴胜于阳，不足则阳胜于阴。阴阳相胜谓一偏之相。肉为阴，骨为阳。阴有余神则生血，阳有余神则生气。肉以坚而实，直而耸。肉不欲在骨之内为阴不足，骨不欲生肉之外为阳有余也。故曰：人肥则气短，马肥则气喘。是以肉不欲多，骨不欲少也。暴肥气喘，速死之期。肉不欲横，横则性刚而暴；肉不欲缓，缓

则性懦而怕人。肥不欲乱纹路，路漏者近死之兆。肉欲香而暖，色欲白而润，皮欲细而滑，皆美质也。色昏而枯，皮黑而臭，庞多加块，非令相也。若夫神不称枝干，筋不束骨，肉不居体，皮不包肉，速死之应也。

诗曰：骨人肉细滑如苔，红白光凝富贵来，揣著如绵兼又暖，一生终是少凶灾。肉紧皮粗最不堪，急如绷鼓命难长，黑多红少须多滞，遍体生光性急刚。欲识贵人公辅相，芝兰不带自然香。

第二章　相术汇考二

《神相全编》二

达摩五官总论

眉紧鼻端平，耳须耸又明，海口仰弓形，晚运必通亨。

紧者，眉不散疏也；端者，正也；平者，直也；耸者，提起也；明者，棱角分明也；大而有收拾为海角；朝上而不露齿曰弓。晚运专指口言。

五官说

五官者：一曰耳，为采听官；二曰眉，为保寿官；三曰眼，为监察官；四曰鼻，为审辨官；五曰口，为出纳官。《大统赋》云：一官成十年之贵显，一府就十载之富丰。但于五官之中，倘得一官成者，可享十年之贵也。如得五官俱成，其贵老终。

采听官

耳须要色鲜，高耸过于眉，轮廓完成，贴肉敦厚风门宽大者，谓之采听官成。

保寿官

眉须要宽广清长，双分入鬓，或如悬犀新月之样，首尾丰盈，高居额中，乃为保寿官成。

监察官

眼须要含藏不露，黑白分明，瞳子端定，光彩射人，或细长极寸，乃为监察官成。

审辨官

鼻须要梁柱端直，印堂平阔，山根连印，年寿高隆，准圆库起，形如悬胆，齐如截筒，色鲜黄明，乃为审辨官成。

出纳官

口须要方大，唇红端厚，角弓开大合小，乃为出纳官成。

一曰耳为采听官

成败倾欹。

倾，缺也，欹，低也。倾欹，主破散成败也。

《万金相》云：左耳缺，先损父；右耳缺，先损母；左右废缺，双亲并损。主妨克离祖。亦不欲低于眉也。诗曰：偏堂降地，破祖无疑，兄弟稀少，自身不利。偏堂，耳名也。又曰：降地耳，低于眉。

聪明高耸。

高耸，过于眉也。

郭林宗曰：耳为君，眉为臣，君宜上而臣宜下。高起过眉者，主贵聪明文学才俊富贵也。

《万金相》云：耳高眉一寸，永不受贫困。又曰：耳如携起，名播人耳。宋齐丘曰：耳齐日角曰大贵。

许负曰：耳能齐日角，曾服不死药。又主平生病少寿长，才智过人。

皮粗青黑飘蓬。

郭林宗曰：左耳为金星，右耳为木星，色鲜者贵而安稳。若皮粗及青色、黑而干者，主一生奔驰南北，散走他乡，终无定基也。

宋齐丘曰：皮粗青黑走异乡。

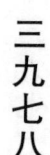

《广鉴集》云：耳轮青黑，肾藏丧不久也。飘蓬谓如蓬草也，中原郊野多生，俗名蓬子科，止根类竹根，其枝叶如杨柳，盘盘旋旋，团栾而生，圆如灯球，分圆若丈余。秋天枯死之时，风吹出土，若东风起吹辊往西无阻者，迤逦进去，忽然换西风，复吹还东而去。若耳皮粗青黑者，为人似蓬草，朝暮走他乡，无定止也。

色如莹玉，年少作三公。

《广鉴集》云：耳若贵贱，不取大小，先要色鲜，莹白为上。昔欧阳文忠公耳白如面，名声天下。

《大统赋》曰：白或过面，主声誉之飞扬。莹白贯轮，主信行之敦厚。

贴肉垂珠，红润自然，主财禄亨通。

贴肉者，隐伏也；红润者，垂珠鲜泽电。主平生财禄绵绵，百谋百成，千求千遂，天生自然富贵。

《大统赋》云：寿越眉兮贵喷血，聪重明兮富贴肉。

许负云：耳贴肉，富贵足。

《大清神鉴》云：对面不见耳，问是谁家子？似此贴肉隐伏而垂珠红润者，主平生旺相而长富贵，一岁入运，至十五岁荫成，父母病少之相。

若尖小直如箭羽，安得不孤穷？

尖小者，谓之猴耳，主孤贫。如箭羽者，其耳形直竖，似矢之翎，最为贫贱之相，主十五岁男女并有妨财破败，长大贫贱孤独之相。

《五总龟》云：反耳无轮最不堪，直如箭羽少资粮。又曰：双耳尖小多妨克。

命门难入指，寿原悭短，忘浅愚蒙。

命门者，耳孔也。若窄小难入小指尖者，主愚顽短寿无智之人。

《洞中经》云：耳孔容针，家无一金。

《太清神鉴》云：耳门如墨，二十之客。夭寿也。

无轮兼反薄，家破囊空。

薄者，主贫也。一岁至十五之内，妨克破祖；长大孤贫夭寿之相。

《太清神鉴》云：轮为城，内为廓，城兜廓吉，廓兜城凶，

《金镜经》云：耳无轮廓多破散。

《大统赋》云：耳薄如纸，贫而早死。

《五总龟》云：能可城兜廓，不可廓兜城。

耳大垂肩，极贵天年，过八十方终。

《广鉴集》云：耳大四寸高耸垂肩者，主大贵寿长。蜀刘先主，耳毫垂肩目顾

其耳。宋太祖口方耳大。

只因是毫生窍内，头白老龙钟。

毫者，孔内生毫也。龙钟，竹名，其曲头垂向地。若人生耳毫，主长寿，似龙钟之竹，缓曲头低，极老之相也。

郭林宗曰：借问何人年过百？耳内生毫头半白。项下双绦成一缕，此是人间寿星魄。

论曰：运限者，上古之寿，一百二十岁为终，今之七十者稀。《万金相》法三主，七十五岁为约。左耳七年，右耳八年，男左女右，又天部十年，共二十五年为初主。黑子生在轮上者，主聪明。有大痣耳内者，寿长。垂珠上者，主有财。耳前命门者，主火厄，作事有始无终。耳显三珠者，左定嗣，右定妻，一日白珠。耳尖上，贵，阴亦同。二彩红珠右耳中生，一珠一子，二珠五子，阴亦同。其珠如粟米大，圆者应如绿豆大。圆者少，应气色莹白。红润者贵而吉，黄者病，青者肾衰，黑燥者肾丧，忽轮上红色如炎火者，七日口舌破财。或暴焦色、惨青色，其寿不永也。

二曰眉为保寿官

浓厚淹留孤独。

眉黑稠浓密，主淹留蹇滞久困。

《五总龟》云：眉浓发厚人多滞。

《万金相》云：阳，男子也。阳得虎眉，蹇滞。虎眉，稠浓密也，主子生少快。二十六岁入运，至三十五岁。此一运中，主上五年多淹滞。

短促兄弟非宜。

《广鉴集》云：眉为君，目为臣，宜清长过目，宜如雁行。若短不及目者，难为兄弟，纵有二三四，终须不靠也。

《万金相》云：眉长于目，兄弟五六；眉如扫帚，兄弟八九；与目同等，兄弟一两；短不及目，兄弟不足，纵有一两，非是同腹。二十六至三十五上，四五年不利。

骨棱高起，性勇好为非。

棱骨高起者，言眉骨尖峻显露也。则主人粗卤，知进而不知退，知存而不知亡，知成而不知败，自强自胜，做事不应为而强为，性暴好斗，不可为友之相也。

平生宜远之。

清秀弯如月样，文章显折桂荣奇。

《广鉴集》云：眉是目之君，胆之苗，面之表也。若得清秀弯如月样，主为人聪明智慧，文学博雅，必攀蟾桂，高明富贵之相。知为平生之福，二十六岁运至，中主，便得显焕功名。

郭林宗曰：眉如新月样，名誉四方闻。

许负曰：眉如月弓，衣食不穷。

《太清神鉴》云：眉曲栾，弯多学识。

印堂广，双分入鬓，卿相位何疑。

眉中为印堂，名曰官禄宫，相貌宫，福德紫气宫。一面之中，此位最干祸福。所以眉毛欲得宽广，双分入鬓主生平，多福而贵。二十六岁入运行，中主大发功名。

玮林真人曰：眉为罗计之星，宜阔而不欲侵犯紫气宫。

陈图南曰：翠眉入鬓，位至公卿。

《广鉴集》云：朝中无交眉宰相。

竖毛多主杀，神刚气暴，岂有思维？

竖眉者，谓眉毛直立而生也，多主杀性。

《大统赋》曰：主性急神猛，好斗贪杀，无思算之相也。

又云：毛直性狠。

交头并印促，背禄奔驰。

交头者，言两头印提交锁侵犯印堂也。盖缘印堂是官禄宫，若得眉宇宽，则为官，平生安稳；若交促者，无禄而一生走骤愚夫。印堂又为命宫，眉宇为罗计星，罗计侵犯交促，不利财禄。胡人不在此限，神强者不在此限，在此限即为平生之滞。六六交运，至四十一，此四五年最紧。

横直妨妻害子。

夫直者，言眉毛凡生直竖不顺也。左妨子，右妨妻，左右如此，妻子俱伤。然为平生不利，二十八限至三十，此五年最是不利。

旋螺聚，必执枪旗。

旋螺，言其中毛盘旋似螺蛳，尾尖盘盘旋旋而生者。主为人刚健勇猛，可车前枪旗之首当先，无惧而战也。

低压眼相连不断，运至必灾危。

《广鉴集》云：眉为罗计之星，眼为日月之象。相眉紧紧贴而与眼相连不断者，是罗计二星侵犯太阴太阳。太阴太阳为日月之台，一身之主。二十六限至二十九不利，三十七八九亦不利。若孛星高广，日月分明，灾祸减半。

论曰：运限者，两眉管四年，入中主。左二年，二十六七；右二年，二十八九。眉生四理。黑子眉中生者，初主水厄；眉头生者主性刚，眉上生者主贵。官纹理，眉中十字元字纹者，大亨。有坤卦纹者，禄二千石。有成土字并鱼鸟形纹者，主大将公卿之位。眉上气色忽然白者，主哭泣声，服忌；忽然红色者，三日七日主口舌官讼。黄明入华盖，日近远喜信入宅，又主动，出为吉。眉中忽然生毫长，谓之寿毛，然不宜早生。《万金相》云：二十生毛三十死，四十生毛命寿长。若四十之上忽然生一毫长者，三年内遇贵。

三曰目为监察官

两眼浮光，双轮喷火，杀人贼好奸谋。

两眼浮光者，谓喷突不收光射人也。双轮喷火，上下眼堂红赤，如炎火喷外也。似此者，则主人凶恶奸狡贪鄙，衷怀奸盗之心。然平生之恶，三十岁入运至三十五，此五年大发，三十七至四十，此四年亦不利。

《大统赋》云：睛如点漆。

许负曰：目中赤沙起，法死须妨己。又谓之蛇眼，赤沙便是喷火。

睛如点漆，应不是常流。

《广鉴集》云：两睛黑光如点漆，昭晖明朗，光彩射人者，极贵人臣。神仙高士，奇异之相。然为平生之福，三十岁至三十五岁，此六岁显耀功名。

眼大者多攻艺业。

《月波洞中经》云：眼睛大而端定，不浮不露，黑白分明者，主可学艺业，异于众人，成家立业。

上视者勿与交游。

上视者，或看物观望，或观人昂面，睛昂向上视者，主为人贼性，自强自是不容物，太察多疑，不可为友。同行须在富贵之中，不可深交。

又曰：上视者，人多狠。

斜观狼目强独胜，悭吝更贪求。

斜观者，主为人禀性刚强独能。悭吝者，自悭不施，贪鄙爱聚，损人安己，纵

居富贵能文，亦不改悭吝之心，口腹不能相应之人也。

《广鉴集》云：目为心之外户，观其物外而知其内也。

孟子曰：胸中正则眸子瞭焉，胸中不正则眸子眊焉。眸子不能掩其恶也。善恶在目中偏正。善者正视，神清睛定；恶则斜视不定，神浊。

《太清神鉴》云：眼有些小病，心有些小毒；眼有十分病，心有十分毒。眼善心亦善，眼恶心亦恶。

《大统赋》云：斜盼者，人遭其毒。然居富贵知书，只是心中不正，何况于小人乎？

圆大神光露，心怀凶狠，讼狱堪忧。

若圆大眼睛突露光者，主凶暴，多招祸患，常遭囹圄之囚系。然为平生之凶，二十八限至三十五岁不利，三十七八九亦然。虽居富贵，亦为凶徒。若肯读书，近君子，远小人，其凶减半。

《月波洞中经》云：莫交眼突，往往见灾迍。

又曰：眼露心亦露。

似鸡蛇鼠目，不滥须偷。

《月波洞中经》云：鸡目无痕，好斗贪淫；蛇目上胞厚而心毒；鼠目左小而窃盗。似者，男女盗窃，贪婪无耻。然居富贵，亦不改奸妒之象。

三角深藏毒害。

眼生三角，凶狠之人，常能损物害人。若是女子，妨夫不良。

《大统赋》云：三角多嗔，为妨夫命。刃者，剑刃也。妇人眼生三角，如杀夫之剑也。

频偷视，定无良筹。

频偷视者，谓谈话之间，广会之座，低目沉吟，常常用眼偷观人者，乃为人心性不定，多疑智浅之象。

神清爽秀，长如凤目，身显作王侯。

神清秀者，瞳子莹洁，黑白分明，如晓星光射四远也。长如凤者，凤目细长，入鬓极一寸五分，阴阳大富大贵。蜀关云长、唐房玄龄俱应。

论曰：运限者，两目管六年，左目三十三十一二，右目三十四五。目有四神。黑子生在眼胞上者，贪婪作窃；眼下者，妨害。气色者，三阴三阳忽然生黑气，深者二五日，浅者二七日，家宅不宁，阴人是非。红者火灾，眼下铺青者连累口舌，赤者官灾，黑者破耗，黄明者最吉。阴人目下青者丧夫，赤者产厄。眼尾其色莹白

光润者，主夫位增迁财禄之喜。

四曰鼻为审辨官

窍小悭贪。

窍者，鼻孔也。

《万金相》云：左右胞谓之仙库，左胞名左库，右胞名右库。夫库欲高丰厚。窍者，库之户也。户欲小而齐。库厚而隆、库小而齐者，库内有积也；库狭而薄、户大而薄者，库无积也。窍小库齐之相，好聚而不舍；户宽反仰之相，无积而好施也。

高隆显宦。

《广鉴集》云：鼻为土宿，万物生于土，归于土，象乎山岳。山不厌高，土不厌厚。又为一面之表也。夫天地人三才之中，鼻为人也，欲得高隆而贵。

《大统赋》云：惟鼻者号嵩岳，居中，为天柱而高耸梁，贵乎丰隆。汉高祖隆准，终为平生之福。三十五至五十中，大显功名。

偏斜曲陷堪伤。

偏斜者，不端正，主孤滞也。曲者，主孤贫。

《万金相》云：鼻偏左，先损父；偏右，先损母。

又曰：梁柱不直，中年遭厄。六七八限至九六不利。

许负曰：鼻仰突，多孤独。陷者，坑低四陷，疮窝疵痕伤也，亦主妨厄，最不利。

《万金相》云：印堂缺陷，才禄不旺，三十六岁不利妻房；山根缺陷，自身伤害，三十八岁本身不利；金匮缺陷，锁在他乡，三十九远出不利，亦重破祖；年上缺陷，哭声不祥，四十岁孝服哭泣动；月孛缺陷，百事为伤，四十一岁凡干迍遭难成；寿上缺陷，作事乖舛，四十二岁凡干不利；准头缺陷，人事不和，四十三岁妨是非口舌；左库缺陷，财物消散，四十四岁破财；右库缺陷，横事极多，四十五大破财。此十缺陷，然为入限不利，必须更看别位满缺乘除。若是神陷、鱼尾陷、文武陷、天地陷，色更青赤，乃为一生孤克贫下之相也，盖缘缺处多。若天地丰，目下平，日月明，鱼尾满，气色正，似此者运至有灾。

《大统赋》云：完美宜官，破露忧辱，最忌准头。

若还短促，未敢许荣昌。

短促，鼻小局促也。

《大统赋》云：巢窝，面之仪表，欲其广大，主富贵。若短小局促，主贫贱。

许负曰：鼻小莫求官。

《大统赋》云：小而滞者作童仆。若鼻短促，童仆之相，为平生贫贱，六六至五九最不利于己。然鼻小之相，终身不富贵。纵有神骨相貌，亦不祥。

生怕十分昂露。

昂露，鼻孔仰。孔为二库之门，十分昂露者，谓户门开阔，内无积也。难为平生不利，五九大破。《广鉴》：相中大忌，鹰嘴露窍。

《大统赋》云：井灶露破厨无粟。井灶者，鼻孔也。

又云：斜如芰藕之状，困乏预储。斜如芰藕者，鼻斜露，似刀切藕也；预储为盛米之器也；困乏为无米也。

《照胆经》云：鼻孔外仰成恶败。

如悬胆，必作朝郎。

如悬胆者，其形从印堂隆隆悬垂，直下准头，准头完美如弹者是也。似悬挂猪羊之胆，有骨法，贵作朝郎；无骨法者，富有千金。

《心镜经》云：鼻如悬胆终须贵，土曜当生得地来。若是山根连额起，定知荣贵作三台。

许负曰：鼻如悬胆，家财巨万。

《大统赋》云：圆如悬胆之形，荣食鼎铼，为平生之福。六六至五九，大发财禄。

年寿上纵横纹理，家破苦穷忙。

鼻为年寿，二位属中央戊己土，万物生成之地。又为巢窝。欲其光隆无犯者吉。若有纵横乱纹交杂者，破祖离家，一生驰骤奔波，若终日揭贫困而厄。若得形正神刚，则主成败走骤。若女子，不可为配。

《大统赋》云：纹若乱交，慎勿为乎眷属，平生大破。

山根更折，田园不守，妻子先亡。

低者，塌也；折者，横纹断流也。似此者，则主破祖离巢，妨害妻子也，终为平生之患。三十七至四十岁运行到此，男女并同，盖缘为生日不顺也。若更眉压眼神，气薄梁柱偏，轻则中年大病刑狱，重则丧躯矣。或得形正神强，色明声亮，其实减半。

《五总龟》曰：月孛宫中折又尖，家财早破事相煎。妻儿晚见尤难保，况是迍

遭属少年。

《万金相》云：山根断折三十九四十九三年命禄中。

又曰：月孛，名山根，又名疾厄宫，又名妻子宫，又名月孛宫，又名岭断宫，司囚宫，在山根上一分，名玉岭，根断自身伤。

又曰：岭断官司不自由，岭根折断自身休；山根岭断三十九，岭根道断自身体。

又曰：山悬桥，道耗财，主岭山根金道三位折也。岭根平梁财聚，三位高也。此三位岭根道于一面之中，诸部之内，最关祸福。学者可用意观之。

形如鹰嘴样，狡狠。

鹰嘴样者，岭根道三位细细低下，年寿孤耸，准头尖垂向下者是也，可旁观得见，主最毒。

《广鉴集》云：鼻如鹰嘴，啄人心髓。

《贫女》曰：旁观曲凸如鹰嘴，心里奸谋暗杀人。许负曰：生怕如鹰嘴，一生奸诈不堪言。

《月波洞中经》云：相中大忌，鹰嘴露窍。似此者，主为人最毒，常怀嫉贤妒能。外貌伪和假宽，内实毒害。然居富贵知书，不免贪婪奸狡，何况小人乎？又主好成要败，四十五岁，主人破财。

广大巢窝须稳。

《万金相》云：鼻为巢窝，人之家宅也。欲其梁柱端直，年寿丰隆，广大肉厚，接迎东西二岳。准员库起者主家宅广，人口多。三十六岁入运，至五十九岁。此十年大进人口并宅舍。

《大统赋》云：梁广者窝巢稳。

光明主财禄殊常

《太清神鉴》云：面部有五岳之位：额为南岳衡山，属离火；颏为北岳恒山，属坎水；左颧为东岳泰山，属震木；右颧为西岳华山，属兑金；鼻为中岳嵩山，属中央土。金木水火土，各有时。火主夏，水主冬，木主春，金主秋，惟土每季旺十八日，乃为万物生成之地。所以鼻贵乎高隆光明。色黄者，得其土之本色也。若有骨法者，主有贵禄，在庶人得财入宅。

《大统赋》云：梁贵乎丰隆贯额，高也；色贵乎光莹溢目，明也。许负曰：准明印正，诸事亨通。

鬼谷先生曰：欲观在任吉凶者，看年寿二位。一分黄明，一年无事；二分黄

明，二载平安；三分黄明，三周吉利。若见非来之色，或青，或赤，或黑，并主当年不利。

《五总龟》曰：年寿四时黄，财帛喜非常。

《广鉴集》云：心善三阳光点点，左眼胞也。脾安鼻准见黄明，耳轮焦黑肾脏丧，年寿黄明福德生，右目上下，忽然准头明更净，等闲有土是亨通。土者，黄明也。曰印堂至准库中间，四季常得黄明，寒暑不侵，喜怒不变，乃为平生之福也。

准头黑，兰台黯惨，旬日必身亡。

准头者，是土之主。兰台，左鼻胞名兰台。又，右为廷尉。海底眼曰：夫鼻者，运五脏之精华，肺之苗。肺虚则通，而色莹光明，无病多吉。肺灾则塞，而色惨黑暗，大患至而多凶。若见准头兰台色惨黑暗者，大病速至，不出十日之内丧矣。病人最怕此色。

论曰：运限者，鼻管十年。自印堂三十六至右库四十五。鼻有二节。黑子在山根者，主妨妻害子；鼻侧，大凶不利；年上者，兄弟难为。印堂当中圆黑者，贵吉。夫气色，印堂山根光明者，吉；黯惨者，滞。年寿，黄明者，吉；黑，病；赤，官灾；青，破耗；白，哭泣。准头黄明者，喜庆立至；黑，大病；赤红者，破耗；白者，破毒。

五曰口为出纳官

短促唇掀色青，齿露偏斜，骨肉相煎。

促者，口聚也；短者，横窄也。促短者，并主孤也。

《大统赋》云：口如吹火似寒酸。吹者，撮聚也。

《通神鬼眼相》曰：口有三聚：一曰猴口，吹火聚注，令人无子，子立自身亡；二曰羊口，饮水聚注，令人孤寒，好歌乐，无衣粮；三曰鹊口，缩囊聚注，令孤寒性寡，亲子另房。唇掀者，口唇番蹇也，亦主孤克。

《太清神鉴》曰：眼露睛，唇皮蹇，男忧贼盗，女忧产难，若去寺观及出家，免得一身见八难。青色者，言唇气青黑，亦主孤贫。

《五总龟》云：贫穷似鼠常青黑，破尽田园不住家。

《大统赋》云：青黑祸发。齿露者，凡语笑露齿牙，孤克。

《广鉴集》云：相中大忌，露齿也。偏斜者，口不正也，亦主孤贫。

《万金相》云：海朝文阳，十七祸至阴，二八大病；海朝武阳，二八灾病阴，

十七祸生。文左武右也。又曰：水星不正，骨肉相煎。水星，口也；骨肉，六亲也。然主平生之象，五十六岁入运，至六十四岁，不利骨肉。

阔而不正，虚诈不堪言。

横口不收而偏斜不正者，主为人多奸猾虚谬不实。

《大统赋》曰：大言无信者略绰。略绰者，即横阔不收也。

《五总龟》曰：若伤归于左畔，是非奸诈爱便宜。口唇左边也。

偏薄，是非谤讪。

偏薄者，口唇薄横偏也，主好说谈。是非谤讪者，不知己口快舌长，专提人语失，取笑浑语，毁善讥调，不顾忌讳。似此之人，虽居富贵，亦不脱小人也。

《五总龟》曰：水星偏陷，两头垂尖，薄无棱，作乞儿。无棱者，薄也。

如朱抹，名誉相传。

如朱抹者，口唇红鲜，似涂抹朱砂之红色也。主文章才俊，其名姓传扬四方。

陈图南曰：唇如泼砂，富贵如华。红色也。许负曰：口如含丹，不受饥寒。郭林宗曰：唇红齿白食天禄，多艺多才又多富。

《贫女》曰：贵人唇红似泼砂，更加四字足荣华。然主平生之贵，五十六岁入运，大发财禄。

唇里紫，食肉千里，衣禄自天然。

唇鲜紫红色者主富贵，可食千里之爵禄，乃为天生自然之福。平生之贵，五十六入限快。

覆载多纹理，掩人过恶，得子孙须贤。

覆载，唇之名也。

《万金相》云：上唇名金覆，下唇名金载。若唇上下有纹理多者，主为人宽和，见善多为，遇恶劝归于善，而喜避其恶，又招贵子贤孙。

《大统赋》云：上下纹交子孙众，周匝棱利仁信全。

食时多哽咽，必主迍遭。

哽咽者，吃饭食吞噎向喉咽之中作沃沃之声是也。迍遭者，平生蹇滞不通。

张紫菱曰：食为性之本，所以欲详而不暴，啜不欲声，吞不欲鸣也。

《五总龟》曰：鸟啄猪餐最贱客，相他衣食必无终。咽粗急者人多躁，鼠食从来饮食空。

又曰：相食看详缓，穷忙岂合宜？更嫌将鸟啄，更忌食淋漓。性暴吞须急，心宽食必迟。问君荣贵处，牛哺福相随。

常向睡中不合，泄元气，天促天年。

口者，宣言语以接万物，博饮食以安五脏，造化之权，祸福之柄。唇为口之城郭，舌之门户，一开一合，荣辱所系也。所以夜睡开口者，泄其元气，元气即泄，寿不永也。

亲曾见低垂两角，常被世人嫌。

两角下垂者，无衣食也，最招人憎嫌。

《五总龟》曰：口者，心之外表，赏罚之所出，荣辱之所关。欲端而厚，言不乱发，谓之口德。若多言而乱发者，谓之口佞。若方广有棱者，主寿形。如弓稍向上者，主贵。若尖而薄反者，主贱。若黑子生于唇上者，平生酒肉来自然；生于口角者，灾滞；生于寿带入口，主饥饿而死。女人唇生黑子者，主淫，无媒自嫁也。

论曰：运限者，口管十五年，为末主。五十六至六十四。口有三聚。黑子生在唇上者，主一生得酒食；唇内亦然；口角生者，末主水灾。纹理者，寿带入口，直饥饿，不食而死，气色红润者则贵，黑者贱，青者毒，白者亦然，黄者病，惟绕口黄明者最吉。

许负论男女五官

夫人身手欲得厚，大小相覆，滑净光泽，必应豪贵。颜色光润，财禄日进。夫人颜色恶者，绝无官分。《坟经》云：头小为一极，不得上天力。额小为二极，不得父母力。目小为三极，无有广知识。鼻小为四极，农作无休息。口小为五极，无有盛衣食。耳小为六极，方命难量测。头虽大，额无角；目虽大，无廓落。鼻虽大，梁柱弱；口虽大，语略绰；耳虽大，无轮廓；腹虽大，近上著；非奴即作客。头虽小，方且平；目虽小，精且明；鼻虽小，梁柱成；口虽小，语媚生；如此之人，法主聪明，兼不少衣食。夫女人，共语未了，即面看地，如此之人，必有病也。夫女人，当共人语，手拈衣带者，便低头答者，必有奸淫之事也。

五岳

额为衡山，颏为恒山，鼻为嵩山，左颧为泰山，右颧为华山。

中岳要得高隆。东岳须耸而朝应。不隆不峻则无势，为小人，亦无高寿。中岳薄而无势，则四岳无主，纵别有好处，不至大贵，无威严重权，寿不甚远。中岳不及且长者，止中寿；如尖薄，晚年见破，到头少称意。南岳倾侧，则主见破，不宜

长家。北岳尖陷，末主无成，终亦不贵。东西倾侧无势，则心恶毒，无慈爱。五岳须要相朝。

四渎

耳为江，目为河，口为淮，鼻为济。

四渎要深远成就而涯岸不走，则财谷有成，财物不耗，多蓄积。耳为江渎，窍要阔而深，有重城之副，紧则聪明，家业不破。目为河渎，深为寿，小长则贵，光则聪明，浅则短命，昏浊多滞圆则多夭，不大不小贵。口为淮渎，要方阔而唇吻相覆载。上薄则不覆，下薄则不载。不覆不载，则无寿无晚福。不覆，则家必覆。鼻为济渎，要丰隆光圆，不破不露，则家必富。

五星六曜说

五星，金木水火土也。六曜者，太阳、太阴、月孛、罗睺、计都、紫气。

火星须得方，方者有金章。

紫气须得圆，圆者有高官。

土星须要厚，厚者得长寿。

木星须要朝，五福并相饶。

金星须要白，官位终须获。

罗睺须要长，长者食天仓。

计都须要齐，齐者有妻儿。

月孛须要直，直者得衣食。

太阴须要黑，黑者有官职。

太阳须要光，光者福禄强。

水星须要红，红者作三公。

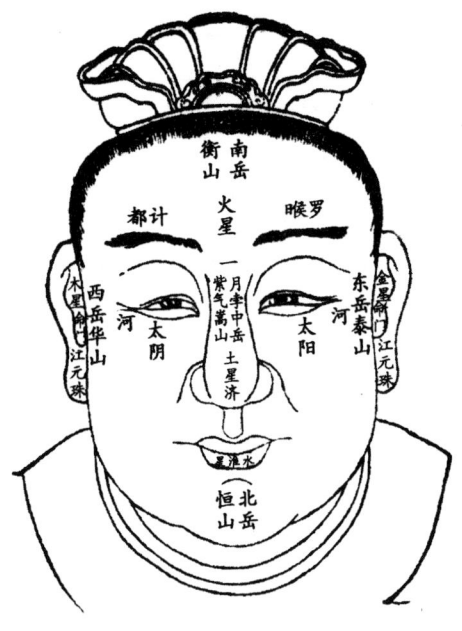

五星六曜诀断诗

金术星是耳，贵要轮廓分明，其位红白色不均，大小如门阔，生得端正，不反不尖不小一般，更是高过眉眼，白色如银样，大好。其人当生得金木二星照命，发禄定早。翻反侧窄，或大或小，为陷了金木二星，其人损田宅，破财帛，无学识也。

诗曰：金木成双廓有轮，风门容指主聪明。端耸直朝罗计上，富贵荣华日日新。金木开花一世贫，轮翻廓反有艰辛。于中若有为官者，终是区区不出尘。

水星是口，名为内学堂。须要唇红阔四角，人中深，口齿端正，有文章，为官食实录。若唇齿粗，口角垂，黄色，主贫贱。

诗曰：口含四字似朱红，两角生棱向上宫。定是文章聪俊士，少年及第作三公。水星略绰两头垂，尖薄无棱是乞儿。若是偏将居左右，是非奸诈爱便宜。

火星是额。如额广阔发际深者，有禄位衣食，及子息四五人。其人有艺学，父母尊贵，当生命宫，得火星之力入，命有田宅，寿九十九。如尖陋有多文理者，是陷了火星，乃不贵，无子息一二人，至老不得力，衣食平常，又不得兄弟力。三方

无主，损妻破财。

诗曰：火星官分阔方平，润泽无纹气色新。骨耸三条川字样，少年及第作公卿。火星尖狭是常流，纹乱纵横主配囚。赤脉两条侵日月，刀兵赴法死他州。

土星是鼻，须要准头丰厚，两孔不露，年上寿上，平满直端耸不偏。其人当不陷了土星入命，井满三分，主有福禄寿，如中岳土星不正，准头尖露，更准头高，其人陷了中岳土星，主贫贱少家业，主心性不直。

诗曰：土宿端圆似截筒，灶门孔大即三公。兰台廷尉来相应，必主声名达圣聪。土宿歪斜受苦辛，准头尖薄主孤贫。傍观勾曲如鹰嘴，心里奸谋必害人。

紫气星，印堂下是。印堂分明，无直纹，圆如珠，主人必贵。白色如银样，主大富贵。黄者，有衣食。如窄不平匀有隐纹者，不吉。子息二三人，不得力，无厚禄，损田宅。

诗曰：紫气宫中阔又圆，拱朝帝主是英贤。兰台廷尉来相应，末主官荣盛有钱。紫气宫中窄又尖，小短无腮更少髯。自小为人无实学，衣食萧条更没添。

太阴太阳是眼，要黑白分明，长细双分入鬓者，黑睛多、白睛少、光彩者，其人当生得阴阳二星照命，作事俱顺，骨肉俱贵。如黑少白多，黄赤色，其人陷了二星，损父母，害妻子，破田宅，多灾短命。

诗曰：日月分明是太阳，精神光彩一般强。为官不拜当朝相，也合高迁作侍郎。日月斜窥赤贯瞳，更嫌孤露又无神。阴阳枯暗因刀死，莫待长年主恶终。

月孛星是山根，从印堂直下分破者，其人当遭月孛照命，陷了山根，主子孙不吉，定多灾厄，修读无成，破产业妻害子息。

诗曰：月孛宜高不宜低，莹然光彩似琉璃。为官必定忠臣相，末主高官有好妻。月孛宫中狭又尖，家财早破事相煎。为官岂得荣高禄，孛位当生困岁年。

罗计星是眉，二星粗黑过目入鬓际者，此衣禄之相，子息父母皆贵，亲眷亦贵。此二星入命。如眉相连横，赤色更短，主骨肉子息多犯恶死。

诗曰：罗计星君秀且长，分明贴肉应三阳。不惟此貌居官职，恩义彰名播远方。罗睺稀疏骨耸高，为人性急爱凶豪。奸邪状似垂杨柳，兄弟同胞有旋毛。

六府论

六府者，两辅骨、两颧骨、两颐骨。欲其充实相辅，不欲支离孤露。《灵台秘诀》云：上二府，自辅角至天仓；中二府，自命门至虎耳；下二府，自肩骨至地

阁。六府充直无缺陷瘢痕者，主财旺。天仓峻起，多财禄。地阁方停，万顷田。缺者不合。

图之停三才三府六

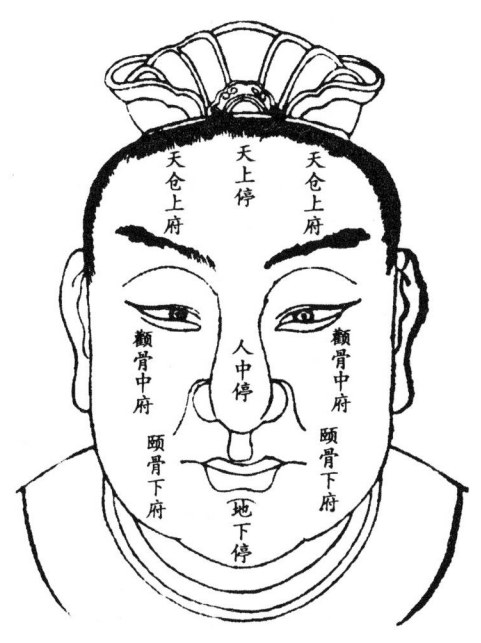

三才三停论

三才者，额为天，欲阔而圆，名曰有天者贵。

鼻为人，欲旺而齐，名曰有人者寿。

颏为地，欲方而阔，名曰有地者富。

三停者，发际至印堂为上府，是初主。自山根至准头为中府，是中主。

自人中至地阁为下府，是末主。

自发际至眉为上停，眉至准头为中停，准头至地阁为下停。诀曰：上停长，老吉昌；中停长，近君王；下停长，少吉祥。三停平等，富贵荣显；三停不均，孤夭贫贱。

诗曰：面上三停仔细看，额高须得耳门宽。学堂三部奚堪足，空有文章恐不官。鼻梁隆起如悬胆，促者中年寿不长。地阁满来田地盛，天廷平阔子孙昌。

相三主

额尖初主灾，鼻歪中主逃，欲知晚景事，地阁喜方高。

论三柱

头为寿柱，鼻为梁柱，足为栋柱。

身相三停

身分三停，头为上停。人矮小而头大长者，有上梢无下梢；身长大而头短小者，一生贫贱。自肩至腰为中停。要相称，短而无寿，长则贫。腰软而坐俱动者，无力而无寿。自腰至足为下停。要与上停齐而不欲长，长则多病。若上中下三停长大短小不齐者，此人无寿。一身三停相称为美。

　　　上停丰秀厚而长，此是平生大吉昌。
　　　若是下停长且薄，似此贫穷走四方。
　　　身上三停头足腰，看他长短要均调。
　　　上长下短公侯相，长短无差福不饶。
　　　中停长者人多贵，背耸三山足宝珍。
　　　万一脚长身又短，区区浪走一凡民。

又云：下长上短贱人体，形貌干枯骨又粗。若见眼圆如竹叶，中年里面产田无。

上停短，下停长，终日区区促寿疆；上停长，下停短，衣食自然仓廪满。

三停俱短无亏陷，五岳端严富贵全。上下两停兼短促，一生终是受迍邅。

五行形相

诗曰：木瘦金方水主肥，土形敦厚背如龟。上尖下阔名为火，五样人形仔细推。木色青兮火色红，土黄水黑是真容。只有金形是带白，五般颜色不相同。青主忧兮白主丧，黑主重病及官方。若还进职并添喜，看取新黄满面光。

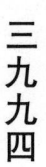